GROSSER ATLAS DER ENTDECKUNGEN

GROSSER ATLAS DER ENTDECKUNGEN

Reisen in unbekannte neue Welten

NAUMANN & GÖBEL

INHALT

2–4 Heron Quays, Docklands, London E14 1JP
Für die deutsche Ausgabe 2000:

in der VEMAG Verlags- und Medien Aktiengesellschaft, Köln
Deutsch von Susanne Helker, Cornelia Panzacchi,
Wolfgang Rhiel, Eva und Hans-Jürgen Schweikart

ISBN 3-625-10747-3

BERINGMEER
0 Meilen
0 Kilometer
Kap Deschnew
OSTSIBIRISCHE SEE
Neu-sibirische Inseln
LAPTEW-SEE
NORDPOLAR-MEER
Sewernaja Semlja

Vorwort

Der Mensch zeichnet sich aus durch Mobilität und Anpassungsfähigkeit. Seit Jahrtausenden wandert und reist er von einem Ende der Welt zum anderen und legt aus Neugier oder Überlebensdrang ganz erstaunliche Strecken zurück – genau wie alle anderen Lebewesen auf der Erde auch. Doch im Gegensatz zu ihnen ist der Mensch vernunftbegabt und daher im Stande, seine Erfahrungen mitzuteilen. Über Jahrtausende hinweg ist so ein Bild der dem Menschen bekannten Welt entstanden – und immer hat es wagemutige Entdecker gegeben, die die Grenzen der bekannten Welt überschritten und sich aufgemacht haben, das Unbekannte zu entdecken.

Die Beweggründe für Expeditionen haben sich im Laufe der Jahrhunderte gewandelt. Unsere Vorfahren mussten, um zu überleben, den Tieren folgen, die ihre Nahrungsgrundlage bildeten; sie legten auf ihren Wanderungen große Strecken zurück und machten bemerkenswerte Entdeckungen. Schon vor 50 000 Jahren gelangten Menschen von Afrika über Europa und Asien nach Australien. In der Eiszeit vor 14 000 Jahren wanderten Menschen über eine Landbrücke von Sibirien nach Alaska und erreichten in vergleichsweise kurzer Zeit, innerhalb von 1 000 Jahren, Südamerika.

Doch erst im Zeitalter der frühen Hochkulturen im 4. Jh. v. Chr. war es möglich, Erfahrungen schriftlich weiterzugeben. Reiseberichte aus dem Alten Ägypten sowie der Griechen und Römer gelten als die ersten geografischen Quellen. Sie trugen im 2. Jh. n. Chr. beträchtlich zum Weltbild des griechischen Geografen Ptolemäus bei, das noch Jahrhunderte später europäische Forschungsreisende beeinflussen sollte. Auf den ptolemäischen Karten beruhte beispielsweise die Annahme des Kolumbus, Asien sei durch die Überquerung des Atlantiks in westlicher Richtung zu erreichen. Nach dem Zusammenbruch des Römischen Reichs im 5. Jh. n. Chr. übernahmen für rund tausend Jahre chinesische und arabische Kartografen die Führung. Ihre Karten übertrafen bei weitem jene aus Europa, wo die geografischen Entdeckungen der Antike durch das Christentum konsequent unterdrückt wurden.

Im 15. Jh. erlebten die Karten der griechischen und römischen Geografen eine Renaissance, und in Europa setzte das Zeitalter der großen Entdeckungen ein. Ziel der Expeditionen sollte die Christianisierung fremder Länder sein, doch das eigentliche Streben galt dem finanziellen Gewinn. Auf der Suche nach einem Seeweg nach Indien folgten portugiesische Entdecker der afrikanischen Westküste in südlicher Richtung und umschifften schließlich das Kap der Guten Hoffnung. 1498 brachte Vasco da Gama vier Schiffsladungen Gewürze (Pfeffer, Ingwer, Zimt und Nelken) aus Indien nach Portugal, wo sie ein Vermögen wert waren.

Im Jahre 1500 brach Pedro Alvares Cabral in der Hoffnung auf einen ähnlichen finanziellen Erfolg mit 13 Schiffen von Lissabon nach Indien auf, landete jedoch in Brasilien. Kolumbus überquerte den Atlantik in der Hoffnung auf die Reichtümer Chinas und Indiens. Einige Jahre später folgten Cortés, Pizarro und andere Konquistadoren dem Ruf des Goldes nach Mexiko und Peru, und Magellan umsegelte die Südküste Amerikas auf der Suche nach einem Handelsweg in den Orient.

Erst im 17. Jh. trat der finanzielle Aspekt allmählich in den Hintergrund. Einige der Pioniere wollten nun unbekannte Länder erforschen, andere trieb schlicht das Fernweh. James Cook, der wohl größte Entdecker seiner Zeit, kehrte 1771 von seiner ersten Weltumsegelung zurück. Er hatte eine Sonnenfinsternis auf Tahiti beobachtet, hervorragende Karten von Neuseeland angefertigt, die Ostküste Australiens sowie das Große Barriereriff erforscht und eine Schiffsladung botanischer und zoologischer Funde nach England zurückgebracht, schrieb jedoch bescheiden, dass er auf seiner Reise „keine großartigen Entdeckungen gemacht habe." Auf seiner zweiten Expedition wagte er sich so weit nach Süden vor wie noch nie jemand zuvor, bis zum antarktischen Packeis, das ihn zu der Überzeugung brachte, es gebe keinen bewohnten südlichen Kontinent.

Das 19. Jh. zeichnete sich vorwiegend durch wissenschaftliche Expeditionen aus. Forscher aus der ganzen Welt erkundeten unbekannte Regionen, und Pflanzen, Tiere und Insekten wurden entsprechend den Lehren des schwedischen Naturforschers Carl von Linné klassifiziert. Die Forschungen gipfelten schließlich in der Darwinschen Evolutionstheorie. Es folgten Archäologen, Geologen, Anthropologen, Ethnologen, Paläontologen und andere Naturwissenschaftler. Die populärsten Forscher waren jedoch die Geografen, die nach und nach die weißen Flecken der Landkarten erkundeten. Nicht alle großen Entdecker trieb wirkliches wissenschaftliches Interesse. Manch einer wurde von seiner Regierung zur Sicherung von Kolonialgebieten außerhalb Europas entsandt; andere suchten Ruhm und Ehre oder handelten schlicht aus Nationalstolz.

Heute dienen Forschungsreisen einem besseren Verständnis der Welt, wobei sich die Forschungsergebnisse auf nahezu allen Gebieten regelrecht überschlagen. Wir leben in einem goldenen Zeitalter der Forschung, einer Zeit, in der vielfältige Reise-, Informations- und Kommunikationsmöglichkeiten weiten Bevölkerungskreisen alle Regionen der Erde, die Meere und zum Teil sogar das Weltall eröffnen, und schon bald wird es uns möglich sein, unserem Planeten die letzten Geheimnisse zu entlocken.

Doch ganz unabhängig von ihrer Zielsetzung haben zu allen Zeiten Forscher vor allem Mut und Ausdauer bewiesen. Sie ergründeten die entlegensten Regionen der Erde, erklommen die höchsten Gipfel, erkundeten Höhlenlabyrinthe, durchquerten tosende Flüsse, erforschten Regenwälder und umschifften die Klippen der Meere. Ihren Leistungen, ihrem Mut und ihrer Ausdauer soll in diesem Atlas der Entdeckungen Rechnung getragen werden.

John Hemming
Direktor der Royal Geographical Society

CAVRVS·CHORVS·VEL·IAPIX·SIVE·ARGESTES
CIRCTVS VEL·TRESIIAS
SEPTENTRIO·VEL·APARCTIAS
FAVONIVS·ZEPHIRVS
AFRICVS·VEL·LIBS
LIBONOTVS·EVROAVSTER
AVSTER·VEL·NOTVS
mare glaciale
EVROPA
ASIA
LIBIA INTERIOR
AFFRICA
ETHIOPIA INTERIOR
ARABIA FELIX
MARE·INDICVM
MARE
Circulus equinoctialis
Tropicus Cancri
Terra incognita secdm ptholomeum

Frühe Entdeckungen

Die ersten Spuren der Zivilisation finden sich an den Flüssen Euphrat und Tigris in Mesopotamien (Irak), am Nil in Ägypten sowie am Indus im heutigen Pakistan. Seit dem 4. Jh. v. Chr. betrieben die Bewohner dieser Regionen verstärkt Ackerbau, was die Bildung von Dörfern und Städten zur Folge hatte; die verschiedenen Nomadenvölker wurden sesshaft und entwickelten komplexe Gesellschaftsstrukturen. Funde antiker Keramik- und Metallarbeiten belegen Wanderungsbewegungen und Kontakte der frühen Kulturen untereinander. Die ersten schriftlichen Darstellungen von Forschungsreisen sind in ägyptischer Hieroglyphenschrift verfasst. Auch in den alphabetischen Sprachen, wie z. B. Griechisch oder Latein, wurden detaillierte Berichte über Reisen innerhalb Europas bzw. nach Asien oder Afrika verfasst. Größtenteils auf diesen Quellen basiert das folgende Kapitel über die Entdecker der Frühzeit.

Die Berichte über die verschiedenen Entdeckungsreisen trugen ebenso zum Weltbild wie zum Selbstbild der einzelnen Zivilisationen bei. Im 2. Jh. n. Chr. verfasste Ptolemäus eine mehrbändige Einführung in die Geografie, die *Geographike hyphegesis*, eine Länderkunde der europäischen, asiatischen und afrikanischen Kulturen mit Hinweisen zur Erstellung von Landkarten und Ortsverzeichnissen, in denen die Längen- und Breitengrade verzeichnet waren. Obwohl dieses Buch als geografisches Werk über die Beschaffenheit der Welt einiges zu wünschen übrig ließ, hatte es noch lange Zeit nach seiner Veröffentlichung große Bedeutung für die westliche Welt. Das ptolemäische Weltbild diente lange Zeit als Grundlage für farbenprächtige Weltkarten (siehe gegenüberliegende Seite; Holzschnitt aus der *Geographike* von 1486), darunter auch der Atlas, der Christoph Kolumbus zu der Überzeugung brachte, Asien sei durch eine Überquerung des Atlantik in westlicher Richtung zu erreichen.

Frühe Kulturen

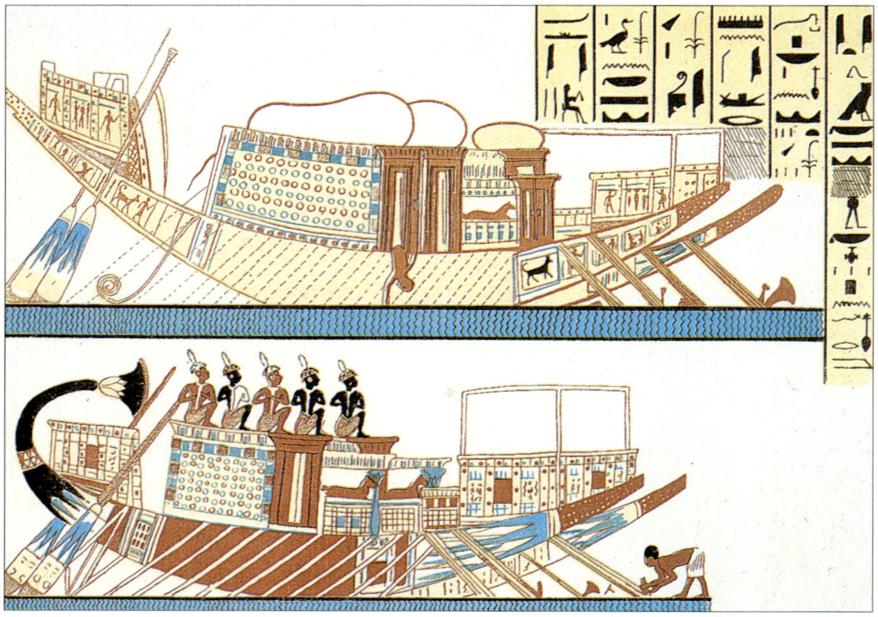

▲ ***Das Land der Ägypter*** *ist von zwei Seiten von Wasser umgeben und wird zudem vom Nil durchflossen. Bei ihren Entdeckungsreisen profitierten die Ägypter von ihren Erfahrungen als Seefahrer. Die Schiffe der Ägypter bestanden aus Zedernholz, das wahrscheinlich aus dem heutigen Libanon importiert wurde.*

Die Reisen der frühen Entdecker waren wesentlich von deren unmittelbarer Umgebung sowie von den zur Verfügung stehenden Hilfsmitteln geprägt. So war es nur natürlich, dass die alten Ägypter hervorragende Segelschiffe konstruierten, mit denen sie zunächst den Nil erkundeten und die Westküste des Roten Meeres von Suez bis nach Eritrea und Somalia erforschten. Der Nil bildete sowohl in praktischer als auch in symbolischer Hinsicht das Zentrum der ägyptischen Hochkultur und wurde von den Alten Ägyptern wie ein Gott verehrt.

Die nubischen Königreiche sowie die Länder der Somalihalbinsel waren Ägyptens Quelle für Weihrauch, Ebenholz, Panterfelle, Gold, Elfenbein und den Großteil ihrer Sklaven. Durch die frühen Expeditionen sollte in erster Linie die Kontrolle über wertvolle Rohstoffe und Erzeugnisse sichergestellt werden.

Harkhuf

Der ägyptische Edelmann Harkhuf, der etwa 2300 v. Chr. lebte und verschiedene Expeditionen zum ersten Nilkatarakt ins Land Yam (Südnubien) unternahm, hat Anspruch auf den Titel des „ersten Entdeckers“.

Die Inschrift in Harkhufs Grabmal in Elephantine (Assuan) berichtet in lobenden Worten von seinen Reisen. Harkhuf betrachtete sich als Gesandter des Königs, „der ausgeschickt wurde, den Weg … nach Yam im Lande Punt zu erkunden.“ Nach sieben Monaten kehrte er mit Reichtümern beladen zurück; ihm wurde große Ehre zuteil. Laut Grabinschrift brachte er von seiner dritten Expedition 300 mit Weihrauch, Ebenholz, Getreide, Panterfellen, Elfenbein, Pfeilen und anderen Schätzen bepackte Esel zurück.

Seine letzten Expedition unternahm Harkhuf im Auftrag von König Pyopi und „kehrte mit einem tanzenden Gnom der Götter aus dem Lande der Geister zurück.“ Laut Grabinschrift war dem König dieser Gnom wichtiger als alle Schätze Sinais und Punts.

Nahe der Grabstätte des Harkhuf wurde ein weiterer Entdecker aus dieser Epoche beigesetzt: Pyopi-nakht, königlicher Gefährte, ritueller Priester und Karawanenführer, der seinem König die Schätze und Waren fremder Länder gebracht hatte. Die Grabinschrift zeigt eine Darstellung seiner Expedition zum ersten Nilkatarakt in Nubien. Seine Aufgabe war die friedliche Eingliederung, gegebenenfalls auch militärische Unterwerfung aufständischer Stämme und „Halbwilder“. Der Grabinschrift zufolge bereiste Pyopi-nakht die Küste des Roten Meeres, wo er die Leiche seines Zeitgenossen Anankht entdeckte. Der königliche Kapitän und Karawanenführer war beim Bau eines Schiffes von nubischen Stämmen erschlagen worden.

Die genaue Lage von Punt (oder Pwnt – „das geheiligte Land“) lässt sich anhand der ägyptischen Quellen nicht bestimmen. Aus dem sagenumwobenen Punt bezogen die Alten Ägypter Myrrhe und Weihrauch, die als Räucherwerk in den Tempeln und als Parfüm und für Einbalsamierungen verwendet wurden. Man vermutet dieses sagenhafte Land jenseits der Wüste, die sich vom Persischen Golf bis nach Arabien und Nordafrika erstreckt, also entweder an der Südküste des Golfs von Aden oder an der Küste Somalias in Afrika.

Entdeckungen unter Königin Hatschepsut

Als Beweis für die Existenz von Punt gilt der Totentempel der Königin Hatschepsut (Regierungszeit 1501–1479 v. Chr.), der einzigen Herrscherin im Lande der Pharaonen, die den Titel einer Königin trug. Hier wird in Wort und Bild anschaulich von einer Expedition nach Punt berichtet. Das Bauwerk ist auch heute noch im Tempelbezirk von Deir el-Bahari bei Theben am Westufer des Nil zu besichtigen. Obwohl die Verwüstungen durch ihren Bruder, der nach ihrem Tod Rache nahm, sowie die Spuren der Zeit nicht zu übersehen sind, sind die Darstellungen der Verdienste der Hatschepsut, die viel für ihr Volk getan hat, gut erhalten. Auf diesem Fries wird erstmals in der Geschichte eine Entdeckungsreise als große menschliche Leistung dargestellt.

► ***Die Chinesische Mauer*** *stellte die Nordgrenze Chinas dar. Der Bau der Chinesischen Mauer begann im 3. Jh. n. Chr., wobei der Großteil des heutigen Bauwerks aus der Ming-Dynastie (1368–1644) stammt. Die Mauer ist etwa 2240 km lang und durchschnittlich 6 m hoch. In der Mitte befindet sich ein 4 m breiter Weg.*

ROUTEN

- Route des Harkhuf etwa 2300 v. Chr.
- Route unter Königin Hatschepsut etwa 1492 v. Chr.
- Frühe Kulturen
- Frühe Städte

Der Fries zeigt in Bild und Schrift zehn detaillierte Szenen einer Expedition in das Land Punt, die im Jahr 1492 v. Chr. auf Betreiben von Hatschepsut hin unternommen wurde. Das erste Bild zeigt den 250 km langen Marsch vom Nil durch die Wüste bis zur Küste des Roten Meeres und die 2 500 km weite Seereise bis zum Arabischen Meer. Die zweite Szene schildert die Ankunft der mit Handelswaren beladenen Flotte in Punt. Ein weiteres Bild stellt die Rückkehr der u.a. mit ganzen Myrrhebäumen beladenen Flotte nach Theben dar. Nach Meinung verschiedener Historiker deutet diese Szene auf die Existenz eines Kanals zwischen Nil und Suez hin, da die Waren unmöglich mit einer Karawane vom Roten Meer zum Nil hätten transportiert werden können. Ein Marsch von El Quseir am Roten Meer bis nach Coptus am Nil dauert auch heute noch (ohne Fracht) etwa 5 Tage.

► ***Auf diesem Fries*** *im Tempel der Hatschepsut sieht man rechts vermutlich den Herrscher von Punt in Begleitung seiner Frau beim Empfang der ägyptischen Handelsexpedition.*

Der geistige Horizont

Wenn sie überleben wollten, mussten die antiken Völker sich den äußeren Umständen anpassen; eine Form dieser Anpassung waren die Entdeckungsreisen. Die Anpassungsfähigkeit dieser Kulturen sollte jedoch nicht überschätzt werden. Die Bevölkerung Ägyptens war in zwei Klassen unterteilt, wobei die Herrschaft von einer kleinen gebildeten Oberschicht ausging, während das gemeine Volk sich aus ungebildeten Bürgern zusammensetzte, die in kleinen Gemeinden miteinander lebten. Die einzelnen Dörfer waren klar voneinander abgegrenzt, wobei die Grenzen auf Verwandtschaftsverhältnissen, Sprachunterschieden und der Verbundenheit der Menschen mit ihrem Heimatdorf beruhten. Auf Veränderungen wurde wenig Wert gelegt. Die Entdeckungsreisenden dieser Epoche waren in der Regel Mitglieder der relativ kleinen Oberschicht; doch selbst von den Angehörigen dieser Schicht wurden Neuerungen keinesfalls immer freudig begrüßt.

Die bedeutenden antiken Kulturen besaßen feste Vorstellungen von ihrer geografischen und kulturellen Ausdehnung. Für die Ägypter stellte der erste Nilkatarakt sowohl eine natürliche als auch eine geistige Grenze zwischen ihrer Kultur und dem Unbekannten dar. Für die Bevölkerung des Persischen Reichs unter Dareios III. und auch für die griechischen Truppen von Alexander dem Großen bildete im 4. Jh. v. Chr. der Indus diese Grenze. Die Griechen betrachteten die Straße von Gibraltar, die Herkulessäulen, als Grenzmarke zwischen der bekannten und der unbekannten Welt. Im Chinesischen Reich wurde diese Grenze von den Jadetoren in der Provinz Sinkiang symbolisiert. Hier entstand erstmals eine Mauer, die das Reich vor unbekannten Gefahren schützen sollte.

Phönizier und Griechen

Antike Quellen belegen, dass der Handel als ein niederes Gewerbe galt, das nach Möglichkeit von Außenseitern der Gesellschaft ausgeübt werden sollte. Im Mittelmeerraum, einer der bedeutendsten Handelsregionen der Antike, galten Phönizier und Griechen als Außenseiter; die wichtigsten Entdeckungen dieser Zeit sind folglich auf diese beiden Völker zurückzuführen.

Die Phönizier

Die ersten phönizischen Handelskolonien entstanden außerhalb der großen Städte. Im 9. Jh. v. Chr. nahmen die Assyrer nach und nach die phönizischen Städte ein. Die Phönizier ergriffen die Flucht und gründeten entlang der Küste neue Kolonien, blieben jedoch unter den Küstenbewohnern in der Minderheit. Von diesen Küstenkolonien aus trieben sie Handel mit diversen Luxusgütern, die sie gegen Rohmaterialien eintauschten, insbesondere Metall. Entlang ihrer Handelswege gründeten sie verschiedene Kolonien: Massilia (Marseille) auf der Landroute zu den Zinnminen in Nordeuropa; Gades (Cádiz) nahe den Kupferminen an der afrikanischen Nordküste und Karthago (Tunis) für den Goldtransport durch die Sahara. So wie später im 15. Jh. n. Chr. die Europäer erkundeten die Phönizier die Ursprungsländer der Handelsgüter. Himilkos Ziel waren z. B. die so genannten „Kupferinseln" (die Scilly-Inseln), von denen die Phönizier ihr Kupfer bezogen. Die einzige Quelle für diese Expedition im 5. Jh. v. Chr. ist in dem etwa 800 Jahre später erschienenen Buch *Ora maritima* von Avenius zu finden. Schenkt man dieser Quelle Glauben, benötigte Himilko vier Monate bis zur bretonischen Küste.

Die Umsegelung von Afrika

Die erste Umsegelung Afrikas wurde etwa 600 v. Chr. durch den ägyptischen Pharao Necho veranlasst. Necho rekrutierte für diese Expedition phönizische Seeleute. Als Quelle für diese Reise gilt eine Niederschrift des griechischen Historikers Herodot, dem bei einem Besuch am Nil, in Naukratis, seine Landsleute davon berichtet hatten. Herodot berichtet mit großer Gewissenhaftigkeit von den Expeditionen im 5. Jh. v. Chr., seine Aufzeichnungen gelten als bedeutendste historische Quelle für die Entdeckungen jener Zeit.

ROUTEN

- Vermutete Route des Skylax 6. Jh. v. Chr.
- Vermutete Route des Himilko 5. Jh. v. Chr.
- Vermutete Route des Pytheas 340 v. Chr.
- Vermutete Route des Eudoxos 146 v. Chr.
- o

Die Griechen

Im 7. Jh. v. Chr. besiedelten die Griechen den nördlichen Mittelmeerraum. Milet an der Ägäisküste bildete die Basis für Expeditionen über den Hellespont (die Dardanellen) und den Bosporus ins Schwarze Meer. Griechische Händler durchquerten das Schwarze Meer bis ins heutige Georgien und zum Kaspischen Meer, wobei sie möglicherweise bis tief nach Russland vordrangen. Im Westen wurden sie jedoch von den Phöniziern aufgehalten, die den Handel auf der Straße von Gibraltar kontrollierten. 340 v. Chr. konnten die Griechen eine kurze Phase der Machtlosigkeit Karthagos zu ihrem Vorteil nutzen. Pytheas aus Massilia (Marseille) segelte im Auftrag einer Handelsgesellschaft durch die Straße von Gibraltar und an der bretonischen Küste entlang zu den Zinnminen auf den Britischen Inseln.

Der Geograf und Astronom Pytheas liebte die Herausforderung. Sein Ziel war die exakte geografische Bestimmung des Nordens. Er erkannte den Zusammenhang zwischen Mond und Gezeiten und entwickelte ein System zur Bestimmung der Längengrade mittels einer kalibrierten Sonnenuhr. Auch wenn seine eigene Darstellung dieser Expedition nicht mehr existiert, lässt sie sich anhand einer Vielzahl anderer Quellen rekonstruieren.

Pytheas folgte der Route des Himilko bis zur Westküste der Bretagne und machte sich auf die Suche nach den Britischen Inseln. Die Küste von Albion (Britannien) erblickte er erstmals in Belerium (Cornwall), dessen Bewohner er als äußerst gastfreundlich bezeichnete, was er auf rege Kontakte zu ausländischen Händlern zurückführte. Während der Fahrt entlang der britischen Küste machte er sich mit den Sitten und Gebräuchen der Briten vertraut.

Das gewaltige Meer „über Britannien" beeindruckte Pytheas zutiefst. Er überquerte die offene See und erreichte nach sechs Tagen das legendäre Thule, das im Laufe der Geschichte in Island, an der norwegischen Küste, auf den Faröern oder (was heute am plausibelsten erscheint) auf den Shetland-Inseln vermutet wurde. Von dort aus begab er sich über Irland zurück zur Festlandküste; immer noch auf der Suche nach den Zinnminen.

Wie die Phönizier stellten auch die Griechen ihre Fähigkeiten in die Dienste ausländischer Herrscher. Gegen Ende des 5. Jh. v. Chr. unternahm Skylax, ein Grieche aus Kleinasien, im Namen des persischen Königs Dareios I. eine Expedition zur Erkundung des Indus. Die Reise führte durch das Persische Reich und über den Fluss Kabul zum Indus. Skylax folgte dem Indus bis zu seiner Mündung in den Indischen Ozean, folgte der Küste von Belutschistan, durchquerte den Golf von Oman und erforschte die Südküste Arabiens. Nachdem er diesen Teil des Indischen Ozeans erkundet hatte, kehrte er über das Rote Meer zurück. In seinen anschaulichen Aufzeichnungen berichtet Skylax von einäugigen Indern und anderen Gestalten, deren Ohren angeblich die Form und die Größe von Körben hatten.

Eudoxos von Knidos

Forschungsreisen waren und sind auch heute noch immer mit einem gewissen Risiko verbunden. Als der wohl kühnste Entdecker der Antike gilt Eudoxos von Knidos, dessen Mut ihn und seine Mannschaft schließlich das Leben kostete. Eudoxos reiste 146 v. Chr. im Auftrag des ägyptischen Königs Euergetes II. nach Indien. Von dieser Expedition, auf der ihn ein indischer Führer begleitete, kehrte er mit einer Vielzahl von Gewürzen und Edelsteinen zurück, die jedoch von der Regierung beschlagnahmt wurden.

Eudoxos' zweite Reise wurde von Kleopatra unterstützt. Auf der Rückreise strandete er an der Küste von Kap Guardafui, wo man ihn zuvorkommend behandelte. An der Küste entdeckte Eudoxos einen hölzernen Schiffsbug, der in Form eines Pferdes geschitzt war. In Karthago berichtete man ihm, dass solche Schiffe den Atlantik zwischen Marokko und Cádiz durchkreuzten. Das Treibgut lieferte einen frühen Beweis für die Existenz eines Seeweges nach Europa entlang der afrikanischen Küste.

Seine letzten Reisen unternahm Eudoxos aus eigener Initiative, was für jene Epoche äußerst selten war. Da er gezwungen war, die Ladung seiner zweiten Indienreise Kleopatra auszuhändigen, rüstete er zwei weitere Expeditionen mit eigenen Mitteln aus. Eudoxos' Fracht bestand aus Geschenken und verschiedenen Geräten zur Kolonialisierung der fremden Länder. Auf der ersten Reise lief sein Schiff vor Marokko auf Grund; die zweite Expedition kehrte niemals in den heimatlichen Hafen zurück.

▲ ***Im 7. Jh. v. Chr.*** *erforschten und kolonialisierten die Griechen den Mittelmeerraum; zu den vielen griechischen Bauwerken gehört der Bacchus-Tempel im heutigen Libanon.*

▼ ***Die Phönizier*** *konstruierten völlig neue Schiffe; der lange Kiel wurde der Länge nach durch ein Tau stabilisiert. Auf diese Weise entstanden stabile Handelsschiffe aus Zedernholz mit einem rechteckigen Segel und vielen Rudern. Für ihre Expeditionen verwendeten sowohl die Griechen als auch die Phönizier Penteren, kleine Galeeren, deren Mannschaft sich aus etwa 50 Ruderern zusammensetzte.*

Alexander der Große

► ***In Persepolis in Asien*** *setzte Alexander der Große den königlichen Palast in Brand, möglicherweise als Sühne für die Inbrandsetzung der Akropolis durch den Perserkönigs Xerxes 150 Jahre zuvor. Die Tore des Xerxes sind auch heute noch in Persepolis zu besichtigen.*

Zwischen 500 und 300 v. Chr. wuchsen die Königreiche nach und nach zusammen. Das größte dieser Reiche entstand, als Alexander der Große im 4. Jh. das persische Großreich unterwarf.

336 v. Chr. hatte Alexander im Alter von 20 Jahren als rechtmäßiger Erbe den makedonischen Thron bestiegen.

Als Schüler des Aristoteles kannte er den Zusammenhang zwischen Wissen und Macht und war sich der Bedeutung wissenschaftlicher Entdeckungen bewusst. Sein Interesse erstreckte sich auch auf die Literatur; die Epen Homers waren ihm vertraut. Geografen, Astronomen, Mathematiker und Botaniker begleiteten seine Truppen.

Die Feldzüge Alexanders des Großen erstreckten sich über elf Jahre. Im Jahre 334 v. Chr. zog er mit 40 000 Fußsoldaten und 5 000 Reitern aus der makedonischen Hauptstadt Pella nach Kleinasien (Türkei). Alexander unterwarf die dort lebenden Stämme und besiegte in der Schlacht von Issos den Perserkönig Dareios. Nach diesem Sieg belagerten Alexanders Truppen die Stadt Tyros (Libanon) und kaperten die persische Flotte.

Auf seinem Marsch Richtung Süden gab es keinerlei Probleme mit Aufständischen; die einzige Ausnahme bildete Gaza. In Memphis bereitete man ihm einen gebührenden Empfang, und im November 332 v. Chr. wurde Alexander zum Pharao gekrönt. Im Frühjahr 331 v. Chr. gründete er mit Alexandria im ägyptischen Nildelta die erste von vielen Städten und stellte so seine Vormachtstellung als Herrscher des Mittelmeerraumes unter Beweis. Von Alexandria zog er mit seinen Truppen acht Tage durch die Libysche Wüste zum Heiligtum des Götterkönigs Amun (griech: Zeus Ammon) in der Oase Siwa, wo er zum „Sohn des Ammon" geweiht wurde.

Verfolgung des persischen Königs

Nach der Entscheidungsschlacht gegen die Perser in Arbela (Gaugamela) am Oberlauf des Tigris ergriff der Perserkönig Dareios die Flucht, und Alexander begann seinen Siegeszug ins Unbekannte. Die Städte des Perserreichs

ROUTEN

- Alexander d. Gr. 334–323 v. Chr.
- Nearchos 326–325 v. Chr.

standen dem selbsternannten neuen König von Persien offen. Im Januar 330 v. Chr. gelangte er über das Zagrosgebirge im Süden des heutigen Iran nach Persepolis. Nach seinem Einmarsch setzte er den Palast des Dareios in Brand und erbeutete den persischen Staatsschatz.

Alexander verfolgte Dareios in die persischen Berge, wobei er den Karawanen bis in das 1 800 m über dem Meeresspiegel gelegene Ekbatana (Hamadan) folgte. Dareios hatte bei Alexanders Ankunft schon die Kaspischen Tore passiert, den Sidarpass, der auch heute noch die Hauptverbindung zwischen Teheran und Herat bildet.

Als Alexander den Flüchtigen in der zweiten Julihälfte nahe Hekatompylus (Damghan) einholte, stellte er fest, dass Dareios tödlich verletzt worden war. Er zog seine Truppen zusammen und begann den steilen Abstieg durch die Wälder des Elburs zur Küste des Kaspischen Meeres.

Er unterwarf die dort ansässigen Stämme und verfolgte Bessos, den Nachfolger des Dareios, durch die asiatischen Steppen bis nach Arachoton (Kandahar), wobei er Flussläufen und verschiedenen Karawanen folgte. Im Frühjahr des Jahres 329 v. Chr. zog er Richtung Hindukusch und gründete dort eine weitere Stadt. Da Alexander sich im Kaukasus wähnte, erhielt die neue Kolonie den Namen Alexandria ad Caucasum. Der Stadtgründung folgte ein harter 17-tägiger Marsch durch das Gebirge ins nördliche Afghanistan, wobei Alexander und seine Armee den 3 475 m hohen Khawakpass passierten. Bevor die Männer endlich den Oxos (Amudarja) erreichten, mussten sie hüfthohen Schnee durchqueren und hatten unter Erfrierungen und der ungewohnt dünnen Höhenluft zu leiden. Sie ernährten sich vom Harz der Nadelbäume und dem rohen Fleisch ihrer Lastesel. Das Flusstal glich einer Sandwüste, und eine Überquerung des Flusses, der bei Kelif fast einen Kilometer breit ist, war unmöglich. Auf improvisierten Flößen, für die sie ihre ledernen Zelte mit Heu füllten, überquerten Alexander und seine Truppe den Oxos. Schließlich vertrieben sie Bessos aus seiner Heimat Baktrien und überließen ihn einem ebenso einsamen wie grausamen Schicksal.

Dann folgte Alexander der späteren Seidenstraße bis Samarkand und durchquerte die dortigen Steppen bis zum Jaxartes (Syrdarja). Hier gründete er eine weitere Stadt, Alexandria Eschate. Vermutlich war er der Überzeugung, der Jaxartes sei der Grenzfluss zwischen Asien und Europa und münde im Norden in den „Ozean". Bei einem Feldzug in den Steppen nördlich des Hindukusch erfroren 327 v. Chr. 2 000 Männer aus Alexanders Armee.

Der Angriff auf Indien

Im Frühjahr überquerte Alexander mit seinen Truppen erneut den Hindukusch, wahrscheinlich über den 4 370 m hohen Kaoshanpass, und erreichte Alexandria ad Caucasum innerhalb von nur zehn Tagen – eine Zeit, die man auch heute noch für diese Strecke benötigt. Hier bereitete Alexander seinen Feldzug gegen Indien vor, ein Land, über das er nur sehr wenig wusste. Im Jahre 326 v. Chr. wagte ein Teil der Truppen den Vorstoß über den Khyber-Pass, während Alexander mit einem kleinen Teil seiner Männer dem Verlauf des Kabul folgte und eines der gefährlichsten Länder Asiens durchquerte.

Nach dem Vorstoß ins „Land der fünf Flüsse" (die Region Punjab) überquerte er den Hydaspes während des Monsuns und schlug in der Schlacht von Hydaspes den indischen König Poros. Eine Meuterei seiner Truppen zwang ihn zur Umkehr. Nach dem Bau einer Flotte auf dem Hydaspes kehrte die Armee teils zu Wasser, teils zu Lande zum Arabischen Meer zurück. Während die Flotte unter der Führung von Nearchos an der Küste des Persischen Golfs entlang zur Euphrat-Tigris-Mündung segelte, folgte das Heer Alexander auf dem Landweg. Die Soldaten durchwanderten die Wüste von Belutschistan; der 60-tägige Marsch kostete 60 000 Soldaten sowie alle Lasttiere das Leben. Bei der Ankunft in Pura, der Hauptstadt der Provinz Gedrosien, erkannten sie, welcher Weg noch vor ihnen lag. Doch sie waren endlich in Sicherheit.

Alexander der Große legte innerhalb von zehn Jahren eine Strecke von etwa 32 000 km zurück, gründete mehr als 70 Städte und trug wesentlich zum geografischen Wissen der Zeit bei. Er eignete sich beeindruckende Kenntnisse in Botanik, Ethnographie sowie Geologie der verschiedenen Regionen an. So entdeckte er beispielsweise, als sein Heer in Baktrien nahe dem Oxos ein Lager aufschlug, eine Ölquelle. In Südpakistan machte er die Bekanntschaft eines Stammes, der sich ausschließlich von Fisch ernährte und Hütten aus Walkadavern baute.

Alexander der Große starb am 10. Juni 323 v. Chr. im Alter von 32 Jahren in Babylon. Die Legende, der zufolge er vergiftet wurde, ist äußerst umstritten. Wahrscheinlicher ist, dass Alexander an den Folgen seiner strapaziösen Reisen starb. So erkrankte er z. B. in Baktrien an Ruhr und zog sich am Indus eine Verwundung zu. Unter seinen Nachfolgern zerfiel sein gewaltiges Reich innerhalb kürzester Zeit. Doch seine Leistung sowie seine Entdeckungen sollten zum Vorbild für viele weitere Expeditionen werden.

▲ ***Dieses Mosaik*** *aus Pompeji zeigt Alexander (links) an der Spitze seiner Armee; die Ausrüstung der Soldaten ist deutlich zu erkennen. In der Schlacht von Issos (333 v. Chr.) schlug Alexander den Perserkönig Dareios; der persische Staatsschatz fiel in die Hände der Makedonier.*

Die Seidenstraße

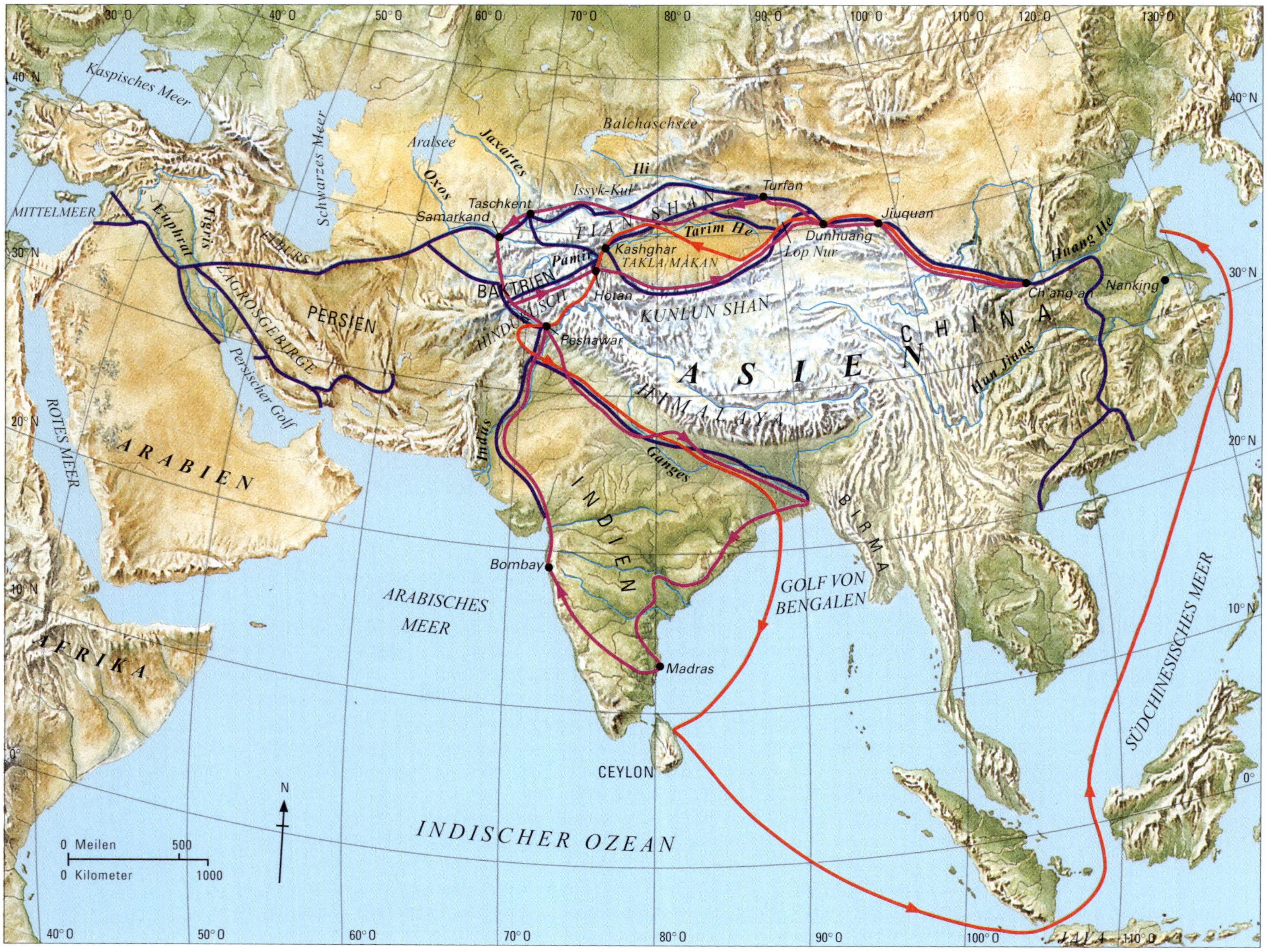

ROUTEN

- Handelsrouten
- Fu-hsien 399–412 n. Chr.
- Hsüan-tsang 629–645 n. Chr.

Vor etwa 2000 Jahren war der Westen durch die Seidenstraße mit China verbunden. Korallen, Perlen, Bernstein, Glas, Wolle und Leinen wurden aus dem Mittelmeerraum in den Osten exportiert und gegen Porzellan, Gewürze (insbesondere Zimt) und natürlich chinesische Seide eingetauscht.

Römer und Griechen stellten die unterschiedlichsten Vermutungen über Herkunft und Herstellung der Seide an. Sie glaubten, die Seide würde von mysteriösen Seren (eine Ableitung aus den chinesischen Wort für Seide) produziert. Im Jahre 70 n. Chr. vertrat Plinius die Ansicht, Seide wachse auf Bäumen. Ein Jahrhundert später berichtete Pausanias von Seidenraupen. Doch diesem Bericht wurde erst Glauben geschenkt, als im 6. Jh. die ersten Eier der Seidenraupe nach Byzanz importiert wurden.

Der Handel entlang der Seidenstraße war ein äußerst einträgliches Geschäft. Schon im Jahr 100 n. Chr. brachen jährlich etwa 12 Karawanen von China nach Westen auf. Das Jahreseinkommen der Han-Dynastie setzte sich zu 30 Prozent aus Zöllen auf Exportgüter zusammen. Plinius zufolge kosteten diese Steuern das Römische Reich jedes Jahr hundert Millionen Sesterzen.

Die Seidenstraße war bis etwa 1500 n. Chr. der Ausgangspunkt für Entdeckungen im asiatischen Raum. Von Jiuquan, dem relativ sicherem Gebiet an der Chinesischen Mauer, wagten die Karawanen erste Vorstöße in die heutige Provinz Sinkiang. Der Zug durch dieses von Nomaden bevölkerte Gebiet war mehr als gefährlich. Den Mittelpunkt dieser Provinz bildet die Sandwüste Takla Makan mit einer Ausdehnung von etwa 1000 km in westöstlicher und etwa 400 km in nordsüdlicher Richtung. Die Takla Makan mit ihren bis zu 90 m hohen Sanddünen wurde von den Entdeckern jahrhundertelang gemieden. Marco Polo sprach von „grollendem Sand“, während ein chinesischer Historiker berichtete, dass Reisende sich einzig an den sterblichen Überresten ihrer Vorgänger orientieren konnten.

Die Wüste ist im Norden durch die Berge des Tian Shan und im Süden durch den Kunlun Shan begrenzt. In beiden Gebirgen fällt häufig Niederschlag, so dass sich verschiedene Flüsse in die Takla Makan erstrecken. Entlang der Gebirgsflüsse im Norden und Süden der Wüste entstanden Oasen, die den Karawanen als Rastplätze auf ihrem Weg nach Kashghar (Kashi) und in die Außenbezirke des Persischen Reichs dienten. Als Alternative zu den unbewohnten Steppen im Norden wählten die Händler eine Route am Südrand der Takla Makan entlang.

Von Dunhuang aus, wo sich in unterirdischen Wasserläufen 1400 Jahre alte Höhlenmalereien mit hinduistischen Motiven befinden, wurden die aus Baktrien kommenden Karawanen in der Regel in nördliche Richtung nach Turfan geleitet. In Turfan finden sich in Höhlen einige der wertvollsten und ältesten Zeugnisse buddhistischer Kunst. Entlang der Seidenstraße sind auch heute noch die Ruinen der ehemaligen Oasenstädte und Paläste zu besichtigen. In

Gaochang z. B. befindet sich ein 6 km langer und 9 m hoher Schutzwall, der ein Labyrinth aus Straßenzügen und Palastruinen umgibt. Die Oasenstädte wurden im Laufe der Zeit von verschieden Nomadenvölkern bevölkert – Usbeken, Kasachen, Kirgisen und Uiguren. Die Nomaden handelten mit Pferden, Stoffen, Jade, Gewürzen, Tee und Holz. In Kashghar, dem größten Marktplatz an der Seidenstraße, tauschten Perser, Afghanen und Türken ihre Waren.

Entdeckungen jenseits der Seidenstraße

Maes Titanius, ein griechischer Kaufmann, entsandte im Jahre 120 n. Chr. einige Männer zur Erkundung der Seidenstraße nach Kashghar. Die Berichte von dieser Expedition bildeten die Basis für Ptolemäus' detaillierte Beschreibungen des zentralasiatischen Raums. Der Kaiser der Han-Dynastie, Wu-ti, beorderte Zhang Qian als Abgesandten des Ostens nach Baktrien, dieser wurde jedoch sowohl auf dem Hin- als auch auf dem Rückweg von den Hunnen ergriffen, die ihn mehr als 20 Jahre gefangen hielten. Im Jahr 97 n. Chr. machte sich mit Kan-ying ein weiterer Abgesandter der Han-Dynastie auf den Weg nach Westen, doch auch er geriet in Gefangenschaft, bevor er sein Ziel, Rom, erreichen konnte.

Die Seidenstraße war Treffpunkt der verschiedensten Religionen. Auch heute noch finden sich in den Oasen entlang der Straße Fresken und in Stein gehauene Buddhas neben Pagoden, persischen und islamischen Gotteshäusern sowie Minaretten. In den ersten Jahrhunderten nach Christus zählten buddhistische Mönche und nestorianische Christen zu den kühnsten Pionieren. Ihre Religion führte sie bis weit in den Süden Asiens. Auf diese Weise gelangte die buddhistische Lehre nach Birma, Sri Lanka und Malaysia. 399 n. Chr. durchreiste der buddhistische Mönch Fu-hsien zusammen mit drei weiteren Mönchen den Süden der Takla Makan. Über „winters wie sommers schneebedeckte Berge“, in denen angeblich Drachen lebten, die schon bei geringstem Anlass Feuer spien, gelangten die Mönche schließlich nach Indien.

Fu-hsien reiste auf der Suche nach Erleuchtung und buddhistischen Manuskripten 15 Jahre lang durch Indien, wobei er in zahlreichen buddhistischen Klöstern Unterschlupf fand. Seine Rückreise nach China führte über Ceylon und Java. Zurück in Nanking schrieb er sein Werk *Fo-Kwe-Ki* (Bericht über buddhistische Länder). In diesem Buch findet sich eine detaillierte Beschreibung seiner Reise: Wege, Wetter, Namen und Größe der von ihm besuchten Städte sowie Aufzeichnungen über die Sitten und Gebräuche der verschiedenen Bevölkerungsgruppen Indiens.

Zweihundert Jahre später machte sich ein weiterer Mönch auf den Weg in den Westen, um den weisen Männern des Westens die Fragen zu stellen, die ihn bewegten. Hsüan-tsang verließ China 629 n. Chr. und überquerte im Frühjahr darauf den Tian Shan. Auf seinem Weg durch Zentralasien besuchte er viele buddhistische Klöster und brach anschließend nach Indien auf. Auf dem Rückweg nach China verlor er im Jahr 643 n. Chr. bei der Überquerung des Indus eine Vielzahl Manuskripte sowie seltene Sämereien. Trotz des Verlusts bereitete der Kaiser ihm bei seiner Rückkehr nach Ch'ang-an im Jahr 645 einen großen Empfang. Hsüan-tsang brachte von seiner 15-jährigen Reise mehr als 700 religiöse Manuskripte, Buddhastatuen, Gebetsmühlen und verschiedene Reliquien mit.

Den Rest seines Lebens widmete Hsüan-tsang seinem Buch *Ta-Tang-Si-Yu-Ki* (Beschreibungen westlicher Länder). Das Werk des Hsüan-tsang galt bis ins 17. Jh. als eine der wichtigesten Quellen über die Nachbarländer Chinas.

◄ ***Rast- und Sammelplatz*** *der Kamelkarawanen, die oft von chinesischen Führern begleitet wurden, waren die Oasen in der Wüste Takla Makan. Mensch und Tier wurden in eigens für diesen Zweck errichteten Gebäuden, den Karawansereien, untergebracht. Einige Händler reisten von der Takla Makan quer durch Persien Richtung Westen zum östlichen Mittelmeer. Andere wiederum brachen gen Süden auf, überquerten den Pamir bis zur Quelle des Oxos und gelangten von dort zum Indischen Subkontinent.*

▼ ***Hsüan-tsang*** *kehrt von einer Expedition zurück. Die Lastpferde tragen religiöse Manuskripte und ähnliche Kostbarkeiten. Würdenträger und betende Mönche heißen ihn in der Heimat willkommen.*

Die Anfänge der Geografie

Das Bild, das sich die Römer und Griechen von der Welt machten, ging weit über ihre eigenen Entdeckungen hinaus. Ihr Verlangen, die Welt um sich herum zu erklären, führte zur Entwicklung geografischer Karten, in die neben realen Entdeckungen auch astronomische, mathematische (insbesondere geometrische), physikalische und vor allem philosophische Kenntnisse einflossen.

Im 4. Jh. n. Chr. entwickelte Plato in seinen Schriften als erster Philosoph die Theorie, dass die Welt eine Kugel im Mittelpunkt des Universums sei und von den anderen Himmelskörpern umkreist werde. Aristoteles, ein Schüler des Plato, stützte dieses Weltbild mit wichtigen Erkenntnissen, u. a. beobachtete er während einer Mondfinsternis die Krümmung des Erdschattens und bemerkte auf einer Reise Richtung Norden Veränderungen im Stand der Sterne, die sich nur durch eine Krümmung der Erdoberfläche erklären ließen.

Wenn es sich bei der Welt um eine Kugel handelt, wie waren dann die Landmassen verteilt? Nach Herodot war die Welt um das Mittelmeer angeordnet, wobei der Nil das südliche Gegenstück zur Ister (Donau) im Norden bildete. Jenseits der bekannten Welt, so Herodot, lag der „Ozean“. Ein Zeitgenosse des Herodot, Eudoxos von Knidos, entwickelte ein weit anspruchsvolleres Weltbild, das von einer kugelförmigen Welt ausging und je nach Neigungswinkel zur Sonne verschiedene Klimazonen aufwies.

Die Theorie des Eudoxos bildete die Basis für das aristotelische Konzept verschiedener Klimazonen, die jeweils durch ihre Entfernung zum Äquator definiert waren. Aristoteles kannte die immense Hitze in der Wüste jenseits des Mittelmeeres (die höchsten Temperaturen wurden in Libyen gemessen) und zog daraus den Schluss, dass die heißen Zonen, die Länder in der Nähe des Äquators, unbewohnt sein müssten. Die bewohnten Gebiete der Erde, die Ökumene, müssten sich in den gemäßigten Klimazonen befinden. Im Süden, jenseits des Äquators, müssten zwar ebenfalls gemäßigte Klimazonen existieren, aber diese würden für die Griechen wegen der Hitze in den heißen Regionen auf ewig unerreichbar bleiben.

Die Gelehrten von Alexandria

Die Kartografie der Welt erreichte ihren Höhepunkt in der Akademie von Alexandria, einem der ersten wissenschaftlichen Institute der Welt. Eratosthenes, von 234 bis 192 v. Chr. Bibliothekar der Akademie, stellte eine erstaunlich genaue Berechnung des Erdumfangs an, die nur um 0,5 Prozent vom realen Erdumfang abwich. Darüber hinaus verfasste er eine detaillierte Beschreibung der besiedelten Gebiete der Welt. In diesem Werk nimmt er eine Unterteilung der Erdoberfläche in Asien, Libyen und die fünf Klimazonen (eine heiße Zone, zwei gemäßigte Zonen und zwei Kältezonen) vor. Außerdem entwickelte Eratosthenes ein System von Längen- und Breitengraden und erstellte mit seinem Werk *Orbis Terrarum* den ersten bekannten Weltatlas, dem ein Gradnetz zu Grunde liegt. Der Meridian dieser Weltkarte liegt bei Alexandria, während der erste Längengrad durch die Herkulessäulen und Rhodos verläuft.

Hipparch von Nizäa, der Nachfolger des Eratosthenes, beschäftigte sich als erster Wissenschaftler mit der Frage, wie die Krümmung der Erdoberfläche auf eine flache Oberfläche zu übertragen sei. Er entwickelte zwei Arten

▼ *Diese Weltkarte aus dem Jahre 1570 stammt von Abraham Ortelius. Die meisten Länder im westlichen Atlantik waren bereits erforscht, doch die mysteriöse „Terra Australis Incognita“, ein Kontinent, der den größten Teil der südlichen Hemisphäre ausfüllt, zeugt noch Jahrhunderte nach Ptolemäus von dessen Einfluss.*

◄ ***Strabos Weltkarte***
basiert zum größten Teil auf frühzeitlichen Reiseberichten. Auch Strabo selbst war für seine Reisen bekannt. „Ich reiste nach Westen, bis nach Etrurien gegenüber von Sardinien, und nach Süden, vom Schwarzen Meer bis nach Äthiopien."

► ***Ptolemäus' Schriften***
waren noch 1300 Jahre nach seinem Tod für Astronomen und Geografen von großer Bedeutung. Seine These, die Erde sei der Mittelpunkt des Universums, entsprach der religiösen Ideologie des Mittelalters, wonach die Erde die unterste Stufe des Universums darstellte und die konzentrischen Kreise der Planeten um die Erde Gradmesser auf dem Weg zur Göttlichkeit darstellten.

der Projektion zur mathematischen Darstellung der gekrümmten Erdoberfläche. Doch in beiden Fällen war jeweils nur die Darstellung einer Hemisphäre möglich. Auch war das Zentrum im Verhältnis zur Peripherie jeweils zu groß oder zu klein.

Strabo

Unser heutiges Wissen über die Arbeit der frühen Kartografen verdanken wir den Aufzeichnungen des römischen Gelehrten Strabo (etwa 64 v. Chr. – 20 n. Chr.). Die Werke römischer und griechischer Geografen sind heute nicht mehr erhalten und lassen sich nur noch anhand verschiedener Querverweise in den wenigen vorhandenen Schriften rekonstruieren. Einzig das geografische Werk des Strabo, die *Geographia*, ist fast vollständig erhalten.

Strabo forschte in Alexandria und stützte eine Vielzahl seiner Thesen auf die Erkenntnisse seiner Vorgänger. So teilte er z. B. das Weltbild des Aristoteles, dem zufolge die Erdoberfläche sich aus verschiedenen bewohnbaren Zonen zusammensetzte und von einem großen Ozean umgeben war. Doch übernahm er auch fehlerhafte Berechnungen in seine geografische Arbeit, z. B. die Berechnung des Poseidonios, wonach der Erdumfang 29 000 km betrug. Poseidonios hatte diesen Wert ermittelt, indem er die Höhe des Fixsterns Canopus über Rhodos und Alexandria – zwei Städte, von denen er annahm, sie lägen auf demselben Breitengrad – ermittelte und den Abstand zwischen beiden Städten auf Grundlage der durchschnittlichen Dauer einer Schiffsreise berechnete.

Strabo entwickelte anhand präziser Aufzeichnungen, Militärkarten und Seekarten eine detaillierte Übersicht über die bekannte Welt und stellte sie den Herrschern des Römischen Reichs zur Verfügung. Das Wissen und die Fähigkeiten dieser Wissenschaftler sollten die Basis für zukünftige Entdeckungen bilden.

Ptolemäus

Claudius Ptolemäus gilt als der bekannteste Geograf der Antike. Über sein Leben ist nichts weiter bekannt, als dass er zwischen 127 und 150 n. Chr. in der Akademie von Alexandria arbeitete. Ptolemäus gilt als der Verfasser des *Almagest*, eines klassischen Werkes über Astrologie. Das von Ptolemäus entwickelte astronomische System mit der Erde im Mittelpunkt des Universums stimmt in weiten Teilen mit dem Weltbild des Aristoteles überein und galt lange Zeit als richtungweisend. Nach Ptolemäus beschreiben die Planeten Kreise um die Erde, weisen dabei jedoch eine unterschiedliche Geschwindigkeit auf. Der Einfluss des Ptolemäus war so bedeutend, dass sein geozentrisches Weltbild (die Erde als Zentrum des Universums) von den Christen bis ins späte Mittelalter als eine Art Glaubensbekenntnis betrachtet wurde.

Sein zweites Werk, ein detaillierter Weltatlas, setzt sich aus sechs Bänden zusammen und umfasst ein geografisches Ortsverzeichnis. Die detaillierten Karten der *Geographike hyphegesis* verfügen über ein Gradnetz. Die ersten und letzten Bände enthalten Anleitungen zur Herstellung von Landkarten sowie auf dem Ortsverzeichnis basierende Karten der verschiedenen Erdteile.

Ptolemäus standen jedoch keine Möglichkeiten zur exakten Bestimmung von Raum und Zeit zur Verfügung. Die Lage der Breitengrade ließ sich nur annäherungsweise bestimmen, und eine exakte Messung der Längengrade war nicht durchführbar. Aus diesem Grund wurden seine Angaben zu den Regionen östlich seines ersten Meridians (eine Nord-Süd-Linie durch die Kanarischen Inseln bzw. durch die Inselgruppe Madeira) mit zunehmender Entfernung zu diesem Meridian immer ungenauer. Darüber hinaus legte Ptolemäus seiner Arbeit die Berechnungen des Poseidonios zu Grunde, obwohl Eratosthenes den Erdumfang um ein Vielfaches genauer berechnet hatte. So ist es nicht verwunderlich, dass Kolumbus aufgrund der Karten des Ptolemäus Asien in nächster Nähe und westlich von Europa vermutete.

Von weitaus größerer Bedeutung war Ptolemäus' falsche Darstellung des Indischen Ozeans (ein großer See, der im Süden von einer Landmasse eingegrenzt wurde). Möglicherweise stützte Ptolemäus sich bei dieser Darstellung auf die Angaben des Hipparch von Nizäa. Die unbekannte Landmasse im Süden, *Terra Australis Incognita*, findet sich bis ins 16. Jh. sowohl auf europäischen als auch auf arabischen Weltkarten.

Das Römische Reich

ROUTEN

- Grenzen im Jahre 27 v. Chr.
- Routen im Zeitalter des Augustus
- Aelius Gallus 25–24 v. Chr.
- Cornelius Balbus 20 v. Chr.
- Hippalus 14–37 n. Chr.
- Nilerkundung 61–63 n. Chr.

Der Einfluss des Römischen Reichs auf die westliche Geografie wird durch einen Vergleich der Arbeiten des griechischen Geografen Poseidonios (um 60 v. Chr.) mit dem Werk des Ptolemäus aus dem 2. Jh. n. Chr. deutlich. Was war geschehen? Die Römer hatten keineswegs Länder entdeckt, die den Griechen unbekannt waren. Doch im Gegensatz zu den Griechen, die lediglich wussten, dass diese Länder existierten, erforschten die Römer diese Gebiete systematisch. Sie drangen in die Länder ein, vermaßen sie und fertigten entsprechende Landkarten an.

Die Römer betrachteten die Welt mit den Augen Alexanders des Großen: als eine Ansammlung zu erobernder Länder. Römische Münzen aus dieser Zeit zeigen eine Weltkugel mit den Symbolen Alexanders des Großen, dem Zepter und der Siegespalme. Die Inschrift der Münze lautet: *Terra Marisque* (zu Lande und zu Wasser) und verdeutlicht den Herrschaftsanspruch Roms.

Vergils *Aeneis* beginnt mit einer Prophezeiung Jupiters, der dem Römischen Reich eine Zukunft als *imperium sine fine* (ewiges Reich) voraussagt.

Eine der letzten Schriften, die Augustus kurz vor seinem Tod im Jahr 14 n. Chr. verfasste, das *Res gestae*, besagt, dass die Welt der römischen Herrschaft unterstellt worden sei.

Das Zeitalter des Augustus

Von 48 v. Chr. bis 68 n. Chr. machten die Römer eine Vielzahl wichtiger Entdeckungen, wobei ihre Vorstöße nur selten einen wissenschaftlichen Hintergrund hatten. Zwischen 61 und 63 n. Chr. erkundete eine römische Abordnung der Prätorianergarde den Nil, vermutlich im Hinblick auf spätere Eroberungszüge. Nach dem Bericht des Plinius folgten die Römer dem Weißen Nil bis tief ins Nubische Reich und brachten typisch afrikanische Handelswaren, wie z. B. Ebenholz, mit zurück. Obwohl sie die Quellen des Nil nicht fanden, war dies die bislang größte Nilexpedition. Die nächste europäische Nilerkundung sollte erst um 1830 stattfinden.

Die Entdeckungen jener Zeit sind jedoch nicht ausschließlich den Abgesandten des Römischen Reichs zuzuschreiben. Auch die Handelsreisenden unternahmen verschiedene Expeditionen, um innerhalb des Römischen Reichs neue Handelswege zu erschließen. Laut Strabo war der Handel mit den Ländern im Osten und am Roten Meer zu jener Zeit besonders rege; etwa 120 Schiffe segelten jährlich auf dieser Route.

Um die an der arabischen Küste lauernde Gefahr von Piratenüberfällen zu umgehen, segelte Hippalus, ein wohlhabender griechischer Kaufmann, auf direktem Seeweg nach Indien. Zur selben Zeit wurde von einem freigelassenen Sklaven eine ähnliche Reise unternommen. Dieser Mann überquerte den Indischen Ozean und erreichte die Königreiche von Dekkan im Süden Indiens, die Quelle der von den europäischen Händlern so heiß begehrten Waren.

Die Expeditionen der Römer zählen zweifelsohne zu den beschwerlichsten Entdeckungsreisen mit größtenteils ungewissem Ausgang. In den Jahren 25 bis 24 v. Chr. leitete Aelius Gallus, Präfekt von Ägypten, eine Expedition in die arabische Wüste. Die Reise begann am Golf von Suez und führte über verschiedene, von Strabo detailliert aufgezeichnete Oasen. Da sie von den einheimischen Führern in die Irre geführt wurden, verirrten die Männer sich schließlich in den Bergen des westlichen Arabiens. Die Expedition war zwar kurz vor ihrem Ziel, der Küste des Golfs von Aden – Quelle der im Römischen Reich so heiß begehrten Gewürze –, die angeschlagenen Pioniere erreichten jedoch nur das Rote Meer und traten von dort den Rückweg an. Auf der Suche nach den afrikanischen Goldvorräten leitete Cornelius Balbus, Konsul von Afrika, 20 v. Chr. eine ähnlich strapaziöse Expedition durch dieses Land.

Auf der Suche nach dem begehrten Gold Afrikas marschierten die Männer südlich von Tripolis 1 600 km tief in die Sahara. Auch wenn solche Expeditionen ihr Ziel nicht erreichten, finden sich die auf diesen Forschungsreisen gewonnenen Erkenntnisse in den Aufzeichnungen der großen Geografen (Strabo, Plinius, Agrippa und Ptolemäus) wieder.

Entdeckungen im Osten

An den Ostgrenzen war der Widerspruch zwischen einer vorsichtigen Reichskonsolidierung und den Expansionsmöglichkeiten bis zum Indus, auf den Spuren von Alexander dem Großen, besonders deutlich spürbar. Dies hielt die Römer jedoch nicht von ersten Vorstößen über den Taurus (78 v. Chr.) sowie zu den Quellen von Euphrat und Tigris ab (69 v. Chr.); kurz darauf erreichten sie das armenische Hochland. Nach und nach erkundeten die Römer das Gebiet der Provinz Asien zwischen dem Schwarzen und dem Kaspischen Meer. Der Euphrat wurde zu einem Grenzfluss des Römischen Reichs, doch nichtsdestoweniger entsandten die Römer Expeditionen in den Kaukasus. Durch den Kontakt mit der Bevölkerung lernten die Römer den Umgang mit Schlitten und Skiern. Von den Parthern erhielten sie wichtige Informationen über die Länder des Ostens.

▲ ***Die Siege des römischen Kaisers Trajan,*** *dargestellt auf einer Säule im Forum Romanum. Während seiner Regierungszeit (98–117 n. Chr.) dehnte er das Römische Reich zum Osten hin aus. Trajan unterwarf die Völker des Balkans, Persiens (Iran) und Mesopotamiens (Irak).*

Entdeckungen in Europa

Innerhalb Europas lag die Grenze des Römischen Reichs in Ostpolen; die Römer drangen nie bis Litauen oder Russland vor. Die Erkundung der Ister (Donau) bis hin zu ihrer Quelle lässt sich mit den Nilexpeditionen vergleichen und gilt als eine der größten Pionierleistungen im Zeitalter des Augustus. Die Besetzung Transsilvaniens führte zu umfangreichen Kenntnissen über dieses Gebiet. Durch den Ausbau von Straßen in den Bergen im Süden Transsilvaniens erschlossen die Römer den Balkan, wo sie ihren Bedarf an Sklaven und Bernstein zu decken hofften. Ein römischer Prokurator entsandte einen Reiter, der Bernsteinvorkommen ausfindig machen sollte. Der Reiter legte 900 km zurück, durchquerte Mähren und Schlesien und erreichte schließlich die Ostseeküste. Durch Expeditionen zur Elbmündung und zur friesischen Küste erhielten die Römer Informationen über die Ostseeküste bis nach Riga sowie über die Volksstämme im Osten Europas.

Die Besetzung Galliens, insbesondere der undurchdringlichen Wälder des französischen Zentralmassivs, sowie die Eroberung des Gebiets zwischen Somme und Rhein gelten als Inbegriff der römischen Eroberungen.

Damit die Römer Steuern erheben konnten, bedurfte es einer Berechnungsgrundlage; Voraussetzung war die systematische Erfassung und Vermessung des Landes. Um das Reich zu verwalten, wurden Straßen selbst in den unwegsamsten Regionen gebaut und sorgfältig instand gehalten. Der Übergang über den Kleinen Sankt Bernhard wurde großzügig gepflastert, damit römische Truppen ohne große Schwierigkeiten die Alpen passieren konnten.

Nordische Entdecker

Kielboote der Wikinger
Selbst heute noch sind die Kielboote der Wikinger äußerst beeindruckend. Das bei Ausgrabungen entdeckte Gokstadschiff aus dem 9. Jh. ist über 23 m lang. Die Schiffskonstruktion besteht aus einem hohen Kiel, an dem Eichenplanken befestigt wurden. Im Jahr 1893 wurde mit einem Nachbau des Gokstadschiffs eine Atlantiküberquerung von Bergen nach Neufundland innerhalb von nur 28 Tagen durchgeführt und so die effektive Konstruktion der Wikingerschiffe demonstriert. Die Langschiffe *(langskip)* zeichneten sich vor allem durch leichte Bauweise aus und wurden ausschließlich an der Küste eingesetzt. Die Halbschiffe *(halfskip)* waren kleiner, breiter und verfügten über mehr Tiefgang sowie bessere Segel. Wikingerschiffe waren hochseetüchtig und darüber hinaus zum Warentransport geeignet. Der Bug der Wikingerschiffe war in der Regel mit einem Drachenkopf versehen (siehe Abbildungen oben).

Nach dem Untergang des Römischen Reichs im 5. Jh. n. Chr. geriet das kulturelle Erbe der griechischen und römischen Antike in Vergessenheit. So ist es eigentlich erstaunlich, dass es in diesem Zeitraum überhaupt zu Entdeckungen kam. Durch den Einfall der „Barbaren" aus den Gebieten nordöstlich der Donau und östlich des Rheins wurde das ehemalige Römische Reich in viele kleine Königreiche und Provinzen unterteilt, die mit der klassischen Kultur Griechenlands und Roms wenig gemeinsam hatten. Zur selben Zeit zeigten sich die ersten Auswirkungen der Christianisierung – sowohl positive als auch negative – auf die Reisetätigkeit. Im negativen Sinne sind hier die grundlegenden Veränderungen der „geistigen Landkarten" zu nennen, die religiös motiviert waren. Die Behauptung, die Erde sei eine Scheibe, wurde von der Kirche vehement vertreten und fand immer mehr Anhänger. Anderslautende geografische Aufzeichnungen der Griechen und Römer wurden kurzerhand verboten oder als Lügenmärchen abgetan.

Andererseits war der Christianisierungsgedanke ein starker Impuls für weitere Expeditionen, insbesondere in europäische Nachbarländer. Die Reisen des Abtes Augustin und des Theodor von Tarsus, der aus Kleinasien aufbrach, um als späterer Erzbischof von Canterbury die christliche Missionierung Englands zu vollenden, sowie Kaiser Hadrians langer Weg von Nordafrika zu den Britischen Inseln bezeugen die Bereitschaft, im Namen des Glaubens weite Strecken zurückzulegen. Besonders bekannt wurde Arkulf, ein fränkischer Pilger, der bei seiner Rückkehr aus der Levante im Jahr 680 vom Kurs abkam und auf der schottischen Insel Iona landete. Arkulf berichtete dem Abt des dortigen Klosters von seinen Reisen, der sie wiederum König Aelfrik von Northumbria schilderte. Die Reise wurde später in die Chronik *Historia ecclesiastica gentis Anglorum* des Beda Venerabilis eingebunden. Die Missionierung Irlands durch Palludius und Patrick im 5. Jh. führte zur Erkundung der britischen Inselwelt durch irische Einsiedlermönche, die auf der Suche nach geeigneten Standorten für Klöster waren.

Expansionspolitik der Wikinger

Die Fahrten der skandinavischen Wikinger gegen Ende des 8. Jh. zählen zu den beeindruckendsten Entdeckerleistungen ihrer Zeit. Ebenso wie die nomadischen Steppenvölker wurden die Kriegerscharen der Wikinger von der Übervölkerung des Landes, Abenteuerlust, Beutegier und vielleicht sogar dem Wunsch nach einem sesshaften Leben in einem anderen Land getrieben. Die Wikinger siedelten sich entlang der Ostseeküste sowie in den westlichen Regionen Russlands nahe dem Ladogasee an. Von hier aus trieben sie über Dnjepr und Wolga Handel mit ihren südlichen Nachbarn. Zu Beginn des 9. Jh. standen die Wikinger in Handelsbeziehungen zu Bulgaren und Kasachen; ihr Einfluss erstreckte sich bis in den Kaspischen Raum. Die Expeditionen der Wikinger waren keine Aufsehen erregenden Heldentaten, sie ähnelten eher Raub- und Plünderfahrten.

Gegen Ende des 8. Jh. hatten die Wikinger ihre Boote so weit perfektioniert, dass sie ihre Raubzüge an die englische Küste sowie an die Küsten des europäischen Kontinents ausdehnten. Ab 830 nahm die Zahl der Wikingerüberfälle merklich zu. Von ihren neuen Niederlassungen in Westfrankreich aus umsegelten sie Gibraltar und gelangten in den Mittelmeerraum. Ungefähr 858 brach der dänische Prinz Björn Ironside mit seinem Reisegefährten Hastein mit 62 Schiffen zu einer Fahrt nach Süden auf, in deren Verlauf sie vier Jahre lang die Küsten Spaniens und Nordafrikas terrorisierten. Ein Drittel der Expedition kehrte im Jahr 962 an die Loiremündung zurück.

ROUTEN

Wikingerfahrten zwischen dem 8. und 10. Jh.

Zu den wichtigsten Entdeckungsfahrten zählen die Expeditionen in den Nordatlantik. Im 9. Jh. besiedelten Norweger die Faröer und nur zwei Generationen später Island. Skandinavische Quellen aus späterer Zeit berichten von drei großen Islandfahrten von den Faröer aus, von denen jede selbst auf direktem Weg 1 600 km durch schwere See führte. Der Legende nach verfügten die Seefahrer über ein Navigationssystem, das sich an den Breitengraden orientierte und ihnen dazu verhalf, die Reise über den Ozean ohne Schwierigkeiten zu bewältigen. Diese atemberaubenden (und den Quellen zufolge meist von zufälligen Entdeckungen gekrönten) Seefahrten wurden von dem Schweden Gardar Svarvarsson und den Norwegern Naddod und Floki Vilgerdarsson geleitet. Ernüchtert durch den strengen Winter auf Island gab Floki dieser Insel den Namen „Eisland". Kurz nach diesen Fahrten, die zwischen 860 und 870 stattfanden, wurde Island besiedelt.

Die Entdeckung Grönlands ist auf den Norweger Gunnbjörn zurückzuführen, der hier an Land ging, nachdem er vom Kurs abgekommen war. Im Anschluss an die vollständige Besiedlung Islands, unternahmen die Wikinger um 978 einen ersten Versuch zur Besiedlung Grönlands, der jedoch fehlschlug. Erst in den 80er Jahren fanden flüchtige Rechtsbrecher aus Britannien und Norwegen in Grönland eine neue Heimat. Leiter der Erkundung und Besiedlung Grönlands war Erik Thorvaldsson (Erik der Rote), der zuvor aus Norwegen und Island verbannt und mit der Erforschung des von Gunnbjörn entdeckten Landes beauftragt worden war. Erik dem Roten erschien Grönland als eine trostlose Landmasse aus unendlichen Bergen und Gletschern. Er gab dem Land den Namen Grünland, um Siedler anzulocken.

Die Kolonialisierung Grönlands durch die Norweger war trotz der extremen Klimabedingungen ein voller Erfolg. Die norwegischen Schiffe waren hochseetauglich, so dass die Überquerung des Nordatlantiks kein Problem darstellte. Zuverlässigen Quellen zufolge erreichten die Wikinger sogar die Küste Neufundlands (siehe S. 118–119). Die Nahrung bestand vorwiegend aus Robben und Walrossen. Da zwischen 1 000 und 1 200 ein ungewöhnlich mildes Klima herrschte, war während der wenigen Sommermonate sogar der Anbau von Gemüse und Getreide möglich. Diese erste und bemerkenswert kühne Ausweitung Europas fand aufgrund einer geringfügigen Klimaveränderung sowie veränderter Perspektiven innerhalb Europas ein Ende.

▲ ***Erik der Rote*** *beschreibt Grönland als ein Land mit hohen Bergen und Gletschern, obwohl in der Region zu seiner Zeit ein außergewöhnlich mildes Klima herrschte. Die Siedler konnten in den zwei bis drei Sommermonaten sogar Gemüse (z. B. Kohl) und Getreide anpflanzen.*

Geografie im Islam

Die Religionen der Antike lehrten ihre Anhänger (in der Hauptsache die wenigen Gebildeten), die Welt so zu akzeptieren, wie sie ist, Extreme zu vermeiden und sich in die Ordnung des Universums einzufügen. Nicht zuletzt weil diese Religionen nur geringfügige Veränderungen hervorgebracht hatten, fanden die ersten transzendentalen Religionen großen Zulauf. Diese Religionen schlossen die Lehre von der individuellen und der universellen Erlösung ein und lehrten ihre Anhänger die Anpassung an Veränderungen sowie die Akzeptanz von Instabilität und Diskontinuität im Namen der Religion. Im Namen dieser Religionen wurden große Entdeckungen gemacht.

Neben der Entstehung des Christentums als einer der ersten transzendentalen Religionen zählt die Verkündung der Lehre des Islam zu den bedeutendsten Ereignissen der Weltgeschichte. Das Ziel ihres Begründers Mohammed († 632 n. Chr.) war die Vereinigung der verschiedenen arabischen Völker zu einer einheitlichen Religion. Der Botschaft Mohammeds, der „Ergebung in den Willen Gottes", begegneten die konservativen Araber mit Abwehr. Doch bereits ein Jahrhundert nach Mohammeds Tod hatte sich der Islam über die Pyrenäen bis nach Spanien und über die Grenzen Indiens bis in den Fernen Osten verbreitet. Um 750 n. Chr. war das Islamische Reich das größte Reich westlich von China.

Das goldene Zeitalter des Islam

Das goldene Zeitalter des Islam wird häufig mit dem Abbasiden-Kalifat zwischen dem 8. und 10. Jh. in Bagdad gleichgesetzt. Diese Zeitspanne zeichnet sich vor allem durch wirtschaftliche Prosperität aus; islamische Gold- und Silbermünzen (Drachmen und Dinar) waren weit verbreitet. Der Bedarf des Islamischen Reichs an Nahrungsmitteln, Pferden, Holz, Metall und Sklaven führte zu Handelsbeziehungen mit vielen Ländern Europas, mit Indien, China sowie mit den Nomadenvölkern in der Sahara und den asiatischen Steppen.

Auch die Welt der Wissenschaft durchlief eine Wandlung: griechische, römische, persische und indische Traditionen flossen in den Islam ein. Wissen galt als heilig, und die Moschee bildete sowohl das religiöse und soziale als auch das wissenschaftliche Zentrum der islamischen Kultur. Außerhalb der Moscheen wurde in Krankenhäusern (Medizin) und Observatorien (Astronomie, Astrologie und Geografie) gelehrt. Die Observatorien als wissenschaftliche Institution waren mit den für die Moscheen üblichen Kuppeldächern versehen. Die islamische Kosmologie war mit dem religiösen Prinzip der Hingabe und der Lehre des Propheten eng verbunden. Für die islamischen Geografen war die wirkliche Welt somit ein Abbild der spirituellen Welt. Diese Anschauung schloss jedoch exakte mathematische Berechnungen der geografischen Koordinaten, die durch den systematischen Einsatz des Kompass noch unterstützt wurden, keinesfalls aus.

Die „Abbildungen der Erde" von Ibn Musa al-Khwarazimi, gelten als eines der bedeutendsten Werke des goldenen Zeitalters des Islam. Aufzeichnungen arabischer und persischer Händler über ihre Reisen über den Indischen Ozean nach Java und China lieferten zusätzliche Informationen. Diese Informationen fanden Eingang in die Werke des großen islamischen Meisters der Geografie, Abu Rayan al-Biruni (973–1048). Abu Rayan al-Biruni stammte aus Khorosan in Zentralasien, beherrschte Türkisch, Persisch, Sanskrit, Hebräisch und Syrisch und stand darüber hinaus in engem Kontakt zu den großen Gelehrten seiner Zeit. Seine astronomischen und geografischen Studien führten zu seinen beiden wichtigsten Theorien: zum einen die Drehung der Erde um ihre eigene Achse und zum

► ***Die Weltkarte*** *des Al-Idrisi, die zusammen mit dem Buch des Roger weit verbreitet war, ist in 70 Planquadrate unterteilt, wobei der Süden sich oben auf der Karte befindet.*

anderen die These, beim Indusbecken handle es sich um einen ehemaligen See. Seine exakten Berechnungen der Längen- und Breitengrade verschiedener Orte finden sich in der „Geografie zur Bestimmung der Stadtkoordinaten", die beim Bau von Moscheen dazu diente, diese exakt gen Mekka auszurichten. Diese Werke bildeten die Basis für nachfolgende Kartografen.

Abu 'Abdullah al-Idrisi

Der marokkanische Kartograf Abu 'Abdullah ash Sharif al-Idrisi (1100–1165) diente am Hof des Normannenkönigs Roger II. von Sizilien (Regierungszeit 1130–1154). Al-Idrisi hatte in verschiedenen arabischen Moscheen studiert und im Alter von 16 Jahren Kleinasien bereist. Er fertigte eine große Erdkarte mit ausführlicher Beschreibung an und verfasste im Auftrag des Königs Roger II. von Sizilien einen großen Reisebericht mit dem Titel „Die freudvolle Exkursion eines, der begierig die Gegenden der Welt durchreist" (Buch des Roger).

Die Arbeit des Al-Idrisi basiert auf hellenistischen und frühen islamischen Quellen. Darüber hinaus sammelte er auf eigenen Reisen Informationen und stand in Verbindung zu den Forschungsreisenden seiner Zeit. So machte er z. B. detaillierte Angaben über das Land Wangara am Niger, 650 Jahre bevor es von Mungo Park erforscht wurde.

Die Karte des Al-Idrisi bestand aus 70 Planquadraten, die nördlich des Äquators in sieben gleich große Klimazonen unterteilt waren. Jede dieser Klimazonen gliederte Al-Idrisi in zehn Teilbereiche entlang der Längengrade auf.

Al-Idrisis Karte enthält viele Details und ist hervorragend gearbeitet. Die Kartografie des Pir Muhy al-Din Raa aus dem 16. Jh. ist von ähnlicher Qualität. Dieses Werk enthält Karten von Afrika und Amerika, deren Genauigkeit auch heute noch viele Wissenschaftler erstaunt.

► ***Das Weltbild*** *des Al-Idrisi (Süden oben) korrigiert das alte Weltbild des Ptolemäus, der den Indischen Ozean 1000 Jahre zuvor als einen See und das Kaspische Meer als einen Meerbusen dargestellt hatte. Die Mittelmeerküste Persiens und Arabiens weist eine Vielzahl von Details auf.*

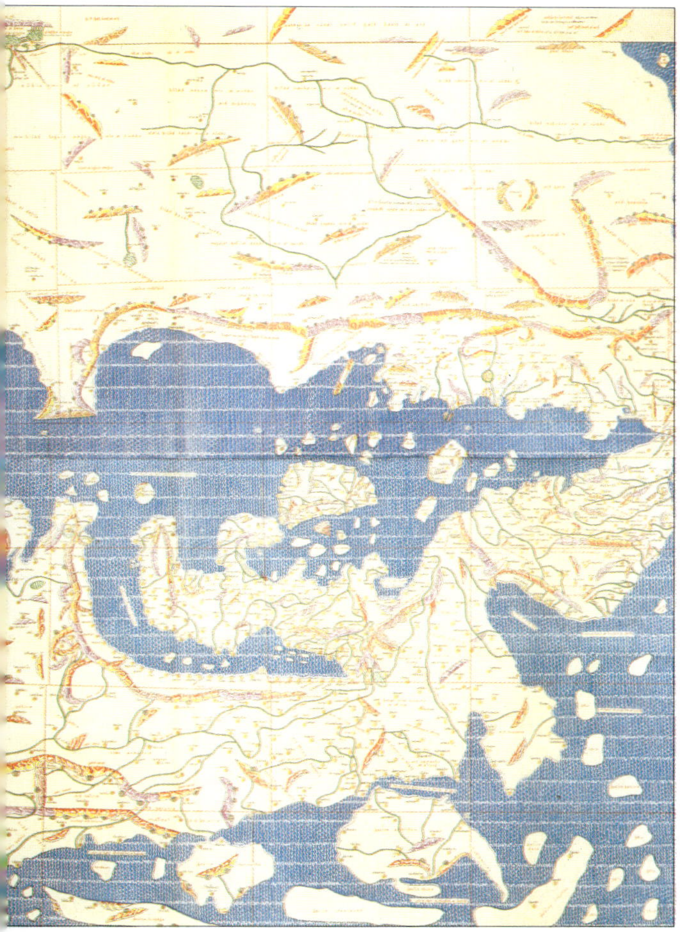

▼ ***Islamische Observatorien*** *waren Studienorte für Astronomen und Geografen. Die Geografie basierte bis zu einem gewissen Grad auf der Astronomie. Zur Bestimmung der Längengrade wurden Informationen über Sonne und Sterne verwendet.*

Islamische Entdecker

▲ ***Die großen Karawanen,*** *die aus allen Teilen der islamischen Welt aufbrachen, hatten alle nur ein Ziel: zu Beginn der Pilgersaison im Mondmonat Dhu l-Hijja (November) Mekka zu erreichen. Die Abbildung aus dem 13. Jh. zeigt Musiker, die die Reisenden begleiten.*

Im 12. Jh. stellten arabische Kosmografen erstmals Enzyklopädien über die Beschaffenheit der Erde zusammen. Aus dieser Zeit stammt auch das „Geografische Wörterbuch des Yaqut", das auch heute noch als wertvolles Lehrbuch gilt. Das Werk umfasst eine Fülle von Informationen, die während einer Vielzahl von Reisen über die islamische Welt (Dar al-Islam) zusammengetragen wurden. Der Koran hält jeden männlichen Muslim (ausgenommen Sklaven und Kranke) dazu an, zumindest einmal im Leben die *hajj,* die Pilgerreise nach Mekka und Medina, zu unternehmen. Die Gelehrten der islamischen Welt werden zur *rhila,* einer Studienreise zu den Moscheen und anderen Ausbildungsstätten des Landes, aufgefordert. Aus diesem Grund wurden im ganzen islamischen Reich Herbergen für die Reisenden errichtet, so dass das Land sich zu einem der ersten touristisch erschlossenen Gebiete wandelte.

Ibn Battuta

Durch die „Pax Mongolica" fanden die Einfälle der Mongolen in Osteuropa und den asiatischen Ländern zu Beginn des 14. Jh. ein Ende. Die mongolische Herrschaft führte zu stabilen politischen Verhältnissen, die das sichere Reisen durch die eurasischen Steppen gewährleistete. Als bemerkenswertester Entdecker dieser Zeit, dessen Reisetätigkeit bis zur Erfindung der Eisenbahn und des Dampfschiffs unerreicht blieb, gilt Ibn Abdullah Ibn Battuta. Nach Abschluss seiner juristischen Ausbildung besuchte er Mekka. Aus der Pilgerreise wurde jedoch eine lebenslange Reise, in deren Verlauf er innerhalb des Islamischen Reichs 120 000 km zurücklegte.

1325 verließ er den Maghreb und reiste in östlicher Richtung zu den großen islamischen Städten am Nil: Alexandria (wo er den Leuchtturm und die bekannte juristische Schule besuchte) und Kairo (wo er das eindrucksvolle Krankenhaus besichtigte), Damaskus und Basra. Während dieser Reise studierte er an verschiedenen Schulen und erlangte eine beeindruckende Zahl von Diplomen. In Alexandria besuchte er einen Orden der Sufisten, dessen Mitglieder ihn zum Besuch weiterer Sufi-Mysterien ermunterten. In Jerusalem trug er erstmals das wollene Gewand der Sufisten (*khirqa*), das ihn als Wanderasketen auf der Suche nach Gott kennzeichnete. Sowohl Wissensdurst als auch die Anziehungskraft des Sufismus trieben ihn immer weiter. Ibn Battuta war dafür bekannt, dass er keinen Weg zweimal bereiste, hiervon ausgenommen waren natürlich seine Pilgerfahrten nach Mekka.

Bei seinen Reisen vertraute er vollkommen auf ein glückliches Schicksal. Seine erste Seereise führte Ibn Battuta nach Somalia und an die Küste des heutigen Tansania. Hier dokumentierte er die schwierige Beziehung zwischen arabischen Handelsreisenden und den „ungläubigen" afrikanischen Völkern, die von den Arabern versklavt wurden. Der Rückweg führte ihn nach Hormus, über den Persischen Golf und durch Arabien. 1330 erreichte er Mekka. Berichte über die Großzügigkeit des Sultans von Delhi gegenüber Gelehrten ließen ihn nach Indien aufbrechen. Er reiste auf der Seidenstraße durch die Steppen im „Land der Türken" (Anatolien). Seine Erwartungen hinsichtlich der Generosität des Sultans wurden nicht enttäuscht, und Ibn Battuta wurde an den Hof des Sultans – und darüber hinaus zum großen *qadi* (Richter) von Delhi – berufen.

Andererseits war der Sultan von Delhi für seine Unberechenbarkeit bekannt. Ibn Battuta blieb nur die Überbringung einer Nachricht nach China, um sich die Gunst des Sultans zu bewahren. Auf dem Weg nach China wurde seine Karawane überfallen, und Ibn Battuta konnte nur mit Mühe sein Leben retten. An der Malabarküste geriet er zwischen die Fronten eines lokalen Krieges und erlitt Schiffbruch in der Nähe von Calicut (Kozhikode). Ibn Battuta besuchte daraufhin zunächst die Malediven und Bengalen, das er als eine „Hölle voll mit guten Dingen" bezeichnete. Schließlich reiste er weiter nach China und ging in Sumatra an Land. Der Sultan von Sumatra, ebenfalls Muslim, stellte Ibn Battuta ein Schiff zur Verfügung, mit dem er zum großen chinesischen Hafen Shantou (Quanzhou) segelte.

Reisen in China

Ibn Battutas Aufzeichnungen über seine Chinaaufenthalte sind streckenweise äußerst verwirrend, und seine Angaben über eine Reise nach Peking (Beijing) scheinen übertrieben. Der Kulturschock in der asiatischen Welt überforderte den Forschungsreisenden. China empfand er zwar als wunderschön, doch fühlte er sich nicht wohl. Die Verbreitung des Heidentums beunruhigte ihn zutiefst. Die Tatsache, dass er auf „gotteslästerliche Dinge" stieß, sobald er auf die Straße ging, führte dazu, dass er sein Quartier nur verließ, wenn es sich nicht vermeiden ließ.

Kurz nach seiner Rückkehr nach Tanger (1349) brach er zu seiner letzten Expedition auf, die ihn zunächst in den Norden nach Granada führte und dann in südlicher Richtung durch die Sahara zum Niger und nach Timbuktu. Von 1354 bis zu seinem Tod im Jahr 1370 schrieb er im Auftrag des Sultans an seinem Buch, das heute unter dem Titel „Reisen" bekannt ist. Das Werk beinhaltet geografische und topografische Daten sowie wertvolle historische, religiöse und ethnografische Informationen. Der Reisebericht des Ibn Battuta wurde zu einem der bedeutendsten historischen Werke des Mittelalters und versetzte Entdecker und Reisende gleichermaßen in Erstaunen.

◄ ***Arabische Daus*** *(die Abbildung zeigt eine Nachbildung) segelten schon im 1. Jh. v. Chr. von den Häfen im Roten Meer bis zur Westküste Indiens.*

ROUTEN

- Ibn Battuta 1325–1327
- Ibn Battuta 1328–1330
- Ibn Battuta 1330–1346
- Ibn Battuta 1349–1354

Europäische Entdecker in Asien

Nach dem Kirchenkonzil von 1245 in Lyon entsandte Papst Innozenz IV. zwei Franziskanermönche, Giovanni da Pian del Carpini und Benedikt von Polen, als Botschafter an den Hof des Mongolenherrschers. Carpini, der aus der Nähe der italienischen Stadt Perugia stammte, war einer der ersten Anhänger des Franz von Assisi und Mitbegründer des Franziskanerordens. Da die Franziskanermönche ähnlich wie die buddhistischen Mönche in völliger Armut lebten und ihr Leben ganz in den Dienst der Kirche stellten, wurden sie häufig mit Missionen betraut und in ferne Länder entsandt.

Reise zum Hof des Mongolenherrschers

Mit Benedikt als Dolmetscher reiste Carpini über Polen und Russland in die Mongolei. Zwei Jahre später kehrte er von der Expedition zurück und hielt seine Erlebnisse in dem Buch *Geschichte der Mongolen* fest. Giovanni war seit dem Jahr 900 der erste Europäer, der von einer Reise östlich von Bagdad zurückkehrte und von seinen Erlebnissen berichten konnte. In seinem Bericht zeichnete er ein Bild der Mongolen, das sich deutlich von dem in Europa weit verbreiteten Vorurteil plündernder und marodierender Stämme abhob. Dieses Werk, das später in die Enzyklopädie des Vincent von Beauvais (*Speculum Historiale*) aufgenommen wurde, gilt auch heute noch als wichtige Informationsquelle über das Leben der mongolischen Völker.

Im 13. Jh. folgten viele Reisende den Spuren des Mönchs. Zu diesen Entdeckungsreisenden zählten auch der Franzose André de Longjumeau, der 1249 von König Ludwig IX. in das Mongolenreich entsandt wurde, und Wilhelm von Rubruck aus Flandern, der vier Jahre später ebenfalls im Namen des Königs zu den Mongolenvölkern reiste. Während des 7. Kreuzzugs erschien ein Abgesandter des Khan vor König Ludwig IX. und behauptete, der Mongolenherrscher habe seine Unterstützung im Kampf gegen den Islam zugesagt. Der Khan sei dem Beispiel seiner Mutter gefolgt und habe den christlichen Glauben angenommen und die übrigen Mongolenherrscher würden es ihm gleichtun.

André de Longjumeau

André de Longjumeau wurde mit der Aufgabe betraut, die Mongolen von den Vorteilen einer Allianz sowie vom christlichen Glauben zu überzeugen. Longjumeau schei-

▲ ***Die Reisen des Franziskaners*** *Giovanni del Carpini und des Wilhelm von Rubruck erweiterten das Wissen der Europäer über die mongolische Kultur. Mitte des 13. Jh. wurden die Handelswege nach China, die nach dem Einfall der Mongolen zeitweise nicht mehr genutzt werden konnten, wieder ausgebaut. Dieser Auszug aus einer katalanischen Handschrift aus dem 14. Jh. zeigt europäische Handelsreisende auf der Seidenstraße.*

ROUTEN

- Grenzen des mongolischen Reichs um 1227
- Giovanni del Carpini 1245–1247
- Wilhelm von Rubruck 1253–55

Priester Johannes

Der Mythos, im Osten gebe es einen mächtigen Verbündeten im Kampf gegen die „Ungläubigen", war weit verbreitet. Um 1165 erreichte ein Brief eines vermeintlichen Priesters Johannes den Papst; der wahre Verfasser konnte nie ausfindig gemacht werden. Das Schreiben wurde als Beweis für die Existenz des Priesterkönigs betrachtet, und verschiedene Expeditionen wurden mit der Suche nach ihm beauftragt.

Zur Zeit der Kreuzzüge fand die Legende von Priester Johannes in den Armeen großen Anklang. Es wurde von einem Priester Johannes berichtet, der die Sarazenen im Osten bekämpfte. Papst Honorius III. war von dem Marsch des Priester Johannes Richtung Westen so überzeugt, dass er die Nachricht an Frankreich und England weiterleitete. Die Suche nach dem Priesterkönig wurde zu einem wichtigen Antrieb für die Asienreisen des Mittelalters. Ab 1330 wurde die Suche nach dem Königreich des Priesters auch auf Zentralafrika ausgeweitet. Lange hielt sich die Legende, der Priester sei identisch mit dem Negus, dem Herrscher von Äthiopien.

terte jedoch in beiden Punkten. Als er nach einer langen Reise schließlich den Hof des Mongolenherrschers erreichte, musste er feststellen, dass der Großkhan gestorben war und das Mongolenreich von dessen Mutter regiert wurde, die keineswegs den christlichen Glauben angenommen hatte. Die Herrscherin der Mongolen schickte ihn mit einer klaren Absage zurück zu Ludwig IX.

Die strapaziöse Rückreise nahm mehr als ein Jahr in Anspruch. Trotz der Absage der Mongolenherrscherin berichtete Longjumeau voller Zuversicht vom Großvater des Großkhan, der aufgrund einer göttlichen Vision, die ihm die Herrschaft über Priester Johannes (den mystischen Potentaten) geweissagt hatte, zum Christentum konvertiert sei. Weiterhin brachte er Kunde von einem Mongolenführer, der den christlichen Glauben angenommen haben sollte.

Wilhelm von Rubruck

Ludwig IX. erhielt den optimistischen Bericht von André de Longjumeau während des 7. Kreuzzuges, als er sich gerade im Heiligen Land aufhielt. Er befand sich in Begleitung eines flämischen Franziskaners, Wilhelm von Rubruck, der Arabisch sprach und ihm als Dolmetscher diente. Ludwig IX. übergab Rubruck eine Bibel, Reisegeld sowie verschiedene Dokumente und entsandte ihn nach Konstantinopel. Von dort reiste Rubruck über das Schwarze Meer und die Krim bis zum Don und erreichte am 27. Dezember 1253 schließlich den Hof des Großkhan Mangu in Karakorum.

Rubruck verbrachte den Winter am Hofe des Khan, seine Mission machte jedoch kaum Fortschritte, da der Khan den nestorianischen Christen an seinem Hof, die er als Häretiker betrachtete, misstraute. Im Juni 1255 kehrte Rubruck mit einem Schreiben des Khan an Ludwig IX. ins Heilige Land zurück. Der König befand sich zu diesem Zeitpunkt jedoch bereits wieder in Frankreich. Rubruck verfasste einen detaillierten Reisebericht für Ludwig IX., der Aufzeichnungen über den Don und die Wolga enthielt und das Kaspische Meer als einen See identifizierte. Wilhelm von Rubrucks Aufzeichnungen enthielten eine Vielzahl ethnologischer Details, die später in die Enzyklopädie des Franziskaners Roger Bacon aufgenommen wurden.

Veränderungen im Weltbild

Die Reiselust der Europäer im 13. Jh. hatte Auswirkungen: Neben einer ungeheuren Wissensvermehrung fand eine Rückbesinnung auf das eigene europäische Erbe statt. Die christianisierten Araber und Juden aus Spanien, Sizilien und anderen von den Kreuzrittern eroberten Ländern lieferten lateinische Übersetzungen griechischer, arabischer und syrischer Manuskripte. Dies hatte tief greifende Veränderungen im Bereich der Naturwissenschaften zur Folge und veränderte das Weltbild der Europäer. Zur selben Zeit durchlebte die europäische Bevölkerung eine Wandlung zur sesshaften und politisch organisierten Gesellschaft. Diese Gesellschaftsform machte die Schaffung eines Bildungswesens notwendig und förderte damit die Entwicklung einer gebildeten Gesellschaftsschicht.

Die Kreuzzüge brachten eine weitere Reisewelle mit sich, die die Europäer bis zu den südlichen Ausläufern der alten Handelsstraßen durch Zentralasien führte, und das zu einer Zeit, als die mongolische Herrschaft ihren Gipfelpunkt erreicht hatte. Im Jahr 1264 nahm Kublai Khan Peking (Beijing) ein und errichtete seine Sommerresidenz in den Bergen von Shangdu (Xanadu). Zu den ersten europäischen Besuchern des Großkhan zählten die Brüder Nicolò und Maffeo Polo, die vier Jahre zuvor von der Krim nach Osten aufgebrochen waren.

Die Reisen des Marco Polo

◄ ***Die Karte,*** *die auf den Angaben von Marco Polo basiert, zeigt den Palast des Großkhan in Shangdu (Xanadu) einschließlich Umgebung.*

▼ ***Diese Zeichnung*** *aus dem 14. Jh. zeigt den jungen Marco Polo (Mitte), seinen Vater und seinen Onkel bei ihrer Abreise aus Venedig.*

▲ ***Marco Polo*** *auf dem Rückweg nach Europa an der Küste von Hormus. Sein Schiff ist mit Kamelen und einem Elefanten beladen. Die Darstellung stammt aus dem 14. Jh.*

Marco Polos Reisen, seine Reiseberichte und sein Einfluss auf die Forschungsreisenden des Mittelalters sind unvergleichlich. Wenn seine Aufzeichnungen der Realität entsprechen, reiste er 24 Jahre lang durch Asien, wobei er weiter als all seine Vorgänger bis nach China vordrang. Er wurde zu einem Vertrauten des Kublai Khan, der ihn angeblich zum Statthalter einer großen chinesischen Stadt ernannte. Er durchquerte China vom Pazifischen Ozean aus und erreichte wahrscheinlich sogar Birma. Später reiste er im Auftrag des Khan nach Indien. Marco Polo kehrte nach seinen abenteuerlichen Reisen nach Italien zurück und schrieb seine Erlebnisse, die für Generationen von Europäern den wichtigsten Reisebericht darstellten, nieder.

Seine Geburtsstadt Venedig war im Mittelalter ein florierendes Handelszentrum. Marco Polo war gerade 15 Jahre alt, als sein Vater Nicolò und sein Onkel Maffeo im Jahre 1260 von einer neunjährigen Reise aus dem Osten zurückkehrten. Die Familie Polo unterhielt Handelsplätze in Konstantinopel und auf der Krim.

Die Reisen der Brüder Nicolò und Maffeo

Marco Polos Reisebericht „Wunder der Welt" beginnt mit einer Darstellung der Reisen seines Onkels und seines Vaters, die bis nach Sarai und an den Hof des Berke Khan, eines Enkels des Dschingis Khan, gelangten. Der Khan kaufte den Juwelenvorrat der Gebrüder Polo auf und machte die Reise so für die beiden zu einem lohnenden Unternehmen. Während ihres Aufenthalts kam es zu Kriegshandlungen zwischen ihrem Gastgeber und dem südlichen Nachbarkhanat; die Gebrüder Polo suchten Zuflucht im neutralen Buchara. Hier erlernten sie die Sprache der Tataren und machten sich mit der mongolischen Kultur vertraut. Später machten sie sich in Begleitung mongolischer Führer auf den Weg zum Hof des Kublai Khan in Shangdu (Xanadu). Die Reise dauerte ein Jahr.

Kublai Khan, Herrscher der Mongolen, wurde 1280 zum Kaiser von China ernannt. Der Wissensdurst des Großkhan sowie sein Interesse an Europa und dessen Kultur waren kaum zu stillen. Darum schickte er die Gebrüder Polo als Sonderbotschafter zum Papst mit der Bitte, „er möge etwa 100 Leute schicken, wohlunterrichtet in den sieben freien Künsten und fähig, Bilderanbeter und anderen einsichtig zu machen, dass der christliche Glaube besser als andere Religionen sei." Weiterhin wünschte er sich ein wenig Öl von der Lampe des Heiligen Grabes in Jerusalem. Bei ihrer Abreise übergab der Großkhan ihnen eine goldene Tafel, die ihnen eine sichere Reise garantierte; im Jahr 1269 kehrten Nicolò und Maffeo Polo nach Venedig zurück.

Marco Polos große Reise

1271 brachen die Gebrüder Polo erneut zum Hof des Kublai Khan auf. Sie wurden von Nicolòs 17-jährigem Sohn Marco begleitet und reisten zunächst über Täbris nach Kerman. Angesichts der seeuntüchtigen Schiffe im Hafen von Hormus änderten sie die geplante Seeroute. Auf dem Landweg reisten sie durch die Persische Wüste, den Hindukusch und über die Seidenstraße.

Marco Polos Aufzeichnungen über die „Straße nach Cathay" sind gespickt mit faszinierenden Beobachtungen und farbenprächtigen Schilderungen – der Bericht eines Kaufmannes mit wachem Blick. In Badakshan fielen ihm besonders die Rubin- und andere Edelsteinminen auf. Weiterhin berichtet er von den schwefelhaltigen Flüssen im Gebirge von Tadschikistan, denen eine heilende Wirkung nachgesagt wurde (die sich in Marco Polos Fall als wahr erwies). Marco Polo berichtet von Flüssen voller köstlicher Forellen sowie von einer besonderen Art der Kleidung, die bei Frauen höherer Klassen vorzufinden ist. „Sie tragen nämlich unter dem Gürtel eine Art Hosen, zu denen sie 100 Ellen feines Baumwollenzeug verwenden, um den scheinbaren Umfang ihrer Hüften zu vergrößern; und diejenigen werden für die schönsten gehalten, welche die vollsten Hüften haben." Der Weg über den Pamir und die Wüste Takla Makan machten ebenfalls großen Eindruck auf den jungen Reisenden.

Am Hofe des Kublai Khan

Kublai Khan bereitete den Venezianern einen würdigen Empfang. Marco Polos Beschreibung des Sommerpalastes in Shangdu, in den der Khan sich jedes Jahr für drei Monate zurückzog, ist besonders anschaulich. Marco Polo lieferte detaillierte Aufzeichnungen über die vergoldeten Hallen und Räume und über die Parkanlage, die sich über eine Länge von 25 km erstreckte. Marco Polo teilte die Faszination Kublai Khans für die Falknerei und die Jagd, und so beschreibt er ausführlich die Hirschjagd, bei der der Khan einen eigens auf die Jagd abgerichteten Leoparden auf dem Rücken seines Pferdes mitführte. Marco Polo berichtet des Weiteren von dem großen Einfluss der Astrologen am Hofe des Kublai Khan, auf deren Geheiß der Khan jedes Jahr am 28. August nach Peking (Beijing) zurückkehrte und den Göttern die Milch seiner 10 000 schneeweißen Stuten zum Trank darbot.

Die Venezianer blieben 14 Jahre lang im Reich des Kublai Khan und erwarben große Reichtümer an Juwelen und Gold. In Marco Polos Aufzeichnungen finden sich Angaben über eine Reise nach „Tibet" (wobei es sich jedoch um das heutige Sichuan handeln dürfte). Der Bericht umfasst die üblichen Angaben über Edelsteine und Goldvorkommen der Region sowie Informationen über die Falknerei. Marco Polo berichtet, die Männer seien ausnehmend höflich und ihre einzige Beschäftigung liege in Kriegführung, Pferderennen und Falknerei. Die Arbeit wurde Polo zufolge von Frauen und Sklaven verrichtet. Besonders erstaunte ihn, dass er Menschen mit Goldzähnen sah. Die Städte im Tal des Jangtsekiang brachten sogar einen Kosmopoliten wie Marco Polo aus der Fassung. Er schildert eine dreitägige Reise zur alten chinesischen Hauptstadt Kin-sai (Hangzhou), die „himmlische Stadt", die jede andere Stadt der Welt an Glanz, Schönheit und Sinnenfreuden übertreffe.

Rückkehr nach Europa

Schließlich kehrten die drei Polo als Eskorte einer Tatarenprinzessin nach Europa zurück. Nach einer stürmischen Überfahrt über das Südchinesische Meer und den Indischen Ozean setzten sie ihre Reise von Hormus aus auf dem Landweg fort und erreichten im Winter 1295 Venedig. Drei Jahre später geriet Marco Polo während einer Seeschlacht an der Küste von Dalmatien in genuesische Kriegsgefangenschaft. Sein Zellengefährte, der Dichter Rustichello da Pisa, schrieb die Erlebnisse, die Polo ihm diktierte, in französischer Sprache nieder.

Rustichello da Pisa schmückte die Reiseberichte an einigen Stellen spürbar aus. So gleicht z. B. die Szene von Marco Polos Ankunft am Hofe des Kublai Khan einer Szene aus einem höfischen Roman. Kurz vor seinem Tod erklärte Marco Polo, er habe nur die Hälfte seiner Abenteuer niederschreiben lassen. Würde er alle Erlebnisse geschildert haben, hätte man ihm wohl nicht ein einziges Wort geglaubt. Heute allerdings stellen sich die Historiker die Frage, ob Marco Polo alle beschriebenen Städte tatsächlich mit eigenen Augen gesehen hat.

ROUTEN

Brüder Polo 1260–1269

Marco Polo 1271–1295

China und der Rest der Welt

Bei seiner Ankunft in China in der zweiten Hälfte des 13. Jh. konnte Marco Polo kaum glauben, was er sah. China war unter der Yuan-Dynastie (Mongolen) zu einem riesigen Reich geworden, dessen Binnenwirtschaft die europäische bei weitem übertraf. Die Eisenproduktion lieferte 125 000 Tonnen Eisen jährlich (ein Niveau, das in Europa erst im 18. Jh. erreicht wurde). In nur einer Provinz wurden pro Jahr 30 000 Tonnen Salz gewonnen. Die Metallverarbeitung war so fortschrittlich, dass militärische Waffen, landwirtschaftliche Geräte und andere Gebrauchsgegenstände in Massen produziert werden konnten. Die chinesischen Staatsbeamten, die Mandarin, ermöglichten den Warenaustausch im ganzen Reich. Ein aus Kanälen bestehendes Transportsystem verband die Warenumschlagplätze mit den chinesischen Großstädten zu einem großen Netzwerk, in dem Papiergeld und Kreditgeschäfte an der Tagesordnung waren. Die Einwohner von Suzhou, Nanjing und der alten chinesischen Hauptstadt Kin-sai (Hangzhou) konnten mit Papiergeld an den Marktständen bezahlen, aßen Reis aus kostbaren Porzellanschalen und trugen Seidengewänder von einer Qualität, wie sie kein europäischer Weber herstellen konnte.

Die Kartografierung Chinas

Unabhängig vom Einfluss Europas hatten die chinesischen Mandarin – gelehrte Bürokraten auf denen das chinesische Staatswesen basierte – Gradnetze entwickelt, die eine detaillierte Darstellung der Erdoberfläche und der Ausdehnung des chinesischen Reichs gewährleisteten. Phei Hsui, der 267 n. Chr. vom Kaiser zum Minister ernannt wurde, erstellte eine 18 Blätter umfassende Karte Chinas, wobei er ein Gradnetz aus Rechtecken verwendete, die wiederum in rechtwinklige Dreiecke unterteilt waren. Die Bezeichnungen für die Koordinaten (*ching* und *wei*) sind den in der Seidenweberei gebräuchlichen Namen für Schuss- und Kettfaden entlehnt. Dies lässt vermuten, dass Seide den ursprünglichen Zeichengrund für chinesische Gradnetze darstellte.

801 n. Chr., zur Zeit der T'ang-Dynastie (618–907), erstellten die kaiserlichen Kartografen eine Netzkarte des chinesischen Reichs mit einem Maßstab von 2,5 cm zu 100 *li* (1 *li* entspricht ca. 0,5 km). Die Karte war ungefähr 9 m lang und 10 m hoch. Sie zeigte lediglich das „Reich der Mitte" (China) und allenfalls die nächsten Nachbarländer. Chinas Verbindung zum Rest der Welt bestand hauptsächlich im Kontakt zu den wenigen Handelsreisenden, die die Jadetore passierten und auf der Seidenstraße reisten. Unter der Sung-Dynastie (960–1279) wurde der Handel jedoch auch auf andere Länder ausgeweitet.

Handel mit fremden Ländern

Unter der Sung-Dynastie wurde der Handel mit fremden Ländern durch die Vergabe von Lizenzen und Monopolen unterstützt. Aufgrund des großen technischen Fortschritts sowie der industriellen und wirtschaftlichen Entwicklung stand China an der Schwelle zu einer wirtschaftlichen, ja sogar industriellen Revolution. In Europa begann der Ausbau wirtschaftlicher Interessen in Übersee mit dem Beginn der industriellen Revolution. China hatte diesen wirtschaftlichen Expansionskurs bereits Jahrhunderte zuvor eingeschlagen.

Während unter der T'ang-Dynastie der Handel mit anderen Ländern nur in einem Hafen, Guangzhou (Kanton), erlaubt war, wurden zu Beginn des 11. Jh. sieben weitere Häfen für den Außenhandel geöffnet. Der Schiffbau wurde gefördert, Innovationen von der chinesischen Regierung honoriert. Aus dieser Zeit stammt auch der erste Raddampfer der Welt. Riesige hochseetüchtige Dschunken, die Festungen glichen und mit Kanonen, Raketen und Bomben ausgestattet waren, wurden im Krieg eingesetzt. Weiterhin wurden Unterwasserwaffen sowie Raketen, die auf der Wasseroberfläche gleiten konnten, entwickelt.

Diese Häfen waren die Anlaufstelle der muslimischen Handelsreisenden, und nachdem die Seidenstraße aufgrund der Mongoleneinfälle unpassierbar geworden war, gewannen die Seewege zum Roten Meer an Bedeutung. Auf die-

ROUTEN

Cheng Ho 1431-1433
zusätzliche Schiffe der Expedition

▲ ***Zur Zeit der Sung-Dynastie*** *zählte Keramik zum wichtigsten Handelsgut der Chinesen. Die Abbildung zeigt ein Gefäß aus dieser Zeit.*

► ***Admiral Cheng Ho*** *führte bei seiner Rückkehr nach China eine Giraffe mit sich, die den Chinesen wie ein Fabelwesen erschienen sein muss.*

sem Weg gelangten beträchtliche Mengen Seide, Porzellan, Tee und Gewürze nach Arabien und von dort nach Europa. In Fustat nahe Kairo wurden 10 000 zerbrochene Porzellangefäße geborgen. Ähnliche Funde wurden auch in Oman und entlang der Küste des Roten Meeres gemacht.

Technologietransfer

Diese Route blieb jedoch nicht nur Handelswaren vorbehalten. Auf gleichem Wege gelangten Verfahren zur Herstellung von Papier und Schießpulver, Drucktechniken und der magnetische Kompass sowie das Heckruder in die westliche Welt. Diese Erfindung ermöglichte den Europäern die Konstruktion großer hochseetüchtiger Schiffe, die sich wesentlich leichter manövrieren ließen als die europäischen Galeeren.

Admiral Cheng Ho

Die Expansionspolitik Chinas ist auf das frühe 15. Jh. zu datieren, als Admiral Cheng Ho im Auftrag der Ming-Dynastie (1368–1644) erste Forschungsreisen unternahm. Cheng Ho gehörte der muslimischen Minderheit an, die sich in den chinesischen Hafenstädten niedergelassen hatte. Admiral Cheng Ho, der „mit drei Edelsteinen besetzte Eunuch", war ein äußerst einflussreicher Diplomat und ein hervorragender Seefahrer. Von 1405 bis 1433 führte Cheng Ho sieben Flotten mit bis zu 62 Schiffen und 40 000 Soldaten über das Chinesische Meer und den Indischen Ozean. Seine Schiffe waren etwa fünfmal so groß wie die der Portugiesen. Die Aufgaben des Cheng Ho bestanden in der Beschaffung von Luxusgütern für den königlichen Hof sowie der Eintreibung von Tributleistungen in den chinesischen Überseekolonien.

Cheng Ho reiste bis an die afrikanische Ostküste nach Mekka und steuerte die Häfen Indiens, Ceylons (Sri Lanka) und Sumatras an. Es ist sogar wahrscheinlich, dass die Flotte des Cheng Ho bis nach Australien gelangte. Der Großteil seiner Aufzeichnungen ist jedoch nicht mehr erhalten. Der Admiral kehrte mit allerlei Kostbarkeiten, u. a. Pfeffer und Sandelholz (das vor allem zum Färben benutzt wurde), von seinen Reisen zurück.

◄ ***Ein chinesisches Kriegsschiff*** *auf einem Holzschnitt aus dem 16. Jh. Die mächtigen Kriegsschiffe des Cheng Ho, die das Südchinesische Meer und den Indischen Ozean durchkreuzten, könnten ähnlich ausgesehen haben.*

Abbruch der Verbindungen zum Westen

Für die größtenteils aus den ländlichen Gebieten Chinas stammenden Herrscher der Ming-Dynastie stellte die Weltoffenheit ihrer Vorgänger eine Gefahr dar. So vertrat Kaiser Gaozong die Meinung, in China würden alle Güter in ausreichender Menge produziert, und betrachtete es als sinnlos, überflüssigen Tand aus Übersee zu erwerben. In den Jahren 1433, 1449 und 1452 schränkten kaiserliche Erlasse den Handel mit Übersee immer weiter ein und verboten ihn schließlich ganz. Reisen mussten von der Regierung genehmigt werden. Kaufleute, die beim Außenhandel erwischt wurden, wurden wegen Piraterie exekutiert. Chinesen durften weder fremde Sprachen lernen noch Ausländern Chinesisch beibringen. China verschloss sich vor dem Rest der Welt.

Die Erschließung Afrikas

ROUTEN

1416 — 1416 Datum der portugiesischen Entdeckung
Cão 1482–1484
Diaz 1487–1488

Das „Zeitalter der Entdeckungen" wird für Europa von der kleinsten europäischen Monarchie, von Portugal, eingeläutet. Nach der Einnahme der nordafrikanischen Stadt Ceuta im Jahr 1415 erforschten die Europäer in den folgenden 75 Jahren die Küste Westafrikas. Im Gegensatz zu Kolumbus, dessen Entdeckung Amerikas sich als ein glücklicher Zufall erwiesen hatte, gingen die Portugiesen bei ihren Expeditionen systematisch vor, wobei sie Risiken und möglichen Gewinne gegeneinander abwogen.

Heinrich der Seefahrer

Die portugiesischen Entdeckungen wurden vom Königshaus gefördert. Heinrich der Seefahrer ist das bekannteste, wenn auch nicht einzige Mitglied der königlichen Familie, das bei den portugiesischen Entdeckungsfahrten eine tragende Rolle spielte. Seinem Chronisten Gomes Eanes de Zurara zufolge sah der Prinz seine Aufgabe in der Erforschung der Gebiete jenseits der Kanaren und von Kap Bojador, im Aufbau von Handelsbeziehungen mit möglicherweise dort lebenden Christen, in der Erforschung der Größe der islamischen Reiche, in der Suche nach einem christlichen König, der Portugal im Kampf gegen die Ungläubigen zur Seite stehen würde, in der Verbreitung des christlichen Glaubens und in der Erfüllung seines Horoskops, demzufolge er in großen und ehrenhaften Kämpfen Dinge entdecken würde, die anderen Völkern verborgen bleiben würden.

Als Gouverneur der Algarve gründete Heinrich in Sagres eine Seefahrerschule. Dort, in der Nähe des Hafens von Lagos, wurde ein neuer hochseetüchtiger Schiffstyp mit den besten Voraussetzungen für Entdeckungsreisen zur See entwickelt, die Karavelle. Zunächst wurden Inseln im Atlantik erkundet, die schon im 14. Jh. – wahrscheinlich von genuesischen Seefahrern – entdeckt worden waren. In den 20er und 30er Jahren des 15. Jh. wurden die Kanaren, die Azoren und die Madeiragruppe von den Portugiesen kolonialisiert. Auf diese Weise verlor der Atlantik seinen Schrecken als das „Grüne Meer der Dunkelheit". Obwohl Heinrich zwischen 1424 und 1434 fünfzehn Expeditionen in den Süden entsandte, drang keine weiter vor als bis zum Kap Bojador („das vorstehende Kap"), das sich südlich der Kanarischen Inseln befindet. Die Ängste der Seefahrer, noch weiter ins Ungewisse vorzustoßen, lassen sich aber selbst aus heutiger Sicht durchaus nachvollziehen.

Umsegelung von Kap Bojador

Die Gewässer zwischen Kap Draa und Kap Bojador mit hohem Seegang aus Nordwest und der unendlichen Steilküste flößten den Seefahrern großen Respekt ein. Selbst Heinrichs bester Mann, ein erfahrener Seefahrer, scheiterte bei seinem ersten Versuch, Kap Bojador zu umfahren. 1433 gelang ihm jedoch die Umsegelung; als Beweis brachte er eine Blume von der afrikanischen Küste mit, die heute in Portugal als Santa-Maria-Rose bekannt ist.

Nach der ersten Umsegelung von Kap Bojador häuften sich die Entdeckungen der Portugiesen. 1441 erreichten Antão Gonçalves, Heinrichs Kammerherr, und Nuno Tristão, ebenfalls Mitglied des Hofes, das 400 km entfernte Kap Blanc, von wo sie zwei Eingeborene als Gefangene mit zurückbrachten. Im Jahr 1444 lieferte Eanes mit 200 Afrikanern, die auf dem Markt von Lagos als Sklaven zum Verkauf angeboten worden waren, die erste größere menschliche Fracht. Zur selben Zeit überschrieb das portugiesische Königshaus Heinrich dem Seefahrer einen Teil der Gewinne und erteilte ihm das Recht, Genehmigungen für Reisen, die über Kap Bojador hinausgingen, zu vergeben. Die Profitmöglichkeiten dieser Reisen waren nun offenkundig; sie wurden mehr und mehr zu Beutezügen.

Umsegelung von Kap Verde

Nach der Umsegelung von Kap Verde, der Westspitze Afrikas, durch Dinís Dias im Jahr 1445 stieg der Handel zwischen Portugal und der afrikanischen Westküste und dem Königreich Timbuktu im Innenland sprunghaft an; bis zu 26 Karavellen pro Jahr liefen die afrikanische Küste an. Durch verschiedene päpstliche Erlasse erhielt der portugiesische König das Recht zur Versklavung aller Ungläubigen sowie das Handelsmonopol für alle Länder, die von

Portugal erobert worden waren und in Zukunft erobert werden würden.

Heinrich der Seefahrer starb 1460. Sein Neffe Alfons V. verpachtete das Monopol für den Handel mit Guinea 1469 an Fernâo Gomes, einen wohlhabenden Bürger von Lissabon. Gomes verpflichtete sich im Gegenzug für die nächsten fünf Jahre zur Erschließung von 100 Wegstunden pro Jahr (etwa 485 km). Als Folge dieses Abkommens wurden alljährlich neue Entdeckungen auf dem afrikanischen Kontinent gemacht, und im Jahr 1474 hatten die Portugiesen den Äquator überquert und waren bis zur Küste von Gabun vorgedrungen.

Die Suche nach Priester Johannes

Nachdem der Vertrag mit Gomes abgelaufen war, erhielt Alfons' Sohn, der spätere Johann II. (1481), das Afrika-Monopol. Die Errichtung eines portugiesischen Forts in Elmina führte zu engeren Kontakten mit der afrikanischen Bevölkerung. So erhielten die Portugiesen Informationen über die Königreiche im Inneren Afrikas, was dazu führte, dass der Mythos von Priester Johannes wieder auflebte. 1487 entsandte Johann II. eine Landexpedition auf die Suche nach dem sagenhaften Priester, während eine zweite Expedition dem christlichen Königreich auf dem Seeweg nachspüren sollte.

Bei der „Landexpedition" handelte es sich lediglich um zwei Männer, Pedro de Covilhão und Afonso de Paiva (siehe S. 38); sie endete damit, dass Covilhão zu einem Vertrauten und Berater des Königs von Äthiopien wurde. Die zweite Expedition war weitaus sorgfältiger vorbereitet: Zwei 50 Tonnen schwere Karavellen und (erstmals) ein Proviantschiff stachen unter dem Kommando von Bartolomeo Diaz in See. Sechs europäisch gekleidete Afrikaner begleiteten die Expedition; sie sollten an der Küste Handelsbeziehungen zwischen der afrikanischen Bevölkerung und den Portugiesen anknüpfen und ausbauen.

▲ ***Die portugiesischen Karacken*** *mit ihren charakteristischen Kastellen auf dem Vorder- und Hinterdeck waren Handelsschiffe mit zum Teil mehr als 1000 Tonnen Gewicht. Für Entdeckungsreisen waren sie nicht besonders gut geeignet, doch der große Lagerraum garantierte, dass ausreichend Vorräte und Handelswaren mit auf die Fahrt genommen werden konnten. Die Karavelle dagegen wog nur 60 bis 70 Tonnen, war etwa 21 m lang, 7,5 m breit und war mit 2 bis 3 Lateinsegeln ausgestattet.*

Nachdem die Handelsagenten entlang der afrikanischen Küste abgesetzt worden waren, gerieten die Schiffe in einen Sturm. Diaz und seine Männer segelten 13 Tage lang durch raue See und wurden von der Küste ins offene Meer getrieben. Die Besatzung hatte sich schon mit ihrem baldigen Tod abgefunden, doch Diaz gab nicht auf. Er segelte mit voller Kraft Richtung Osten, und als nach mehreren Tagen noch immer kein Land in Sicht war, segelte er weitere 700 km in nördliche Richtung. Am 3. Februar 1488 sichtete Diaz hohe Berge. Die Schiffe gingen in Mosselbaai, etwa 370 km östlich vom heutigen Kapstadt, an Land. Von hier segelten Diaz und seine Mannschaft weitere 485 km die Küste in nordöstlicher Richtung entlang und gelangten so nach Algoabai und zum Great Fish River.

Stürmische See und das Zurücklassen des Proviantschiffs führten zu einer Meuterei. Diaz wurde schließlich auf der Höhe des Great Fish River von seiner Mannschaft zur Umkehr gezwungen. Als Bartolomeo Diaz sich nun von der Säule verabschieden musste, die er dort aufgerichtet hatte, um seine Leistung zu markieren, geschah es mit so viel Schmerz und Emotion, „als ob er allda einen für immer verbannten Sohn zurückließe."

Unter den Schaulustigen, die 1488 den Einlauf der Karavellen im Hafen von Lissabon beobachteten, befand sich Christoph Kolumbus.

▲ ***Heinrich der Seefahrer*** *(1394–1460), Prinz von Portugal, gründete an seinem Hof in Sagres an der Südwestspitze Portugals die erste Seefahrerschule der Welt. Heinrich selbst nahm nie an einer Expedition teil, finanzierte jedoch viele Forschungsreisen, die den Einfluss Portugals an der westafrikanischen Küste vergrößerten und neue Handelsverbindungen schufen.*

NORDPOLARMEER
EUROPA
RUSSLAND
SIBIRIEN
URALGEBIRGE
Lena
Jenissej
Ob
Wolga
Donau
Irtysch
Baikalsee
ALTAI
MONGOLISCHES PLATEAU
GOBI
ASIEN
Balchaschsee
Aralsee
Syrdarja
Amudarja
TIAN SHAN
Tarim He
KUNLUN SHAN
HOCHLAND VON TIBET
HIMALAYA
Schwarzes Meer
Konstantinopel (Istanbul)
Kaspisches Meer
PERSIEN
MITTELMEER
Jerusalem
Euphrat
Tigris
Bagdad
Isfahan
ARABIEN
Persischer Golf
Hormus
ROTES MEER
Mekka
Indus
Sutlej
Delhi
Agra
Yamuna
Ganges
Brahmaputra
INDIEN
DEKKAN
Bombay
Goa
Calicut (Kozhikode)
CEYLON
ARABISCHES MEER
GOLF VON BENGALEN
Irawadi
Saluen
Mekong
Jangtsekiang
Huang
Melaka
AFRIKA
INDISCHER OZEAN
In China um 1450 bekanntes Gebiet
In Europa um 1450 bekanntes Gebiet
0 Meilen 500
0 Kilometer 1000
N

ASIEN

Asien ist mit einer Ausdehnung von 27 Millionen Quadratkilometern der größte Kontinent der Erde und weist die größte Bevölkerungsdichte auf. Asien vereint alle Landformen und Klimabedingungen, darunter die kältesten, heißesten und niederschlagsreichsten Regionen der nördlichen Hemisphäre. In Asien befinden sich die höchsten Gebirge, die weitesten Hochebenen, die größten Seen und Wälder und – abgesehen von der Sahara – die größten Wüsten der Erde.

Darüber hinaus beheimatet Asien bedeutende alte Hochkulturen. Im Zeitalter der europäischen Entdeckungen war China der westlichen Kultur in allen Bereichen überlegen. Die Chinesen verfügten über bedeutend bessere Möglichkeiten, weite Forschungsreisen zu unternehmen, und ließen, wie andere asiatische Völker dieser Zeit, die eigenen Landesgrenzen weit hinter sich.

Der asiatische Kontinent war von zahlreichen traditionellen Handelswegen durchzogen, und als die Europäer den Indischen Ozean und später den Pazifischen Ozean erreichten, fanden sie dort ein fortschrittliches wirtschaftliches Netzwerk vor, das schon seit Jahrhunderten bestens funktionierte. Aus diesem Grund ist die Bezeichnung „europäische Entdecker" im Hinblick auf den asiatischen Kontinent nicht zutreffend, sondern zeugt von einem falschen eurozentrischen Blickwinkel.

Andererseits waren weite Teile Asiens lange Zeit unbekannt, und bei der Erforschung und Kartografierung dieser Gebiete haben Europäer hervorragende Arbeit geleistet. Zwar wäre dies ohne die Unterstützung der Asiaten nicht möglich gewesen wäre, doch haben die Europäer oftmals den Anstoß dazu gegeben.

Portugiesische Pioniere

Im Jahre 1487 setzte Bartolomeo Diaz in Portugal die Segel und begab sich auf die Suche nach einem Seeweg zur Ostküste Afrikas, um von dort auf direktem Seeweg nach Indien zu gelangen. 1488 umsegelte er das Kap der Guten Hoffnung, wurde jedoch kurz darauf zur Rückkehr nach Lissabon gezwungen (siehe S. 35).

1487 verließen Pedro de Covilhão, Günstling des portugiesischen Königs, und der auf den Kanaren geborene Afonso de Paiva Portugal und segelten Richtung Osten. Ihr Auftrag war das Auffinden eines direkten Seewegs nach Indien und die Kontaktaufnahme mit dem legendären Priesterkönig Johannes. Ein äthiopischer Gesandter am portugiesischen Hof hatte 1452 berichtet, der Priesterkönig sei identisch mit dem Negus von Äthiopien. Priester Johannes, so hofften die Portugiesen, würde sie sowohl im Kampf gegen die Muslime als auch bei der Suche nach dem Seeweg nach Indien unterstützen.

Indien und Priester Johannes

Covilhão und Paiva gaben sich bei ihrer Ankunft in Ägypten als Händler aus; sie hatten eigens zu diesem Zweck in Rhodos verschiedene Waren erworben. Schon sehr bald nahmen sie Kontakt zu Arabern auf, die Handelsbeziehungen zu Indien unterhielten, und segelten mit ihnen an Bord einer Dau über das Rote Meer Richtung Süden. Paiva brach von Suakin in der Nähe von Port Sudan ins Landesinnere auf, um den Priester Johannes zu suchen; Covilhão segelte an Bord eines Pilgerbootes über den Indischen Ozean zur südindischen Malabarküste. Dort besuchte er die wohlhabende Hafenstadt Calicut (Kozhikode) und entdeckte den lohnenden Handel mit Gewürzen. Anschließend segelte er nach Goa, wechselte das Schiff und fuhr weiter nach Hormus am Persischen Golf. Hier begann Covilhão die Rückreise und segelte zunächst nach Sofala in Mosambik, dem Zentrum des Goldhandels.

Dann machte er sich auf den Weg nach Kairo, um Paiva zu treffen. Dort angekommen erfuhr er allerdings von dessen Tod. Er beschloss, Paivas Mission fortzuführen, und entsandte einen Boten mit seinen Aufzeichnungen nach Lissabon. Dann besuchte er Jiddah und im Anschluss daran die Heiligen Städte Arabiens. 1493 erreichte er Äthiopien, wo er sich bei der Ankunft eines portugiesischen Gesandten im Jahr 1520 immer noch aufhielt.

▼ ***In Goa*** *zeugt die Architektur noch heute vom portugiesischen Einfluss im 16. Jh. Der Hafen stellte den wichtigsten Handelsstützpunkt der Portugiesen an der Westküste Indiens dar.*

Die Überquerung des Indischen Ozeans

Im Gegensatz zu früheren Entdeckungsreisen glich die Fahrt des Vasco da Gama im Jahr 1497 einer „bewaffneten Handelsmission“. Die Portugiesen suchten Handelswege und waren bereit, dafür zu kämpfen. Nach der Umsegelung des Kaps der Guten Hoffnung liefen sie die Häfen der ostafrikanischen Handelsstädte an, wo sie jedoch nicht besonders wohlwollend empfangen wurden. In Malindi im heutigen Kenia gelang es ihnen immerhin, einen einheimischen Führer zu engagieren. Wahrscheinlich handelte es sich um Ahmed ibn Majid, einen bekannten Seefahrer aus der Provinz Gujarat und Verfasser verschiedener Karten und Schiffsbücher. Im Mai 1498, zehn Monate nach ihrer Abreise, erreichten sie den Hafen von Calicut.

Delhi stand schon seit geraumer Zeit unter islamischer Herrschaft, die muslimischen Sultanate erstreckten sich bis Goa. Südlich von Goa konnte sich zwar der Hinduismus behaupten, doch kontrollierten die Muslime die Handelswege entlang der Küste – so wie in Afrika. Bei ihrer Ankunft in Calicut bereitete der dortige Herrscher den Portugiesen einen wohlwollenden Empfang; er hatte jedoch nicht damit gerechnet, dass er damit die arabischen Händler, denen die Ungläubigen aus Portugal alles andere als willkommen waren, gegen sich aufbringen würde. Vasco da Gama gelang es nicht, einen portugiesischen Handelsstützpunkt zu errichten. Seine Waren, bei denen es sich um westafrikanische Handelsgüter handelte, eigneten sich nicht für den gehobenen indischen Markt.

Auf dem ersten Teil der Rückreise hatten die Portugiesen mit Stürmen zu kämpfen. Die Überquerung des Indischen Ozeans dauerte drei Monate, und die Besatzung erkrankte an Skorbut. Trotz des eingeschränkten Erfolgs dieser Reise wurde da Gama bei seiner Ankunft in Lissabon mit Jubel empfangen und großzügig entlohnt. Nach seiner Rückkehr wurden sofort Vorbereitungen für eine weitere Expedition getroffen, die 1500 unter Pedro Alvares Cabral in See stach.

Die Portugiesen hatten inzwischen herausgefunden, dass sie die Strömungen im Atlantik am besten nutzten, wenn sie möglichst weit westwärts segelten, bevor sie Kurs auf die afrikanische Küste nahmen. Cabral landete auf diese Weise allerdings zunächst in Brasilien. Auf der Weiterfahrt verlor er im Sturm vier seiner zwölf Schiffe, eines davon unter dem Kommando von Bartolomeo Diaz. Bei ihrer Ankunft in Calicut erwartete sie ein frostiger Empfang. Daher segelte Cabral in südlicher Richtung weiter nach Cochin. Hier erschloss er lohnende Handelsmöglichkeiten und errichtete eine Manufaktur.

Im selben Jahr wie Cabral machte sich der Italiener Ludovico de Varthema von Venedig aus ebenfalls auf den Weg nach Osten. Gekleidet wie ein Muslim besuchte er Arabien, (siehe S. 50), überquerte anschließend den Indischen Ozean und erreichte Diu an der indischen Küste. Nach einem Umweg über den Persischen Golf reiste er wieder nach Indien und trat dort in den Dienst der portugiesischen Armee. Von hier reiste er nach Bengalen, Birma und Malakka (heute zu Malaysia). Aus seinen Aufzeichnungen geht hervor, dass er wahrscheinlich als erster Europäer die legendären Gewürzinseln (Molukken) erreichte.

◄ ***Vasco da Gamas*** *Indienreise war eine generalstabmäßig geplante wirtschaftliche Unternehmung, keine Entdeckungsreise. Mit einer Kriegsflotte erzwang er die Anerkennung der portugiesischen Oberhoheit in den Städten an der indischen Westküste.*

Das portugiesische Kolonialreich

1502 leitete Vasco da Gama die dritte portugiesische Expedition nach Indien, die, wie schon seine erste Reise, einem Kriegszug glich. Die Portugiesen wollten die Kontrolle über den Handel im Osten, doch sie hatten keine Chance, dies durch einfachen Wettbewerb zu erreichen. Ihre einzige Möglichkeit war Gewalt. Ihre Schiffskanonen machten sie auf See unschlagbar. Vasco da Gama eröffnete folgerichtig die erste Seeschlacht an der Malabarküste, und Francisco de Almeida, erster portugiesischer Generalgouverneur Indiens, bewies durch den Sieg über die arabisch-gujaratische Flotte an der Küste von Goa 1509 endgültig die Überlegenheit Portugals als Seemacht.

Maßgeblich beteiligt am Ausbau der portugiesischen Herrschaft in Indien war Afonso d'Albuquerque, der 1509 die Nachfolge von Francisco de Almeida antrat. Albuquerque war ein genialer Stratege; er überzeugte die portugiesische Regierung, ein Fort in Goa sowie befestigte Handelsstationen entlang der Küste zu errichten, die zudem durch eine Flotte von Kriegsschiffen geschützt wurden. In weniger als fünf Jahren erstreckte sich der portugiesische Einflussbereich bis nach Ostindien, und 1511 nahm Albuquerque das florierende und strategisch wichtige, jedoch gefährliche Malakka (heute Melaka) ein; diese Stadt bildete die wichtige Verbindung zwischen der Halbinsel Malakka und Sumatra.

Seine Bemühungen, die portugiesische Herrschaft jenseits des Indischen Ozeans auszudehnen, waren jedoch weniger erfolgreich. 1513 griff er Aden an, das Tor zum Roten Meer, jedoch erfolglos. Er hatte geplant, mit äthiopischer Unterstützung einen Kanal vom Nil zum Roten Meer zu graben. 1515 wurde er nach Lissabon zurückbeordert; starb jedoch bevor er in See stechen konnte.

ROUTEN

- Covilhão 1487–1489
- Da Gama 1497–1499
- Varthema 1502–1508
- Almeida 1505–1509
- Albuquerque 1507–1511

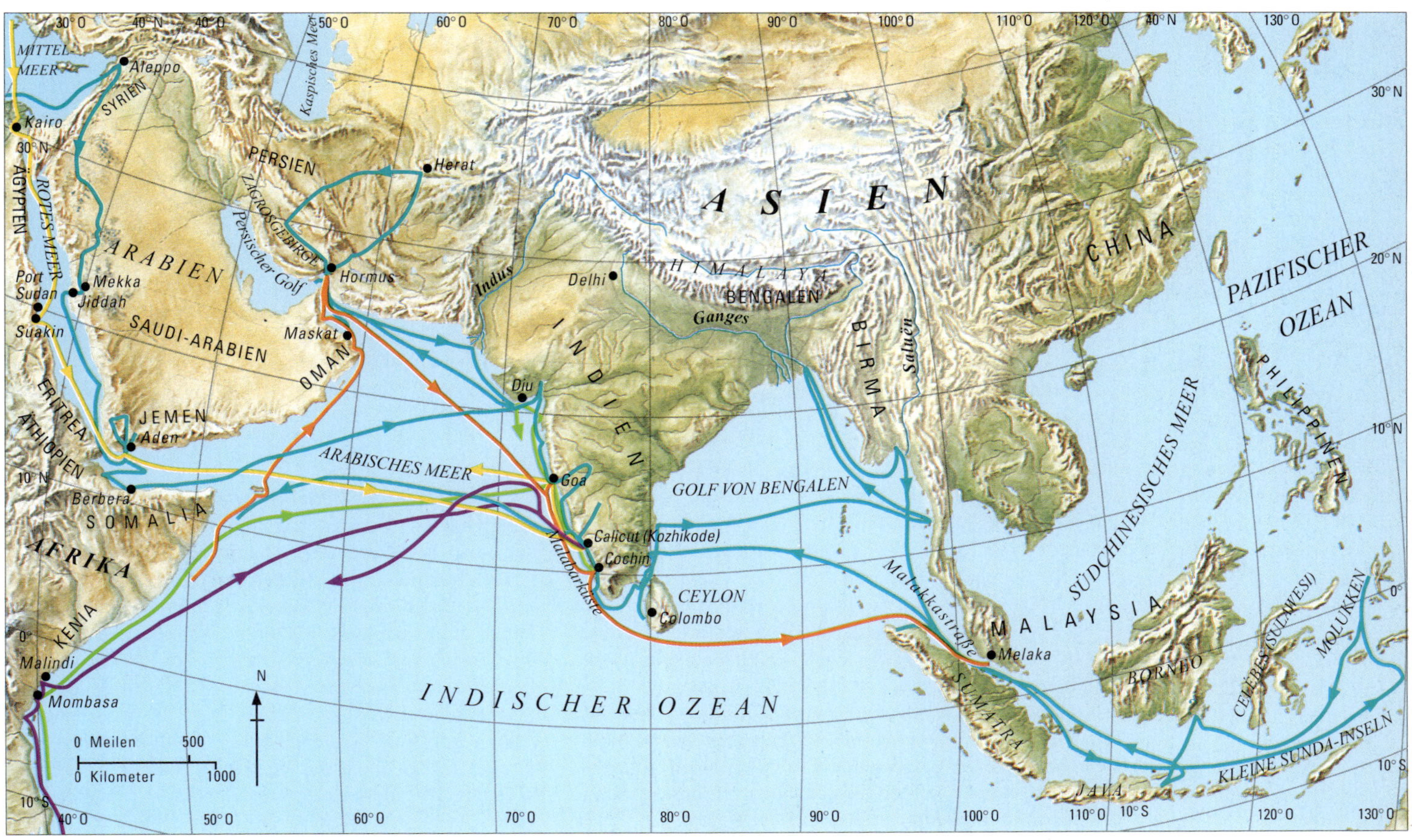

Missionen im Orient

▲ ***Im 16. Jh.*** *wurden die portugiesischen Handelsreisenden auf ihren Fahrten in den Orient von einer Vielzahl jesuitischer Missionare begleitet. Auf dieser japanischen Abbildung werden die Europäer mit langen Nasen und überdimensional großen Hosen dargestellt. Bevor nach einem Erlass der japanischen Regierung im Jahr 1629 die Christenverfolgung einsetzte, bekehrten die Missionare viele Japaner zum christlichen Glauben.*

In Asien, ebenso wie in Amerika, folgten auf die europäischen Eroberer binnen kurzem christliche Missionare. Verschiedene katholische Orden – Franziskaner, Dominikaner, Augustiner – entsandten Missionare in die eroberten Gebiete; weltweit am stärksten vertreten waren die Jesuiten. Sie zeichneten sich vor allem durch exzellente Bildung, großen Arbeitseifer und eine für die damalige Zeit ungewöhnlich hohe Toleranz aus. Ein Netzwerk derart hervorragend gebildeter Männer ist auch heute noch ungewöhnlich – um so mehr zur damaligen Zeit. Die Missionare wurden zwar nicht als Entdecker oder Forscher in ferne Länder entsandt, doch hatten sie in jedem Fall auch den Auftrag, die Kultur der jeweiligen Länder zu studieren. Ausgangspunkt der Missionierung Asiens war die Stadt Goa an der indischen Westküste.

Francisco de Xavier

Francisco de Xavier, Schüler und Freund von Ignatius von Loyola, dem Begründer des Jesuitenordens, war einer der ersten Missionare in Goa. Als „Apostel der Inder" setzte er hohe Maßstäbe, die von seinen Nachfolgern beibehalten wurden. Xavier war ein äußerst warmherziger Mann, der leidenschaftlich gern reiste. 1545 besuchte er Malakka und lernte dort den jungen Yajiro, kennen, der aus Japan geflohen war, da man ihn dort des Mordes beschuldigte. Japan war zwar kein unbekanntes Land mehr, seit dort drei Jahre zuvor, 1542, ein portugiesischer Handelsreisender auf dem Weg nach Kanton Schiffbruch erlitten hatte und auf der Tanega-Insel südlich von Kyushu gestrandet war, doch kein Europäer hatte es je bereist.

Durch Yajiro gelangte Xavier zu der Überzeugung, die Japaner würden sich dem christlichen Glauben öffnen, und so reiste er mit ihm und drei weiteren Wegbegleitern im Jahr 1549 nach Kyushu. Hier soll Xavier eine Vielzahl von Japanern zum christlichen Glauben bekehrt haben. Von größerer Bedeutung jedoch war, dass er Gefallen an der japanischen Kultur fand – die Menschen dort bezeichnete er als „Freude meines Herzens". Er machte zwar keine großartigen Entdeckungen, doch lieferte er die ersten detaillierten Aufzeichnungen über dieses Land.

Bald erkannte Xavier welch großen Einfluss China auf Japan ausübte. Wenn er die Japaner bekehren wollte, musste er bei den Chinesen beginnen. Er beschloss nach China zu gehen, starb aber 1552, noch bevor er das Festland erreichte, auf einer kleinen Insel vor der Küste.

Der Hof des Großmogul

Erklärtes Ziel der in Goa tätigen Missionare war der Hof des indischen Großmoguls Akbar in Fatehpur Sikri in der Nähe von Agra. Bei ihrer Ankunft am Hof im Jahr 1580 wurden sie weit freundlicher empfangen als sie erwartet hatten. Akbar war alles andere als ein Tyrann oder „orientalischer Potentat"; ganz im Gegenteil, er war ein intelligenter, arbeitsamer, herzlicher und toleranter Herrscher. Die mehr als lebhaften Diskussionen zwischen christlichen und muslimischen Geistlichen an seinem Hof interessierten ihn sehr. Zu vermuten bleibt jedoch, ob diese Streitgespräche einzig seiner Belustigung dienen sollten. Sein Vorschlag, ein Christ mit einer Bibel und ein Moslem mit dem Koran sollten durch ein Feuer gehen, dann werde man schon sehen, wer Recht habe, wurde von beiden Seiten jedenfalls einstimmig abgelehnt.

Die Christen hatten bei diesen Disputen wahrscheinlich die besseren Argumente, denn im Gegensatz zu ihren Diskussionspartnern waren sie mit der Lehre des Koran vertraut. Schließlich gelang es den Missionaren, einige Muslime zu bekehren, darunter auch drei Neffen des Kaisers Jahangir. Doch solche Erfolge waren selten und von kurzer Dauer. In Indien war kein Platz für weitere Gurus, und nach Amtsantritt des Schadschahan (1627–1658) wuchs die Feindseligkeit der Mogulkaiser gegenüber den christlichen Missionaren. Doch auch in Indien sammelten die Jesuiten wichtige Informationen über die Geografie des Landes: So erforschten sie beispielsweise den Ganges und fertigten eine detaillierte, etwa 3 m lange Karte des Flussverlaufs an.

Pater Ricci in China

In China waren die Portugiesen nicht im Mindesten so erfolgreich wie in Japan. 1557 wurde den Portugiesen ein Stützpunkt bei Macau zugesichert. Im Gegenzug mussten sie die Piraten von den chinesischen Gewässern fern halten. Die jesuitischen Missionare wurden jedoch in ihre Heimat zurückbeordert, denn die Chancen, die Chinesen zum Christentum zu bekehren, waren aussichtslos; sie hätten ebensogut versuchen können, den Franzosen den Hinduismus schmackhaft zu machen. Doch die Missionarsbewegung in China hatte auch einige Erfolge aufzuweisen. Dies war jedoch einzig das Verdienst des Italieners Matteo Ricci, der 1582 in Macau eintraf. Er erkannte, dass die einzige Chance zur Verbreitung des Christentums in China in

◄ ***Drei jesuitische Missionare*** *bei einem Empfang des Großmoguls Akbar in Fatehpur Sikri im Jahr 1580. Der Herrscher hatte die Missionare eingeladen und zeigte großes Interesse an dem, was die Männer zu sagen hatten. Zur Enttäuschung der Missionare konvertierte er jedoch nicht zum christlichen Glauben.*

▲ ***Pater Matteo Ricci,*** *hier mit dem ersten Chinesen, der zum christlichen Glauben konvertierte, lieferte wichtige Informationen über die chinesische Geografie und Kultur.*

der Anpassung an die chinesische Kultur bestand. Dieser Standpunkt brachte ihm jedoch die Kritik seiner Vorgesetzten ein. Später sollte Ricci selbst zum Mandarin werden; stets bedauerte er, dass seine Augenfarbe und Nase ihn immer als Europäer verraten würden.

Riccis Auftrag war die Aufstellung möglichst ausführlicher Berichte über China. Da Jesuiten und Mandarin eine ähnliche Ausbildung durchliefen, erfasste Ricci die bürokratische Organisation innerhalb kürzester Zeit und entwickelte Sympathien für die Würdenträger. Er verfasste nicht nur ein Wörterbuch und untersuchte die chinesische Literatur im Hinblick auf Gemeinsamkeiten mit dem christlichen Glauben; er beeindruckte die Chinesen auch mit europäischen Erfindungen, die in China noch unbekannt waren (einer seiner Nachfolger stattete die kaiserliche Armee mit europäischen Waffen aus). Er berichtete den Chinesen von Amerika und trug durch die Verknüpfung europäischer und chinesischer Erfahrungen auf vielen Gebieten zur Erweiterung des Wissens bei.

Ricci übertrug eine europäische Weltkarte auf chinesische Verhältnisse, wobei er China in den Mittelpunkt der Welt rückte und taktvoll größer darstellte als es wirklich war. Darüber hinaus arbeitete er an einer eigenen Weltkarte, in die er auch chinesische Daten integrierte und die ein alphabetisches Ortsverzeichnis enthielt. Die Karte umfasste acht Quadratmeter Seide und war wahrscheinlich die beste Karte der damaligen Zeit. Zum Dank wurde er an den kaiserlichen Hof in Peking (Beijing) berufen – eine ganz besondere Ehre –, wo er neun Jahre später im Jahre 1610 starb.

Seine Nachfolger behielten die von ihm gesetzten Standards bei. Sie beherrschten die Sprache der Mandarin und verfügten über handwerkliche Fertigkeiten. Ferdinand Verbiest entwarf ein neues kaiserliches Observatorium, während seine Nachfolger die Vermessung Chinas vornahmen. Die aus 120 Blatt bestehende Chinakarte wurde erst 1717 fertig gestellt und galt bis weit in das 19. Jh. als detaillierteste Karte Chinas.

Neue Handelswege nach Osten

Als Folge der 1553 von Sir Richard Chancellor getroffenen Handelsvereinbarungen mit Russland suchte England nach einem nördlichen Seeweg nach China, der weder das islamische Reich noch spanisches oder portugiesisches Gebiet kreuzte. Eine Expedition unter Leitung des Handelsreisenden Anthony Jenkinson, der schon im Nahen Osten Erfahrungen gesammelt hatte, segelte 1557 nach Archangelsk und von dort weiter nach Moskau.

Zar Iwan IV., der sich zu dieser Zeit den Namen „der Schreckliche“ noch nicht verdient hatte, gewährte ihnen sicheres Geleit über Kasan zur Wolga und von dort nach Astrachan an der Nordküste des Kaspischen Meeres, das kurz darauf von den Russen erobert wurde. Hier kaufte Jenkinson ein Schiff und segelte an die Ostküste des Kaspischen Meeres. Unruhen unter den Turkvölkern machten die Überfahrt riskant, doch Jenkinson betrat schließlich als erster Engländer die Stadt Buchara. Er musste jedoch erkennen, dass eine Weiterreise aufgrund der anarchischen Zustände in Turkestan unmöglich war. Die alte Seidenstraße war nicht mehr passierbar.

Jenkinson in Persien

Jenkinsons Rückreise nach England war mit vielen Risiken verbunden und nahm mehr als drei Jahre in Anspruch. Doch schon ein Jahr darauf brach er zu einer weiteren Expedition auf. Dieses Mal durchsegelte er das Kaspische Meer Richtung Süden und musste feststellen, dass auch auf einem Binnenmeer starke Stürme herrschen können. Zu Fuß gelangten Jenkinson und sein Männer in die persische Provinz Schirwan. Geschmückt mit Gold, Rubinen und Perlen bot der dortige Herrscher Abdullah Khan einen imposanten Anblick. Er bewirtete die Gäste fürstlich und lehrte sie unter anderem das Kaffeetrinken.

Nach einigen angenehmen Wochen am Hofe des Khan setzten sie ihren Weg fort nach Qazvin, der Hauptstadt des Reiches von Schah Tahmasp. Der persische Herrscher war weniger gastfreundlich als Abdullah Khan. Doch Jenkinson bewies Geduld, und schließlich erhielt er, wahrscheinlich durch die Fürsprache des Abdullah Khan, die – allerdings widerwillig erteilte – Erlaubnis, Handel zu treiben. Mit Seide und anderen Luxusgütern kehrte er nach England zurück.

Fitch und Newbery

Spätere Reisende konnten nicht an die Erfolge von Jenkinson anknüpfen. Ralph Fitch z. B. reiste in der Hoffnung auf neue Handelsmöglichkeiten acht Jahre lang durch Südasien. Er gelangte bis nach Siam (Thailand) und Malakka und sammelte dabei umfangreiche Informationen über Asien, konnte aber die durch Marco Polo eröffneten Handelswege nicht neu beleben.

John Newbery unternahm 1581 eine ähnliche Mission, bei der er jedoch über das Mittelmeer nach Syrien, von dort zum Euphrat und nach Hormus am Persischen Golf reiste. Die Rückreise legte er als Araber getarnt über Persien und Konstantinopel (Istanbul) zurück. In England berichtete er von vielversprechenden Handelsmöglichkeiten; doch die elisabethanischen Händler fühlten sich dem langen Weg durch die Wüste sowie den anderen Risiken nicht gewachsen.

1583 begleitete Newbery Fitch nach Hormus, um dort einen englischen Handelsstützpunkt zu gründen. Sie gerieten in portugiesische Gefangenschaft, konnten jedoch in Goa aus dem Gefängnis fliehen. Fitch reiste Richtung Osten nach Bengalen, wohin Newbery ihm 1585 folgte. Er kam jedoch nie in Bengalen an, und sein Schicksal ist bis heute ungewiss. Fitch machte sich wieder auf den Weg zurück nach England.

Botschafter des Schah

Trotz der Rückschläge hatten die Engländer Persien (Iran) noch nicht aufgegeben. Die Brüder Anthony und Robert Sherley erreichten Qazvin im Jahr 1598. Zum Glück für die Engländer hatte inzwischen Schah Abbas „der Große“, der weitaus kultivierter war als sein Vorgänger Tahmasp, den Thron bestiegen. Der Herrscher hatte soeben mit

ROUTEN

- Jenkinson 1557–1564
- Newbery 1581–1582
- Fitch 1583–1591
- Sherley 1598–1600
- Herbert 1627–1629

Erfolg einen Feldzug gegen die Usbeken geführt und befand sich in großzügiger Stimmung. Die Zusage der Engländer, ihn im Kampf gegen seine Erzfeinde, die Türken, zu unterstützen, fand sein gesteigertes Interesse.

Die Engländer waren bei der in Aussicht gestellten Allianz mit weiteren europäischen Ländern jedoch etwas zu optimistisch. Schah Abbas entsandte Anthony Sherley in diesem Auftrag nach Europa, doch obwohl dieser verschiedene Herrscher aufsuchte, erzielte er keine nennenswerten Erfolge. Lediglich bei Kaiser Rudolf II. in Prag hinterließ er einen so großen Eindruck, dass dieser ihn in eigener Sache nach Nordafrika entsandte.

Durch das Fernbleiben seines Bruders geriet Robert in eine unangenehme Situation. Doch er gewöhnte sich an das Leben in Persien, heiratete eine kirgisische Prinzessin und gewann aufgrund seiner militärischen Fähigkeiten schließlich auch die Gunst des Schah. 1611 wurde auch er zum Botschafter des Schah ernannt, hatte mit seiner Mission jedoch ebenso wenig Erfolg wie sein Bruder. Er kehrte nach Persien zurück und besuchte einige Jahre darauf erneut Europa. Bei seiner Rückkehr nach Persien begleitete ihn Sir Thomas Herbert. Da die Portugiesen einige Jahre zuvor durch einen anglopersischen Angriff vertrieben worden waren, konnte ihre Reiseroute über Hormus führen.

Spätere Reisen nach Persien

Ebenso wie der 1628 verstorbene Robert Sherley entwickelte auch Thomas Herbert eine große Leidenschaft für Persien und dessen Bewohner. Seine Berichte handelten zwar größtenteils von bekannten Gebieten, doch seine Aufzeichnungen sowie die Beschreibung der Ruinen von Persepolis waren äußerst informativ und anschaulich.

Die Nachfolger des Schah Abbas waren als Herrscher weniger erfolgreich, und im 18. Jh. erlebte Persien eine Welle der Gewalt und Zerstörung. Der persische Handel, der nie besonders ausgeprägt gewesen war, verfiel vollends. Es sollten viele Jahre vergehen, bis erneut Europäer Persien bereisten.

Die Ziele der Engländer hatten sich inzwischen gewandelt. Die Zeit der portugiesischen Herrschaft war beendet, und noch bevor die Brüder Sherley auf dem Landweg Persien erreicht hatten, gelangte unter Leitung von James Lancaster die erste Flotte der englischen Ostindien-Kompanie auf dem Seeweg nach Indien.

◄ ***Sir Robert Sherley*** *(hier auf einem Porträt von Van Dyck) lebte viele Jahre in Persien und heiratete eine kirgisische Prinzessin. Als Lady Elizabeth Sherley begleitete Teresia ihren Mann auf seinen diplomatischen Reisen im Auftrag des Schah.*

Jesuiten im Himalaya

► Jesuitische Mönche *waren besonders in der ersten Hälfte des 17. Jh. in Asien aktiv. Gegen Ende des Jahrhunderts nahm ihre Tätigkeit ab, zum Teil deshalb, weil nun verstärkt protestantische Missionare an ihre Stelle traten.*

Im 17. Jh. hatten die Holländer und Engländer die Portugiesen von einem Großteil ihrer Stützpunkte in Asien verdrängt. Doch auch die Portugiesen trugen weiterhin ihren Teil zur Erforschung Asiens bei.

Bento (Benedikt) de Goes, ein Jesuit am Hofe von Großmogul Akbar in Agra, wollte den Gerüchten über eine verlassene christliche Gemeinde jenseits des Himalaya nachgehen. Quelle dieser Gerüchte waren die nestorianischen Gemeinschaften in Asien und verwirrende Berichte über den tibetischen Buddhismus, in denen der Lama als christlicher Priester dargestellt wurde. Und war das Cathay des Marco Polo wirklich China?

1603 brach Goes zu seiner riskanten Reise auf. Getarnt als muslimischer Handelsreisender schloss er sich mit einem armenischen Reisegefährten sechs Monate lang einer Karawane nach Kabul an. Erst nach weiteren acht Monaten konnte er mit einer anderen Karawane den Hindukusch überqueren – wobei sie das Reich des Mogul verließen und in gesetzloses Gebiet vordrangen. Die Reise führte zum Oxos (Amudarja) und über den Pamir nach Shache (Yarkand). Goes litt unterwegs an Höhenkrankheit und musste noch dazu zahlreiche Überfälle überstehen. Bei einem dieser Überfalle geriet er in die Hände einer Räuberbande, konnte jedoch fliehen, als diese sich um seine Habe stritten.

Nach einem Umweg über Hotan folgte die Karawane der Nördlichen Seidenstraße bis Karashar (Yanqi). Hier trafen sie auf Reisende, die mit der Jesuitenmission vertraut waren und ihnen versicherten, dass Cathay und China ein und dasselbe Land seien. Goes reiste weiter nach Osten, passierte die Tiefebene von Turfan und durchquerte die Wüste Gobi. Nach fast drei Jahren erreichte er schließlich Jiuquan an der Chinesischen Mauer.

Goes blieb dort länger als ein Jahr. Er schickte einen Boten zu Matteo Ricci nach Peking, doch dessen Antwort traf erst 1607 ein, als Goes bereits auf dem Sterbebett lag.

► Leh, die Hauptstadt *von Ladakh, liegt 3 500 m über dem Meeresspiegel im Südwesten des Himalaya. Trotz der Abgeschiedenheit fanden mehrere Jesuitenmönche den Weg in die Stadt.*

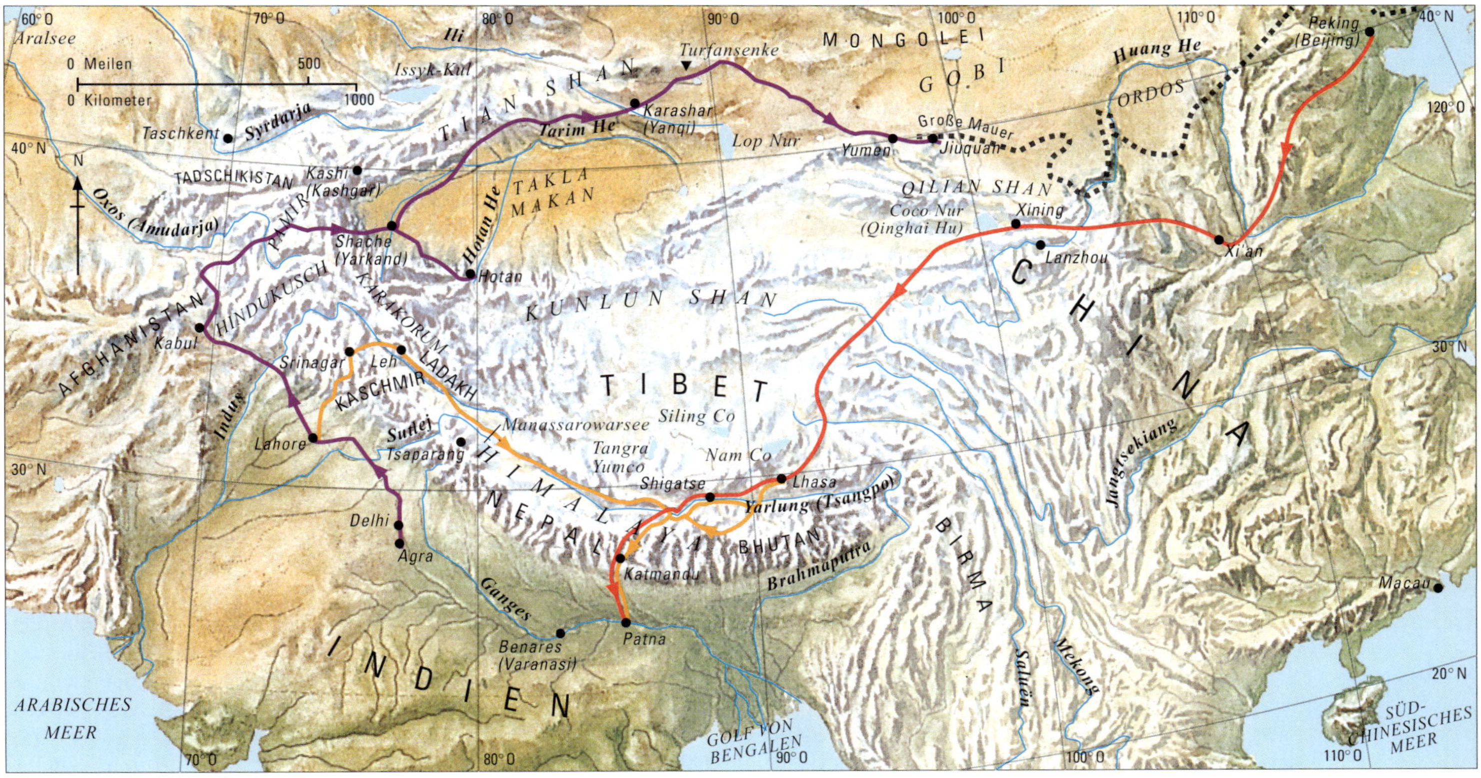

Jenseits des Himalaya

Der Jesuit Antonio de Andrade folgte Goes' Spuren und machte sich 1624 auf die Suche nach den legendären Christen jenseits des Himalaya. Als Hindu getarnt schloss er sich in Begleitung zweier indischer Christen einer Karawane zum indischen Pilgerort Badrinath nordöstlich von Srinagar an. Von hier reiste er allein, teilweise mit einem einzigen Begleiter, bis nach Tibet weiter. Andrade überquerte als erster Europäer den Himalaya, passierte vereiste Schluchten und gefährliche Brücken. In Tsaparang, Hauptstadt einer kleinen tibetischen Provinz, konnte Andrade den dortigen Herrscher vom Christentum überzeugen und erhielt die Genehmigung zur Gründung einer Jesuitenmission.

Fruchtlose Bemühungen in Tibet

Den Lamas waren die Christen alles andere als willkommen, und 1630 machte eine Revolution der Mission ein Ende. Andrade, inzwischen Superior in Goa, entsandte Francisco de Azevado nach Leh, der Hauptstadt von Ladakh. Der dortige Herrscher hatte inzwischen auch Tsaparang unter Kontrolle. Trotz seines Alters von 53 Jahren (unter den Jesuiten gab es kaum junge Männer) gelang es Azevado, die in Leh gefangen gehaltenen Christen zu befreien. Er bemühte sich, die Mission neu zu beleben, doch ohne Erfolg. Berühmtheit erlangte Azevado durch die lautstarken Gebete, die er sprach, während er sich beim Überqueren der tibetischen Hängebrücken mit beiden Händen an die Seile klammerte.

1627 gründeten Pater Cabral und Pater Cacella in Shigatse (Xigazê) eine weitere Mission und bereisten weite Teile Tibets. Cacella starb auf dem Weg zu seinen Glaubensgefährten in Tsaparang. Die Mission, die sowohl den Anhängern des Dalai Lama als auch denen des Pantschen Lama ein Dorn im Auge war, wurde 1631 geschlossen.

Von Peking nach Lhasa

Macau war nach wie vor in portugiesischer Hand, doch wurde der Hafen durch die den Portugiesen überlegene Flotte der verfeindeten Holländer praktisch blockiert.

Aus diesem Grund suchten die Portugiesen nach einem Landweg von China nach Indien. 1658 kam der österreichische Priester Johannes Grueber, der über große Reiseerfahrung im Mittleren Osten verfügte, nach Peking. Im April 1661 brach er mit Albert d'Orville, der fließend Chinesisch sprach und ein fähiger Landvermesser war, nach Indien auf. Sie reisten auf der alten Karawanenstraße zum Huang He (Gelben Fluss), überquerten ihn zweimal und erreichten Xi'an und Xining. Nach einer Reise durch Sumpfgebiete, Wüsten und Gebirgsketten erreichten sie im Oktober 1661 als erste Europäer die „verbotene Stadt" Lhasa. Erst 200 Jahre später sollte erneut ein Europäer diese Stadt betreten.

Die Begeisterung Gruebers und Orvilles für die Stadt hielt sich in Grenzen. Der Schmutz sowie die unbekannten Sitten schockierten sie. Dennoch erkannte Grueber eine Vielzahl von Parallelen zwischen tibetischem Buddhismus und dem Christentum.

Nach etwa sechs Wochen verließen sie Lhasa, überquerten den Himalaya und erreichten Katmandu, die Hauptstadt von Nepal – die exakte Route ist bis heute ungewiss. Der König befand sich im Krieg und erlitt einen Schock, als er durch das Fernglas der Jesuiten blickte und sah, wie weit die feindlichen Truppen innerhalb kürzester Zeit scheinbar vorgerückt waren.

Ein Jahr nachdem sie Peking verlassen hatten, erreichten Grueber und Orville Indien. Sie reisten über Agra und Patna zur heiligen Stadt Benares (Varanasi). Orville überlebte die Strapazen der Reise nicht und starb Anfang 1662 in Agra. Der unverwüstliche Grueber hingegen kehrte nach einer weiteren Reise, die ihn von Agra bis Hormus führte, schließlich nach Rom zurück.

Von Lahore nach Lhasa

Die Jesuitenmissionen in Tibet waren bereits aufgelöst worden, da kam zu Beginn des 18. Jh. der Missionar Ippolito Desideri ins Land. 1714 war er mit dem Franzosen Manuel Freyre über Lahore nach Kaschmir gereist, wo er zunächst Schneeblindheit und andere Krankheiten auskurieren musste. Im Jahr darauf erreichten sie Leh. Von dort aus reisten sie am Manassarowarsee entlang und durch das Tal des Tsangpo nach Lhasa. Der Rückweg erfolgte auf einer zwar bedeutend längeren, aber weniger beschwerlichen Strecke. Freyre kehrte nach Indien zurück, während Desideri in Tibet blieb, die Landessprache erlernte und ein Buch in tibetischer Sprache verfasste, das sich kritisch mit dem Buddhismus auseinander setzte. Als er 1721 wieder nach Indien berufen wurde, folgte er dieser Anweisung nur ungern. Er reiste noch mehrmals nach Tibet, bevor er 1727 endgültig nach Europa zurückkehrte.

ROUTEN

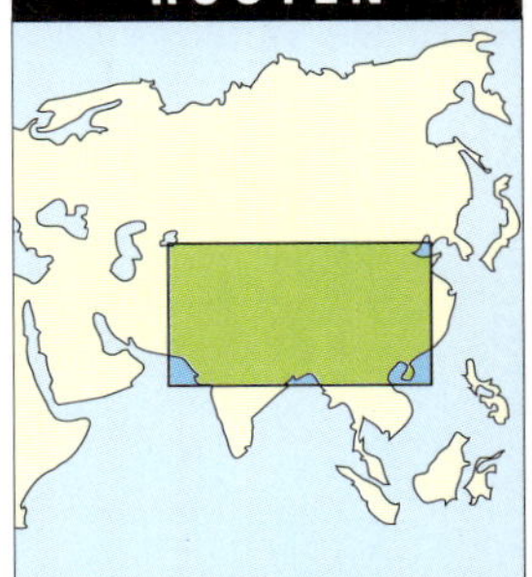

- Goes 1603–1607
- Grueber und Orville 1661–1662
- Desideri 1714–1716

Vorstoß der Kosaken

▲ ***Der Kosake Jermak*** *erhielt für seine Verdienste bei der russischen Eroberung Sibiriens eine Rüstung vom russischen Zaren. Sie sollte ihn das Leben kosten, als er auf der Flucht vor den Tataren damit im Irtysch versank.*

Im 16. Jh. bildete der Ural die Ostgrenze des russischen Reiches, nur wenige Einzelreisende hatten bis dahin das Gebirge überquert. Die mächtige Unternehmerfamilie Stroganow betrieb Grenzhandel mit samojedischen Zobelhändlern, doch 1578 wurde der Handel durch die Tataren unterbunden, und Russland hatte keinerlei Verbindung mehr zu dem weiten Land jenseits des Ural.

Trostlose Weiten

Mit einer Fläche von 8,5 Millionen Quadratkilometern bedeckt Sibirien etwa zehn Prozent der Landfläche der Erde. Unüberwindliche Berge gibt es in Sibirien nicht, und Flüsse erleichtern die Fortbewegung. Waren lassen sich über weite Strecken per Schiff transportieren, mit kurzen Unterbrechungen zu Lande. Doch die große Kälte (an vielen Orten herrschen tiefere Temperaturen als am Nordpol) und die immensen Distanzen erschwerten zu allen Zeiten das Reisen.

1578 tauchten unter Führung von Jermak Timofejewitsch Kosaken im Herrschaftsgebiet der Stroganow auf, freie Reiterscharen, die den Zar bekämpften, was sie allerdings nicht davon abhielt, mit ihm Handel zu treiben. Im Auftrag der Stroganow unternahmen sie eine Expedition nach Sibirien – eine Unternehmung, von der sich die Stroganow eine Belebung des Pelzhandels erhofften; gleichzeitig wurden sie auf diese Weise die Kosaken los.

Die Eroberung Sibiriens

Die Expedition war der Grundstein für eine nicht enden wollende Reihe von Eroberungen. Jermaks Truppen umfassten etwa 800 Mann. Die Tataren, die zwar für Moskau keine ernstzunehmende Gefahr mehr darstellten, besaßen dagegen ein Reiterheer von fast 30 000 Mann, angeführt von Kuchum Khan.

Die Geschwindigkeit, mit der die Kosaken Sibirien eroberten, lässt sich zum größten Teil auf den Einsatz von Feuerwaffen zurückführen, deren Gefahrenpotenzial um so größer ist, je ahnungsloser die Menschen sind, auf die sie gerichtet werden.

Jermaks Eroberungszug begann 1579 und verlief zunächst ruhig, zumal die Kosaken in den Bergen überwintern mussten. Im Frühjahr, nachdem sie einen neuen Pass entdeckt hatten, bauten sie Flöße und gelangten über Nebenflüsse des Tobol nach Sibirien, wo sie ihr nächstes Winterlager aufschlugen. Plündernd und mordend terrorisierten sie die sibirischen Steppenvölker. Als ein tatarischer Herrscher in ihre Gefangenschaft geriet, überschütteten sie ihn mit Geschenken und schickten ihn mit den besten Empfehlungen zu Kuchum Khan.

Der Khan ließ sich jedoch nicht täuschen, und als sie 1581 einen erneuten Eroberungsfeldzug antraten, stießen sie auf heftige Gegenwehr. Kuchum Khan lockte Jermak schließlich in einen Hinterhalt am Irtysch, erkannte allerdings zu spät, dass in den Booten der Kosaken nur Attrappen saßen. Jermaks Truppen befanden sich schon an Land und griffen die Truppen des Khan aus dem Hinterhalt an. In dem darauf folgenden Kampf wurden die Tataren (nicht zuletzt wegen der Schusswaffen der Kosaken) von Jermaks Truppen überwältigt, und die Kosaken nahmen Iskir, das heutige Tobolsk, ein.

Der Sieg der Kosaken war jedoch ein Pyrrhussieg. Jermaks Munition ging zur Neige, und die Tataren waren noch immer in der Überzahl. Da ein Rückzug jedoch nicht in Frage kam, versuchte Jermak, das Problem durch einen strategischen Geniestreich zu lösen. Er entsandte einen Adjutanten, Iwan Koltse, mit einer Ladung wertvoller Pelze zum russischen Zaren. Der Zar war von dem Sieg der Kosaken begeistert und schickte Verstärkung nach Sibirien. Jermak wurde über Nacht vom Grenzgänger zum Mitbegründer des russischen Reichs.

Die Kosaken mussten noch bis zum Spätsommer 1584 ausharren, dann trafen endlich die Truppen des Zaren in Sibirien ein. Im darauf folgenden Jahr wurde Jermak auf einem der zahlreichen Feldzüge von einer Tatarentruppe in

ROUTEN

- Jermak 1581–1582
- Pojarkow 1643–1646
- Deschnew 1643–1649
- Chabarow 1649–1651

einen Hinterhalt gelockt. Er versuchte sich durch einen Sprung in den Irtysch zu retten, versank aber mit seiner eisernen Rüstung wie ein Stein in den Fluten.

Jermaks Nachfolger

Nach dem Tod ihres Führers traten die Kosaken den Rückzug zum Ural an; kurz darauf traf Truppenverstärkung aus Moskau ein, und die Tataren wurden geschlagen. Kuchum Khan floh in den Süden zu den Nogai-Tataren, die ihn schließlich ermordeten.

Die Kosaken drangen nun bis zum Ob vor. Die friedfertigen Samojeden boten keinerlei Widerstand, und Stämme, die sich gegen die Kosaken auflehnten, wurden kurzerhand ausgelöscht. Die Kosaken verbreiteten sich ebenso schnell wie die Nachricht, dass mit sibirischen Zobeln viel Geld zu verdienen sei. In ihrem Gefolge kamen die Beamten und Steuereintreiber des Zaren nach Sibirien, denen wiederum die ersten russischen Siedler folgten.

1628 waren die Kosaken bis zur Lena vorgedrungen und gründeten 1632 Jakutsk. Hier teilten sich die Kosaken auf. Ein Teil drang in den Osten vor und erreichte 1639 das Ochotskische Meer. Ein anderer Teil der Kosaken zog an die Nordküste, wo Simon Deschnew, russisches Regierungsmitglied und einer der ersten russischen Siedler am Kolyma, wahrscheinlich als Erster die Tschuktschen-Halbinsel bis zur Mündung des Anadyr umsegelte. Nicht einmal den Offizieren der Großen Nordischen Expedition sollte es gelingen, diese Leistung zu wiederholen.

Eine dritte Abteilung der Kosaken folgte den Gerüchten über riesige Kornfelder (einer seltenen Pflanze in Sibirien) in den Süden. Auf allen ihren Eroberungszügen hinterließen die Kosaken eine Spur der Gewalt; der sibirischen Bevölkerung blieb nur die Flucht. Die nach Süden ziehenden Kosaken waren Berichten zufolge besonders grausam. 1643 erreichte Pojarkow den Amur und folgte ihm bis zum Meer. Mongolische Dorfbewohner (Daguren), die den Kosaken nicht genug Lebensmittel liefern konnten, wurden von Pojarkows Truppe kurzerhand getötet.

Einige Jahre später folgte Pojarkow eine weitere Gruppe von Kosaken, die jedoch mit Kanonen bewaffnet war. Die Truppe folgte dem Amur, aufsässige Bewohner der Ufergebiete wurden auf Befehl des Führers Chabarow umgebracht. Wissentlich oder unwissentlich hatten sich die Kosaken hier an Mandschuren und somit Chinesen vergriffen, und nach kurzer Zeit trafen chinesische Truppen ein. Obwohl die Russen die Chinesen besiegen konnten, zogen sie sich vom Amur zurück. Der Vertrag zur Beilegung des Grenzkonflikts ist nicht zuletzt einer anderen Gruppe von Entdeckern zu verdanken – den jesuitischen Missionaren in China.

▲ ***Jermaks Vorstoß*** *nach Sibirien vereinte christlichen Eifer und europäische Waffentechnik. Feuerwaffen sicherten Jermaks kleiner Truppe den Sieg über die Tataren, die zwar in der Überzahl waren, aber nur über Pfeil und Bogen verfügten.*

Die Große Nordische Expedition

► ***Peter der Große*** *war die treibende Kraft hinter den Expeditionen von Vitus Bering. Er wollte herausfinden, ob Asien und Amerika verbunden waren. Der Auftrag des Zaren an Bering lautete, er möge „herausfinden, wo die Küste Amerikas beginnt, sich zu einer europäischen Niederlassung begeben, fragen, um welche Küste es sich handelt, dies niederschreiben und sich dann zurückbegeben.“*

Um das Jahr 1700 waren die Russen bis zur Pazifikküste vorgedrungen. In Sankt Petersburg, der neuen russischen Hauptstadt, beschloss Peter der Große in Anbetracht der sibirischen Zobel, die sibirischen Stämme zu unterwerfen (selbst wenn sie zu diesem Zweck vernichtet werden mussten, wie es bei den Korjaken geschah). Darüber hinaus bewegten den Zaren geografische Fragen. Gab es tatsächlich jene mysteriösen Inseln östlich von Japan? Eignete sich Kamtschatka möglicherweise als Basis für den Handel mit China? Waren Asien und Nordamerika durch einen Landweg miteinander verbunden?

Von Sibirien nach Alaska

Die letzte dieser Fragen beschäftigte den Zaren am meisten. Noch vor 1720 entsandte Peter der Große mehrere Expeditionen nach Kamtschatka und zu den Kurilen, gewann jedoch keine eindeutigen Ergebnisse. 1724 plante er eine größere Expedition, zu deren Leiter er Vitus Bering, einen russischen Offizier dänischer Herkunft, bestimmte.

Obwohl Peter der Große 1725 starb, wurde die geplante Expedition ausgeführt. Nach mehr als einem Jahr erreichten Bering und seine Mannschaft Jakutsk. Hier kauften sie Vorräte ein und reisten ein weiteres Jahr bis zum Ochotskischen Meer. Von hier aus segelten sie zur Halbinsel Kamtschatka und setzten ihren Weg zu Fuß fort, da Bering die Reise durch unbekannte Gewässer im Süden der Insel zu riskant erschien.

An der Ostküste erbauten sie ein 18 m langes Schiff, die *St. Gabriel*, mit der sie 1728 das heutige Beringmeer durchfuhren. Sie segelten in nördlicher Richtung bis 67° 18´ N, einem Punkt nördlich der Beringstraße. Doch die Sicht auf die zwei Kontinente zu beiden Seiten der *St. Gabriel* wurde von dichtem Nebel verborgen.

Über die Existenz einer Meerenge zwischen Asien und Nordamerika bestand wenig Zweifel, zumal die Bewohner der Tschuktschen-Halbinsel Bering davon berichtet hatten, doch einen Beweis konnte Bering nicht erbringen. Zurück in Russland musste er herbe Kritik einstecken, bevor er die Leitung einer neuen und größeren Expedition erhielt. In den Jahren bis zu seinem Tod (1741) widmete Bering sich der Erforschung des Pazifiks (siehe S. 160).

Unter dem Kommando von Iwan Fjodorow (und dem Kartografen Gwosdjow) erreichte die *St. Gabriel* 1732 Alaska. Berings Begleiter, Martin Spanberg, gelangte 1738 über Kamtschatka nach Japan; ein Teil dieser Expedition erreichte 1742 die bis dato unbekannte Küste von Sachalin.

Die sibirische Küste

1733 machte sich eine Gruppe von Marineoffizieren unter der Leitung des unermüdlichen Bering an die Vermessung der sibirischen Küste von Archangelsk bis zur Mündung des Anadyr.

Die Vermessung sollte von Booten aus erfolgen und zwei Jahre dauern, konnte jedoch erst nach zehn Jahren abgeschlossen werden – und dies auch nur dank des besonders milden Klimas im Jahre 1737, das den Kartografen Zugang zu sonst zugefrorenen Wasserwegen bot.

In diesem Jahr erfolgte die Kartografierung der Küste vom Weißen Meer bis zum Ob durch Leutnant Malgin und vom Ob bis zum Jenissej durch Oberst Ovzin.

ROUTEN

- Bering 1725–1730
- Spanberg 1738–1739
- Große Nordische Expedition 1733–1742

► ***Nach einem Schiffbruch*** *war Vitus Bering 1741 gezwungen, mit seiner Mannschaft auf einer Insel nahe Kamtschatka zu überwintern; sie sollte später seinen Namen tragen. Bering und ein Großteil der Mannschaft starben an Skorbut, einer Krankheit, die durch Vitaminmangel hervorgerufen wird und viele Seeleute das Leben kostete. Skorbut führt zunächst zu Zahnausfall und einer allgemeinen Körperschwäche; die Erkrankten können ohne Hilfe weder stehen noch gehen.*

▼ ***Die eisigen Küsten*** *des Nordpolarmeers bargen nicht nur an Land große Gefahren für die Entdecker.*

Die Vermessung der Taimyr-Halbinsel stellte sich als äußerst schwierig heraus; den Wissenschaftlern gelang es nicht, von Westen an die Insel heranzusegeln. Eine andere Gruppe versuchte es von Osten; doch auch dieser Versuch scheiterte. Die Offiziere dieser Gruppe starben 1735, und so machte sich der Steuermann, Tscheljuskin, auf den Weg zu Bering, um weitere Order einzuholen. Als er nach 1 600 km durch eistreibende Gewässer endlich Jakutsk erreichte, hatte Bering die Stadt schon wieder verlassen.

Erforschung der Taimyr-Halbinsel

1738 brach erneut eine Expedition unter Leitung von Khariton Laptew zur Taimyr-Halbinsel auf, jedoch ohne Erfolg. Nachdem Laptew Verstärkung und neue Vorräte erhalten hatte, unternahm er im Jahr darauf einen zweiten Versuch, wurde jedoch am nördlichsten Punkt Eurasiens, dem heutigen Kap Tscheljuskin zurückgeworfen. (Das Kap trägt zwar heute den Namen seines ‚Entdeckers', doch haben einheimische Jäger es wohl schon lange vor Tscheljuskin umsegelt.) Laptews Mannschaft verbrachte einen harten Winter flussaufwärts am Chatanga und segelte im Frühjahr zur Mündung zurück, die sie nach vier Wochen erreichten. Dort wurde das Schiff vom Eis eingeschlossen und von der Strömung aufs Meer hinausgetragen. Als Wasser in das Schiff eindrang, flüchteten Laptew und seine Männer auf das Eis, wo sie eine schreckliche Nacht auf offener See verbrachten, bevor sie am nächsten Morgen zur 25 km entfernten Küste aufbrachen. Nach einem zweitägigen Marsch erreichten sie das Festland. Da die Eisscholle, die das Schiff eingeschlossen hatte, zurück an die Küste getrieben wurde, konnten sie wenigstens ihre Vorräte wieder in Empfang nehmen.

Laptew verwarf den Gedanken, das Kap auf dem Seeweg zu erreichen, und versuchte es auf dem Landweg. Er teilte seine Truppe in drei Gruppen auf, von denen jede detaillierte Aufzeichnungen der Halbinsel machte. Das Kap erreichte jedoch keine von ihnen. Und wie der heutige Name zeigt, gelang es erst dem hartnäckigen Tscheljuskin im Jahr 1742, in seinem achten Sommer an der sibirischen Küste, das Kap zu umfahren.

Von der Lena zum Anadyr

Nachdem der Großteil der Wissenschaftler der ersten Abteilung an Skorbut gestorben war (nur acht von 44 Männern überlebten), übertrug Bering Laptews Bruder Dimitri die Aufgabe, den längsten Küstenabschnitt, von der Lena bis zum Anadyr, zu vermessen. Simon Deschnew hatte zwar schon 100 Jahre zuvor die Tschuktschen-Halbinsel umsegelt (siehe S. 47), doch wussten die Teilnehmer der Großen Nordischen Expedition nichts von dieser abenteuerlichen Reise. Und Dimitri Laptew hätte dem Reisebericht wohl auch kaum Glauben geschenkt. Er war seiner Aufgabe genauso wenig gewachsen wie Tscheljuskin und ließ darüber hinaus den milden Winter 1737 ungenutzt verstreichen. 1740 vermaß er die Küste östlich des Kolyma; 1741 reiste er mit 45 Hundeschlitten über Land bis zum Anadyr. Von hier wollte er um Kap Deschnew zurück zum Kolyma segeln, konnte jedoch kein Schiff kaufen. Nach diesem Misserfolg kehrte er schließlich nach Sankt Petersburg zurück.

Heilige Städte des Islam

ROUTEN

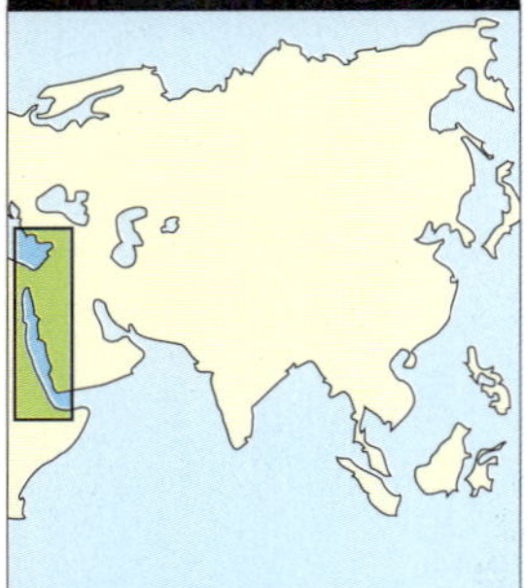

Obwohl Arabien aus geografischer Sicht von Europa leicht zu erreichen ist, wurde dieser Teil Asiens von den Europäern zuletzt erforscht, was sich durch die unwirtliche Landschaft erklären lässt. Die Arabische Halbinsel bedeckt eine Fläche von 2,5 Millionen Quadratkilometern, lediglich ein schmaler Küstenstreifen ist kultivierbar. Das Binnenland besteht aus einer trockenen Hochebene, wo nur einige Wadis zeitweise Wasser führen; die Temperaturen können bis zu 55 °C erreichen.

Arabien war den Europäern seit den Zeiten der Römer bekannt; selbst entlegene Winkel des Landes waren seit jeher besiedelt. Zur Blütezeit des Islam war dieses Land jedoch Sperrgebiet für Christen. Sie konnten Mekka oder Medina nur als Muslime getarnt besuchen. Für manchen Europäer erhöhte dies allerdings nur noch den Reiz der verbotenen Städte.

Ungläubige in Mekka

Pedro de Covilhão erreichte Mekka wahrscheinlich im Jahr 1492, mit Sicherheit hat er sich in Jiddah und Aden aufgehalten. 1503 gelangte der Italiener Ludovico de Varthema als erster Europäer nach Mekka. Da er irrtümlich für einen Mameluckenwächter syrischer Pilger gehalten wurde, konnte er drei Wochen in der Stadt bleiben. Von ihm stammen die ersten nicht-muslimischen Aufzeichnungen über die Kaaba, das Zentralheiligtum des Islam.

Varthema konnte Mekka unerkannt verlassen, in Aden vergaß er jedoch, in einem kritischen Augenblick Arabisch zu sprechen, und wurde als Ungläubiger enttarnt. Man steckte ihn ins Gefängnis, aus dem er, seinem romantisch verklärten Bericht zufolge, nach drei Monaten, von einer der Frauen des Sultans befreit wurde. Daraufhin reiste er in den Jemen, der seit der Römerzeit als Arabia Felix bekannt war, und segelte weiter über den Indischen Ozean zu den Gewürzinseln (Molukken).

Afonso de Albuquerque, Generalgouverneur Portugals in Indien, reiste nach einem Angriff auf Aden im Jahr 1513 an der jemenitischen Küste entlang. Hier soll der portugiesische Kapitän Gregorio da Quadras Schiffbruch erlitten haben, der später in Hormus am Persischen Golf wieder auftauchte. Wenn man diesem Bericht Glauben schenken darf, war Quadras für lange Zeit der letzte Europäer, der Arabien durchquerte – die nächste Arabienreise ist erst 300 Jahre später belegt.

Die Zahl der Reiseberichte von der arabischen Halbinsel ist vergleichsweise gering, es müssen weitaus mehr Europäer in die Heiligen Städte Arabiens gelangt sein – wenn auch nicht immer freiwillig.

So geriet der englische Seemann Joseph Pitts im Golf von Aden in die Hände muslimischer Korsaren und wurde als Sklave verkauft. Als solcher begleitete er 1685 seinen Besitzer auf der obligatorischen Pilgerreise nach Mekka.

Niebuhr und die Araber

Eine der ersten wirklich wissenschaftlichen Forschungsreisen wurde vom 1761 vom König von Dänemark finanziert, der sechs Skandinavier und Deutsche nach Arabien entsandte. Nachdem sie sich in Ägypten den arabischen Verhältnissen angepasst hatten, reisten sie mit einer Pilgerkarawane nach Jiddah. Von hier führte sie ihr Weg über das Rote Meer in den Jemen, wo sie Flora und Fauna erkundeten und eine Vielzahl Proben sammelten. Trockenheit, Malaria und Erschöpfung kosteten fünf Expeditionsmitglieder das Leben. Carsten Niebuhr, der sich den arabischen Kleidungs- und Ernährungsgewohnheiten angepasst hatte, war der einzige Überlebende der Expedition. Nachdem er sich in Indien ein Jahr lang von den Strapazen erholt hatte, kehrte er 1767 nach Dänemark zurück.

◄ **Die Ruinen** *der Stadt Petra wurden von den Beduinen streng bewacht, als Johann Burckhardt sie 1812 als erster Europäer sah. Burckhardt war der Meinung, von der 2000 Jahre zuvor erbauten „rosenroten Stadt, halb so alt wie die Zeit selbst" sei nicht viel übrig geblieben, nur Grabmäler und in die Felsen gehauene Zeremonienhäuser.*

Die Expedition hatte zwar kein Neuland entdeckt, doch brachte sie den Europäern wichtige Erkenntnisse über das Land und seine Bewohner (die Niebuhr zutiefst bewunderte) und revidierte einen Großteil der europäischen Vorurteile über die Araber.

Niebuhr hatte beobachtet, dass die Wahhabiten Einfluss gewannen, eine fundamentalistische Sekte, die 1803 nach mehreren Feldzügen Mekka einnahm. Der Konflikt erstreckte sich bis Jordanien und Syrien, so dass Reisen in arabische Länder kaum noch möglich waren. Trotz der Unruhen gelangte 1807 Domingo Badia y Leblich, ein zum Islam konvertierter Spanier, nach Mekka. Er reiste unter dem Namen Ali Bey al-Abbasi mit großem Gefolge und veröffentlichte später einen detaillierten Bericht über die Stadt. Obwohl ihm kurz vor Mekka der Chronometer gestohlen wurde, war er in der Lage, die Position von Mekka und Medina exakt zu bestimmen. Er starb 1818 während der Vorbereitungen zu einer zweiten Reise. Zwei Jahre darauf pilgerte der deutsche Botaniker Ulrich Seetzen nach Mekka; wurde jedoch im Jemen ermordet. Seine Aufzeichnungen sind nicht mehr erhalten.

Johann Ludwig Burckhardt

Der Spanier Badia y Leblich reiste in französischem Auftrag nach Arabien; Ulrich Seetzen arbeitete für Russland. Der Schweizer Johann Ludwig Burckhardt, einer der fähigsten Wissenschaftler seiner Zeit, wurde von England nach Arabien entsandt.

Burckhardts jahrelange Reisevorbereitungen waren beispielhaft; auch er passte sich, ebenso wie Niebuhr und viele andere Entdecker, den Sitten und Gebräuchen der Reiseländer an. Seine Kenntnisse des Koran waren so umfassend, dass er sogar einen gelehrten Kommentar verfasste – er hätte sich ohne weiteres als arabischer Rechtsgelehrter ausgeben können. Darüber hinaus hatte er die volle Unterstützung des mächtigen ägyptischen Königs Mohammed Ali, der sowohl die Mamelucken vom ägyptischen Thron als auch die Wahhabiten aus den Heiligen Städten vertrieben hatte.

1814 verließ Burckhardt Ägypten und reiste über das Rote Meer nach Mekka. Er hielt sich vier Monate in der Stadt auf und verfasste einen detaillierten und informativen Bericht. 1815 folgte eine Reise nach Medina, wo er ebenfalls Reiseberichte verfasste. Kurz drauf erkrankte er jedoch an Malaria, und da die Wirkung von Chinin damals noch nicht bekannt war, kehrte er nach Kairo zurück. Hier beendete er seinen Bericht und starb 1817 im Alter von 33 Jahren. Seine wertvollen Aufzeichnungen hinterließ er der Universität von Cambridge, an der er seinerzeit studiert hatte.

Burckhardts Aufzeichnungen über die Heiligen Städte enthielten alle nur wünschenswerten Informationen, doch das hinderte Richard Burton nicht daran, 1853 in muslimischer Kleidung nach Mekka zu reisen. Auch wenn diese Reise ihn berühmt machte (was für die Entdecker oftmals ein wichtiger Antrieb war), fällt sein Name heute nur im Zusammenhang mit seinen späteren Expeditionen nach Ostafrika sowie seiner Suche nach den Nilquellen (siehe S. 72/73). Abgesehen von einigen pesönlichen Erlebnissen konnte er Burckhardts Aufzeichnungen nichts hinzufügen. Die ursprünglich geplante Durchquerung Arabiens verwarf er aufgrund der Unruhen im Landesinneren.

◄ **Richard Burton** *trug zunächst, wie viele europäische Asienreisende, muslimische Kleidung. Dank hervorragender Arabischkenntnisse – er übersetzte die Märchen aus Tausendundeiner Nacht ins Englische – konnte er diese Tarnung später ablegen.*

Die arabische Wüste

► ***Bertram Thomas*** *durchquerte 1930/31 mit einer großen und gut ausgerüsteten Expedition die Große Arabische Wüste. Zu seinem Glück fiel Regen und die Kamele konnten grasen. Er stieß in der Wüste u.a. auf bis dato unbekannte Wüstenvölker.*

Der britische Offizier George Sadlier brach 1819 von Bombay nach Bahrain auf, wo er Kontakt zu Ibrahim Pascha (Stiefsohn des Mohammed Ali) aufnehmen wollte, der Krieg gegen die fundamentalistischen Wahhabiten führte. Sadlier hoffte auf Unterstützung im Kampf gegen die Piraten im Persischen Golf. Sadlier musste jedoch feststellen, dass Ibrahim Pascha bereits westwärts gezogen war und folgte ihm kurzentschlossen. Er traf den Feldherrn jedoch erst kurz vor Medina an. Da eine Umkehr sinnlos schien, reiste er weiter bis Yanbu' al-Bahr am Roten Meer und wurde so zum ersten Europäer, der Arabien durchquerte.

Hadramaut und Nefud

Arabien wurde zu einem beliebten Expeditionsziel der Engländer. In den 30er Jahren des 19. Jh. reiste der britische Marineoffizier James Wellsted auf der Suche nach Kohlevorkommen nach Hadramaut, einer Gebirgsregion im Süden Arabiens. Hier entdeckte er die Ruinen einer Stadt, die 2000 Jahre zuvor, zur Blütezeit des Königreichs von Hadramaut, erbaut worden war.

Als erster Europäer durchquerte der Skandinavier G.A. Wallin in den 40er Jahren im Auftrag der ägyptischen Regierung die Wüste Nefud; auch er kleidete sich wie ein Muslim. Seine Expedition von 1848 führte ihn von Al-Muwaylih in der Nähe des Golfes von Akaba über die nördlichen Berge des Hedschas bis nach Tayma und Ha'il, die er früher schon einmal besucht hatte. Er durchquerte zwar größtenteils unbekanntes Gebiet; da er jedoch bis auf einen Kompass über keinerlei Instrumente verfügte, fehlen genaue Angaben.

Individualisten und „Touristen“

William Palgrave, Wissenschaftler, Jesuitenpriester und Agent der französischen Regierung, trat als erster Europäer in die Fußstapfen von Wallin. Als syrischer Arzt getarnt reiste er mit einem syrischen Reisegefährten quer durch Arabien.

Von Ha'il ging es nach Riad (Ar-Riyad), und nach einem kurzen Aufenthalt reisten sie weiter nach Al-Qatif am Persischen Golf. Der Wahrheitsgehalt von Palgraves Aufzeichnungen wird jedoch nicht zuletzt wegen zahlreicher Ausschmückungen und seiner rätselhaften Andeutung, dass „vieles ungesagt“ bleiben müsse, vielfach angezweifelt. Das Ungesagte blieb wahrscheinlich den Depeschen an Louis Napoleon vorbehalten.

Die europäischen Entdecker Arabiens zeichneten sich durch eine äußerst selbstbewusste und umfangreiche Berichterstattung über ihre Reisen aus. Der bekannteste unter ihnen, Charles M. Doughty, verfasste eines der besten Bücher zu diesem Thema, *Travels in Arabia Deserta.* Trotz seiner Ansicht, der Stil – in seinem Falle eine Mischung aus elisabethanischen, arabischen und nicht zuletzt viktorianischen Einflüssen – sei wichtiger als der Inhalt, war er Wissenschaftler und berichtete objektiv und detailliert. Doughty bewunderte, so wie Wilfred Thesiger im 20. Jh., die Nomaden und beklagte den negativen Einfluss der so genannten Zivilisation auf dieses Volk.

Doughty reiste 1876 mit einer Pilgerkarawane über Syrien nach Arabien. Südlich von Tayma verließ er die Karawane, um den Weg auf eigene Faust fortzusetzen. Doughty gab nicht vor, Muslim zu sein, und war auf die Unterstützung der Nomadenstämme angewiesen. Dass er als Christ 21 Monate in Arabien überleben konnte, grenzt an ein Wunder.

Eine Vielzahl weiterer Reisen trug zur Erkundung des arabischen Binnenlands bei. Die Suche nach Araberhengsten führte Carlo Guarmani, einen syrisch-italienischen Pferdehändler, u.a. nach Al-Jawf. Der gebürtige Elsässer und Arabienforscher Charles Huber durchquerte 1878 die Wüste Nefud, wurde jedoch kurz darauf von seinen Führern ermordet. Im selben Jahr reisten Wilfried Scawen Blunt und seine Frau Lady Anne nach Arabien. Sie gehörten der englischen Oberschicht an, reisten zum Vergnügen und können als die ersten Touristen bezeichnet werden. Ein arabischer Scheich gewährte ihnen auf der Reise Schutz.

Nach der Übernahme Adens durch England im Jahr 1839 bereisten Engländer auch den Süden Arabiens. Die Berge des Hadramaut gaben ihre Geheimnisse jedoch nicht ohne weiteres preis. Das fruchtbare Becken des Wadi Hadramaut wurde erst zwischen 1890 und 1900 von dem deutschen Archäologen Leo Hirsch entdeckt. Reisen innerhalb Arabiens blieben aufgrund der Unruhen unter den arabischen Völkern bis in das Jahr 1937 äußerst riskant. In diesem Jahr rief der britische Politiker W. H. Ingrams den „Ingram-Frieden“ aus. Der holländische Offizier P. van der Meulen und die Engländerin Freya Stark erkundeten die letzten weißen Flecken auf der arabischen Landkarte.

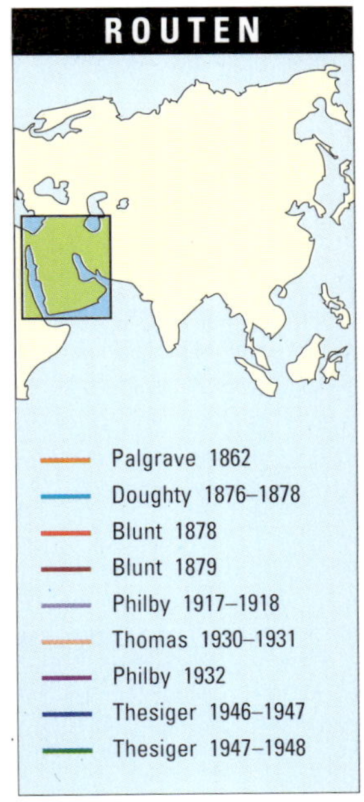

Die letzte Grenze

Die größte und unwirtlichste Region Arabiens, die Rub al-Khali (Große Arabische Wüste) mit einer Fläche von 650 000 Quadratkilometern, blieb lange unerforscht. In den Jahren 1930 und 1931 durchquerte Bertram Thomas, Minister des Sultans von Maskat, die Wüste Dhofar bis zum Golf. Zwei Jahre später durchwanderte H. St. John Philby, der zum islamischen Glauben konvertiert war und bereits lange Zeit in Arabien lebte, den nördlichen Teil der Großen Arabischen Wüste. Den Plan, die Reise bis zur Dhofar fortzusetzen, musste er jedoch aufgeben. In der Mitte der Rub al-Khali stieß er auf Seen, die durch Meteoriteneinschläge entstanden waren.

Auch Wilfred Thesiger zählt zu den bedeutenden Entdeckern Arabiens und zu jenen intelligenten, mystisch interessierten Menschen, die in der Wüste ihre Bestimmung fanden. Er durchquerte zwischen 1946 und 1948 zweimal die Rub al-Khali. Sein Buch *Arabian Sands* zeichnet das Bild einer Gesellschaft, die kurz vor ihrem Untergang steht.

◄ ***Freya Stark,*** *Reisende, Schriftstellerin, Geografin, Historikerin und Archäologin, liebte die Wüste. Sie schrieb: „Ich hätte nicht geglaubt, dass mich die Wüste auf den ersten Blick derart in ihren Bann zieht."*

Zentralasien

▼ ***George Hayward** zeichnete sich durch großes Durchsetzungsvermögen aus. Dieses Foto aus dem Jahre 1870 zeigt ihn in der Tracht eines regionalen Herrschers. Noch im selben Jahr wurde Hayward bei der Erkundung des Pamir ermordet, möglicherweise weil sich einer der Herrscher beleidigt fühlte.*

Im 19. Jh. drangen die europäischen Entdecker in das Gebiet zwischen Persien und Westchina vor, ein topografisch hochinteressantes Gebiet mit einer Vielzahl von Gebirgsketten, durchsetzt von Hochebenen und kargen Wüstenlandschaften. Doch auch in politischer Hinsicht war diese Region äußerst interessant. Hier prallten die Interessen des russischen Reiches und der Europäer, insbesondere der Engländer, aufeinander, und viele der im 19. Jh. unternommenen Expeditionen dienten wohl in Wahrheit geheimdienstlichen Zwecken. Das tatsächliche Ziel vieler Reisender liegt bis heute im Dunkel.

Der reisende Tierarzt

Einer dieser Reisenden war William Moorcroft. Im Auftrag der englischen Ostindien-Kompanie – die seit 1784 mehrheitlich von der Regierung kontrolliert wurde – sollte er für eine Verbesserung des Viehbestandes in den indischen Kolonien sorgen. Die ersten Reisen dienten der Suche nach entsprechenden Zuchttieren; seine späteren Expeditionen hatten jedoch politische Hintergründe. In welchem Umfang er im Auftrag der britischen Regierung spionierte, ist bis heute ungeklärt.

Auf der Suche nach Kaschmirziegen reiste er 1812 in Begleitung von Hyder Jung Hearsey, einem jungen Offizier angloindischer Abstammung, über den Himalaya in den Westen Tibets. Auf der Rückreise stießen sie auf den Manassarowarsee, Ziel hinduistischer Pilger, da angeblich Quellsee von Ganges, Indus, Brahmaputra und anderen großen Flüssen. Hearsey konnte jedoch nur den Sutlej entdecken.

Von 1819 bis 1825 unternahm Moorcroft eine zweite Reise, in deren Verlauf er als erster Europäer von Indien nach Buchara reiste. Nach einem zweijährigen Aufenthalt in Tibet, wo er in Machenschaften verwickelt war, die den russischen Einfluss zurückdrängen sollten, brach er nach Sinkiang (Xingjiang) und Kaschmir auf. Dort gelang es ihm, einen für die Ostindien-Kompanie günstigen Vertrag auszuhandeln, anschließend überquerte er den Hindukusch. Mit großer Wahrscheinlichkeit sind Moorcroft und sein britischer Reisegefährte 1825 unter mysteriösen Umständen in der Gegend um Buchara ums Leben gekommen. Der französische Missionar Abbé Huc behauptete allerdings, er habe Moorcroft noch Jahre später in Lhasa angetroffen. Zu Moorcrofts Nachfolgern zählen u.a. Alexander Burney und James Gerard, die ihm nach Buchara folgten, und James Wood, der 1838 die Quelle des Oxos (Amudarja) entdeckte.

Vorstoß der Russen

Russlands Vorstoß nach Zentralasien lässt sich auf das Jahr 1825 datieren. Die russischen Offiziere, gut ausgebildete Landvermesser, hatten im wesentlichen die gleiche Aufgabe wie Moorcroft. Sie erkundeten zunächst die Gegend um den Aralsee und stießen dabei auf den bislang unbekannten Abfluss des Syrdarja. Ab 1860 wurden die russischen Unternehmungen kühner; zwar waren einige Expeditionen rein wissenschaftlicher Natur, wie die Erkundung des Tian Shan unter Semjonow, andere dagegen dienten ausschließlich strategischen Zielen.

► ***Moorcroft und Hearsey** reisten als Fakire getarnt durch den Himalaya. Das Bild stammt von Hyder Jung Hearsey selbst.*

◄ ***Hyder Jung Hearsey*** *war ein begabter Maler. Dieses Bild aus dem Jahre 1812 zeigt tibetische Musiker beim Spiel auf traditionellen Instrumenten, einer Trommel (Ida-man) und einer Holzflöte (Sor-na).*

Reisende aus aller Welt

Trotz der politischen Unruhen war Zentralasien Mitte des 19. Jh. ein beliebtes Ziel für Reisende aus aller Welt. Zu den besten Kennern Afghanistans zählt der Amerikaner Charles Masson. Die Schlagintweits, drei Brüder aus Deutschland, erforschten in den 50er Jahren des 19. Jh. zunächst Indien und den Himalaya, bevor sie als erste Europäer den Kunlun Shan, die Gebirgskette zwischen Tibet und Sinkiang (Xinjiang) überquerten.

Die Pflanzenwelt des Himalaya wurde von zahlreichen Botanikern studiert, darunter der Franzose Victor Jacquemont und der Österreicher Carl von Hugel. In den 30er Jahren reiste Godfrey Vigne von Kaschmir nach Norden zum Karakorum. Von ihm stammen die ersten Aufzeichnungen über den Nanga Parbat, den westlichen Eckpfeiler des Himalaya. Sein Bericht über ein Gletschersystem im Himalaya wurde von seinen Zeitgenossen allerdings vielfach angezweifelt, mit der Begründung, der Himalaya befinde sich für eine Gletscherbildung zu nah am Äquator.

Imperialistische Spione

In Sinkiang (Xinjiang) barg der Aufstand gegen die Chinesen die Gefahr, der russische Einflussbereich könne sich ausdehnen, daher entsandten die Engländer 1868 zwei Expeditionen nach Asien. Die Leiter dieser Expeditionen, Robert Shaw und George Hayward, betrachteten sich als Konkurrenten. Hayward, ein äußerst forscher Entdecker, durchquerte als Erster den Karakorum. Shaw folgte ihm in kurzem Abstand und erreichte als erster Brite Shache (Yarkand). In Kashi (Kashghar), wo schon einer der Brüder Schlagintweit von Aufständischen hingerichtet worden war, gerieten beide in die Gefangenschaft des Rebellenführers Yakub Beg. Die englischen Entdecker wurden jedoch nach wenigen Monaten wieder frei gelassen.

Spätere Reisen führten Hayward in den Pamir, den die Engländer als Schutzwall gegen Russland nutzen wollten. Hayward wurde 1870 von einem einheimischen Befehlshaber ermordet, und Shaw führte die Expedition mit militärischer Unterstützung alleine fort. Er musste jedoch erkennen, dass die Gebirgspässe des Pamir für die russischen Truppen kein ernsthaftes Hindernis darstellten.

Ney Elias gilt als der unermüdlichste britische Asienforscher; er leitete insgesamt acht Expeditionen. 1872 brach er zu seiner längsten Reise auf, in deren Verlauf er fast 8 000 km zurücklegte. Er durchquerte die Wüste Gobi und das Altai-Gebirge zwischen China und der Mongolei, fuhr auf einem Pferdeschlitten 3 200 km weit durch das winterliche Sibirien, erreichte schließlich Nishnij Nowgorod, von wo er mit dem Zug nach England zurückreiste. Wenige Jahre später erforschte Elias die Gebirgspässe des Pamir, die er zwischen 1885/86 als erster Engländer überquerte.

ROUTEN

- Moorcroft 1819–1825
- Elias 1872–1873
- Elias 1885–1886

Wege nach Lhasa

Um etwa 1740 verließen die letzten europäischen Mönche Tibet, und mehr als 30 Jahre lang betrat kein Europäer mehr das Land. Indien geriet unterdessen durch die Ostindien-Kompanie mehr und mehr unter englische Kontrolle. Die Engländer waren neugierig auf Tibet, das Land hinter dem Himalaya, und Warren Hastings, der intelligente und ehrgeizige Generalgouverneur von Indien, entsandte zwei Expeditionen dorthin mit dem Ziel, neue Märkte zu erschließen und Informationen über den chinesischen Einfluss in Tibet zu gewinnen.

Abgesandte der Briten

Hastings erster Abgesandter, der junge Schotte George Bogle, erreichte 1774 die tibetische Grenze, doch wurde ihm dringend von der Weiterreise abgeraten. Er sandte ein Gesuch an den Pantschen Lama in Shigatse (Xigazê), neben dem Dalai Lama der höchste geistliche Würdenträger, und erhielt schließlich eine Besuchserlaubnis. Die Begegnung verlief freundlich, und Bogle konnte die tibetischen Gepflogenheiten studieren. Beim Dalai Lama in Lhasa reichte er eine Petition für ein Handelsabkommen ein und musste fast ein Jahr auf die Antwort warten, die zu seiner Enttäuschung negativ ausfiel. Währenddessen hielt er sich im Kloster Tashi-lumpo nahe Shigatse (Xigazê) auf. Er heiratete eine Cousine des Pantschen Lama, mit der er nach Indien zurückkehrte.

1792 baten die Tibeter nach einer Invasion aus Nepal die Engländer um Hilfe. Hätte Hastings noch das Amt des Generalgouverneurs bekleidet, dann wäre die Beziehung zwischen Tibet und England wahrscheinlich anders verlaufen. Der neue Generalgouverneur Cornwallis jedoch war nicht bereit, sich in Tibet in riskante militärische Aktionen verwickeln zu lassen. Daher wandten sich die Tibeter an die Chinesen, die die Eindringlinge zurückschlugen und die Grenzen zu Nepal und Indien abriegelten. Die wenigen Pässe, die als Grenzübergänge dienten und im Winter ohnehin zugeschneit waren, wurden von chinesischen und tibetischen Wachen gesichert. Einheimische Händler und Pilger durften die Grenze passieren, Europäern wurde die Einreise jedoch verweigert.

Trotzdem gelang dem Engländer Thomas Manning die Reise nach Tibet. Da er Chinesisch sprach, gab er sich als chinesischer Arzt aus. Im Dezember 1811 gelangte er unbehelligt nach Lhasa. Das Potala-Kloster, Sitz des Dalai Lama, beeindruckte ihn zutiefst, doch machte die Stadt auf ihn einen verwahrlosten Eindruck und entsprach in nichts seinem Bild von einer heiligen Stadt. Seine Aufzeichnungen, die sich vorwiegend mit der Unzulänglichkeit seines Dieners und der Flucht vor den chinesischen Behörden beschäftigen, sind zwar schön zu lesen, aus wissenschaftlicher Sicht jedoch uninteressant.

Abbé Huc

Die nächsten Europäer in Lhasa, die Franzosen Evariste Huc und Josèphe Gabet, bereisten als Missionare des Lazarusordens den tibetischen Norden. Bei den von ihnen verfassten *Wanderungen durch das Chinesische Reich,* handelt es sich um eine in weiten Teilen irreführende, phantastische Geschichte ganz in der Tradition der *Wunder der Welt* von Marco Polo. Vor allem die Berichte über die mongolischen Nomadenvölker lösten heftige Kritik aus, u.a. bei dem russischen Entdecker Przewalski.

Als buddhistische Mönche getarnt waren sie 1844 in Heishui nördlich von Peking (Beijing) aufgebrochen, hatten die Mongolei durchquert und waren dann Richtung Süden nach Tibet weitergereist. Ihre Aufzeichnungen über ein Kloster im Hochland von Tibet umfassen viele wundersame Beobachtungen, u.a. den „Baum der Zehntausend Bilder“ dessen Blätter und Rinde mit Gebetsversen versehen gewesen sein sollen. Schließlich erreichten sie in einer

Routen

- Bogle 1774–1775
- Manning 1811–1812
- Huc und Gabet 1844–1846
- Younghusband 1887–1891

2 000 Mann starken Karawane Lhasa, wo besonders die „Vielfalt der Menschen, Sitten und Sprachen" auf den Straßen einen großen Eindruck auf sie machte. Nach kaum zwei Monaten Aufenthalt waren sie im März 1846 jedoch gezwungen, die Stadt wieder zu verlassen.

Auf der Rückreise begleitete sie eine tibetische Eskorte über die eisige Hochebene bis zum Oberlauf des Jangtsekiang; im Oktober 1846 erreichten sie Macau.

Francis Younghusband

Das Interesse der Engländer an Tibet, dem Land am Ende der Welt, wuchs zusehends. Als sie erfuhren, dass ein russischer Gesandter – ein buddhistischer Mönch aus der Mongolei – in Lhasa Quartier bezogen hatte und politischen Einfluss auf den Dalai Lama ausübte, drohte eine Krise. Die Briten waren an der Aufrechterhaltung des freien Handels interessiert und schickten aus wirtschaftlichen und politischen Erwägungen 1903 eine Expedition unter der Leitung von Francis Younghusband nach Tibet.

Younghusband, ein Offizier mit Hang zum Mystischen, war in Indien aufgewachsen und galt als ausgezeichneter Forschungsreisender. In den 80er Jahren des 19. Jh. war er von Peking nach Indien gereist, hatte dabei die Wüste Gobi durchquert, Kashi (Kashghar) und Shache (Yarkand) besucht und als erster Europäer den Muztag Ata im Karakorum bezwungen, einen Pass, den noch kein Europäer zuvor benutzt hatte. Er hatte schon mehrmals von Indien aus den Nordwesten bereist, als er das Kommando über eine diplomatische Mission nach Lhasa erhielt, die aller Diplomatie zum Trotz von 1 000 Soldaten begleitet wurde.

Auf der Gurungebene 240 km südwestlich von Lhasa wurden Younghusband und seine Männer von der tibetischen Armee aufgehalten. Die Tibeter hatten mit ihren veralteten Waffen keine Chance gegen die englische Truppe. Es folgte ein Massaker, das selbst Younghusband als ein „fürchterliches Gemetzel" beschrieb. Der Dalai Lama floh, und sein Stellvertreter war gezwungen, sich dem Willen der Engländer zu beugen. 1907 übertrug England das Herrschaftsrecht über Tibet an China.

Heinrich Harrer

Viele Jahre später, im April 1944, gelangte der österreichische Alpinist und Forschungsreisende Heinrich Harrer, der 1939 bereits den Nanga Parbat bestiegen hatte, auf der Flucht vor der Internierung durch die Engländer von Indien aus zu Fuß nach Tibet – eine Strecke von knapp 2 000 km. Dank seiner technischen Kenntnisse bekam er eine Anstellung bei der tibetischen Regierung. Er gewann das Vertrauen des damals elfjährigen Dalai Lama, wurde dessen Lehrer und verhalf ihm 1959, als die Chinesen das Land besetzten, zur Flucht. Sein Buch *Sieben Jahre in Tibet* wurde viele Millionen mal verkauft und in 48 Sprachen übersetzt.

▲ ***Das Potala-Kloster*** *in Lhasa, Sitz des Dalai Lama, hinterließ bei den europäischen Besuchern einen tiefen Eindruck. Die Meinungen über das Straßenbild waren jedoch geteilt.*

◄ ***Francis Younghusband*** *hatte auf seinen Erkundungen im Karakorum und Pamir in den 80er Jahren des 19. Jh. mystische Erlebnisse. Er gründete später eine Gemeinschaft, die alle Religionen vereinigen sollte.*

Die Große Landvermessung

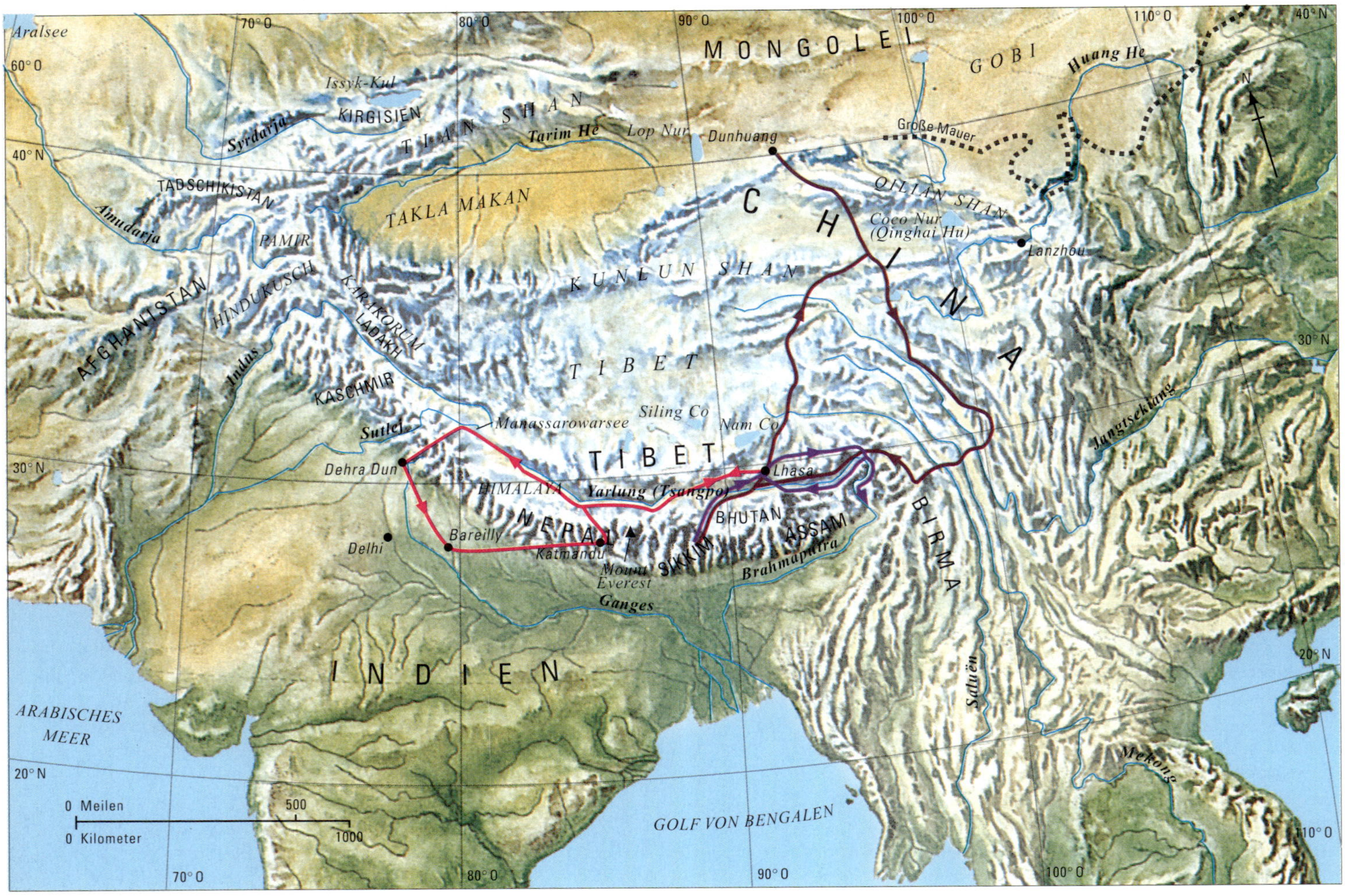

ROUTEN

- Nain Singh 1864–1866
- Kishen Singh 1878–1882
- Kintup 1880–1883

Zu den großen topografischen Leistungen gehört die „Große Landvermessung", die 1802 von den Briten begonnen wurde, um das gesamte indische Territorium zu vermessen und zu kartografieren. Die Landvermesser, die unter schwierigsten Bedingungen arbeiteten, waren nicht nur in geografischer Hinsicht wahre Entdecker. Es kam vor, dass sie in entlegenen Gebieten auf Bevölkerungsgruppen stießen, die bis dato völlig unbekannt waren.

Die Schließung der tibetischen Grenzen im Jahre 1792 war ein herber Rückschlag für die Briten gewesen, besonders weil dahinter russische Absichten zu vermuten waren. Den Europäern war der Zutritt zum Land seitdem verwehrt; nur asiatische Händler und Pilger durften weiterhin einreisen. 1860 begann daher Captain Montgomerie, Leiter der indischen Landvermessung, der unter den wachsamen Augen des Maharadschas einen Großteil Kaschmirs vermessen hatte, einheimische Männer zu Landvermessern auszubilden, die ungehindert nach Tibet einreisen konnten.

Geheime Landvermesser

Montgomerie rekrutierte den Großteil seiner Geheimagenten – denn darum handelte es sich im Grunde genommen – unter ehemaligen Lehrern, vorzugsweise solchen, die Verwandte in Tibet hatten. Während der einjährigen Ausbildung erlernten sie das Abmessen der Distanzen mittels gleichmäßiger Schritte und das Zählen der Schritte mithilfe buddhistischer Gebetsketten. Da sie sich nur selten heimlich Notizen machen konnten, mussten sie sich die Distanzen einprägen. Die Ausrüstung trugen sie in Geheimverstecken bei sich: Papier und Kompass in Gebetsmühlen, Thermometer in Wanderstäben und Sextanten in Geheimfächern von Medizinschränkchen oder Geldkassetten.

Einige dieser Männer vollbrachten erstaunliche Leistungen, wie Nain Singh, dessen Deckname („der Pandit") zum Synonym für alle geheimen Landvermesser wurde.

1864 machte sich Nain Singh auf, um die Straße nach Lhasa zu vermessen. Als Pferdehändler aus Kaschmir getarnt reiste er mit einem Cousin durch Nepal; an der tibetischen Grenze wurden sie jedoch von einem misstrauischen Wachposten abgewiesen. Als Gewürzhändler aus Ladakh (mit einem in den Hut eingenähten Zopf) versuchte er sein Glück erneut, und es gelang ihm, mit einer Karawane einzureisen, die er aber nicht verlassen durfte. Leider reiste die Karawane nicht nach Lhasa, und so täuschte Nain Singh eine Krankheit vor und blieb zurück. Wegen der vielen Straßenräuber, die eine weit größere Gefahr darstellten als fragile Brücken, schlechte Straßen und marode Fähren, war eine Reise auf eigene Faust unmöglich, daher schloss er sich kurz darauf einer Karawane nach Lhasa an.

In Lhasa wagte er sich aus Angst, entdeckt zu werden, nur nachts aus seinem Quartier hervor und ging mit seinem Sextanten aufs Dach (seine Berechnungen zur Position Lhasas waren absolut korrekt). Obwohl er kein gläubiger Buddhist war, waren ihm die sagenhaften mentalen Fähigkeiten des Pantschen Lama und des Dalai Lama suspekt. Als er feststellte, dass es sich um Kinder handelte, war die Erleichterung groß.

Nain Singh reiste über den Manassarowarsee zurück, fand einen unbewachten Grenzübergang nach Nepal und erreichte nach 21 Monaten die Vermessungsstation in Dehra Dun, 200 km nordöstlich von Delhi.

Im folgenden Jahr suchte Nain Singh nach der Quelle des Indus und den legendären tibetischen Goldvorkommen – ein Hinweis, worin die Aufgabe der Landvermesser

▲ ***Auf seiner Expedition*** *in den Karakorum in den 50er Jahren des 19. Jh. fertigte Colonel H. H. Godwin Austen diese Zeichnung des Panmahgletschers an.*

eigentlich bestand. Am Oberlauf des Indus wurde er durch das Oberhaupt eines dort ansässigen Stammes mit solcher Zielsicherheit enttarnt, dass der Verdacht der Doppelspionage nahe liegt. Der Vorfall blieb jedoch ohne Folgen, und Singh erreichte schließlich die 5 000 m hoch gelegenen Goldfelder Tibets.

Kishen Singh

Die Leistung von Nain Singh war beträchtlich, wurde aber von der seines Nachfolgers Kishen Singh noch übertroffen, der 1878 zu seiner vierten Reise aufbrach. In Lhasa schloss er sich einer mongolischen Karawane an, überquerte das Hochland von Tibet, überlebte einen Überfall von Wegelagerern und erreichte die Ausläufer der Wüste Gobi. Auf dem Rückweg schlug er eine andere Route ein, die 1 100 km östlich von Lhasa verlief. Den Plan, Assam zu erreichen, musste er jedoch aufgeben. Man hatte ihn bereits für tot erklärt, da kehrte er nach mehr als vier Jahren nach Indien zurück. Er selbst war vollkommen verwahrlost, sein Sextant jedoch befand sich sicher und unversehrt in seinem Geheimfach. Seine eigene Position hatte Kishen Singh bis auf 16 km genau berechnet – eine herausragende Leistung angesichts einer Reise von etwa 4 800 km, die nur durch Schrittlänge und größtenteils heimlich vermessen worden war.

Das Rätsel um den Brahmaputra

Die wohl abenteuerlichste Geschichte über die Panditen handelt von der Suche nach der Quelle des Brahmaputra. Dieser mächtige Fluss entspringt bei Assam im Himalaya und fließt bis zu seiner Mündung in den Golf von Bengalen in westlicher Richtung. Bekannt war, dass auf der anderen Seite des Himalaya der Yarlung (Tsangpo) mit einem ähnlichen Verlauf in östlicher Richtung entspringt. Waren diese Flüsse wirklich miteinander verbunden, wie die Tibeter behaupteten? 1880 wollte man dieser These mit einem einfachen Experiment auf den Grund gehen. Der Pandit Kintup sollte dem Yarlung (Tsangpo) folgen und Baumstämme in den Fluss werfen, die dann auf der anderen Seite des Himalaya im Brahmaputra wieder auftauchen würden.

Kintup reiste als Diener eines mongolischen Lama getarnt nach Tibet ein. Kurz hinter der Grenze wurde er jedoch kurzerhand an einen tibetischen Beamten verkauft. Nach sechs Monaten gelang Kintup die Flucht; er versteckte sich in einem Kloster, dessen Mönche ihn seine Vorbesitzer abkauften. Einige Monate später erhielt Kintup die Erlaubnis, zu einem weit entfernt gelegenen Schrein zu pilgern. Sofort machte er sich auf den Weg zum Yarlung (Tsangpo), fällte 50 Bäume und versteckte die Stämme in einer Höhle.

Ein Jahr später als erwartet kehrte er in das Kloster zurück. Nach einiger Zeit bat er um die Erlaubnis, Lhasa zu besuchen. Von dort aus sandte er seinem Vorgesetzten in Indien die Nachricht, wann er auf dem Bhramaputra nach den Baumstämmen Ausschau halten sollte. Nach der Rückkehr ins Kloster kam er mehrere Monate seinen Pflichten nach, bis er erneut um die Erlaubnis zu einer Pilgerreise bat; beeindruckt von seinem religiösen Eifer schenkten die Mönche ihm die Freiheit. Kintup machte sich sofort auf den Weg zum Yarlung (Tsangpo) und warf die Baumstämme ins Wasser.

Die Stämme erreichten, wie erwartet, den Brahmaputra; doch niemand war da, um ihr Eintreffen zu bezeugen: Zurück in Indien erfuhr Kintup, dass seine Nachricht den Empfänger nie erreicht hatte.

▲ ***Nain Singh*** *verfügte über alle für einen großen Entdecker wichtigen Eigenschaften: Einfallsreichtum, Entschlossenheit und Ausdauer. Seiner geheimen Tätigkeit ging er verdeckt nach; auf dem Weg nach Lhasa verdiente er das Geld für die Weiterreise unter anderem in seinem alten Beruf als Lehrer.*

◄ ***Kintup*** *vollbrachte unter dem Decknamen K. P. eine einzigartige Leistung, um die direkte Verbindung zwischen Yarlung (Tsangpo) und Brahmaputra nachzuweisen. Die Aufnahme entstand im Jahre 1913, etwa 30 Jahre nach seiner Rückkehr aus Tibet.*

Gipfel und Hochebenen

▲ ***Sven Hedins*** *Persienreisen als junger Diplomat weckten in ihm das Verlangen, „Asien zu erobern und Wege zu beschreiten, die noch kein Europäer zuvor betreten hat."*

▼ ***Die Mongolei*** *war Ziel der Reisen des Nikolai Przewalski. Im Südwesten des Hochlandes entdeckte er eine Wildpferderasse, die heute seinen Namen trägt.*

Alexander von Humboldt, einer der größten Entdecker aller Zeiten, wird in der Regel nur mit seinen Südamerikareisen zwischen 1799 und 1804 (siehe S. 106–107) in Verbindung gebracht. Darüber hinaus leitete er 1829 noch im Alter von 60 Jahren eine Expedition nach Zentralasien. Im Auftrag des russischen Zaren bereiste er das östliche Sibirien, das Altai-Gebirge und die Dsungarei, Regionen, die später u.a. von Peter Semjonow erforscht wurden. Da Humboldt über diese Reise keine Aufzeichnungen machte, geriet sie jedoch in Vergessenheit.

Przewalski in der Mongolei

Nikolai Przewalski ist ohne Zweifel der größte russische Entdeckungsreisende in Asien. Seine Reisen zwischen 1870 und 1885 umfassten große Teile der Mongolei, Westchinas und Nordtibets. Przewalski war Militärangehöriger; daher wurden seine Reisen, wenn auch in bescheidenem Rahmen, von der russischen Regierung unterstützt. Przewalski war ein begeisterter Jäger und hervorragender Naturforscher; seine Fähigkeiten als Landvermesser waren jedoch weniger überragend; seine Berechnungen des Lop Nur z. B. waren nicht sehr genau.

Auch wenn es keine großartigen geografischen Entdeckungen mehr zu machen gab, trug Przewalski erheblich zum Wissen über Zentralasien bei. Er erkundete das Gebirgssystem nördlich von Tibet, wobei er durch nichts von seinen Zielen abzubringen war. Selbst widrige Umstände wie der Raub seiner Kamele konnten ihn nicht zur Umkehr bewegen.

Seine erste Reise (1870–1873) führte Przewalski und seine beiden Reisebegleiter in einem chinesischen Karren über Urga (Ulan Bator) durch die Mongolei. Darauf schlossen sie sich einer Karawane durch die Wüste Gobi an und erreichten schließlich die Chinesische Mauer bei Zhangjiakou. Sie ritten nach Peking (Beijing), kauften sieben Kamele und kehrten nach Zhangjiakou zurück. Von hier reisten sie westwärts in die Wüste Ordos und nach Yinchuan.

Przewalski folgte dem Huang He (Gelber Fluss) 480 km weit durch die „Grabesstille" der Wüste und durchquerte immer unwirtlichere Wüsten- und Gebirgsregionen. Auf dem Weg zum 3 200 m hoch gelegenem See Coco Nur (Qinghai Hu) gingen ihm Geld und Proviant aus, und Przewalski musste nach Zhangjiakou umkehren, obwohl der See nur noch etwa zwanzig Tagesreisen entfernt lag. Im Oktober 1872 erfüllte sich Przewalskis „Traum", und er erreichte die blaue Weite des mysteriösen Coco Nur. Von hier aus reisten sie in südlicher Richtung zum Jangtsekiang, bis ihnen erneut die Mittel ausgingen.

Sein anderes Ziel, Lhasa, erreichte Przewalski nie. Einmal musste er umkehren, weil seine Kamele im Hochland von Tibet verendet waren. Ein anderes Mal wurde er 240 km vor seinem Ziel von tibetischen Wachen zur Umkehr gezwungen – ihm fehlten die Waffen eines Younghusband. Nach diesem Fehlschlag trat er 1879/80 eine bemerkenswerte Rückreise an. Der Weg führte ihn am Coco Nur vorbei in nördlicher Richtung zur Wüste Gobi, die er ganz durchquerte, bis er zur russischen Grenze gelangte. Diese letzte Reise gilt als Przewalskis wissenschaftlich erfolgreichste Expedition; er schrieb darüber *Von Kjachta zu den Quellen des Gelben Flusses.* Przewalski starb 1888 bei Reisevorbereitungen im Tian Shan.

ROUTEN

- Przewalski 1870–1873
- Przewalski 1879–1880
- Hedin 1901–1902
- Hedin 1906–1908
- Stein 1906–1908

Der Abenteurer

Der Schwede Sven Hedin, der letzte große Entdeckungsreisende, steht Przewalski an Mut und Ausdauer in nichts nach. Hedin bewältigte auf seinen Reisen immense Distanzen, zwischen 1894 und 1897 legte er nach eigenen Angaben eine Strecke zurück, die die Entfernung von Pol zu Pol übertraf. Von 1893 bis 1894 unternahm er eine Expedition nach Taschkent und überquerte im Winter in Begleitung eines kirgisischen Stammesführers den Pamir – „nur einen Schritt von den Sternen entfernt." Seine nächste Reise führte ihn in die Einsamkeit der Sandwüste Takla Makan, deren gnadenlose Hitze ihn die eisigen Berge des Pamir vergessen ließ. Die Expedition, vier Männer, acht Kamele und einige Schafe, geriet in ernstliche Schwierigkeiten; sie hatten die Lage des Flusses Hotan He falsch berechnet, und nun ging ihnen das Wasser aus.

Das nun folgende Abenteuer gehört zu den Klassikern der Entdeckerliteratur: Hedin verlor zwei Männer und alle Tiere. Der Versuch, das Blut der Schafe zu trinken, scheiterte, da es in der Hitze zu schnell gerann. Hedin blieb mit einem Mann, Kasim, zurück, der den Großteil des letzten Wasservorrats trank. Sie irrten durch die Wüste und stießen nach einiger Zeit auf ihre eigenen Fußspuren – sie waren im Kreis gegangen. Kasim brach zusammen, Hedin taumelte weiter und traf auf den Hotan He, der jedoch kein Wasser führte. Kurz bevor er selbst zusammenbrach, entdeckte Hedin einen Wasservogel und fand endlich eine lebensrettende Wasserquelle.

Diese Episode hielt ihn jedoch nicht von einer erneuten Durchquerung der Takla Makan ab. Auf dieser Reise entdeckte er die Überreste einer Stadt aus den ersten Tagen der Seidenstraße.

In den Jahren 1900 und 1901 brach Hedin noch zweimal nach Lhasa auf, wurde jedoch jedes Mal von den Tibetern zur Umkehr gezwungen. 1906 unternahm er zur Erforschung des Yarlungbeckens eine Expedition nach Leh und besuchte über ein Jahrhundert nach George Bogle (siehe S. 56) das Kloster von Tashi-lumpo. Die wertvollste Arbeit leistete er jedoch zwischen 1928 und 1934 als Leiter der „wandernden Universität", einer interdisziplinären sino-schwedischen Forschergruppe zur wissenschaftlichen Untersuchung verschiedener Regionen zwischen Kaspischem Meer und Chinesischer Mauer.

Der Archäologe

Der Ungar Marc Aurel Stein unternahm zwar ähnlich ausgedehnte Reisen wie sein Zeitgenosse Hedin, unterschied sich ansonsten aber sehr von dem Schweden. Stein war ein gebildeter und ernsthafter Orientalist, der neben seiner Beschäftigung beim indischen Bildungsministerium genug Zeit für lange Reisen fand.

Von 1897 bis 1927 unternahm er zahlreiche Reisen in den Hindukusch und in die Wüste Gobi, wo er auf Fußspuren stieß, die er selbst bei einer Reise drei Jahre zuvor hinterlassen hatte. Eine Karte, in der seine Reisen verzeichnet sind, wurde mit den Fußstapfen eines verrückt gewordenen Tausendfüßers verglichen.

Stein war im Gegensatz zu Hedin stark an anderen Kulturen interessiert, auch am Besitz fremden Kulturguts. 1907 schwatzte er in Dunhuang am Westrand der Wüste Gobi dem Wächter der „Höhlen der Tausend Buddhas" gegen ein geringes Entgelt wertvolle Manuskripte und Schriftrollen ab. Für die Chinesen ist Stein, ebenso wie Hedin, bis heute nichts weiter als ein Betrüger.

Südostasien

In Südostasien gab es blühende Kulturen, z. B. in Annam oder in Java, und schon seit Jahrhunderten unternahmen diese Völker ausgedehnte Seereisen; dennoch war außerhalb dieses Gebietes wenig über sie bekannt.

Durch den Überseehandel der Portugiesen und ihrer Nachfolger im 16. und 17. Jh. kamen die Europäer zwar in ersten Kontakt mit Südostasien, doch wurden die vielen verschiedenen Länder und Völker in diesem Teil der Erde erst im 19. Jh. im Zuge von Kolonialisierung und wissenschaftlichen Unternehmungen von den Europäern erforscht; dabei wurden sie von einigen der vielen Bevölkerungsgruppen im südostasiatischen Raum maßgeblich unterstützt.

Ein Zoologe auf den Sunda-Inseln

Den englischen Zoologen Alfred Russel Wallace interessierten vor allem die wissenschaftlichen Forschungsmöglichkeiten. Vor seiner Reise nach Singapur im Jahr 1854 hatte Wallace schon vier Jahre im Amazonasgebiet gearbeitet (siehe S. 108–110). In den folgenden acht Jahren erkundete er die Inseln des Malaiischen Archipels, von der Halbinsel Malakka bis nach Neuguinea, und sammelte Hunderte von Proben. Wie Darwin gelangte er zu einer Abstammungslehre, die auf natürlicher Auslese basierte. Darüber hinaus wies Wallace Unterschiede zwischen der Fauna der westlichen und östlichen Inseln des Malaiischen Archipels nach und bewies, dass die Inseln ehemals verschiedenen Kontinenten angehört haben mussten („Wallace-Linie").

Indochina

Frankreichs politisches Engagement in Indochina begann im Jahr 1787. In diesem Jahr unterzeichnete der König von Annam einen Vertrag, der französischen Missionaren zwei Posten an der Küste zuwies. Nach 1820 versuchte der Thronfolger, den französischen Einfluss zu unterbinden. Maßnahmen gegen die Christen führten zur Intervention. 1862 wurde Tourane (Da Nang) und wenige Monate später Saigon durch die Franzosen eingenommen. Im Vertrag von 1862 wurde Südvietnam (Cochinchina) in drei Provinzen unterteilt; im Jahr darauf erhielt Frankreich das Protektorat über Kambodscha.

Die Mekong-Expedition

Der 24-jährige Marineoffizier Marie Josèphe François Garnier überzeugte den französischen Gouverneur von den Vorteilen einer Mekong-Expedition. Wegen Garniers Jugend wurde die Leitung der Unternehmung Doudart de Lagrée übertragen, dem Stellvertreter des Khmer-Königs Norodom. Garnier war der irrigen Ansicht, der Mekong biete einen geeigneten Schiffsweg nach Norden in die chinesische Provinz Yünnan, die sich zu diesem Zeitpunkt teilweise in der Hand von Rebellen befand. Die Ziele der Expedition waren imperialistischer und wirtschaftlicher Natur; wissenschaftliche Forschungen spielten lediglich eine untergeordnete Rolle; nur Garnier stellte eine Reihe von Beobachtungen an. Insgesamt sollten Lagrée und seine Männer auf dieser Reise eine Strecke von etwa 8 700 km bewältigen, größtenteils durch unerforschtes Gebiet.

Bevor die Expedition startete, machte Lagrée noch einen Abstecher zu den Ruinen von Angkor, die im Jahr 1861 durch den französischen Entdecker Henri Mouhot bekannt geworden waren. Im Juli 1866 brach Lagrée dann zum Mekong auf. Abgesehen von einigen Soldaten, die Lagrée wegen ihres rüpelhaften Benehmens schon bald wieder nach Hause schickte, handelte es sich bei fünf der sechs Expeditionsmitglieder um Marineoffiziere, zwei davon ausgebildete Ärzte. Mit einem gut ausgerüsteten

ROUTEN

- Wallace 1854–1862 (Jahreszahlen entsprechen der Ankunft)
- Lagrée und Garnier 1866–1868

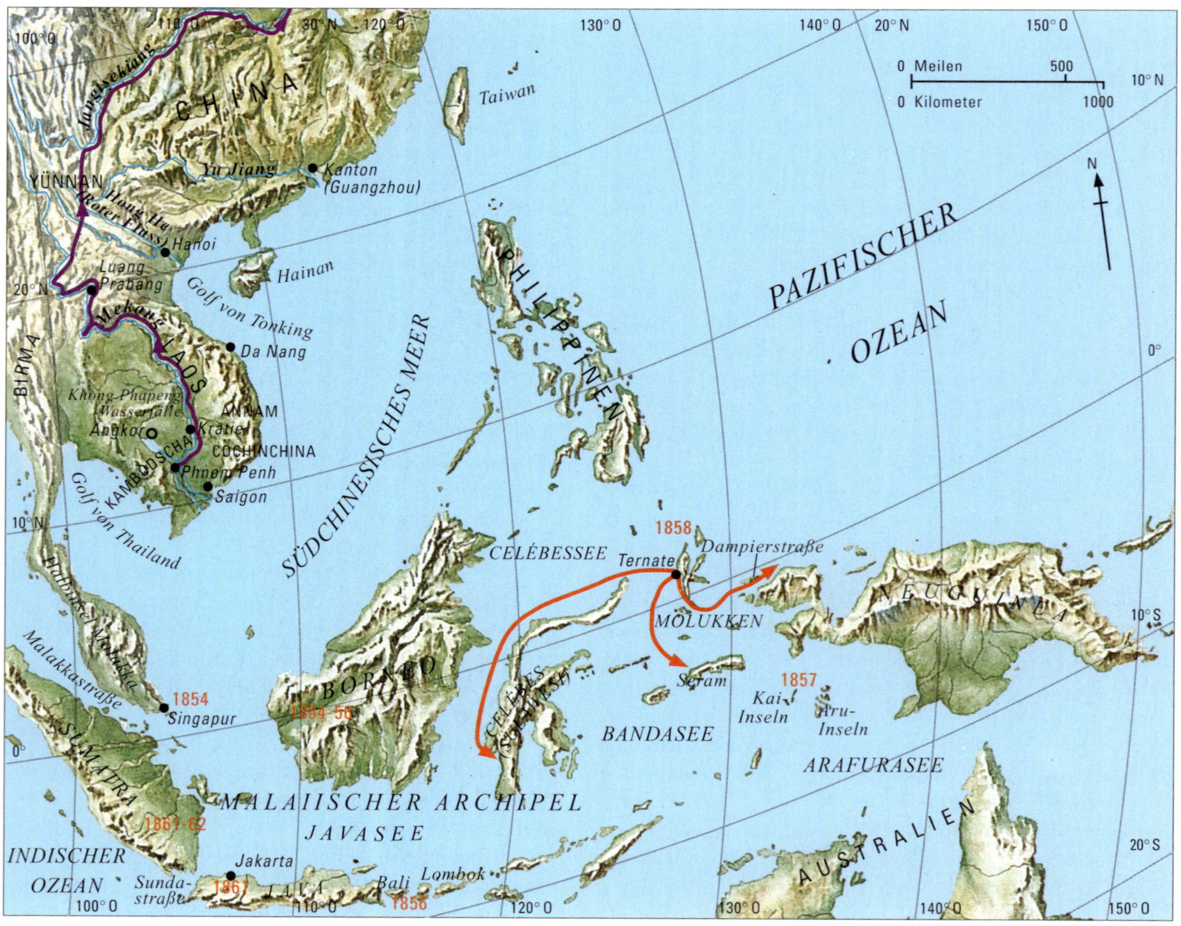

◄ **Banteay Sei,** *hier eine Ansicht des Hauptportals, liegt etwa 30 km entfernt von Angkor, einer weitläufigen Tempelanlage aus dem 12. Jahrhundert. Doudart de Lagrée fertigte als erster Europäer detaillierte Aufzeichnungen der Ruinen an.*

Kriegsschiff fuhren sie den Mekong hinauf. In Höhe der Stromschnellen von Kratie stiegen sie vorsichtshalber auf kambodschanische Boote um, die mit Schifferstangen gesteuert wurden. Doch bei Khone, an der Grenze zu Laos, wo der Mekong auf einer Länge von 10 km ein Gefälle von 2 m aufweist, mussten sie erkennen, dass der Oberlauf des Mekong nicht beschiffbar war.

Der tropische Regenwald stellte die Franzosen, wie alle anderen europäischen Reisenden im 19. Jh., vor große Probleme. Hitze, Feuchtigkeit, Krankheiten und Moskitos stellten eine große Belastung für die Expeditionsteilnehmer dar. Garnier berichtet von einer Insel, auf der unzählige Blutegel ihn zur Flucht auf einen Baum zwangen.

Die Friedfertigkeit und Hilfsbereitschaft der Buddhisten in Kambodscha und Laos entschädigte die Entdecker jedoch für die erlittenen Strapazen. In Luang Prabang half der König von Laos den Franzosen bei der Errichtung eines Denkmals zu Ehren von Henri Mouhot, der hier gestorben war. Die Einheimischen hielten alle Franzosen für emsige Naturforscher, so wie Mouhout, und brachten ihnen seltene Pflanzen für ihre vermeintliche Sammlung.

Enttäuschende Ergebnisse

Im April 1867 erreichte die Expedition Luang Prabang. Als das breite Tal des Mekong sich in den Bergen von Laos mehr und mehr verengte, beschloss Garnier, den Fluss hinter sich zu lassen und die Expedition zur chinesischen Grenze fortzusetzen. Sie kamen jedoch nur langsam voran, da unzählige Stammesführer begierig darauf waren, einen Europäer zu Gesicht zu bekommen, und sie zu zeremoniellen Empfängen aufforderten. Diese Einladungen bedeuteten häufig einen Umweg von mehreren Tagen. Die Expedition geriet in Verzug, die Vorräte waren fast aufgebraucht, und die Europäer waren zunehmend auf die Gastfreundschaft der Bevölkerung angewiesen.

Im Oktober 1867 erreichten sie völlig erschöpft die chinesische Grenze. Kurz darauf starb Lagrée, und Garnier übernahm das Kommando. Alle Versuche, zu den muslimischen Panthai-Rebellen in einem damals autonomen Staat im Westen Yünnans friedliche Kontakte herzustellen, mussten nach einem Angriff fremdenfeindlicher Banden eingestellt werden. Die Expedition floh auf dem Landweg zum Jangtsekiang, dem sie bis nach Shanghai folgte, und gelangte von dort auf dem Seeweg nach Saigon im heutigen Vietnam.

Aus offizieller Sicht war das Ergebnis der Expedition enttäuschend, andererseits brachte sie unzählige Informationen über das Gebiet, das zum französischen Teil Indochinas werden sollte. Garniers Erwartungen, der Mekong könne sich als ein asiatisches Gegenstück zum Mississippi entpuppen, hatten sich nicht erfüllt. Daher übertrug er seine Hoffnung auf den Hong He (Roter Fluss), der sich von Yünnan über Hanoi bis zum Golf von Tonking erstreckte. Dort starb starb Garnier im Alter von 34 Jahren im Kampf gegen chinesische Söldnertruppen.

◄ ***Der rote Paradiesvogel*** (Paradisaea rubra) *ist nur eines von vielen exotischen Tieren, die Alfred Wallace in seiner 1869 erschienenen Abhandlung über den Malaiischen Archipel skizziert hat. Während seines achtjährigen Aufenthalts erfasste er mehr als 125 000 verschiedene bis dahin unbekannte Tierarten und erstellte eine detaillierte Studie über Orang-Utans in Borneo.*

MITTELMEER
ATLASGEBIRGE
Tanger
Ceuta
Fes
Algier
Tunis
Tripolis
Bengasi
Marrakesch
Ghadames
Kairo
In Salah
Ghat
Terhazza
S A H A R A
Kap Bojador
Kap Blanc
Nördlicher Wendekreis
ARABIEN
ROTES MEER
Medina
Jiddah
Mekka
Nil
Suakin
Bilma
Timbuktu
Gao
Agadez
Kap Verde
Gambia
Djenné
Niger
Tschadsee
Kano
Sennar
Gonder
Aden
Seylac
Ras Hafun
Berbera
Hochland von Äthiopien
Benin
Elmina
Kap Palmas
0° Äquator
Mogadischu
Kongobecken
Kongo (Zaïre)
Victoriasee
Malini
Mombasa
Tanganjikasee
Sansibar
Kilwa
ATLANTISCHER OZEAN
INDISCHER OZEAN
Malawisee
Kap Santa Maria
Sambesi
Madagaskar
Sofala
Walfischbai
Kalahari
Südlicher Wendekreis
Kap der Guten Hoffnung
N
Sahara-Handelsrouten
Muslimische Kolonien im 15. Jh.
Portugiesische Steinsäulen
0 Meilen 500
0 Kilometer 1000

AFRIKA

Der afrikanische Kontinent beansprucht ein Fünftel der Landmasse der Erde. Seine gewaltigen Flüsse entspringen in den weitläufigen Hochflächen und fließen in den Atlantik im Westen oder in den Indischen Ozean im Osten; er besitzt große Seen und hohe Berge. Die systematische Erforschung des Kontinents nahm im Jahr 1788 ihren Anfang, als in Großbritannien die *Association for Promoting the Discovery of the Interior Parts of Africa* gegründet wurde. Doch schon lange vorher waren Menschen anderer Kontinente aufgebrochen, um Afrika zu erkunden. Zwischen dem 5. Jh. v. Chr. und dem 1. Jh. n. Chr. erforschten Griechen und Römer die Nilregion; zwischen dem 7. und dem 12. Jh. bereisten arabische Gelehrte Nord- und Ostafrika.

Portugiesische Seefahrer zeichneten im 15. Jh. den Küstenverlauf auf und leiteten davon Form und Ausdehnung des Kontinents ab. Durch die Eroberung des im heutigen Marokko gelegenen Ceuta im Jahre 1415 verschafften sich die Portugiesen Zugang zum Hinterland, erforschten Nordwestafrika und begannen, sich mit dem innerafrikanischen Handel zu befassen; besonders interessierte sie das Gold, das seit Jahrhunderten von der westafrikanischen Küste durch die Sahara nach Norden exportiert wurde. Die Portugiesen dehnten ihre Fahrten entlang der afrikanischen Küste immer weiter aus: um 1435 hatten sie Kap Bojador umsegelt, um 1470 erreichten sie den Golf von Guinea und jene Küste, die später als Goldküste bekannt werden sollte (das heutige Ghana). Die steinernen, mit dem königlichen Wappen geschmückten Säulen, die sie an der Westküste aufstellten, sollten den Anspruch Portugals auf diese Gebiete bekunden.

1482 erreichte Diogo Cão das Kap Santa Maria (im heutigen Angola), nachdem er den Kongo bis zu den später nach Livingstone benannten Wasserfällen hinaufgesegelt war. Sechs Jahre später umrundete Bartholomeu Diaz das Kap der Guten Hoffnung; leider genügten die Vorräte an Bord nicht, die Ostküste zu erkunden. Es sollte noch zehn Jahre dauern, bis ein anderer Europäer diese Aufgabe auf sich nahm.

Europäer in Ostafrika

ROUTEN

- Da Gama 1497–1498
- Bruce 1769–1773

▼ ***James Bruce*** *war nicht der erste Europäer, der die Quelle des Blauen Nil erreichte. Dennoch ist seine Leistung als Afrikaforscher unbestritten. Auf dem Bild trinkt er das Wasser der Nilquelle – auf die Gesundheit von König Georg III.*

Der 1498 von Vasco da Gama entdeckte Seeweg nach Indien führte entlang der afrikanischen Ostküste bis Mombasa und dann durch den Indischen Ozean nach Calicut an der Küste von Malabar. Als diese Route stärker befahren wurde, begannen die europäischen Schiffe an der Ostküste vor Anker zu gehen. 1605 wurde in Sofala eine Niederlassung gegründet, zwei Jahre später eine weitere an der Küste des heutigen Mosambik. Um die Mitte des 17. Jh. fuhren europäische Handelsschiffe auf dem Sambesi-Fluss bis hinauf nach Tete. Jesuiten-Missionare und Händler drangen ins Landesinnere vor, bis etwa zur Grenze des heutigen Simbabwe.

Die portugiesische Mission

Die ersten Entdeckungsfahrten der Portugiesen fanden in der Regierungszeit Heinrichs des Seefahrers in der ersten Hälfte des 15. Jh. statt und sollten nicht nur den Handel fördern, sondern galten auch der Ausbreitung des Christentums und der Niederwerfung des Islam.

Das eigentliche Ziel war das Reich des Priesterkönigs Johannes, einer legendären Figur des ausgehenden Mittelalters. Es hieß, er herrsche irgendwo in Asien oder Afrika über ein Reich, in dem ausschließlich wohlhabende und tugendhafte Untertanen lebten; Johannes selbst kenne das Geheimnis ewiger Jugend. In der Zeit portugiesischer Entdeckungsfahrten glaubte man, das Reich des Johannes sei identisch mit dem christlichen Abessinien, wie Äthiopien damals genannt wurde.

Nach da Gamas Indienfahrt nahm Portugal Kontakt zu Abessinien auf und entsandte 1520 eine Abordnung, die das Land erforschen sollte. Francisco Alvarez, der begleitende Kaplan, schrieb ihre Erlebnisse auf. Im folgenden Jahrhundert versuchten Jesuiten, den koptischen Kaiser und seine Untertanen zur katholischen Konfession zu bekehren. Bevor die Missionare 1633 des Landes verwiesen wurden, bereisten sie weite Teile von Abessinien. So wurden die Quelle des Blauen Nil 1613 von Pedro Paez besucht und ein paar Jahre später nochmals von Jerônimo Lobo, deren Leistung von späteren Entdeckern jedoch ignoriert wurde.

James Bruce und Abessinien

Ein Jahrhundert später, im Zeitalter der Aufklärung, nahm in Europa das Interesse an Entdeckungsfahrten zu. James Bruce entstammte einer alten schottischen Kaufmannsfamilie aus Kinnaird und unternahm seine ersten Handelsreisen nach Spanien und Portugal. 1768 machte er sich auf die Suche nach der Nilquelle, die er in Abessinien vermutete. Er gelangte zuerst nach Massawa am Roten Meer (heutiges Eritrea), 1770 dann nach Gonder und fand dort Aufnahme am kaiserlichen Hof. Auf seinen Reisen wurde er von dem italienischen Zeichner Luigi Balugani begleitet, was er allerdings in seinen Schriften nie erwähnte.

Bruce verbrachte drei Jahre am Hof und war als Arzt und Sportsmann geachtet und beliebt. Der zu jener Zeit herrschende Bürgerkrieg hinderte ihn jedoch zunächst daran, sein Ziel zu erreichen.

Der Hof des noch sehr jungen Kaisers wurde von dem Fürsten Ras Michael dominiert, der gegen seinen Rivalen Fasi einen erbitterten Kampf führte. Dank seiner besonderen Talente gelang es Bruce, sich in einer spannungsgeladenen Umgebung zu behaupten: Er war ein hochgewachsener, kräftiger Mann, sprach Arabisch, war ein guter Reiter, sicherer Schütze und ein gewandter Fechter.

Die bei seiner Ankunft in Gonder herrschende Pockenepidemie erwies sich für ihn als günstiger Umstand. Es gelang ihm, die Ängste dreier hochgestellter Damen zu beschwichtigen, der Kaiserwitwe und ihrer Töchter, von denen eine die Gattin des Ras Michael war. Bruce berichtet, dass er die Räume des Palastes mit Weihrauch und Myrrhe ausräucherte, sie mit warmem Wasser und Essig auswusch und getreu die Ratschläge befolgte, die ihm sein „werter und bewanderter Freund Doktor Russel in Aleppo" gegeben hatte. „Je sorgfältiger und gewissenhafter ich arbeitete, desto größer ward das Vertrauen der Damen." Zu Bruces großem Glück überlebte der Sohn des Ras Michael die Krankheit.

Eine Sternstunde

Bruce wurde gestattet, die Truppen des Fürsten auf einen Feldzug zu begleiten. Auf diese Weise erreichte er im November 1770 die Quelle des Blauen Nil, der südlich des Tanasees entspringt. Da er glaubte, damit den Ursprung des Hauptstroms gefunden zu haben, war dies der Höhepunkt seines Lebens. Leider machte der Entdeckerstolz ihn überheblich, und er bezeichnete die Jesuiten, die bereits 1618 die Quelle entdeckt hatten, als „Lügner".

Danach reiste er nach Sennar im Sudan, wo er seine Aufwartung im Harem des Sultans machen musste. In einer Passage, die an Gullivers Reisen erinnert, beschreibt er diesen Besuch als eher unangenehm. „Bis zu diesem Zeitpunkt waren alle meine Begegnungen mit dem schönen Geschlecht zu meinem Vorteil verlaufen." Doch dass er nun den Oberkörper entkleiden musste, damit die Haremsdamen seine weiße Haut bewundern konnten, missfiel ihm aufs Höchste. Er verließ Sennar, reiste nach Kairo und kehrte von dort aus nach England zurück.

Der Empfang in der Heimat fiel nicht so begeistert aus wie erwartet. Bruce war linkisch im Umgang und kein guter Erzähler. Zeitgenössische Chronisten, wie Fanny Burney oder Dr. Johnson, zeigten sich mehr von seiner körperlichen Präsenz beeindruckt als von seinen Berichten und fanden ihn als Entdeckungsreisenden nicht weiter bemerkenswert.

Als Bruce 1790 seinen Reisebericht veröffentlichte, wurde das fünfbändige, von Luigi Balugani illustrierte Werk vom Publikum mit Skepsis aufgenommen. Erst mit der Zeit zeigte sich, dass er die Bewohner Äthiopiens und ihre Bräuche darin sehr genau und objektiv dargestellt hat. Bruce zog sich nach seinem Afrikaabenteuer nach Kinnaird zurück, wo er 1794 starb.

▲ ***Die Küsten Ostafrikas,*** *Madagaskars und des Nahen Ostens waren den europäischen Seefahrern um die Mitte des 16. Jh. weitgehend bekannt, wie diese 1558 von Diego Homen gezeichnete Karte zeigt.*

► ***Im 18. Jh. beherrschte*** *der Sklavenhandel die europäisch-afrikanischen Beziehungen. Die starke Nachfrage nach Sklaven konnte nur durch Raubzüge befriedigt werden, die blutige Kriege im Inneren des afrikanischen Kontinents zur Folge hatten. Die Sklavenjäger verteidigten ihre Reviere erbittert gegen Rivalen und wussten das Eindringen von Entdeckungsreisenden in Gebiete zu verhindern, die sie als ihr Sklavenreservoir ansahen. Infolgedessen dauerte die Erforschung Innerafrikas wesentlich länger als die der Küsten.*

Der geheimnisvolle Niger

▲ ***Diese Brücke*** *über einen der Nebenflüsse des oberen Senegal, schreibt Mungo Park, „wurde jedes Jahr in der Regenzeit von den anschwellenden Fluten weggerissen."*

Der Gründer der britischen *Association for Promoting the Discovery of the Interior Parts of Africa*, Sir Joseph Banks, diskutierte in seinem Briefwechsel mit James Bruce die Möglichkeit, individuelle Forschungsreisen zu finanzieren. Am 18. Juni 1788 trafen sich zwölf Mitglieder des *Saturday Club* in London zu einem Abendessen und erörterten diese Frage. Die Karte Afrikas war voller weißer Flecken, und man besprach, welche Region zuerst „entdeckt" werden sollte.

Die Afrika-Gesellschaft nahm zu Protokoll, dass „das südliche Ende der Halbinsel zu Recht als erforscht gelten kann", während Ostafrika hinreichend von James Bruce beschrieben worden war. Der Norden und der Westen des Kontinents dagegen hatten noch nicht alle ihre Geheimnisse offenbart. Daher wandten Banks und seine Freunde ihre Aufmerksamkeit dem Niger zu.

Erste Unternehmungen

Vom Hörensagen wusste man, dass der Mittellauf des Niger in der Gegend von Timbuktu zu suchen war. Der Fluss, der den Legenden zufolge beim Goldhandel der Mauren eine Rolle spielte, war zu einem romantischen Ziel verklärt worden und übte auf Entdeckungsreisende eine ähnliche Faszination aus wie zuvor El Dorado und später Lhasa. Es war unbekannt, wo der Fluss entsprang, wohin er floss und wo er mündete.

Manche Geografen vermuteten eine Verbindung zum Nil, zum Tschadsee oder sogar zum Kongo (Zaire). Kapitän J.K. Tuckey leitete 1816 eine Schiffsexpedition, die den Kongo (Zaire) hinauffuhr, um nach einer Verbindung zum Niger zu suchen. Ebenso wie 1482 Diogo Cão konnte auch er nur bis zu den großen Wasserfällen, 160 km hinter der Mündung, vordringen.

Die ersten Bemühungen der Gesellschaft scheiterten. Simon Lucas, der von Tripolis aus in den Süden zog, wurde durch Stammeskriege aufgehalten. John Ledyard, ein weitgereister Amerikaner, der James Cook auf seiner dritten Pazifikfahrt begleitet hatte, starb noch während der Reisevorbereitungen in Kairo. Daniel Houghton startete seine Expedition am Gambiafluss und erreichte den Niger, starb jedoch 1790 auf dem Rückweg.

Johann Ludwig Burckhardt

Der gebildetste unter den Forschungsreisenden im Dienste der Gesellschaft war der Schweizer Johann Ludwig Burckhardt. Zur Vorbereitung auf die Expedition hatte er in Syrien drei Jahren lang Arabisch gelernt. 1812 traf er in Kairo ein, musste aber feststellen, dass vorerst keine Karawane nach Timbuktu ziehen würde. Kurz entschlossen unternahm er eine Reise nach Nubien, wo er als erster Europäer der Neuzeit die Tempel von Abu Simbel sah. Danach verkleidete er sich als Pilger und reiste nach Mekka. Nach Kairo zurückgekehrt, erkrankte er an der Ruhr und starb, bevor er sich auf den Weg durch die Sahara machen konnte. Seine Aufzeichnungen über die fünfjährige Reise wurden von der britischen Afrika-Gesell-

▲ ***Mungo Park*** *gehört zu den berühmtesten europäischen Afrikaforschern. Er kam mit 24 Jahren zum ersten Mal nach Afrika, fest entschlossen, sich einen Namen zu machen und ein Vermögen zu erwerben. Seine Sprachbegabung war ihm eine große Hilfe.*

ROUTEN

- Park 1795–1797
- Park 1805–1806

◄ ***Im Laufe*** *seiner ersten Expedition wurde Park mehrere Wochen lang von Mauren in einem Lager festgehalten, das aus „einer großen Anzahl schmutzig aussehender Zelte" bestand. Hier ertrug er Beschimpfungen und schlechte Behandlung, bevor ihm endlich gestattet wurde, das Lager wieder zu verlassen; den größten Teil seiner Habe nahm man ihm ab. „Kein anderer Abschnitt meines Lebens ist mir so lang geworden", schrieb er später.*

schaft zwischen 1819 und 1830 in fünf Bänden veröffentlicht und stießen auf großes Interesse.

Die Reisen des Mungo Park

Der berühmteste Forscher der Afrika-Gesellschaft war der schottische Schiffsarzt und Botaniker Mungo Park. 1796 machte Park sich von Karantaba am Gambia aus auf den Weg. Seine Ausrüstung bestand aus „etwas Wäsche zum Wechseln, einem Schirm, einem Taschensextanten, einem magnetischen Kompass und einem Thermometer; zwei Schrotflinten und zwei Paar Pistolen." In dem großen Hut, den er auf dem Kopf trug, hatte er seine Papiere verborgen.

Seine Route führte Park durch eine Reihe von Staaten an den Ufern des Nil. Im Norden kontrollierten die Mauren und Tuareg die Handelswege und hinderten jeden Fremden daran, ihre Herrschaftsgebiete zu betreten. Die Afrikaner, mit denen Park auf dem südlichen Teil seiner Route in Berührung kam, waren freundlicher, besonders die Frauen, die ihn als Gast behandelten. Park berichtete, dass einmal Frauen ein Lied für ihn sangen, in dessen Kehrreim es hieß: „Oh, habt Erbarmen mit dem weißen Mann, denn er hat keine Mutter!"

Nach entsetzlichen Entbehrungen und dem Verlust seiner gesamten Ausrüstung erreichte er am 20. Juli 1796 den Niger bei Ségou (im heutigen Mali). „Ich sah mit unendlicher Freude das Ziel meiner Reise: den so lange gesuchten, majestätischen Niger, der in der Sonne glitzernd, breit wie die Themse bei Westminster, gemächlich nach Osten floss." Allerdings fehlten die Mittel zur Fortsetzung der Reise, und so kehrte er um.

1805 beauftragte die britische Regierung Park erneut mit der Leitung einer 45 Mann starken Expedition, zu der auch ein Trupp Soldaten gehörte. Das Unternehmen endete in einer Katastrophe, die kaum einer der Beteiligten überlebte. Park gelang es, ein Schiff zu chartern und damit den Niger von Timbuktu aus stromabwärts zu befahren. Er starb in den Stromschnellen von Bussa, ob durch Ertrinken oder im Kampf mit Eingeborenen, bleibt unbekannt.

Schifffahrt auf dem Niger

Im Jahre 1822 verließ eine von der britischen Regierung unterstützte Expedition unter der Leitung von Hugh Clapperton, Dixon Denham und Walter Oudney Tripolis. Ihr Ziel war neben der geografischen Forschung auch die Erschließung von Handelsverbindungen. Sie ermittelte die genaue Lage des Tschadsees und sammelte Informationen über die Staaten Sokoto und Bornu (im heutigen Nigeria). Die Ergebnisse schienen in wirtschaftlicher Hinsicht so viel versprechend, dass Clapperton 1825 erneut nach Afrika geschickt wurde, dieses Mal in Begleitung seines Dieners Richard Lander.

Clapperton und Lander

Entdeckungsreisende waren meist unangenehme Zeitgenossen, ehrgeizig und rücksichtslos. Richard Lander jedoch stellte eine Ausnahme dar. Als Sohn eines Wirtes konnte er kaum lesen und schreiben, war aber immer gut gelaunt, rücksichtsvoll und liebte das Reisen. Er hatte stets ein Horn dabei, auf dem er Melodien aus seiner Heimat blies. Als Clapperton in Sokoto, dem äußersten Punkt, den sie erreichen sollten, im Sterben lag, versuchte Lander ihn mit einem schottischen Gedicht zu trösten – Clapperton war Schotte. Lander wäre, wie er später schrieb, am liebsten mit ihm gestorben und betete zum Himmel, ihn ebenfalls zu erlösen. Zum Glück hörte dort niemand auf ihn, und Lander kehrte mit Clappertons Aufzeichnungen, die er durch eigene, kompetente Kommentare ergänzt hatte, nach England zurück.

Die Gebrüder Lander

Lander reiste 1830 erneut nach Afrika, dieses Mal in Begleitung seines Bruders. Ihr Auftrag lautete schlicht, dem Lauf des Niger zu folgen. So kamen sie nach Badagri, einem Stützpunkt der Sklavenhändler. Zur großen Belustigung der Einheimischen waren sie in scharlachrote Tuniken und weite Pumphosen gekleidet und trugen Strohhüte mit riesigen Krempen.

Den Brüdern aus Cornwall sollte dort Erfolg beschieden sein, wo Mungo Park gescheitert war. Trotz Behinderungen und Fehlschlägen fuhren sie ab Bussa den Niger hinunter. John Lander beschreibt anschaulich die Flussufer: „Sie waren von mächtigen Bäumen und eleganten Sträuchern geschmückt, die in dickes, üppiges Blattwerk gekleidet waren, einige in lebhaftem Grün, andere in dunklerem Tone." Die Brüder stießen auf ihrer Reise auf den Zusammenfluss von Benue und Niger und erreichten schließlich die Nigermündung.

Die britische Regierung zollte ihnen wenig Dank: Richard erhielt eine Belohnung von 100 Pfund, John nichts. Auf mehr Anerkennung stießen sie bei dem Verleger John Murray, der ihnen für ihr Buch 1 000 Pfund Honorar zahlte.

Als erster Forschungsreisender wurde Richard Lander von der neu gegründeten *Geographical Society* in London mit einer Preissumme von 50 Guineen geehrt. Er starb auf einer späteren Expedition, die Handelswege vom Nigerdelta ins Landesinnere erschließen sollte.

▼ ***Diese Ansicht von Kano*** *stammt aus der Feder von Heinrich Barth. Ein Haussasklave hatte ihm von der Existenz der Stadt erzählt, und Anfang 1851 begab er sich nach Kano, um die Stadt und ihre Umgebung näher zu erkunden.*

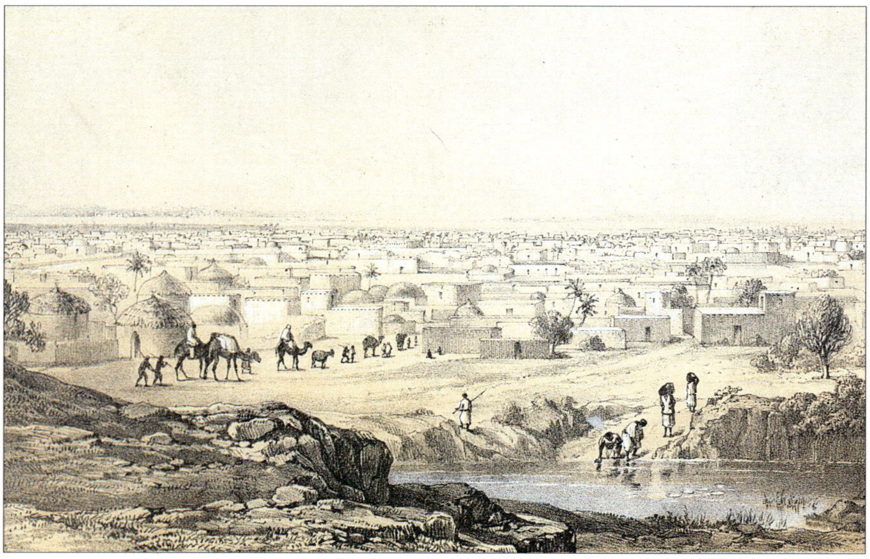

► ***Die Gebrüder Lander*** *in Badagri in ihrer eigenwilligen Kleidung: „Solch ungewöhnliche Kleider mochten beim Volk wohl herzliches Gelächter auslösen ... Die Wohlerzogeneren unter den Frauen wandten sich ab, um das Gekicher, dessen sie sich nicht zu enthalten vermochten, vor uns zu verbergen und uns so jegliche Verlegenheit zu ersparen."*

◄ ***Sandstürme*** *gehörten zum Alltag der Saharareisenden. Auch Barth und seine Gefährten hatten darunter zu leiden. James Bruce empfahl, sich einfach flach auf den Bauch zu legen und das Ende des Sturms abzuwarten. Das Gemälde von J.S. Lyon (1820) stellt einen Sandsturm in der Libyschen Wüste dar.*

Das Grab des weißen Mannes

Die Reise der Gebrüder Lander hatte bewiesen, dass der Niger schiffbar war. Infolge der Abschaffung der Sklaverei blühte der Warenhandel, und die christliche Missionstätigkeit nahm zu. Zahlreiche Expeditionen wurden ins Nigerdelta unternommen, aber es starben so viele ihrer Teilnehmer an Tropenkrankheiten, dass dieses Gebiet nur noch das „Grab des weißen Mannes" genannt wurde. Es dauerte lange, bis es einigermaßen erforscht war. Fortschritte in Medizin und Hygiene ermöglichten es schließlich, das Abenteuer Niger zu wagen, ohne dafür mit dem Tod zu bezahlen.

Große Verdienste um die Erschließung des Nigerdeltas erwarb sich Dr. William Baikie, der das erste Mal 1854 den Niger hinauffuhr und zwischen 1857 und 1864 eine Handelsvertretung der britischen Regierung in Lokoja am Zusammenfluss von Niger und Benue leitete. Baikie bewies durch Selbstversuche die Wirksamkeit von Chinin gegen Malaria. Er passte sich, auch in seiner Kleidung, an die Lebensweise der Einheimischen an, lernte ihre Sprachen, übersetzte die Genesis ins Haussa und erstellte eine Grammatik der Fulfulde-Sprache. Er lebte mit einer Afrikanerin und ihren gemeinsamen Kindern zusammen. Tragischerweise starb der Mann, dem es gelungen war, die Malaria in Schach zu halten, schließlich an der Ruhr.

Heinrich Barth: Entdecker und Wissenschaftler

Clappertons Berichte über die Staaten Bornu und Sokoto hatten bei den europäischen Händlern große Erwartungen geweckt. Ein Handelsposten war ihnen zu wenig; sie verlangten weitere Niederlassungen am Niger, eine Forderung die auch von den Gegnern der Sklaverei unterstützt wurde. Sie waren der Ansicht, dass die Anwesenheit von Europäern in der Region weitere Sklaventreiberei verhindern würde. So beschloss die englische Regierung 1849, eine Expedition zu entsenden unter der Leitung von Samuel Richardson von der Anti-Slavery Society; unter den Teilnehmern waren auch ein Geograf und ein Geologe.

Der Geograf war ein junger Mann aus Hamburg namens Heinrich Barth, der einer der bekanntesten Afrikaforscher werden sollte. Barth war ein sorgfältig arbeitender Wissenschaftler und beherrschte die arabische Sprache. Geplant war, von Tripolis aus die Sahara in südliche Richtung zu durchqueren; Ziel war der Tschadsee.

Richardson und wenig später der Geologe Overweg starben schon zu Beginn der Reise, aber Barth ließ sich nicht entmutigen. Er setzte seinen Weg alleine fort und legte in fünf Jahren eine Strecke von 16 000 km zurück. Zusätzlich erschwert wurde die Unternehmung durch die Knappheit der bewilligten Geldmittel und den Umstand, dass sich Barth als Christ in einem Gebiet bewegte, das von Muslimen bewohnt wurde.

Barth erkundete den Tschadsee und den Oberlauf des Benue und bewies, dass zwischen beiden keine Verbindung bestand. Anschließend begab er sich nach Timbuktu. 1855 reiste er nach England zurück. Seine detaillierten Beobachtungen hielt er in einem fünfbändigen Werk fest, das zuächst jedoch wenig Erfolg hatte. Barth wurde von der *Geographical Society* mit einer Medaille ausgezeichnet und empfing viele Ehrungen, war jedoch bis zu seinem Tod der Ansicht, dass seine Leistungen nicht gebührend gewürdigt worden waren.

ROUTEN

- Clapperton, Denham und Oudney 1822–1825
- Clapperton und Richard Lander 1825–1827
- Gebrüder Lander 1830
- Barth 1850–1855

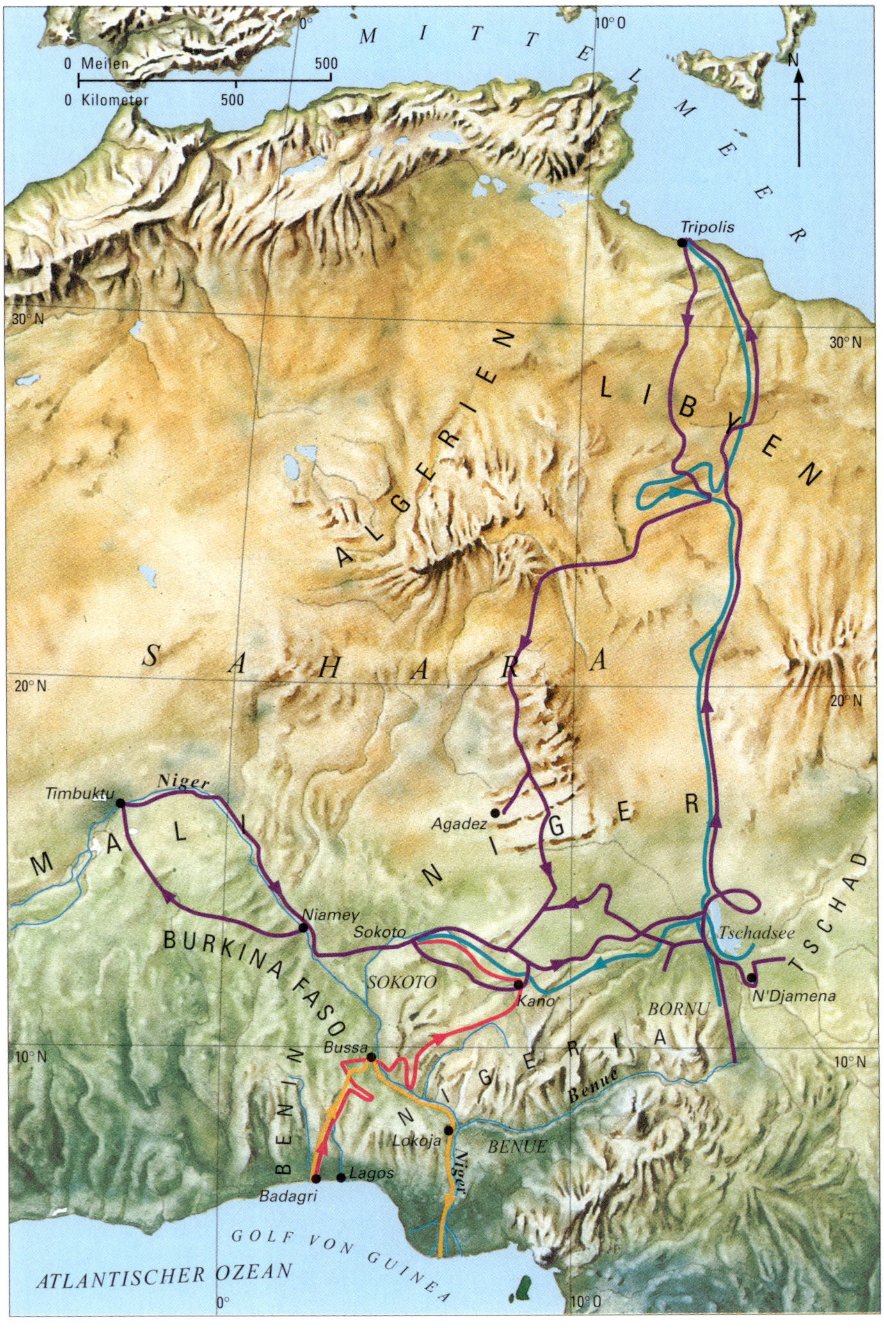

Die Suche nach den Nilquellen

▲ ***Richard Burton,*** *Porträt von Lord Leighton (1876). Die Narbe auf seiner Wange stammt von einer Speerverletzung durch einen somalischen Krieger. Burton war ein hervorragender Fechter, ein gebildeter Orientalist, aber kein Mann, der Kritik ertragen konnte. Für Speke war er „einer von den Männern, die sich nie irren."*

Nicht nur der Verlauf des Niger, auch die Nilquellen stellten ein geografisches Rätsel dar, das viele Reisende faszinierte. Mohammed Ali, Vizekönig von Ägypten, rüstete 1839 und 1841 zwei Expeditionen aus, um die wirtschaftliche Erschließung des Südens zu fördern. Die beiden Expeditionen erreichten den äußersten Punkt des schiffbaren Nil, einen Ort namens Gondokoro (in der Nähe des heutigen Juba). Jetzt trennten nur noch die Wasserfälle die Reisenden von den Nilquellen. Abenteurer und Händler auf der Suche nach Sklaven und Elfenbein wagten sich als erste weiter nach Süden vor. Sie waren eine wahre Plage für die Menschen, die hier lebten, doch gelangten in ihrer Begleitung und auf ihren Spuren oft Forscher in unbekannte Landstriche vor.

Die Routen der arabischen Händler

Ab etwa 1840 beteiligten sich evangelische Missionare, die von Mombasa an der ostafrikanischen Küste aus in das Hinterland vordrangen, an der Suche nach den Nilquellen. Ludwig Krapf, Johann Rebmann und Johann Erhardt unternahmen mehrere Reisen und befragten arabische Händler, die von der Ostküste aus im Landesinneren operierten. Diese berichteten den Missionaren von großen Seen und hohen Bergen. Krapf und Rebmann sollten diese Berge später mit eigenen Augen sehen. Sie waren von Schnee bedeckt – im tropischen Afrika ein überraschender Anblick. Die Französische Geografische Gesellschaft ehrte die deutschen Missionare später mit einer Medaille, die britischen Geografen dagegen wollten den Deutschen keinen Glauben schenken. Die Berge, von denen sie erzählt hatten, waren der Kilimandscharo und der Mount Kenia. Damit hatte man wenigstens einige Anhaltspunkte, um sich die Landschaft zwischen Küste und Nilquellen vorstellen zu können.

Afrikanische Helfer

Die meisten Expeditionen waren, wie die von Burton und Speke, nur dank der Hilfe afrikanischer Träger möglich, zumal in Gegenden, in denen die Tsetsefliege die Haltung und Verwendung von Lasttieren unmöglich machte.

350 Männer oder sogar mehr waren für eine solche Unternehmung nötig. Die Anführer mussten loyal gegenüber den weißen Reisenden sein und über Organisationstalent verfügen. Häufig dolmetschten sie bei den Verhandlungen mit den Einheimischen; die meisten von ihnen sprachen Suaheli und besaßen, wenn sie eine Missionsschule besucht hatten, auch Kenntnisse in europäischen Sprachen.

Burton und Speke: Forscher in Schwierigkeiten

Die Namen Burton und Speke sind untrennbar mit den Nilquellen verbunden. Beide waren Offiziere der britischen Indienarmee. Richard Burton hatte zuvor eine Reise nach Mekka unternommen und wollte nun Afrika kennenlernen. John Hanning Speke begeisterte sich zunächst nur für die Großwildjagd; sein Interesse an den Nilquellen erwachte erst später.

1856 beauftragte die britische *Royal Geographical Society* (RGS) Burton mit der Leitung einer Expedition, die von der Ostküste aus ins Innere gehen sollte. Die Anweisungen für die zu wählende Route orientierten sich weitgehend an den Berichten der Missionare aus Mombasa; auch eine von Erhardt gezeichnete Karte wurde erwähnt, die einen großen See zeigte – und die sich später als verzerrte Darstellung von Victoria-, Albert- und Tanganjikasee entpuppte.

Am 16. Juni 1857 verließ die zuvor auf der Insel Sansibar zusammengestellte Expedition Bagamoyo. Man hatte sie beauftragt, „den Nyasa" (das Suaheliwort für „See") zu erkunden und dann nördlich davon eventuelle Gebirge nach der Quelle des Weißen Nil abzusuchen.

Sie erreichten den Tanganjikasee, der seither als Burtons „Entdeckung" gilt, waren zu diesem Zeitpunkt aber schon mittellos und zu krank, um die Seeregion zu erforschen. Burton litt an Lähmungen, und Speke war nahezu blind und taub. Es gelang ihnen nicht, ein Boot zu mieten, das sie an das nördliche Ende des Sees gebracht hätte. Dort, so wurde berichtet, gebe es einen Fluss. Es schien allerdings unbekannt zu sein, in welche Richtung er floss; wäre er aus dem See hinausgeflossen, so hätte es der Nil sein können. Erst 1872, als Livingstone und Stanley das Nordende des Tanganjikasees aufsuchten, stellten sie fest, dass der Ruzizi genannte Fluss in den See hineinfloss.

Als die beiden sich, einigermaßen wiederhergestellt, in Tabora aufhielten, unternahm Speke einen Abstecher zu einem See, von dem ihm Araber erzählt hatten. Anschließend behauptete er, dass diesem See, den er nach Königin Victoria benannte, der Nil entspringe – ohne dafür auch nur den geringsten Beweis zu haben. (Erst viele Jahre später sollte diese Vermutung durch andere Forscher bestätigt werden.) Burton war „sehr ungehalten" und widersprach Speke vehement, und so begann zwischen den ehemaligen Reisegefährten ein berühmter langwieriger Streit darüber, ob der Tanganjikasee oder der Victoriasee der Ursprung des Nil sei.

Speke und Grant

Erst spätere Forschungen zeigten, wer Recht hatte. Im Jahre 1860 schickte die RGS Speke erneut nach Afrika, diesmal gemeinsam mit dem Schotten James Augustus Grant. Dem Westufer des Victoriasees folgend, erreichten die beiden Männer als erste Europäer das Königreich Buganda, über das Speke einen historisch interessanten Bericht verfasste, der auch frivole Passagen aufweist – wie die Schilderung seiner Methode, die Maße weiblicher Mitglieder der Königsfamilie festzustellen.

Nachdem er fünf Monate am Hofe des launischen Kabaka Mtesa verbracht hatte, durfte Speke das Nordende des Sees besuchen. Den Fluss, der über die von Speke „Ripon Falls" benannten Wasserfälle stürzte, identifizierte er als den Nil. Zusammen mit Grant reiste Speke weiter flussabwärts nach Bunyoro. Aus Zeitmangel nahmen sie die Abkürzung über Land nach Gondokoro, wo sie sich nach Khartum einschiffen wollten. Zu ihrer großen Überraschung trafen sie ausgerechnet hier, in Gondokoro, einen alten Freund: Samuel Baker.

◄ ***John Hanning Speke*** *war wesentlich zurückhaltender als Burton. Er war weder besonders sprachbegabt noch wissenschaftlich interessiert, dafür aber ein begeisterter Großwildjäger.*

▲ ***Der Schotte*** *James Augustus Grant, Spekes Begleiter auf der Suche nach der Quelle des Weißen Nil, war ein genügsamer, bescheidener Mann, der sich Speke gegenüber stets loyal verhielt.*

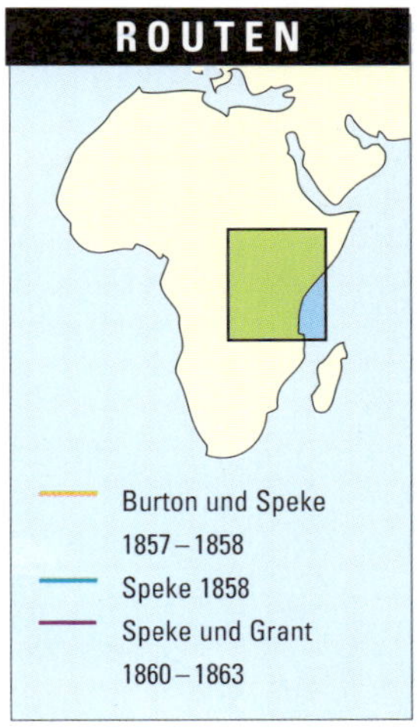

Ein Ehepaar am Nil

Samuel White Baker war ein sportlicher Mann mit beträchtlichem Vermögen. Gemeinsam mit seinem Bruder bewirtschaftete er eine Zeit lang eine Farm im Hochland von Ceylon (Sri Lanka), verbrachte aber den größten Teil seiner Zeit mit der Jagd. Kurz nach der Rückkehr der Familie nach England starb seine Frau. Baker brachte seine vier kleinen Kinder bei einer Schwester unter und begab sich zur Wildschweinjagd auf den Balkan. Als er eines Tages über den Marktplatz der türkischen Garnisonsstadt Vidin (im heutigen Bulgarien) ging, stellte er fest, dass dort ein Sklavenmarkt im Gange war. Spontan ersteigerte er ein schönes Mädchen, das als Teil einer Gruppe gefangener Ungarn verkauft wurde. Dieses Mädchen war seine spätere Frau Florence.

ROUTEN

Baker 1861–1865
Speke und Grant 1860–1863

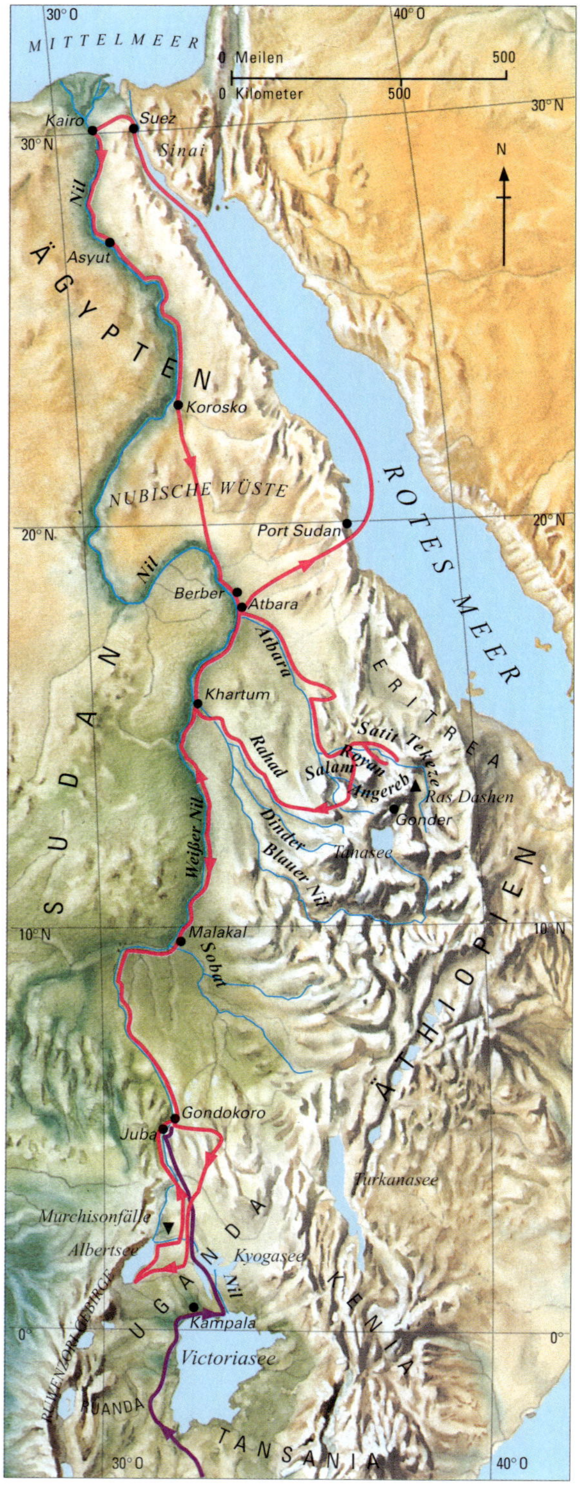

Die Suche nach der Quelle

Gemeinsam gingen Samuel und Florence nach Afrika, um die Nilquelle zu suchen. Sie schifften sich im April 1861 in Kairo ein, gingen in Korosko von Bord, dort, wo der Nil sich nach Westen wendet, und durchquerten auf einem anstrengenden Kamelritt die Nubische Wüste. In Berber beschloss Baker, die Flüsse Abessiniens zu erforschen: Atbarah, Satit, Royan, Salam, Angereb, Rahad, Dinder und den Blauen Nil, die alle vom Hochland kommend in den Weißen Nil münden.

Die Bakers befassten sich eingehend mit diesen Strömen in den Gebirgsausläufern Äthiopiens. Sie sprachen beide gut genug Arabisch, um sich mit den Einheimischen verständigen zu können, und pflegten Kontakte zu ortsansässigen Herrschern.

Ein Jahr nach ihrer Abreise aus Berber erreichten sie Khartum; von dort aus fuhren sie mit dem Schiff stromaufwärts. In Gondokoro trafen sie zum gleichen Zeitpunkt ein wie Speke und Grant, die den Ort nach langem Fußmarsch erreichten. Baker war enttäuscht, zu hören, dass Speke den Victoriasee als Ursprung des Nil „entdeckt" hatte. „Bleibt für mich denn kein einziges Lorbeerblatt übrig?", fragte er. Daraufhin erzählte ihm Speke von einem noch unerforschten See im Westen, der vermutlich ebenfalls an der Entstehung des Nil beteiligt sei.

Speke und Grant gaben den Bakers Aufzeichnungen und eine Karte mit, und das Ehepaar machte sich auf, um den See zu suchen. Von Gondokoro bis zum Nordende des Albertsees sind es nur 290 km Luftlinie, verschiedene Zwischenfälle aber und ihr Führer, ein Sklaven- und Elfenbeinhändler, zwangen die Bakers, einer sehr verschlungenen Route zu folgen. Die Träger meuterten, die Pferde starben, und sie mussten auf Ochsen weiterreiten; dann erkrankten beide an einem Fieber. Dank guter Kontakte zur Bevölkerung gelang es dem Paar dennoch, die Reise zu überleben.

Baker besaß als einer der wenigen Afrikareisenden eine gute Portion Humor. Einmal legte er für den Besuch in einer Siedlung Einheimischer schottische Tracht an; ein anderes Mal verkleidete er sich mit einem Tweedanzug als Bruder von Speke, um dadurch das Vertrauen der Leute zu gewinnen.

Am Ziel

Endlich, am 4. März 1864, erreichten die Bakers den gesuchten See. „Die Herrlichkeit unseres Ziels überwältigte mich!", schrieb Baker. „Wie ein See von Quecksilber lag tief unten die große Wasserfläche ... Ich war zu ergriffen, um meinen Gefühlen mit eitlen Siegesrufen Luft zu machen, und dankte von ganzem Herzen Gott dafür, dass er uns durch alle Gefahren hindurch geleitet hatte ... Ich nannte diesen großen See den Albertsee."

Um zum Südende des Albertsees zu gelangen, hatten die Bakers den aus dem Victoriasee austretenden Fluss überqueren müssen. Getäuscht von dem Nebel, der den größten Teil des Jahres das Ruwenzori-Gebirge verdeckt, glaubte Baker, dass sich der See weit nach Süden ausdehne, und sah die Berge nicht.

Die Bakers folgten mit einem Boot dem Ostufer des Sees und fanden an dessen Nordende einen Fluss vor, der in den See hineinfloss und ein kurzes Stück weiter südlich wieder heraus. Sie nahmen – zu Recht – an, dass der Zustrom der Nil war, den sie zuvor schon überquert hatten. Florence bestand jedoch darauf, dies genauer zu überprüfen.

Auf ihrer Reise stromaufwärts wurden sie von Wasserfällen aufgehalten, die sie Murchison Falls nannten. Dann setzten sie auf das Nordufer über und traten den Rückweg

über Gondokoro und Khartum nach Kairo an, das sie im Sommer 1865 erreichten. Ein Teil des Verlaufs des Nil sowie die Ausmaße des Albertsees blieben weiterhin unerforscht. Bakers spätere Expeditionen dienten hauptsächlich dem Zweck, das Land für den Handel zu erschließen.

Der Streit geht weiter

Inzwischen fuhren Speke und Grant, zusammen mit „Spekes Getreuen", den 18 Trägern, die seit Beginn der Expedition bei ihnen geblieben waren, flussabwärts. Speke telegrafierte nach Hause: „Der Nil ist erledigt", und er und Grant kehrten nach London zurück, wo sie mit allen Ehren empfangen wurden. Doch der Nil war noch lange nicht erledigt. Spekes Berichte wiesen Lücken auf, und der Umstand, dass er die Quelle alleine gefunden hatte, minderte seine Glaubwürdigkeit.

Burton war immer noch gegen ihn eingenommen, und ihre Meinungsverschiedenheit weitete sich aus. Die *British Society for the Advancement of Science* lud beide im September 1864 zu einem Streitgespräch ein. Am Tag des Vortrags jedoch starb Speke durch einen Unfall mit einer Schusswaffe. Die so entstandene Lücke im Programm wurde durch einen improvisierten Vortrag Burtons über die Sitten in Dahomey überbrückt sowie durch ein Referat Livingstones, der soeben von seiner Sambesi-Expedition zurückgekehrt war. Es erschien naheliegend, den bekanntesten britischen Afrikareisenden zu bitten, seinerseits nach der genauen Lage der Nilquelle zu forschen.

▲ ***Samuel Baker*** *hielt auf dieser Zeichnung fest, wie er einmal von einem Elefanten verfolgt wurde – und vom Jäger zum Gejagten wurde.*

Florence Baker „war als Afrikareisende erfreulich kaltblütig und neigte nicht zum Gekreisch", schrieb Baker (Foto links). „Ich verdanke ihr meinen Erfolg und mein Leben." Sie bewährte sich bereits 1862 in Bakers Lager an der abessinisch-sudanesischen Grenze, wo sie das Zelt mit „vielen charmanten, komfortablen Kleinigkeiten" versah, „wie nur die Hand einer Dame es vermag". In Gondokoro, einem Stützpunkt der Sklaven- und Elfenbeinhändler, ging es wesentlich rauer zu. Hier half Florence, eine beginnende Meuterei der Träger zu verhindern und einen ihr gesonnenen Händler zu überreden, sie ins Landesinnere zu begleiten. Sie überlebte einen Hitzschlag und einen Fieberanfall, erreichte den Albertsee und konnte schließlich das Wasser der Nilquellen kosten.

David Livingstone

▲ **Das Dampfschiff** *Ma Robert (nach Livingstones Frau benannt) verursachte bei der Sambesi-Expdition zahlreiche Probleme.*

▼ **Dieses Foto** *von Livingstone und seiner Tochter Anna wurde 1864 nach der Rückkehr vom Sambesi aufgenommen.*

▲ **1850 nahm Livingstone** *auf seine zweite Expedition zum Ngamisee seine Familie mit. Das Bild zeigt ihn vorne in der Mitte mit einem seiner Kinder. „Das Reisen mit dem Planwagen", schrieb er, „ist ein fortgesetztes Picknick, sehr gesund und angenehm für alle, die gern an der frischen Luft sind."*

Die *Royal Geographical Society* war 1849 auf Livingstone (1813–1873) aufmerksam geworden, nachdem er als erster Europäer die Kalahari durchquert und das Ufer des Ngamisees erreicht hatte (die heutige Ngamipfanne). Der Schotte aus der Nähe von Glasgow stammte aus einfachen Verhältnissen und war in einer Atmosphäre von Strenge und religiöser Inbrunst aufgewachsen. Er studierte Medizin und trat in den Dienst der *London Missionary Society* ein, einer protestantischen Organisation, die in Südafrika aktiv war.

Vom Kap aus, wo er 1841 eintraf, begab er sich auf den 1 600 km langen Weg nach Kuruman im damaligen Betschuanaland (heutiges Botsuana), zur Station von Robert Moffat, dessen Tochter Livingstone 1845 heiratete. Das junge Paar war dauerhaft auf Reisen und baute nacheinander drei Missionsstationen auf; anhaltende Kämpfe zwischen Burenfamilien und ortsansässigen Afrikanern verhinderten längere Aufenthalte.

Missionare auf Reisen

1849 unternahm Livingstone zusammen mit William Cotton Oswell, der für die Finanzierung sorgte, seine erste Expedition zum Ngamisee; 1850 besuchte Livingstone mit seiner Frau und den vier Kindern den Ngamisee ein zweites Mal. Ebenfalls mit seiner Familie begab er sich 1851 an die Flüsse Cuando und Sambesi, hinter denen sich „ein weißer Fleck auf der Karte" auftat. Das Gebiet ist eine Wasserscheide und reich an Wasserläufen und Sümpfen; von hier aus fließt der Sambesi in südöstliche Richtung in den Indischen Ozean und der Kongo (Zaire) in nordwestliche Richtung in den Atlantik.

Zwar wird oft behauptet, dass andere – der Ungar László Magyar etwa oder der Portugiese Candido – vor Livingstone die Quelle des Sambesi entdeckten und den Kontinent durchquerten, aber es war Livingstone, der Notizen und Karten anfertigte und sie der Öffentlichkeit zugänglich machte. Auf der 1851 unternommenen Reise fasste er den Entschluss, weiter im Norden nach Orten zu suchen, die außerhalb der Reichweite der Buren lagen und sich daher für die Gründung von Missionsstationen eigneten. Er schickte Frau und Kinder nach England zurück und bereitete sich auf sein großes Abenteuer vor.

Quer durch Afrika

Livingstone rüstete sich in Kapstadt aus und machte sich auf den Weg in das Gebiet der Makolo, zwischen Cuando und Sambesi. Mit einer Gruppe freier Afrikaner wollte er Handelsverbindungen zwischen dem Hinterland und der Küste aufbauen, um die Entwicklung des damals in der Region beginnenden Sklavenhandels aufzuhalten. Seine Pläne ließen sich jedoch nicht verwirklichen, und enttäuscht kehrte er an den Sambesi zurück. Dort sah er die großartigen Wasserfälle, die „Mosi-Oa-Toenia" (Donnernder Rauch) genannt wurden; er benannte sie nach Königin Victoria. 1856 ging er nach England. Der Kampf gegen den Sklavenhandel war zu seinem Lebensinhalt geworden. Er glaubte, dass die Schaffung anderer Erwerbsmöglichkeiten für die Afrikaner den Menschenhandel überflüssig machen würde. Den Großteil seiner Zeit verbrachte er damit, Anhänger für seine Idee zu gewinnen.

Die Sambesi-Expedition

Die 1858 von Livingstone geleitete Expedition wurde von der britischen Regierung und der RGS finanziert und galt dem Ziel, den Sambesi als Verkehrsweg ins Innere zu erschließen. Livingstones Problem dabei war, dass seine sechs Mitreisenden Anweisungen und Zuspruch erwarteten und dass er Beziehungen zu den Portugiesen aufbauen musste, die den Sambesi hinter Tete kontrollierten. Leider hatte Livingstone keinerlei Begabung, mit Kollegen und Untergebenen umzugehen; außerdem hasste er die Portugiesen.

Ohnehin war diese Expedition von Anfang an schlecht geplant. Livingstone war davon ausgegangen, dass der Fluss bis hinauf zu den Victoriafällen schiffbar sei; dabei hatte er im Jahre 1856 auf seiner Reise flussabwärts zwischen Zumbo und Tete eine Abkürzung über Land genommen, so dass er von den Wasserfällen in der Cabora Bassa-Schlucht nichts wusste. An dieser Stelle war der Fluss nicht passierbar, und die Expedition musste unter großem Kraftaufwand den Shire River hinauffahren, einen Zufluss des Malawisees.

Zudem machte das Dampfboot ständig Probleme, die Missionsstation von Bischof Mackenzie am Shire River konnte nicht Fuß fassen, und Mary Livingstone starb an einem Fieber. Nicht einmal die Fahrt auf dem Shire River und die Erforschung des Malawisees konnten die missglückte Expedition wieder gutmachen, und sie wurde 1864 zurückgerufen.

ROUTEN

- Livingstone 1849–1851
- Livingstone 1853–1856
- Livingstone 1858–1864

Thomas Baines

Einer der Teilnehmer der Sambesi-Expedition war Thomas Baines (1820–1875), ein Künstler aus Norfolk (England), der 1848 das erste Mal nach Afrika kam. Seine Bilder sind wichtige Dokumente und zeigen uns, wie Südafrika um die Mitte des 19. Jh. ausgesehen hat. Baines hatte unter Livingstone sehr zu leiden, unter anderem weil dieser nie einen Fehler zugab. Zum Glück überlebte Baines das Abenteuer und mit ihm seine Werke, die zu den wenigen positiven Ergebnissen dieser missglückten Expedition zählen. Das Gemälde der Victoriafälle entstand bei einer späteren Reise mit James Chapman an den Sambesi.

Weitere Nilexpeditionen

▲ ***Stanley erklärte später,*** *warum er, als er Livingstone fand, jene berühmten Worte sprach, die unvergesslich geblieben sind: „Ich wäre am liebsten zu ihm hingerannt, aber ich traute mich wegen der vielen Leute nicht. Ich hätte ihn gerne umarmt, aber er war Engländer, und ich wusste nicht, wie er das aufnehmen würde. So tat ich, was Feigheit und falscher Stolz mir zurieten: Ich ging wie beiläufig zu ihm, nahm den Hut ab und sagte: ‚Doktor Livingstone, nehme ich an?'"*

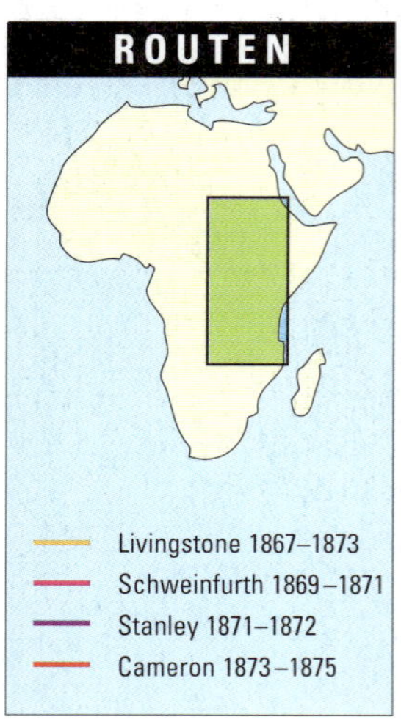

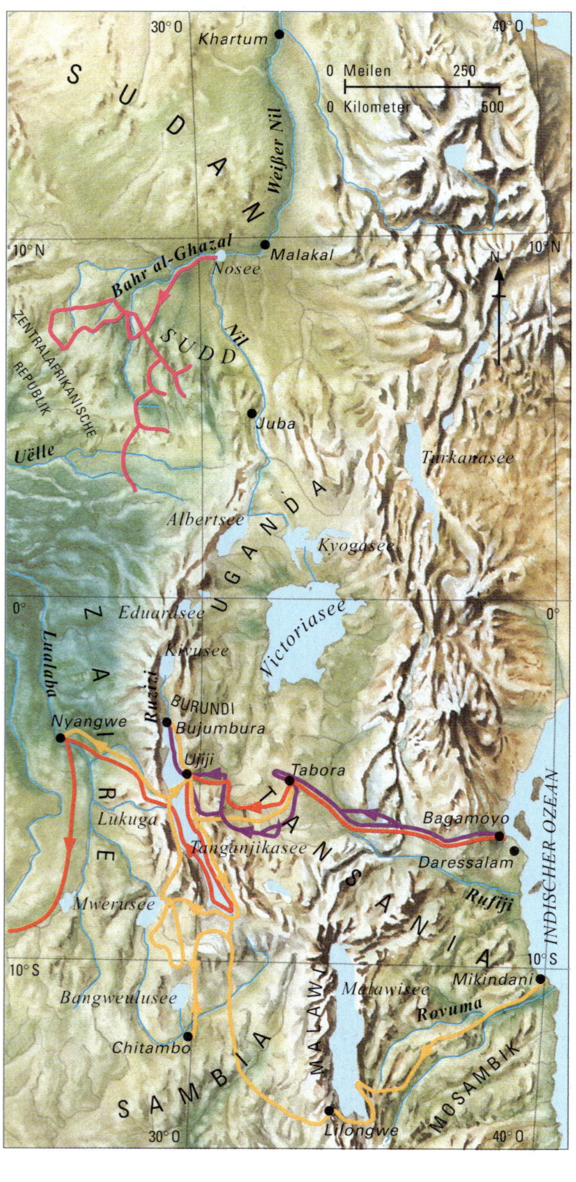

Südlich von Khartum ist der Nil voller verfaulender Pflanzen, die aus den Sümpfen des Bahr al-Ghazal und des No-Sees angespült werden. In diesen Nebenfluss drang bei ihrer Fahrt den Nil hinauf die abenteuerlustige junge Holländerin Alexandrine Tinné vor. Sie war in Begleitung ihrer Mutter und Tante und etlicher Dienstboten; auch Zofen waren dabei. Sie hatten den einzigen in Khartum vorhandenen Dampfer gechartert und erregten damit den Neid von Samuel Baker. Sein Gefühl für Anstand verletzten sie ebenfalls: „Eine junge Dame inmitten des Dinka-Stammes! Sie laufen so nackt herum wie am Tage ihrer Geburt!" Die Tinné-Expedition war durchaus ernst zu nehmen. Die Damen fuhren den Bahr al-Ghazal eine lange Strecke weit hinauf und erreichten 1863 die Sümpfe, in denen einige Teilnehmer, unter anderem die Mutter, starben. Alexandrine Tinné selbst wurde 1869, bei einer späteren Expedition durch die Wüste, ermordet.

Georg Schweinfurth

Einige Jahre später, zwischen 1869 und 1871, wurde der Bahr al-Ghazal mit seinen zahlreichen Nebenflüssen von dem deutschen Botaniker Georg Schweinfurth genauer erforscht. Er suchte in erster Linie nach Pflanzen, befasste sich aber auch mit Geografie. Zu Fuß zog er durch den dichten Urwald von Zaire (heute Demokratische Republik Kongo), wo er als erster Europäer Pygmäen vom Volk der Akka traf. Außerdem war er auch der erste Europäer, der ans Ufer des Flusses Uëlle trat. Er nahm an, dass der Uëlle kein Nebenfluss des Nil sei, sondern mit dem Chari und dem Tschadsee verbunden sei. Tatsächlich ist er ein Nebenfluss des Kongo (Zaire).

Livingstones letzte Reise

Livingstone und sein enger Freund Sir Roderick Murchison planten in England eine Expedition zu den Nilquellen, die sie im Tanganjikasee vermuteten. Livingstone sollte dem Fluss Rovuma bis zum Malawisee folgen und dann den Tanganjikasee im Norden erreichen.

Die Expedition brach 1867 auf; sie war sehr sparsam ausgestattet, weil man glaubte, Livingstone würde sein Ziel bald erreichen. Insgesamt jedoch war Livingstone auf seiner letzten Reise sechs Jahre lang unterwegs und folgte den arabischen Karawanen, die in der Gegend von Ujiji am Tanganjikasee Handel trieben. Livingstone fand sich in einem Afrika wieder, das vom Sklavenhandel ruiniert und von Krankheiten geschwächt war. Er verzweifelte daran und wurde selbst krank; die Vorräte gingen aus, die Verbindung zu seinem Stützpunkt auf der Insel Sansibar brach ab, und seine Träger verließen ihn.

„Doktor Livingstone, nehme ich an?"

Als Henry Stanley, der von Sansibar aus aufgebrochen war, 1871 Ujiji erreichte, fand er einen gebrochenen Mann vor, der sich aber bald einigermaßen erholte. Gemeinsam besuchten sie das Nordende des Tanganjikasees und stellten fest, dass der Ruzizi in den See hinein und nicht aus ihm heraus floss und deshalb kein Nebenfluss des Nil sein konnte. Livingstone gelangte zu der Überzeugung, dass der Lualaba (in Wirklichkeit war es der Kongo) im Westen des Tanganjikasees ein Quellfluss des Nil sei und dass an seinem Ursprung die vier Quellen liegen müssten, denen Herodot zufolge der Nil entsprang. Dann wieder befielen ihn Zweifel. „Mich bedrückt die Befürchtung, dass sich herausstellen könnte, dass ich dem Kongo gefolgt bin, und wer würde es dafür riskieren, in einem Kannibalentopf zu landen und in einen schwarzen Mann verwandelt zu werden?" Dennoch ließ er sich nicht von Stanley dazu überreden, nach England zurückzukehren, um sich zu erholen.

▲ ***In seinen Aufzeichnungen*** *beschrieb Livingstone einen Bootsunfall, der von einer gereizten Nilpferdkuh verursacht wurde.*

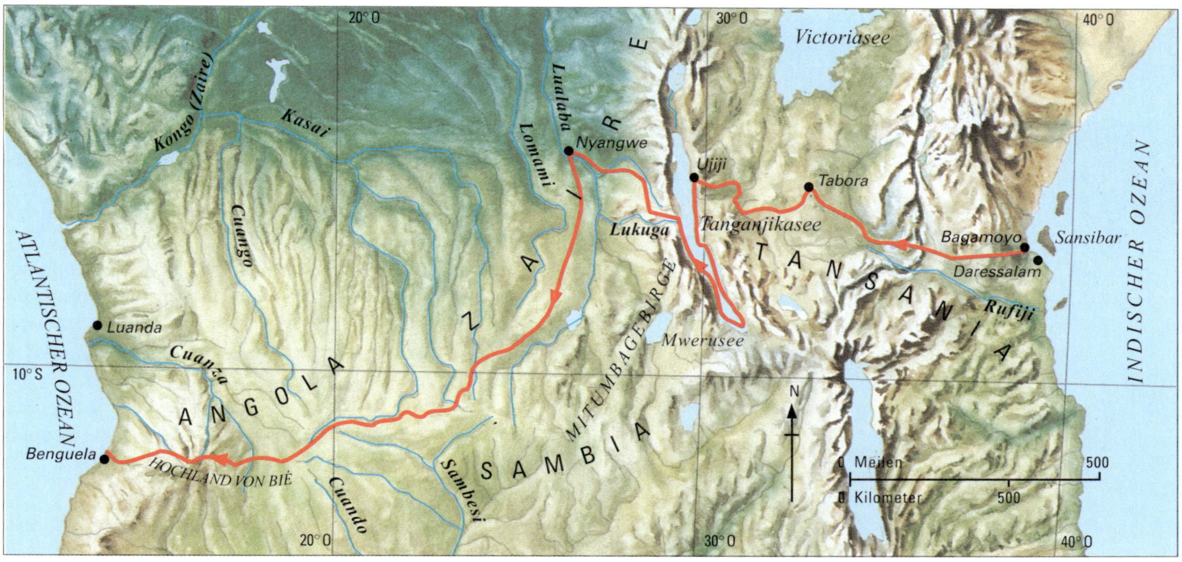

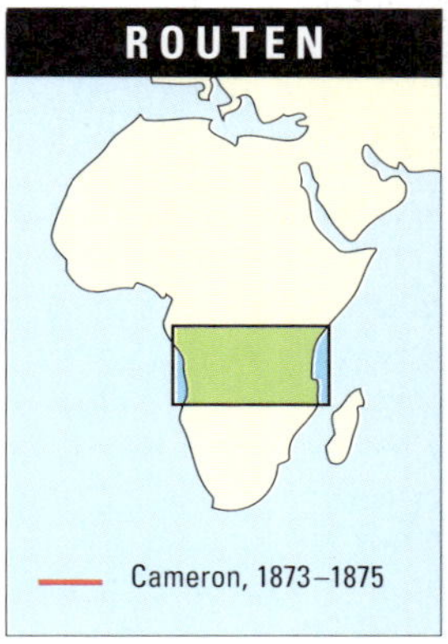

Livingstone starb am 1. Mai 1873 am Ufer des Bangweulusees, 10° südlich des Äquators. Chuma und Susi, seine treuen Diener, bestatteten sein Herz und andere innere Organe unter einem Baum, in dessen Rinde sie seinen Namen und das Sterbedatum schnitzten. Zusammen mit den anderen Expeditionsteilnehmern trugen sie den gegen Verwesung präparierten Körper und die kostbaren Aufzeichnungen über eine Strecke von 2 250 km zur Küste. Ein Schiff brachte Livingstones sterbliche Überreste nach England, wo sie in der Westminsterabtei beigesetzt wurden.

Stanleys Rettungsaktion war nicht bei allen prominenten Londoner Geografen auf Beifall gestoßen. Sie ärgerten sich über diesen Amerikaner, noch dazu Journalist, der in ihr Revier eingedrungen war. Außerdem war gerade als Stanley nach Sansibar zurückgekehrt war, dort eine englische Suchexpedition eingetroffen, die bei ihrer Ankunft erfahren musste, dass ihre Aufgabe bereits erledigt worden war.

Verney Lovett Cameron

Cameron, ein begeisterter Entdeckungsreisender und erbitterter Gegner der Sklaverei, hatte als Offizier der britischen Marine Sklavenschiffe vor der ostafrikanischen Küste aufgebracht. Er überredete die RGS, ihn in das Innere Afrikas zu entsenden, um nach dem verschollenen Livingstone zu suchen, und verließ Bagamoyo am 28. März 1873 auf der alten Handelsstraße nach Tabora. Dort traf er Susi und Chuma mit Livingstones Leichnam und beschloss, in Ujiji dessen restlichen Nachlass sicherzustellen.

Als er das Camp des Forschers erreicht hatte, entschied er, in westlicher Richtung zum Lualaba weiterzureisen und vielleicht sogar bis zum Kongo vorzustoßen. Zunächst aber befasste er sich eingehend mit dem Tanganjikasee. Er stellte fest, dass der See 96 Zuflüsse, aber nur einen Abfluss hatte (eine Verbindung zum Lukuga-Fluss, der seinerseits in den Lualaba mündete). Cameron wanderte vom See aus weiter und gelangte zu der Überzeugung, dass es keinerlei Verbindung zwischen dem Lualaba und dem Nil gebe, und dass der Lualaba möglicherweise der Oberlauf des Kongo sei. Da er in der arabischen Siedlung Nyangwe kein Boot chartern konnte, entschied er sich, seine Reise in südliche Richtung fortzusetzen. Am 7. November 1875 erreichte er Benguela in Angola.

Als erster Europäer hatte er Afrika von Osten nach Westen durchquert.

▼ ***Livingstones Beisetzung*** *fand im April 1874 in London statt – nahezu ein Jahr nach seinem Tod. Seine treuen Freunde Susi und Chuma reisten zu diesem Anlass nach England, kamen aber zu spät zur Beerdigung.*

Henry Morton Stanley

Stanley (1841–1904) genoss zwar kein wissenschaftliches Ansehen, wurde aber wegen seines Unternehmungsgeistes geachtet. Er glaubte, dass die Ausbeutung von Afrikas Ressourcen sowohl der europäischen Industrie als auch den Afrikanern zugute kommen würde.

Er wurde als uneheliches Kind in Denbigh in Nord Wales geboren und wuchs ab seinem sechsten Lebensjahr im Waisenhaus auf, wo er eine solide Schulbildung erhielt. Eines Tages riss er aus, heuerte auf einem Schiff an, führte in Amerika ein bewegtes Leben und wurde schließlich Kriegsberichterstatter für den New York Herald. Von dieser Zeitung erhielt er den Auftrag, Livingstone zu suchen.

Die Expedition veränderte sein Leben; nicht nur, dass er eine gewisse Zuneigung für den alten Forscher entwickelte, er lernte auch viel über Entdeckungsreisen. Als er 1873 vom Tod seines Vorbilds erfuhr, beschloss er, dessen Werk fortzuführen und Kongo und Nil weiter zu erkunden. Dabei wollte er auch die Entdeckungen von Speke, Burton und Baker überprüfen. Das Großprojekt wurde vom New York Herald und dem Londoner Daily Telegraph finanziert.

► ***Nachdem er Livingstone*** *gefunden hatte, kehrte Stanley nach London zurück, wo dieses Foto entstand. An seiner Seite ist Kalulu zu sehen, das afrikanische Kind, das ein arabischer Händler ihm „gab". Kalulu ertrank 1877 bei einer Fahrt auf dem Kongo.*

Expedition zum Kongo und zum Nil

Am 17. November 1874 verließ eine gut ausgerüstete, 350 Mann starke Karawane Bagamoyo. Nur drei Europäer nahmen an ihr teil. Die Träger wurden von dem erfahrenen Manua Sera befehligt. Die Route führte am Victoriasee vorbei, wo Stanley das Königreich Buganda besuchte, das Speke und Grant 1862 „entdeckt" hatten. Zum Gepäck gehörte die Lady Alice, ein zerlegbares Boot, mit dem der See befahren werden konnte. (Es war nach Stanleys Verlobter benannt, die aber während seiner Abwesenheit jemand anderen heiratete.) Es gelang Stanley, Spekes Mutmaßungen hinsichtlich der Größe des Sees zu bestätigen. Es kam allerdings zu Auseinandersetzungen mit den Einheimischen, weshalb Stanley später scharf kritisiert wurde.

Auf dem Weg zum Tanganjikasee entdeckte Stanley den Eduardsee. Die Fahrt auf dem Tanganjikasee ergab, dass der See nicht mit dem Nil verbunden war. Der – wie Cameron richtig beobachtet hatte – einzige Abfluss ist der Lukuga, der in den Lualaba mündet. Nun befasste Stanley sich mit Livingstones Theorien über den Lualaba. In Nyangwe, der arabischen Handelsstation am Fluss, dem von Livingstone und Cameron erreichten nördlichsten Punkt des Flusslaufs, begann eine der verlustreichsten Unternehmungen der Entdeckungsgeschichte.

Mit Hilfe von 22 Booten und der Lady Alice wollte Stanley beweisen, dass der Lualaba (den er Livingstone nannte) mit dem Kongo (Zaire) identisch sei, der zuerst nach Norden, dann in einem großen Bogen nach Westen und Südwesten über den Äquator fließe und zuletzt über unpassierbare Wasserfälle zum See. Bei den Stanleyfällen (Boyomafällen) mussten die Boote immer wieder über Land transportiert werden. Als sie endlich am Fuße der Fälle anlangten, hatten Stanley und seine Männer 24 Gefechte gegen Urwaldbewohner ausgetragen; acht Schlachten zu Wasser standen ihnen noch bevor.

Eine Weile ging die Fahrt auf dem 1 600 km langen Oberlauf des Kongo gut, bis sie zum 350 km langen Abschnitt der Livingstonefälle kamen, wo der Fluss durch 32 mörderische Katarakte einen Höhenunterschied von 300 Metern überwindet. Dort ertrank Stanleys letzter überlebender europäischer Reisegefährte und Freund,

ROUTEN

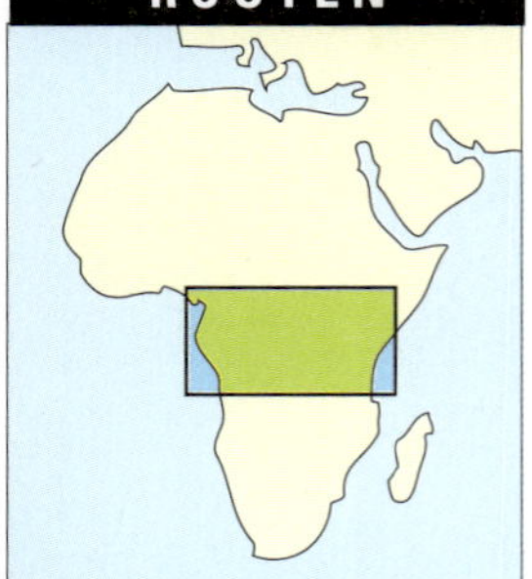

Stanley 1874–1877
Stanley 1887–1889

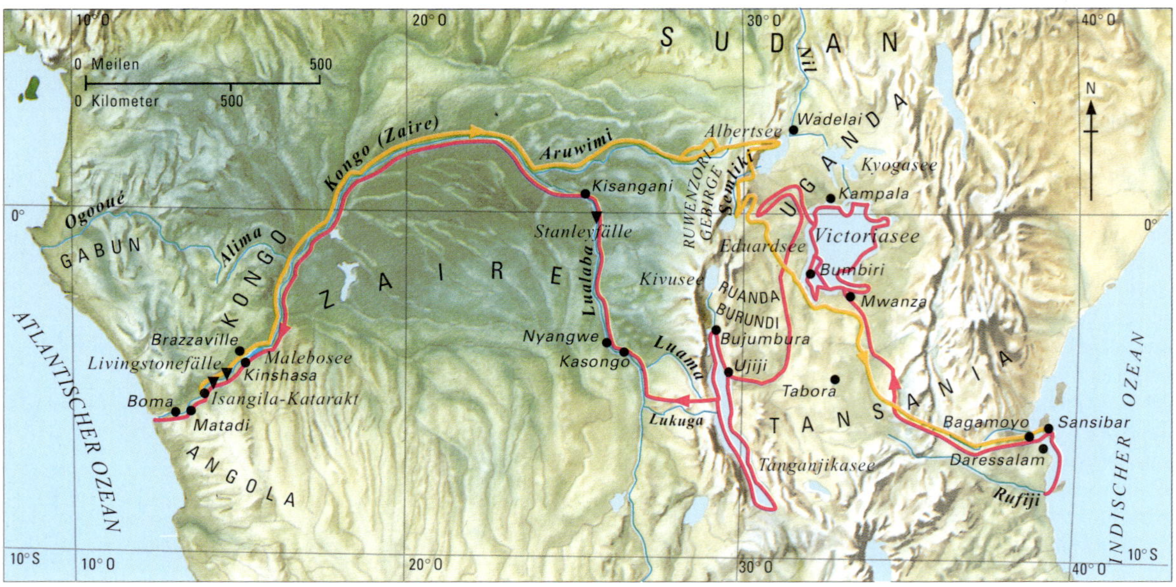

◄ ***Zaidi,*** *einer von Stanleys Bootsführern, hatte sich nach dem Kentern seines Bootes in den Stanleyfällen auf einen Felsen retten können. Das gleiche Schicksal ereilte die beiden Männer, die ihm auf dem Bild mit ihrem Boot zur Hilfe kommen wollen. Die drei mussten auf diesem Felsen die Nacht verbringen, „oberhalb einer halben Meile von Fällen, Schnellen und Strudeln sowie von Wellen, die in der Mitte des Stroms so hoch emporragten, wie Hügel", bevor sie am nächsten Morgen gerettet werden konnten.*

Frank Pocock. Die erschöpften Männer ließen die Lady Alice am Ufer über dem Isangila-Katarakt zurück. Es gelang ihnen, eine Nachricht nach Boma, dem Ort an der Flussmündung zu senden. Daraufhin wurden sie von vier freundlichen europäischen Händlern mit Lebensmitteln versorgt.

Von den 350 Männern, die drei Jahre zuvor in Bagamoyo aufgebrochen waren, erreichten nur 114 das Meer. Sie hatten mit dieser Expedition bewiesen, dass es zwischen dem Nil und den nach Süden fließenden Flüssen keine Verbindung gibt.

Medizinische Versorgung

Die Gefahr, auf Afrikareisen an Malaria oder Ruhr zu erkranken, war hoch, und die Methoden, mit denen diese und andere Krankheiten bekämpft wurden, waren nicht besonders effektiv. Es war bekannt, dass Chinin gegen Malaria half; trotzdem verließen sich manche Forscher lieber auf eigene Zubereitungen, zum Beispiel „Livingstones Stärkungsmittel", abscheuliche selbstgedrehte Pillen. Als Brechmittel fand unter anderem in warmem Wasser gelöstes Schießpulver Verwendung.

Nach seiner Suche nach Livingstone entwarf Stanley 1871, in Zusammenarbeit mit dem Arzneimittelhersteller Burroughs & Wellcome, diesen Arzneikoffer; er enthielt „alle Medikamente, die meine schwarzen und meine weißen Männer benötigten, gut zubereitet und elegant präsentiert." In dem Koffer waren unter anderem Abführmittel, Brechmittel, Desinfektionsmittel und Chinin, aufbewahrt in Glasflakons mit Schraubverschluss.

Die Folgen von Stanleys Expedition

Stanley empfahl der britischen Regierung, das große, fruchtbare Gebiet zu erschließen, das er erkundet hatte, aber die Briten waren nicht interessiert, und so nahm Stanley das Angebot des belgischen Königs Leopold an, der das Kongobecken zu seinem Territorium machen wollte. Im Juli 1879 traf Stanley erneut an der Kongo-Mündung ein; er sollte im Auftrag der Belgier eine Eisenbahnlinie bis zu den Fällen errichten lassen. Zum Malebosee sollte er Dampfschiffe bringen lassen, da der Fluss ab diesem Punkt auf einer Strecke von 1 600 km schiffbar ist.

Damit kam Leopold dem Franzosen Graf Pierre Savorgnan de Brazza knapp zuvor. De Brazza hatte 1878 Gabun durchquert und war den Fluss Ogooué hinaufgefahren, als Stanley sich noch auf dem Victoriasee befand. Hätte de Brazza das Kongobecken vor Stanley erreicht, hätte er im Namen Frankreichs Anspruch darauf erhoben. So musste der Franzose, als er das östliche Ufer des Malebosees erreichte, feststellen, dass Stanley bereits den Anspruch Belgiens angemeldet hatte. (Als Folge liegt Brazzaville, die Hauptstadt der modernen Kongo-Republik auf der einen Seite des Sees und Kinshasa (früher Leopoldville), die Hauptstadt der Demokratischen Republik Kongo (früher Zaire), auf der anderen.

Die Rettungsaktion für Emin Pascha

Stanley kehrte mit der Rettungsexpedition in den Kongo zurück, die den deutschen Naturwissenschaftler Dr. Eduard Schnitzer, genannt Emin Pascha, zurückholen sollte, der sich bei Wadelai in der Nähe des Albertsees befand. Er war einer der wenigen überlebenden Provinzgouverneure der kurzlebigen ägyptischen Herrschaft über den Sudan – daher der Titel „Pascha" –, die durch den Mahdiaufstand von 1881 beendet worden war.

Statt die sichere östliche Route zu wählen, fuhr Stanley den Kongo hinauf, verließ den Fluss am Zusammenfluss mit dem Aruvimi und kämpfte sich mit seiner Expedition fünf Monate lang durch den Urwald bis an das Westufer des Albertsees vor. Endlich am Ziel, stellten sie fest, dass die Rettung unerwünscht war. Auf dem Rückweg nach Osten zur Küste sahen sie als erste Europäer das Ruwenzori-Gebirge in seiner ganzen Ausdehnung. Sie umgingen die Berge, folgten dem Fluss Semliki zum Eduardsee, dessen Wasser den Albertsee speist. Auf diese Weise wurde das System der Nilquellen endlich vollständig erfasst.

Die großen Seen

► ***Joseph Thomson**, hier mit zwei einheimischen Begleitern, gehörte zu jenen wissenschaftlich ausgebildeten britischen Reisenden, die mit ihren Forschungsvorhaben die Ausweitung des Empire zu verbinden wussten.*

Im Jahre 1877 richtete die *Royal Geographical Society* einen Fonds ein, um auf den Routen früherer Expeditionen Reisen zu den großen Seen Zentralafrikas zu fördern. So wurde unter der Leitung des Kartografen Keith Johnston eine Expedition ausgesandt, die der Route von Daressalam am Indischen Ozean zum Malawisee und zum Tanganjikasee folgen sollte.

Als Johnston bereits zu Beginn der Reise starb, übernahm sein 20-jähriger Assistent Joseph Thomson die Leitung. Thomson hatte in Edingburgh Geologie studiert. Er besaß wenig Erfahrung und dachte daran, umzukehren, dann aber besann er sich: „Ich beschloss, dass ich weitergehen würde, gleichgültig, welches Schicksal mich erwartete. War ich nicht ein Landsmann von Bruce, Park, Clapperton, Grant, Livingstone und Cameron?“ Wie sie war Thomson schottischer Abstammung und für seine neue Funktion gut geeignet.

Joseph Thomson

Thomson ist einer der interessantesten Afrikareisenden: unkompliziert, humorvoll und besonnen. Sein Motto lautete: „Wer langsam geht, geht sicher, und wer sicher geht, geht weit.“ Die Expedition zu den großen Seen wurde durch Unruhen der Eingeboren behindert. Statt wie andere Reisende eine feindselige Gruppe mit Gewehren zu bedrohen, bemühte sich Thomson um ihre Sympathie und unterhielt sie mit kleinen Späßen. Er war stolz darauf, auf seinen Reisen kein Blut vergossen zu haben.

ROUTEN

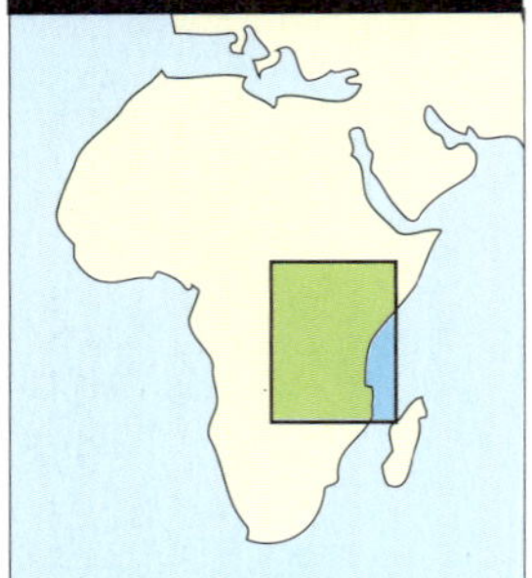

Thomson 1879–1880
Thomson 1882–1883

Außerdem verstand er es, auf der Expedition ein gutes Arbeitsklima zu schaffen. Gegenüber den Trägern wandte er nicht die übliche Prügelstrafe an; Übertretungen wurden vielmehr mit Geldstrafen belegt.

Eine Safari zu den Seen

Thomson führte seine Expedition zum Nordende des Malawisees und weiter zum Tanganjikasee. Von 1882–1883 vertraute man ihm ein anspruchsvolles Forschungsprojekt an: Eine Reise durch das spätere Kenia, von Mombasa zum Victoriasee, durch das Territorium der als gefährlich geltenden Massai. Dieses Gebiet war schon von den Missionaren Krapf und Rebmann in den 40er Jahren besucht worden, aber noch nie Ziel einer gesonderten Forschungsreise gewesen.

Thomson wanderte zunächst von der Küste zum Kilimandscharo und folgte dann dem Rift Valley, dem Ostafrikanischen Grabensystem, das sich vom Malawisee bis zum Toten Meer erstreckt, Richtung Norden. Er war der erste Nicht-Afrikaner, der diese großartige Landschaft bereiste.

Auf dem Rückweg durchquerte er das Gebiet des heutigen Amboseli-Nationalparks und machte einen Abstecher zum Mount Kenia. Er „entdeckte“ die Thomsonfälle (Nyahururu) und bestimmte eine Gazellenart, die später nach ihm benannt wurde. Dann wandte er sich nach Westen, vorbei am Baringosee und erreichte das Ufer des Victoriasees südlich der heutigen kenianisch-ugandischen Grenze. Das letzte Stück seines Marsches führte durch das Gebiet des späteren Tsavo-Nationalparks. Für diese Reise erhielt Thomson die Goldmedaille der *Royal Geographical Society*.

Spätere Reisen führten Thomson, der die wirtschaftlichen Möglichkeiten des Kontinents erkannt hatte, durch Nord- und Westafrika. Er arbeitete auch für die *British South Africa Company* und war an zahlreichen Verhandlungen mit lokalen Machthabern über politische Fragen, Handels- und Schürfrechte im Gebiet des heutigen Sambia beteiligt. Thomson starb relativ jung, nach seiner Rückkehr nach England. „Wenn ich kräftig genug wäre, mich anzuziehen und hundert Yards zu gehen, würde ich sofort nach Afrika zurückkehren“, waren seine letzten Worte.

Erhebende Momente

Bevor die Jäger und Wilderer kamen, war die Landschaft am Fuße des Kilimandscharo ein Tierparadies. Joseph Thomson beschreibt es anschaulich:

„Dort drüben, nahe dem Fuße des Kilimandscharo, bewegen sich drei große Büffelherden gemächlich über ihre Weidegründe, um für ein Nickerchen die dunklen Tiefen des Urwalds aufzusuchen. Weiter draußen auf der Ebene grasen unglaubliche Mengen der harmlosen, aber gefährlich aussehenden Gnus, während einzelne Mitglieder der Herde mit peitschenden Schwänzen und eigenartig ungelenken Bewegungen umhertollen. Bei ihnen stehen immer wieder Grüppchen jener liebenswürdigsten aller wilden Tiere, der Zebras, auffällig mit ihrem schön gestreiften Fell ... Aber das sind noch nicht alle. Schau nur! Dort, in der grasbewachsenen Senke stehen mehrere große, schwerfällige Nashörner, die Hörner in unverschämter, kampflustiger Weise auf die Nasen aufgesteckt. Hinter jenem Hügelkamm begibt sich ein Trüppchen Strauße eiligst in Sicherheit. Schau nur, wie groß die Antilopenherden sind und wie gewandt die Schirrantilopen in großen Sätzen durch die Luft schnellen, wie aus schierer Lebensfreude! Zwischen den hohen Gräsern am Sumpf kannst du die würdevollen Wasserböcke sehen. ((...)) Das Warzenschwein wurde offensichtlich beim heutigen Festessen gestört; schnell läuft es in seinem lustigen Paradetrab davon, mit hochgerecktem Schwänzchen. Meine Liste ist unvollständig, denn da wären noch viele andere Tierarten zu beschreiben. In welche Richtung man sich auch wendet, überall erblickt man sie in erstaunlicher Anzahl. Sie sind es so wenig gewohnt, gejagt zu werden, dass sie in Schussweite vor uns stehen und uns ansehen, ohne die geringste Furcht."

Joseph Thomson, *Durch das Land der Massai*, 1885

Die Wüste

▲ ***René Caillié*** *war der erste Europäer, der aus Timbuktu wohlbehalten zurückkehrte.*

Während an der Erforschung Zentralafrikas sehr viele Briten beteiligt waren, überwiegen in der Entdeckungsgeschichte der Wüste nördlich des Niger französische und deutsche Namen. Als erstem Europäer gelang es einem Franzosen, die Wüste zu durchqueren und Timbuktu zu erreichen. Die Französische Geografische Gesellschaft hatte 1824 dem ersten Reisenden, dem dies gelingen würde, 10 000 Francs versprochen, und so begab sich der junge René Caillié 1827 auf eine einsame Reise. Er stammte aus einfachen Verhältnissen, war ungebildet und mittellos, aber voller Abenteuerlust und entschlossen, Afrika zu erforschen. Er arbeitete einige Jahre lang in Frankreich und Sierra Leone; als er 2 000 Francs gespart hatte, machte er sich schließlich auf den Weg. „Diese Summe schien mir ausreichend, um die ganze Welt zu bereisen", schrieb er später.

▲ ***Caillié*** *zeichnete 1828 diese Ansicht von Timbuktu. Heinrich Barth, der 25 Jahre später das gleiche Panorama betrachtete, fand, Caillié habe die einzelnen Häuser gut getroffen, kritisierte aber, dass „in seiner Darstellung die Stadt aus einzeln stehenden, verstreuten Häusern zu bestehen scheint, während die Gassen in Wirklichkeit von den Häusern, die lange ununterbrochene Reihen bilden, eingeschlossen werden."*

Cailliés Reise nach Timbuktu

Die gebräuchlichste Route nach Timbuktu führte von Tripolis aus südwärts. Caillié jedoch begann seine Reise im April 1827 am Fluss Konkouré, an der Küste des heutigen Guinea. Er reiste als Muslim verkleidet. Weil er kaum Arabisch sprach, erzählte er, er stamme aus Ägypten, sei als Kind nach Europa verschleppt worden und kehre jetzt heim. Die Blätter mit seinen Notizen hatte er in einem Exemplar des Koran versteckt; wenn er in sein Journal schrieb, tat er, als ob er bete, und sein bleiches Gesicht versteckte er hinter einem Tuch.

Im April 1828 erreichte er Timbuktu. Obwohl er über seinen Erfolg eine „unbeschreibliche Befriedigung" empfand, war er über die Stadt enttäuscht, die „aus ärmlichen Lehmhäusern" bestand und nicht wie erwartet goldene Dächer hatte. Für den 1 600 km langen Rückweg schloss er sich einer Karawane an, die nach Fès in Marokko wollte.

Alexander Gordon Laing

Der britische Armeeoffizier Laing erreichte Tripolis im Mai 1825, wurde aber durch die Behörden zunächst daran gehindert, seine Reise fortzusetzen. Er verliebte sich in die Tochter des britischen Konsuls, der sich mit der Heirat einverstanden erklärte – unter der Voraussetzung, dass die Ehe erst nach Laings Rückkehr nach Tripolis geschlossen würde.

Am 15. Juli 1825 konnte Laing endlich aufbrechen. Er wurde von seinem westindischen Diener begleitet und von zwei afrikanischen Bootsbauern – er wollte Tripolis auf dem Wasserweg verlassen. Doch die vier Männer wurden von Tuareg angegriffen, Laing überlebte als einziger schwer verletzt. Er kämpfte sich nach Timbuktu durch, wurde aber auf dem Rückweg von einem arabischen Begleiter ermordet. Seine Tagebücher wurden nie gefunden, und seine Braut wartete zwei Jahre lang auf ihn, bis die Nachricht seines Todes sie erreichte.

Duveyrier: ein utopischer Träumer

Die Schriften von Heinrich Barth (siehe S. 71) weckten bei nachfolgenden Generationen das Reisefieber. Unter ihrem Einfluss stand auch Henri Duveyrier, ein Anhänger des Sozialphilosophen Saint-Simon, der das friedliche Miteinander der Völker forderte.

Duveyrier wollte die Sahara erkunden und ihre Bewohner kennenlernen und bereitete sich durch gründliche Studien der Naturkunde und der arabischen Sprache auf eine Reise vor, die ihn durch das Gebiet der Tuareg im südlichen Algerien und durch das südliche Tunesien führen sollte. Mit nur 19 Jahren trat er seine erste Reise nach Afrika an, die knapp zweieinhalb Jahre dauerte. Seine Aufzeichnungen führten zu dem 1864 erschienenen Buch „Les Touaregs du Nord" (Die Tuareg des Nordens), das immer noch als eines der grundlegenden Werke über dieses Volk gilt. Seinen Traum von einem friedlichen Miteinander von Tuareg und Franzosen gab er auf, als Flatters Mission, die eine Eisenbahntrasse planen sollte, 1881 in der Wüste von den Tuareg massakriert wurde. Duveyrier nahm sich 1892 das Leben.

Die deutschen Geografen

Nach Barth sollten noch drei weitere deutsche Geografen Berühmtheit als Afrikaforscher erlangen. Georg Schweinfurth erkundete die Sümpfe des Bahr al-Ghazal und die Wasserscheide zwischen Nil und Kongo (siehe S. 78). Gemeinsam mit Gerhard Rohlfs drang Schweinfurth auch weit in die Libysche Wüste vor.

Gerhard Rohlfs kam mit der Fremdenlegion nach Afrika und musste sich zunächst mit den harten Lebensbedingungen und der arabischen Sprache vertraut machen. Er unternahm in den 60er Jahren mehrere Fußreisen durch die Sahara; die bedeutendste war eine Durchquerung von Tripolis nach Lagos über Bornu und den Niger (1865–1867). 1869 führte er eine Expedition auf einem 36-tägigen Marsch zur Oase Siwa. Auf einer anderen Reise (1878–1879) erreichte er die Kufra-Oasen. Noch zu Lebzeiten wurde er als sachverständiger Kenner Nordafrikas geehrt.

Gustav Nachtigal war Mediziner und arbeitete mehrere Jahre lang als Arzt in Algier und Tunis. Alexandrine Tinné traf ihn 1869 bei den Vorbereitungen zu ihrer fatalen Reise durch die Sahara (siehe S. 78) und beschrieb ihn als „diskret, bescheiden und offen." Die preußische Regierung beauftragte Nachtigal 1869, eine Gesandtschaft zum König von Bornu zu führen. Nachdem er seinen Auftrag erfüllt hatte, zog Nachtigal weiter durch unerforschtes Gebiet, kam (1874) durch Darfur und erreichte schließlich sechs Jahre nach seinem Aufbruch südlich von Khartum den Nil. Seine Reisebeschreibung, „Sahara und Sudan", begründete seinen Ruf als wichtigster Afrikareisender seiner Zeit. Später wirkte er beim Erwerb von Togo und Kamerun durch das Deutsche Reich mit.

ROUTEN
- Laing 1825–1826
- Caillié 1827–1829
- Rohlfs 1865–1867
- Nachtigal 1869–1874
- Rohlfs 1873–1874
- Foureau 1898–1900

Weitere französische Expeditionen

In der Kolonialzeit wurde die Sahara von zahlreichen Forschern besucht. Zu ihnen gehörte der Franzose Louis-Gustave Binger, der als Offizier der Kolonialarmee nach Afrika kam und sich 1887 auf eine drei Jahre dauernde Reise begab, in deren Verlauf er das Nigerknie erforschte. Durch Verträge mit eingeborenen Häuptlingen sicherte er das erforschte Gebiet für die französische Kolonialverwaltung. Er wurde bei der Grenzziehung zwischen den Kolonien Goldküste (England) und Elfenbeinküste (Frankreich) zu Rate gezogen und 1893 zum Gouverneur der letzteren ernannt.

Seine Vormachtstellung in Nordafrika verdankt Frankreich nicht zuletzt Fernand Foureau, der eine Strecke von 30 000 km zurücklegte und trotz des erbitterten Widerstands der Tuareg weit in die Wüste vordrang, unter anderem (1898) im Schutze einer militärischen Eskorte, die von Major Lamy befehligt wurde und die bis in das Gebiet des heutigen Tschad gelangte und über den Kongo an die westafrikanische Küste marschierte.

Charles de Foucauld, Offizier der französischen Kolonialarmee, verkleidete sich als jüdischer Rabbi, um seinen Posten in Marokko unbehelligt zu erreichen. Sein Werk „Reconnaissance au Maroc“ wurde zu einem Standardwerk. Mit der Zeit erlag er der Faszination der Wüste, trat in den Trappistenorden ein und verbrachte den Rest seines Lebens als Einsiedler im Gebiet der Tuareg, im Ahaggar (Südalgerien). Als er 1916 von Tuareg ermordet wurde, hinterließ er wertvolle Aufzeichnungen über die Sahara und die Tuareg und ein ausgezeichnetes Wörterbuch ihrer Sprache.

◄ ***Die Tuareg*** *verwehrten Fremden den Zutritt zu ihren Gebieten und wurden sowohl von ihren Nachbarn als auch von Saharareisenden sehr gefürchtet.*

Südafrika

► ***Einhundert Jahre*** *nach Francis Masson besuchte Marianne North Südafrika. North hatte sich vorgenommen, die tropischen Pflanzen der Welt im Bild festzuhalten. Diese südafrikanische Landschaft mit Pflanzen wurde Teil der afrikanischen Abteilung ihrer Sammlung, die in der North Gallery in den Kew Gardens bei London aufbewahrt wird.*

▼ ***Bei seiner Suche*** *nach einem geeigneten Ort für eine Missionsstation überquerte William Anderson als erster Europäer den Oranjefluss. Anderson war vom Kap aus nach Norden gereist.*

In Südafrika waren keine geografischen Rätsel zu lösen, und es gab in der Geschichte seiner Erschließung keine legendären Forschergestalten wie Livingstone oder Mungo Park. Als erste Europäer bereisten Portugiesen aus Mosambik vom Kap aus das weite, offene Land. Aus dem Handels- und Versorgungsposten, den die holländische Ostindien Kompanie 1652 am Kap einrichtete, wurde bald eine blühende Kolonie, deren Bewohnern es schließlich zu eng wurde. Auf der Suche nach neuen Viehweiden zogen sie ins Landesinnere, so auf dem „Großen Treck" von 1836. Um Rinder zu kaufen, wurden Expeditionen zu den traditionell viehzüchtenden Khoikhoi unternommen (bekannter ist ihr Schimpfname „Hottentotten"), während andere Expeditionen nach Gold- und Kupfervorkommen suchten. Bereits im Jahre 1777 hatte Colonel R. J. Gordon, ein Holländer schottischer Abstammung, den Fluss Oranje erreicht.

Botaniker und Zoologen

Unter den ersten europäischen Besuchern waren zahlreiche Naturforscher, die von der Schönheit und Vielfalt der südafrikanischen Flora und Fauna begeistert waren. Der Schwede Carl Thunberg, ein Schüler von Carl von Linné und Begründer der südafrikanischen Botanik, ging mit seinem Landsmann Anders Sparrman auf die Jagd ... nach Pflanzen. Weitere Expeditionen unternahm Thunberg zusammen mit Francis Masson, einem Gärtner der Royal Gardens in Kew bei London, den König Georg III. mit dem Auftrag, Pflanzen zu sammeln, nach Südafrika entsandt hatte. Von 1772 bis 1774 unternahm Masson drei Reisen, 1786 eine vierte, und fand unter anderem bisher unbekannte Arten von Erika und Silberbaumgewächsen. Linné benannte nach ihm die Gattung Massonia.

Ein weiterer berühmter Name in der Geschichte Südafrikas ist der William Burchells, der auf seinen Reisen 1811–1812 über 500 Skizzen von Menschen, Tieren, Vögeln, Pflanzen und Landschaften zeichnete und daneben zahlreiche naturkundliche Objekte sammelte.

Missionare

Bald nach den Naturforschern kamen die Missionare. Ende des 18. Jh. ließ sich die *London Missionary Society* in Südafrika nieder. 1813 reiste der Geistliche John Campbell ins ferne Betschuanaland (Botsuana), um Standorte für neue Stationen auszuwählen. 1821 gründeten der Missionar Robert Moffat und seine Ehefrau Mary in Kuruman eine Missionsstation.

Jäger und Händler

Etwas später trafen Reisende ganz anderer Art ein – die Großwildjäger. Bei der Jagd auf Elefanten, Nashörner und anderes Großwild erkundeten Cornwallis Harris, Roualeyn Gordon Cumming und weitere Anhänger dieses Sports weite Landstriche. Anders als die meisten Jäger, entwickelte der Großwildjäger William Cotton Oswell ein

lebhaftes Interesse am afrikanischen Kontinent; er finanzierte Livingstones frühe Expeditionen und organisierte sie größtenteils selbst.

Bald wetteiferten die Händler mit den jagenden Gentlemen darum, wer mehr Elfenbein vorweisen konnte. Einer der ehrgeizigsten Kaufleute war James Chapman; Ergebnis seiner Bemühungen um die Erschließung des Sambesi war eine Straße zu den Victoriafällen. Um 1850 war Südafrika ein Land voller Möglichkeiten für Siedler, Händler und Missionare. Stets bemüht, die eigenen Interessen durchzusetzen, gerieten sie oft genug in Konflikt miteinander und mit den ortsansässigen Afrikanern.

Francis Galton und Karl Johann Andersson

Im August 1850 landete Francis Galton in der Walfischbai an der südwestafrikanischen Küste. Der wohlhabende junge Mann sollte sich später einen Namen als Forscher und Erfinder (und als Begründer der Eugenik) machen. Gemeinsam mit seinem Assistenten, dem Schweden Karl Johann Andersson, wollte er Livingstones Route zum Ngamisee (heutige Ngamipfanne) folgen. Kämpfe zwischen Buren und Afrikanern bewegten ihn dazu, sich dem See von Westen aus zu nähern (aus heutiger Sicht also von Namibia aus).

◄ ***Thomas Baines*** *verbrachte lange Jahre in Südafrika und hielt den Alltag der Forschungsreisenden und der Siedler auf seinen Gemälden fest. Hier eine Ansicht der Umgebung von Sudbury in der Kapprovinz.*

ROUTEN

- Gordon 1777–1778
- Campbell 1813
- Moffat 1820
- Galton und Andersson 1850–1852
- Andersson 1853–1854
- Andersson 1857–1858

Entlang der Küste reisten sie zum Fluss Swakop. Sie wollten die in der Region bestehenden deutschen Missionsstationen als Stützpunkte nutzen, jedoch litten die Stationen in dieser Zeit unter Auseinandersetzungen mit den südlich des Flusses lebenden Khoikhoi und den Damara im Norden. Als Galton nach Otjimbingwe kam, erfuhr er, dass die Khoikhoi den Weißen mittlerweile feindselig gegenüberstanden. Um seine Reise ungehindert fortsetzen zu können, beschloss er, ihren mächtigen Anführer Jan Jonker Afrikaner aufzusuchen.

Ähnlich wie Baker einige Jahre später in Zentralafrika, verkleidete sich Galton, um die Khoikhoi zu verblüffen. Dafür, dass Jonker und seine Leute Galton unbehelligt ziehen ließen und sich auch später einigermaßen ruhig verhielten, wird wohl weniger der Aufzug Galtons verantwortlich gewesen sein als sein Hinweis, dass er unter dem Schutz der Regierung der Kapkolonie stehe.

Die Reise nach Norden

Statt zum Ngamisee reisten Galton und Andersson dann aber ins bis dahin unbekannte Ovamboland. Da sie keinen ortskundigen Führer fanden, konnten sie jedoch nicht zum Kunene und auf das Gebiet des heutigen Angola vordringen. Auf der Grundlage der Erfahrungen, die er auf dieser Reise gemacht hatte, schrieb Galton sein Buch über „The Art of Travel“ (Die Kunst des Reisens), das als Handbuch für Forschungsreisende allein im 19. Jh. acht Auflagen erlebte.

Galton kehrte im Januar 1852 nach England zurück, Andersson dagegen blieb, eröffnete in Otjimbingwe ein Geschäft und mischte sich als engagierter Freund der Damara in die Lokalpolitik ein. 1853 gelang es ihm endlich, den Ngamisee zu erreichen. Dazu durchquerte er Betschuanaland (Botsuana) und kam so an das westliche Ende der damals noch offenen Wasserfläche. Er folgte dem Nordufer des Sees bis zur Einmündung des Flusses Taokhe. Feindseligkeiten zwischen den Bewohnern der Gegend hinderten ihn daran, dem Lauf des Flusses Okawango (Cubango) zu folgen, den er später auf einer Expedition zum Fluss Kunene besuchte. Andersson starb bei diesem letzten Versuch, den Kunene zu finden.

Wettlauf um die Kolonien

▲ ***Die Felszeichnungen*** *im Tassili n'Ajjer in der Zentralsahara wurden in den 50er Jahren des 20. Jh. von Henri Lhote entdeckt. Man schätzt, dass sie aus der Zeit zwischen 6 000 und 1 500 v. Chr. stammen. Die abgebildete Zeichnung stellt eine Frau und ein Kind mit einer Viehherde dar.*

Die von Bismarck einberufene Berlinkonferenz (1884–1885) markiert das Ende der ersten Phase der Erforschung Afrikas. Sie sollte die Ansprüche der europäischen Mächte auf Afrika regeln, aber der Wettlauf um die Kolonien war schon zu lange im Gange, um noch aufgehalten werden zu können. Die folgenden Afrikareisen wurden eher aus politischen als aus geografischen Gründen unternommen. Der belgische König Leopold und der Franzose de Brazza hatten mit ihrer Aufteilung des Kongobekkens gezeigt, dass es bei der Kolonialisierung Afrikas vor allem auf Schnelligkeit ankam.

Auch aus diesem Stadium der Erforschung und Erfassung sind bemerkenswerte Taten zu berichten. Um britischen Ansprüchen auf den Oberlauf des Nil zuvorzukommen, überquerte der französische Hauptmann Jean-Baptiste Marchand 1897–1898 die Wasserscheide zwischen Kongo und Nil, von Libreville im Westen nach Osten, in die Gegend südlich von Khartum. Der in Teile zerlegte Dampfer Faidherbe wurde auf dem Marsch mitgeführt, sein Kessel wurde dabei, zusammen mit den für eine französische Expedition unverzichtbaren Weinfässern, einfach gerollt. In den Sümpfen des Bahr al-Ghazal setzte man den Dampfer wieder zusammen. Unglücklicherweise wurden die erschöpften Helden zu guter Letzt von ihrer Regierung zurückgerufen, weil Großbritannien gegen ihre Mission protestiert hatte.

Der alte Abenteuergeist lebte auch in Sir Harry Johnston fort, der 1884 eine wissenschaftliche Expedition zum Kilimandscharo leitete. Sein Interesse galt der Erforschung der Tier- und Pflanzenwelt des Gebirges, das er selbst bestieg. In den Jahren 1926 bis 1929 erfasste Colonel Robert Cheesman mehrere Abschnitte des Blauen Nil in Äthiopien; ebenfalls in Äthiopien bewährte sich Wilfred Thesiger 1933 erstmals als Forscher, als er alleine eine Exkursion ins Land der Danakil unternahm.

Afrikaforschungen der Nachkriegszeit

Die Routen der frühen Entdecker haben auch heute ihre Faszination nicht verloren. 1968 unternahm Colonel Blashford-Snel eine abenteuerliche Fahrt auf dem Blauen Nil, den Cheesman von Land aus zu Fuß erkundet hatte. Von 1974 bis 1975 folgte Blashford-Snel der Stanley-Route, indem er mit Spezialbooten und ausgebildeten Leuten eine Fahrt auf dem Kongo (Zaire) unternahm. Interessanterweise hatte diese Expedition mit den gleichen Schwierigkeiten zu kämpfen wie Stanley und seine Männer. Auch Christina Dodwell unternahm eine Kanufahrt den Kongo hinunter, von Bangui bis Brazzaville, während Mirella und Lorenzo Ricciardi nach dem Vorbild von Livingstone und Stanley Afrika mit dem Boot durchquerten.

Die Sahara übt nach wie vor eine starke Faszination auf Reisende aus. Im Jahre 1955 bewältigte der bekannte französische Geograf Théodore Monod die Rekordstrecke von 1300 Wüstenkilometern. Beachtliche Leistungen in dieser Hinsicht erzielte auch Robert Capot-Rey, Autor des 1953 erschienen Buches „Le Sahara Français".

Geografische Studien

Anders als früher, als die Geografen vorwiegend in politischer Mission unterwegs waren, gilt ihr Interesse heute nicht mehr in erster Linie der Besteigung von Gipfeln und der Kartierung von Flussläufen. Ein typisches Projekt heutiger Tage war zum Beispiel die von der RGS finanzierte Expedition (1968–1970) zu einem Gebiet im Rift Valley in Kenia, südlich und südwestlich des Turkanasees. Unter der Leitung von Dr. Michael Gwynn befassten sich 34 Wissenschaftler und eine Anzahl Studenten mit verschiedenen Aspekten dieser kaum bekannten semi-ariden Region.

Das 1983 unternommene Kora-Projekt von Dr. Malcolm Coe und Richard Leakey erstellte im Auftrag der kenianischen Regierung eine ökologische Beschreibung des Kora-Nationalparks.

▼ ***Afrika weist*** *eine atemberaubende Vielfalt von Landschaftsformen auf. Die Palette reicht von Sandwüsten, wie hier in der Sahara (unten), über dichte Regenwälder in Zentralafrika bis hin zu schneebedeckten Gipfeln in Ostafrika (oben).*

▲ ***Der Gipfel*** *des Mount Kenia, der sich genau über dem Äquator befindet, wurde um 1840 von den deutschen Missionaren Krapf und Rebmann „entdeckt". Die Erstbesteigung durch den Geografen Halford Mackinder erfolgte erst 1899.*

Mary Kingsley

Mary Henrietta Kingsley (1862–1900) war eine Vorläuferin der Ethnologen und Ethnologinnen, die sich im 20. Jh. mit afrikanischen Bräuchen und afrikanischem Alltag befassten. Nach dem Tod ihrer Eltern brach die Forscherin aus Leidenschaft 1893 nach Westafrika auf, um die Natur in allen ihren Erscheinungsformen zu studieren. Bei ihrer Rückkehr brachte sie seltene Fische und wertvolle Aufzeichnungen über Fetischismus mit. Auf ihrer zweiten Reise im Jahr 1895 stellte sie eine Sammlung von 65 Fischarten zusammen; drei davon waren noch vollkommen unbekannt und wurden nach ihr benannt – ebenso wie 18 Arten von Reptilien.

Da sie keine Lust hatte, „in Kleidern nach Afrika zu gehen, in denen man sich zu Hause schämen würde", trug sie auf ihren Märschen durch Busch und Sümpfe Korsetts, lange Röcke und hochgeschlossene Blusen. Sie war mit einem Schirm bewaffnet und zahlte ihren Wegezoll mit Stoff, Tabak und Angelhaken. Bei ihrer Reise durch das Gebiet der Fang (heutiges Gabun) beeindruckte sie als Bootsführerin im Labyrinth des Nigerdeltas. Sie starb sehr jung, während des Burenkrieges, in dem sie als Krankenschwester kriegsgefangene Buren betreute.

90° W
80° W
70° W
60° W
50° W
40° W
Nördlicher Wendekreis
20° N
KUBA
HISPANIOLA
Halbinsel Yucatán
KARIBISCHES MEER
ATLANTISCHER OZEAN
10° N
Orinoco
Bergland von Guayana
Rio Negro
Äquator 0°
0°
Galápagos-Inseln
Quito
AMAZONAS-BECKEN
Amazonas
Madeira
Tumbez
Cajamarca
Chan Chan
Huánuco
Pachacamac
Machu Picchu
Cuzco
Arequipa
Titicacasee
Poopósee
Plateau von Mato Grosso
Brasilianisches Bergland
São Francisco
10° S
PAZIFISCHER OZEAN
A N D E N
20° S
Südlicher Wendekreis
Tucuman
Paraná
Santiago
30° S
40° S
PATAGONIEN
ATLANTISCHER OZEAN
Grenze des Aztekenreiches
Grenze des Mayareiches
Wichtige Inkastraßen
Grenze des Inkareiches
N
0 Meilen 500
0 Kilometer 1000
Kap Hoorn
50° S
100° W
30° W
20° W
30° N
PAZIFIS
110° W

ZENTRAL- UND SÜDAMERIKA

Die südliche Spitze Südamerikas wurde vor 13 000 Jahren zum ersten Mal von Menschen aufgesucht. Ihr Klima war damals kühler und trockener als heute. Weite Teile des Amazonasbecken waren nicht mit Regenwald bewachsen, sondern mit Gras und lichten Wäldern. Die Vorfahren der ersten Bewohner des Kontinents waren aus Sibirien gekommen, über eine Landbrücke, die in der letzten Eiszeit zwischen Asien und Amerika bestand. Sie waren nach Süden gezogen, auf einem Netz von Wegen, das noch die europäischen Entdecker des 16. Jh. in Erstaunen versetzen sollte.

Von den schätzungsweise 40 bis 50 Millionen Menschen, die zu Beginn des 16. Jh. in Amerika gelebt haben, lebten ungefähr 17 Millionen in Mexiko und 15 Millionen in den Anden.

In Zentralamerika hatten die Reiche der Maya eine 600 Jahre lange Blütezeit erlebt (300–900 n. Chr.). Die spanischen Eroberer, die Conquistadores, zeigten sich von dem straff organisierten Reich der Azteken beeindruckt; sie zerstörten es dennoch, um an das Gold der Azteken zu kommen. Das Reich der Inka in den peruanischen Anden erstreckte sich von Norden nach Süden 4 300 km weit; zur Zeit der ersten Kontakte mit Europa war es möglicherweise das größte Reich der Welt.

Jede dieser Zivilisationen verfügte über ein ausgebautes Straßennetz. Im Reich der Maya, im tropischen Tiefland, gab es aufgeschüttete Straßendämme von bis zu 100 km Länge; im Reich der Azteken bildete die Hauptstadt Tenochtitlán den Knotenpunkt der Verkehrswege. Weiter südlich erstreckte sich das Straßennetz der Inka, mit einer Gesamtlänge von 40 000 km vom Süden des heutigen Kolumbien bis mitten in das heutige Chile hinein. Die Inka zeichneten keine Karten, die Azteken dagegen stellten Karten her.

Trotz der Existenz von Karten und Straßensystemen gibt es nur wenige Hinweise auf Kontakte zwischen den Kulturen Zentral- und Südamerikas. Entdeckungsreisen von Azteken und Inka scheinen durch das Eindringen der Europäer ab dem Beginn des 16. Jh. verhindert worden zu sein.

Kolumbus und die Neue Welt

► ***Kein einziges Porträt** von Kolumbus wurde zu seinen Lebzeiten gemalt. Als jedoch nach seinem Tode die Tragweite seiner Entdeckungen erkannt wurde, entstanden Hunderte von Porträts; das abgebildete stammt von Sebastiano del Piombo (frühes 16. Jh.).*

ROUTEN

- Kolumbus 1492–1493
- Kolumbus 1493–1496
- Kolumbus 1498
- Kolumbus 1502–1504
- Vespucci 1499–1500
- Pinzón 1499–1500

Lange vor dem 15. Jh. hatten bereits skandinavische Entdeckungsreisende die Küsten Amerikas besucht. Trotzdem gilt Christoph Kolumbus, oder Cristóbal Colón, wie die Spanier ihn nannten, als der eigentliche Entdecker Westindiens und Zentralamerikas; er ermöglichte Europa den Zugang zur Neuen Welt. Zu Recht wird er geehrt als ein Mann, der trotz Anfeindungen und Spott unbeirrt sein Ziel verfolgte und nicht ruhte, bis er endlich jemanden gefunden hatte, der bereit war, sein Vorhaben zu unterstützten.

Der Plan des Kolumbus

Schon früh interessierte sich der 1451 in der italienischen Hafenstadt Genua geborene Kolumbus für Entdeckungsfahrten. Er beschäftigte sich mit Navigation und Kartografie und nahm an einer Reihe von Expeditionen teil. Ebenso wie zahlreiche seiner gebildeten Zeitgenossen war auch er überzeugt davon, dass die Erde rund sei. Allmählich entwickelte er den Plan, auf dem Atlantik an den Azoren vorbei zu jenen märchenhaften Ländern zu segeln, die Marco Polo beschrieben hatte: Cipangu (Japan) und Cathay (China). Man ahnte damals noch nicht, dass sich zwischen Europa und Asien ein weiterer Kontinent befand.

Kolumbus wandte sich zunächst an den König von Portugal, denn die meisten Expeditionen an die Küste Afrikas waren im 15. Jh. von Portugal aus unternommen worden; außerdem war Kolumbus einmal auf einem portugiesischen Schiff nach Guinea gefahren. Doch es gelang ihm nicht, die portugiesische Krone von der Durchführbarkeit seiner Idee zu überzeugen. Er versuchte es in Frankreich, dann in England. Zuletzt ging er nach Spanien. Ferdinand und Isabella, Herrscher über Aragón und Kastilien, erklärten sich bereit, eine Expedition von drei Schiffen und 120 Mann zusammenzustellen. Außerdem gestatteten sie Kolumbus, sich zum Vizekönig aller Länder zu erklären, die er auf seiner Reise entdecken würde.

Reise ins Ungewisse

Im August 1492 stach Kolumbus in See. Sein Flaggschiff war die Santa Maria. Nach einem Zwischenstopp auf den Kanarischen Inseln segelten Kolumbus und seine Männer 33 Tage lang in Richtung Westen, ohne dass Land in Sicht

Kolumbus' Flaggschiff: die *Santa Maria*
Dieses Modell, das im *Science Museum* in London ausgestellt wird, stellt ein Handelsschiff dar, so wie es im 15. Jh. in den Werften Spaniens und Portugals gebaut wurde; seine Maße entsprechen, soweit bekannt, denen von Kolumbus' Flaggschiff. 40 Männer lebten und arbeiteten auf dem Schiff; sie schliefen auf den Decks. (Hängematten waren eine Erfindung der amerikanischen Ureinwohner und fanden erst nach Kolumbus' Reise Verwendung als Schlafstätten der Seeleute.) Gekocht wurde über einer Feuerkiste an Deck.

▲ ***Kolumbus** erreichte Kuba zum ersten Mal im Oktober 1492. Er glaubte, von den Einheimischen erfahren zu haben, dass im Inneren der Insel Gold zu finden sei, aber seine Erwartungen wurden enttäuscht.*

kam. Die Stimmung in der Mannschaft verschlechterte sich zusehends, und Kolumbus begann, ein zweites – falsches – Logbuch zu führen, in dem er die zurückgelegte Strecke verkürzte, damit die Männer nicht merkten, wie weit sie schon von zu Hause entfernt waren.

Die Küste, vor der sie schließlich vor Anker gingen, gehörte zur Inselgruppe der Bahamas. Von dort aus segelten sie weiter nach Kuba und zur Insel Hispaniola (die heutigen Staaten Haiti und Dominikanische Republik). Hier erhandelten sie von den freundlichen Einheimischen einige kleine Gegenstände aus Gold. Da die Santa Maria vor der Küste Hispaniolas Schiffbruch erlitten hatte, ließ Kolumbus einen Teil seiner Mannschaft zurück; sie sollten in seiner Abwesenheit nach der Herkunft des Goldes forschen, während er nach Spanien zurückkehrte und Ferdinand und Isabella Bericht erstattete. Zur Sicherheit vertraute Kolumbus eine Abschrift seines Entdeckungsberichts einer Flaschenpost an. Sollte sein Schiff untergehen, würde hoffentlich wenigstens die Flaschenpost Spanien erreichen.

Kolumbus geografischer Irrtum

Kolumbus segelte noch dreimal zu den neu entdeckten Inseln. Zeit seines Lebens glaubte er, Indien und die Cathay (China) vorgelagerten Inseln erreicht zu haben, und sandte sogar eine Abordnung zu „Kublai Khan, dem Herrscher der Mongolen", nachdem ihm die Bewohner Kubas erzählt hatten, ihr Gold stamme von „Cubanacan" im Landesinneren. Die Inseln seiner ersten Landung nannte er Westindische Inseln. Später entdeckte Inseln erhielten die Namen „Antillen", was Wissenschaftler heute zu der Vermutung anregt, dahinter verberge sich ein Anklang an das legendäre Inselreich Atlantis. Geprägt waren die Fahrten des Kolumbus vom Streben nach Gold und Macht. Ganz im Sinne Spaniens legten die Konquistadoren bei der Erkundung und Ausplünderung der Neuen Welt ein rasantes Tempo vor, doch gab Kolumbus, ein hervorragender Entdecker, keinen guten Verwalter ab.

Herrscher über das neue Land

Zunächst musste der Anspruch über das entdeckte Land geltend gemacht werden. Nur der Papst konnte die Bekehrung der Heiden genehmigen, was wiederum weitere Entdeckungen und Eroberungen rechtfertigen würde. Papst war zu jener Zeit der Spanier Alexander VI., der tief in der Schuld von Ferdinand und Isabella stand.

Er willigte ein, eine Reihe von Bullen zu unterzeichnen, unter anderem auch die berühmte *Inter Caetera*, die den Atlantik entlang einer gedachten Linie, die etwa 1 450 km westlich der Azoren verlief, teilte – und damit die Welt aufteilte zwischen der spanischen Krone, die das Land westlich davon in Besitz nehmen konnte, und Portugal, dem hinfort alles gehören sollte, was östlich von dieser Linie war. Auf Drängen des Königs von Portugal wurde diese Linie später weiter in den Atlantik hinein verschoben, auf eine Position etwa 1 700 km westlich der Kapverdischen Inseln. Der Vertrag von Tordesillas besiegelte 1494 diese Teilung der Welt.

Das südamerikanische Festland

Nach der Sicherung ihrer Ansprüche dehnten die Spanier ihre Entdeckungsreisen von den vorgelagerten Inseln auf das Festland aus. Auf seiner dritten Expedition 1498 erreichte Kolumbus die Mündung des Orinoco – der größte bis dahin von Europäern entdeckte Fluss. Einer von Kolumbus' Offizieren, Vincente Yáñez Pinzón, drang im Jahr darauf weiter nach Süden vor und segelte die Küste des heutigen Nordbrasiliens und Guyanas entlang.

Ebenfalls 1499 segelte der italienische Seefahrer und Entdecker Amerigo Vespucci von Sevilla aus an den Golf von Venezuela und zur Mündung des Amazonas. Eine Zeit lang galt er als der wahre Entdecker Amerikas, und aufgrund seiner Briefe an die Medici und der zahlreichen Karten, die er von der Neuen Welt zeichnete, erhielt der „neue" Kontinent seinen Namen – den er für immer behalten sollte.

Die Erkundung der Ostküste

Ende des 15. Jh. hatten Entdeckungsreisende aus Spanien und aus Portugal die Küste Südamerikas erreicht. Bei ihren Fahrten entlang der afrikanischen Küsten hatten die Portugiesen festgestellt, dass man die Strömungen des Atlantik am besten nutzte, wenn man möglichst weit nach Westen segelte, bevor man Kurs auf die afrikanische Küste nahm. Bei einem dieser Manöver stieß Pedro Alvares Cabral weit draußen im Südatlantik auf Land: die brasilianische Küste. An einer Stelle südlich der heutigen Stadt Salvador ging er an Land.

Cabral nahm das Land im Namen König Manuels von Portugal in Besitz – in Einklang mit dem sechs Jahre zuvor geschlossenen Vertrag von Tordesillas. Man fragte sich später, ob das Drängen Portugals auf die Verlegung der Trennungslinie durch den Atlantik nicht dadurch zu erklären sei, dass man in Portugal bereits die Existenz von Brasilien ahnte – oder zumindest die einer großen Landmasse, die in den Südatlantik hineinragte. Cabral jedenfalls schickte ein Schiff mit einem genauen Bericht und ein paar Papageien nach Hause und setzte seine Rückreise durch den Atlantik fort; er nahm Kurs auf das Kap der Guten Hoffnung – in der Hoffnung, im Osten weitere Entdeckungen zu machen.

ROUTEN

Cabral 1500
Magellan 1519–1521

Siedlungen und Sklaverei

Den Portugiesen war es wichtiger, den einträglichen Handel mit dem Osten weiter auszubauen (Vasco da Gama hatte 1498 den Seeweg nach Ostindien gefunden) und in Westafrika, der „Goldküste", nach Gold zu suchen als sich mit den neu entdeckten Gebieten in Südamerika zu befassen – dem „Land des Wahren Kreuzes", wie Cabral es genannt hatte.

Bald aber stellte man fest, dass das Rotholz (Brasilien- oder Pernambucoholz), das so üppig an der Küste wuchs, sehr nützlich war, und man nannte das Land nach diesem Baum „Brasilia". Außerdem schienen auch die Landesbewohner nicht uninteressant zu sein. Pedro Vaz de Caminha schrieb an König Manuel: „Man kann ihnen leicht jeden Glauben aufprägen. Außerdem schenkte ihnen Unser Herr schöne Körper und Gesichter … eines der Mädchen war am ganzen Leibe von Kopf bis Fuß bemalt, und sie war so wohl gebaut und gerundet, so reizend war an ihr auch das völlige Fehlen von Scham, dass viele Frauen unseres eigenen Landes angesichts solcher Vorzüge beschämt wären, diese nicht ihr eigen nennen zu können."

Der Entdeckung folgte die Besiedlung. Die Europäer fanden heraus, dass der Handel mit Zuckerrohr noch mehr einbringen würde als der mit Brasilienholz – wenn sie billige Arbeitskräfte fänden. Die billigsten Arbeitskräfte waren Sklaven. Die amerikanischen Ureinwohner, so hieß es bald, waren für die Arbeit auf den Feldern nicht geeignet – und auch nicht willens, den ganzen Tag für die weißen Siedler zu schuften.

Daraufhin führten die Portugiesen Sklaven aus Westafrika ein. Die Siedler nahmen sich einheimische Frauen als Mätressen, und an der Küste wuchs langsam eine Bevölkerung heran, die von Vorfahren aus allen drei Erdteilen abstammte. Aber nur an der Küste entstanden Siedlungen; es war sehr schwierig, in das Innere vorzudringen, unter anderem auch, weil die meisten großen Flüsse (anders als in Afrika) bereits in Küstennähe durch Stromschnellen und Wasserfälle unpassierbar waren. Das Innere Südamerikas blieb so für lange Zeit eine unzugängliche Welt.

Das Abenteuer des Magellan

Als der Portugiese Magellan (eigentlich Fernão de Magalhães), der seinem Land in Indien und Marokko treu gedient hatte, von König Manuel nicht in den Adelsstand erhoben wurde, wechselte er in den Dienst der spanischen Krone über. Er bot an, eine Expedition zu den Gewürzinseln (Ostindien) zu führen; sie würden die Südspitze des amerikanischen Kontinents umfahren, „ohne Meer oder Land des Königs von Portugal zu berühren."

Fünf spanische Schiffe wurden ausgerüstet, und im September 1519 ließ Magellan die Segel setzen. Am Jahresende segelte er die Küste Südamerikas hinunter, mit Kurs auf Patagonien (heute zu Argentinien). Die Bewohner dieser Gegend kamen den Seeleuten wie Riesen vor, und man beschloss, einige von ihnen gefangen zu nehmen, um sie zu Hause als Kuriosität vorzuführen. Antonio Pigafetta, der an der Entführung teilnahm, berichtet, wie sie zwei der „Riesen" mit Geschenken an Bord lockten und ihnen dort, als sie die Hände voller Gaben hatten, vorschlugen, ihre Knöchel mit breiten Eisenreifen zu schmücken. So konnte man sie mühelos in Ketten legen.

Auf den Schiffen wurde viel intrigiert. Nach der ersten Meuterei bei San Julián in Patagonien ließ Magellan die abtrünnigen Offiziere köpfen und ihre Körper vierteilen; andere Rebellen wurden an der Küste Patagoniens ausgesetzt. So grausam diese Maßnahmen auch waren: Sie reichten zur Abschreckung nicht aus.

Die Suche nach der Passage

Zwar ging bei einer Erkundungsfahrt im dortigen Winter ein Schiff verloren, die Mannschaft überlebte jedoch, und im Oktober nahmen die übrigen vier Schiffe die Fahrt wieder auf. Bald passierten sie das Insellabyrinth südlich von Kap Hoorn. Als sie tief in einen Kanal vorgedrungen waren, glaubten die Seeleute, in eine Sackgasse geraten zu sein. Magellan überredete sie zur Weiterfahrt, da, nach den Worten seines Navigators Pigafetta, „eine andere Durchfahrt herausführte", die ihm bekannt sei, weil er sie auf einer Seekarte des Königs von Portugal gesehen habe. Das war zwar gelogen, genügte aber, um die Männer zu beruhigen. Als die vorausfahrenden Schiffe hinter einer Landspitze Schutz vor einem Sturm suchen wollten, fanden sie die befahrbare Rinne, die sie gesucht hatten – sie erhielt später den Namen „Magellanstraße".

Während Magellan noch die Wasserwege zwischen den Inseln erforschte, meuterte die Mannschaft der *San Antonio*, ließ den Rest der Flotte zurück und nahm Kurs auf Spanien. Sobald sie eine wärmere Klimazone erreichten, starb einer der „Riesen" aus Patagonien, der an Bord gefangen gehalten worden war, an einem Herzinfarkt. Dem zweiten Patagonier, der in Magellans Obhut geblieben war, erging es besser: Er zeigte sich willens, sich zum Christentum zu bekehren, und wurde von den Spaniern auf den Namen Paul getauft.

Mit den restlichen drei Schiffen setzte Magellan seine Erkundungsfahrt fort; sie wurde dadurch erleichtert, dass es so lange hell war. Die Nächte in diesen Breiten dauerten im Oktober nur drei Stunden.

Am 20. November 1520 erreichte Magellans Schiff das Ende der Wasserstraße und damit den offenen Ozean. Weil er in diesem Augenblick so ruhig vor ihnen lag, nannten sie ihn „Pazifik", den Friedlichen. Der weitere Verlauf der Reise jedoch verlief alles andere als beschaulich. Eines der Hauptprobleme war die Größe dieses Ozeans. Magellan sollte Europa nie wiedersehen – er starb bei einem Gefecht auf den Philippinen (siehe S. 150–151). Von den ursprünglich 243 Männern kehrten nur 18 wieder nach Hause zurück. Immerhin hatten sie einen neuen Seeweg nach Ostindien gefunden.

▲ *Lopo Homens Karte von Brasilien (1519) stellt die üppige Flora und Fauna dar und kennzeichnet mit der Nationalflagge die von Portugal beanspruchten Gebiete.*

▼ *Magellan stellte seine Flotte in Sevilla zusammen, im 16. Jh. die wohlhabendste und bevölkerungsreichste Stadt Spaniens und Angelpunkt für Expeditionen.*

Cortés erobert Mexiko

Zu Beginn des 16. Jh. kamen den Spaniern in Kuba und Hispaniola Gerüchte über eine höher entwickelte und reichere Zivilisation zu Ohren, die westlich der beiden Inseln und nördlich der Landenge von Panama zu suchen sei.

Diese Gerüchte wurden in den Jahren 1517 und 1518 durch kleinere Expeditionen entlang der Küste von Yucatán und dem Golf von Mexiko bestätigt. 1519 rüstete Diego Velázquez, Gouverneur von Kuba, eine größere Expedition nach Mexiko aus. Geleitet wurde sie von seinem Sekretär, Hernán Cortés, der gleichzeitig Teilhaber dieses Unternehmens war. Die Gier nach Gold und Abenteuern war unter den Spaniern so groß, dass Cortés mühelos 600 freiwillige Teilnehmer fand.

Cortés entstammte einer adligen Familie aus der Extremadura, einer der ärmsten und unwirtlichsten Gegenden Spaniens. Nach einem Studium an der Universität von Salamanca hatte er beschlossen, sein Glück in der Neuen Welt zu versuchen. Bald nachdem er Kuba verlassen hatte, sagte er sich von dem Gouverneur los und beschloss, die sich aus der Expedition ergebenden Eroberungen für sich ganz allein zu beanspruchen.

Er landete zuerst in Tabasco, sammelte dort nützliche Informationen und segelte weiter bis zu dem heutigen Ort Veracruz. Vier Monate verbrachte er mit Vorbereitungen für den Marsch ins Landesinnere und die Konfrontation mit den Azteken. Um seine Männer an der Flucht zu hindern, ließ er seine Schiffe zerlegen – bis auf eines, das er nach Spanien schickte mit der Botschaft, dass er lieber Spanien treu bleibe als Velázquez.

▼ ***Bei Cortés'*** *letztem Angriff auf Tenochtitlán starben an einem einzigen Tag über 15 000 Mexikaner. Die Eroberung der Stadt durch die Spanier leitete den Zusammenbruch des Aztekenreiches ein.*

Der Weg zu den Azteken

Cortés führte seine Glücksritter auf einem anstrengenden Marsch durch die Tropenwälder von Veracruz hinauf ins mexikanische Hochland. Auf dem steilen Weg, den Cortés ausgewählt hatte und der über mehrere schwierige Pässe führte, hoffte er mögliche Verbündete zu finden. Der Umweg lohnte sich: Nach anfänglichem Zögern willigte die unabhängige Stadt Tlaxcala ein, sich mit Cortés zu verbünden; sie war immer wieder von den Azteken überfallen worden, die ihre Bewohner als Sklaven verschleppt hatten. Nun konnte Cortés gegen Tenochtitlán ziehen, Hauptstadt der Azteken und Schatzkammer ihres Reiches.

Unterwegs begegnete er einer Gesandtschaft des Aztekenherrschers Montezuma, der Cortés davon abbringen wollte, weiter in sein Reich einzudringen, und ihm deshalb wertvolle Geschenke schickte. Leider bewirkten diese nur, die Goldgier von Cortés und seinen Männern zu steigern, waren sie doch der beste Beweis, dass sie sich auf dem richtigen Weg befanden. Einige dieser Gaben schickte Cortés dem spanischen Kaiser Karl V. zusammen mit der Bitte, ihn mit selbstständiger Befehlsgewalt auszustatten.

Angriff auf die Hauptstadt

Cortés ließ sich weder durch Drohungen noch durch Geschenke von seinem Plan abbringen. Es gelang ihm, Montezuma davon zu überzeugen, dass seine Absichten friedlich seien, und so geleitete die aztekische Armee die Spanier sogar in ihre Hauptstadt und brachte sie in einem

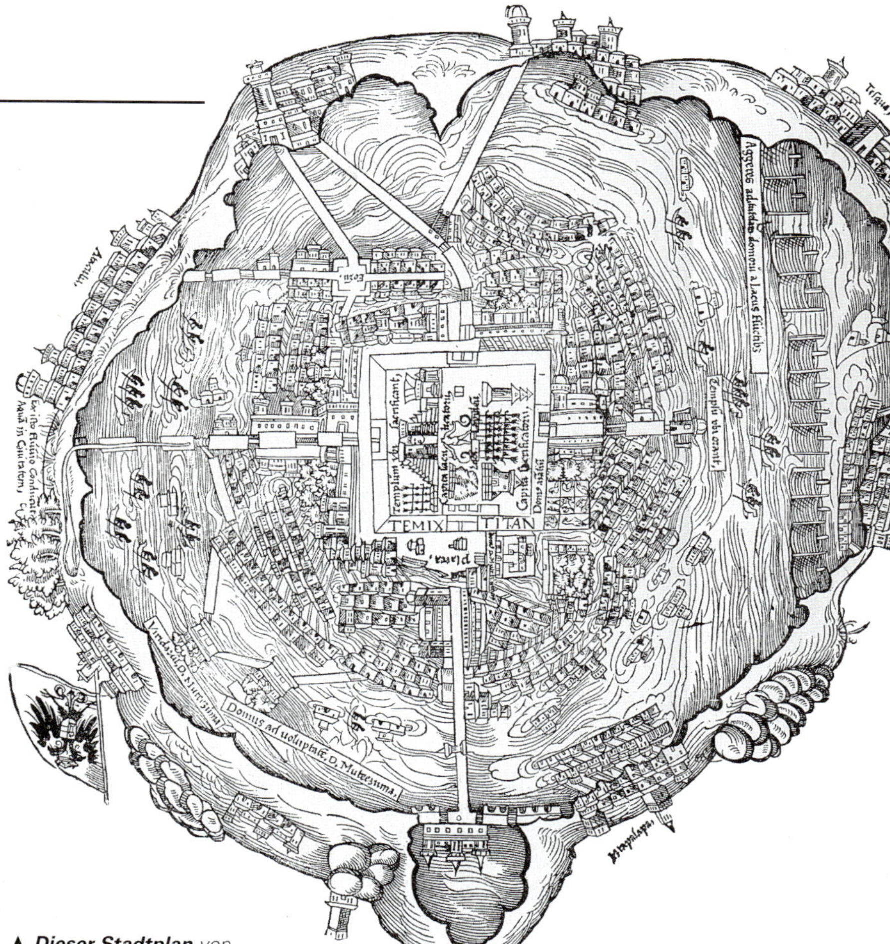

▲ ***Dieser Stadtplan** von Tenochtitlán wird Cortés zugeschrieben; zum ersten Mal veröffentlicht wurde er 1524. Man kann deutlich den Palast im Zentrum erkennen und die Dämme über den die Stadt umgebenden See.*

Palast im Zentrum unter. Die Furchtlosigkeit der Konquistadoren, ihre glänzenden Rüstungen und die nie zuvor gesehenen Pferde faszinierten Montezuma und seine Untertanen. Cortés' einheimische Verbündete waren am Ufer des Sees zurückgeblieben, der die Stadt umgab. So war nun Montezuma inzwischen der Gast der Spanier geworden – im Grunde war der Aztekenherrscher längst ihre Geisel.

Unglücklicherweise musste Cortés in diesem Moment die Hauptstadt verlassen. Der Gouverneur von Kuba hatte von Cortés' Auflehnung gegen ihn erfahren und hatte Narváez, einen seiner Offiziere, beauftragt, Cortés zu verhaften. Cortés beschloss, das Strafkommando an der Küste zu erwarten. Es kam zu einem Gefecht, Cortés siegte und überredete die Männer von Narváez, gemeinsam mit ihm nach Tenochtitlán zu ziehen.

Während Cortés' Abwesenheit hatte sich das Verhältnis zwischen Spaniern und Azteken deutlich verschlechtert. Sein Leutnant Pedro de Alvarado hatte den Männern erlaubt, kleinere Beutezüge durchzuführen, und es war zu Kämpfen gekommen. Cortés konnte zwar Tenochtitlán wieder betreten, wurde dann aber zusammen mit seinen Leuten im Palast festgehalten. Die Azteken hielten Montezuma mittlerweile für einen Verbündeten der Spanier und erkannten ihn nicht mehr als Herrscher an. Als Montezuma auf Cortés Drängen hin versuchte, mit seinen früheren Untertanen zu verhandeln, steinigten sie ihn; er erlitt tödliche Verletzungen. Damit hatten die Spanier ihre Geisel verloren. Sie waren zu Gefangenen der Azteken geworden, und ihre Lage schien aussichtslos zu sein.

Die Kapitulation von Tenochtitlán

Cortés versammelte seine Leute und kämpfte sich nachts den Weg aus dem Palast und aus der Stadt frei. Ein Drittel seiner Männer fiel, und sie verloren beinahe alle angesammelten Schätze, ihre Habe und einen Teil der Waffen. Nachdem sie ihre Verbündeten aus Tlaxcala erreicht hatten, planten sie den Gegenschlag: die Belagerung von Tenochtitlán. Sie verhinderten, dass die Stadt Nachschub an Lebensmitteln und frischem Wasser bekam, bauten Boote und bombardierten die Festung vom Wasser aus; sie legten neue Dämme an und warteten, während die von ihnen eingeschleppten Krankheiten – besonders die Pocken – die Belagerten schwächten. Im Jahre 1521 ergab sich die Stadt, und ihre Bewohner waren der Willkür der Spanier ausgesetzt. Cortés' Männer durchkämmten die Häuser auf der Suche nach Gold und folterten Gefangene, um auch noch die letzten Verstecke ausfindig zu machen. Inzwischen war unter den Spaniern großes Misstrauen ausgebrochen und sie beschuldigten sich gegenseitig, und sogar ihren Anführer Cortés, heimlich Gold beiseite zu schaffen. Da ihnen die Ausbeute nicht groß genug erschien, versprach Cortés ihnen Land.

Weitere Forschungsreisen

Sobald es ihm möglich war, unternahm Cortés wieder Erkundungsmärsche zur Pazifikküste und sandte von hier sogar Schiffe aus. Einige seiner Offiziere schickte er in das Gebiet der Maya, das heutige Guatemala. Zwischen den Konquistadoren kam es oft zu Streit, und Cortés musste zwischen den verfeindeten Gruppen und Befehlshabern vermitteln.

1540 kehrte Cortés selbst nach Spanien zurück, um Kaiser Karl V. von seinen Eroberungen und von seiner Verwaltung der in Besitz genommenen Gebiete zu berichten. Der Herrscher empfing ihn gnädig und ernannte ihn zum Marquis von Oaxaca, einer Stadt in Mexiko. In Wahrheit aber waren ihm Cortés und die Macht, die er sich auf seinem Eroberungszug angeeignet hatte, nicht mehr geheuer, und er entzog ihm alle Machtbefugnisse. Der größte aller Konquistadoren lebte fortan abwechselnd in Mexiko und Spanien und starb 1547 bei Sevilla.

▲ ***Der groteske Charakter** der aztekischen Skulpturen hat symbolische Bedeutung und ist Ausdruck komplexer Glaubensvorstellungen. Die Abbildung zeigt den Windgott Ehecatl.*

Pizarro und Orellana

Nach der Eroberung des Aztekenreichs begannen die Konquistadoren sich mit einer weiteren Hochkultur der Neuen Welt zu befassen: dem Reich der Inka, im heutigen Peru. Vasco Núñez de Balboa hatte 1513 den pazifischen Ozean erreicht und ihn im Namen der spanischen Krone in Besitz genommen; danach gründete er den Hafen von Panama, von dem aus er in beiden Richtungen die Küste erkundete. Unter anderem wollte er herausfinden, ob ein Kanal durch die Landenge von Panama führte, sowie Gerüchten auf den Grund gehen, denen zufolge es im Süden ein Land von märchenhaftem Reichtum gab. Auch Francisco Pizarro interessierte sich für diese Gerüchte und erhielt vom Gouverneur von Panama die Erlaubnis, eine Expedition auf die Suche nach dem unbekannten Reich zu führen.

Die Gefangennahme des Inka

Nach zwei vergeblichen Versuchen, das sagenumwobene Reich zu finden, erreichte Pizarro 1532 Tumbez im Norden des heutigen Peru, zusammen mit 177 Männern, von denen 67 beritten waren. Informationen über die Bodenschätze des Landes bewogen Pizarro, die Anden zu überqueren, um Atahualpa, den Inkakönig, aufzusuchen. Auf den schmalen Gebirgspfaden kamen seine Männer und ihre Pferde nur mühsam voran und froren erbärmlich. Der Inka hatte sein Wort gehalten und die Pässe nicht verteidigen lassen, obwohl einige mit Wehranlagen versehen waren.

Als sie die Berge hinter sich gelassen hatten, drangen die Spanier nach Cajamarca vor, wo der Inkakönig mit seinem gewaltigen Heer das kleine Trüppchen Spanier bereits erwartete. Angesichts dieser Übermacht dachte sich Pizarro einen verräterischen Plan aus. Er bat Atahualpa, zu einer Unterredung auf den Hauptplatz von Cajamarca zu kommen, der auf drei Seiten von langen, niedrigen Gebäuden eingefasst war. In diesen Gebäuden warteten berittene Soldaten, um auf ein vereinbartes Signal hin anzugreifen. Als Atahualpa mit seinem unbewaffneten Gefolge den Platz betrat, schritt zunächst Pizarros Kaplan auf ihn zu, ein Dominikanermönch, und begann, ihm in einem wahren Befehlston das Christentum zu erklären. Als sich Atahualpa weigerte, sich hier und jetzt bekehren zu lassen und die ihm dargebotene Bibel nicht annahm, kehrte der

ROUTEN

- Cabot 1526
- Francisco Pizarro 1532
- Almagro 1535–1537
- Orellana 1541/1542
- Gonzalo Pizarro 1541–1542
- Valdivia 1541–1547

◄ **Francisco Pizarro** *war ein bemerkenswert mutiger, vor allem skrupelloser Mann. Als er mit 180 Männern aufbrach, um das Reich der Inka zu erobern, war er bereits 60 Jahre alt.*

Mönch mit den Worten „Ich spreche dich von deinen Sünden frei" zu Pizarro zurück.

Da der Inkakönig nun also offensichtlich das Christentum abgeleugnet hatte, stürzten sich Pizarro und seine Soldaten auf Atahualpa und sein Gefolge. Mit Musketen und Kanonen veranstalteten sie ein Massaker und töteten Tausende von Menschen.

Der Hunger nach Gold

Die Spanier beherrschten nun Cajamarca und verlangten für Atahualpa ein hohes Lösegeld. Der Inka versprach ihnen einen ganzen Raum voller Gold und Silber, wenn sie ihn freiließen, und aus allen Regionen seines Reiches wurden kostbare Gegenstände herbeigebracht.

Gerüchte besagten, dass die Boten, die das Gold für Atahualpas Lösegeld brachten, in Wirklichkeit die Verbindung zu seinen Verbündeten herstellten, die ihn befreien sollten. Pizarro veranstaltete daraufhin einen Schauprozess, bei dem der Inka angeklagt wurde, „Götzen anzubeten und unkeusch zu handeln, indem er mit mehreren Frauen gleichzeitig verheiratet ist." Atahualpa wurde zum Tode verurteilt. Die Unzufriedenheit von Karl V. über Scheinprozess und Mord hatte keine weiteren Auswirkungen, und die Spanier gründeten an der Küste ihre eigene Hauptstadt: Lima.

Weitere Eroberungen und Erkundungen

Diego de Almagro, einer von Pizarros Gefährten (später sollte er zu einem seiner Feinde werden), erkundete ab 1535 den Süden und gelangte als erster Europäer ins nördliche Chile. Seine Expedition trotzte der extremen Kälte in den Anden und der extremen Hitze in der Wüste von Atacama. Gründlicher erforscht wurde Chile von Pedro de Valdivia, der 1541 in einem der schönsten und fruchtbarsten Täler Südamerikas die Stadt Santiago gründete. Weiter im Süden, stellte Valdivia fest, war das Land schwierig zu besiedeln. Er überstand mehrere Begegnungen mit Indianern, drang aber weder allzu weit nach Süden noch nach Osten in das heutige Argentinien vor. Patagonien war bereits zwei Jahrzehnte zuvor erforscht worden, teilweise durch Sebastian Cabot, der (trotz seiner venezianischen Herkunft) mit Genehmigung der spanischen Krone unterwegs war. Cabot erkundete den Fluss Plata und benannte ihn nach dem Silber, das er dort fand (Río de la Plata), sowie die Flüsse Paraná und Paraguay.

Orellana befährt den Amazonas

Angeführt von Gonzalo Pizarro (dem Bruder von Francisco Pizarro) marschierte 1541/1542 eine Gruppe von Konquistadoren von Quito im heutigen Ecuador aus ostwärts, aus dem Land der Inka heraus und in die Zimtwälder, wo sie an einen breiten Fluss mit rauschenden Wasserfällen kamen: den Napo. Sie beschlossen, ein Boot zu bauen, mit dem Francisco de Orellana stromabwärts fahren sollte, um frische Nahrungsvorräte für die Expedition zu suchen.

Nach drei Tagen Fahrt erreichte Orellana einen noch breiteren Fluss. Weil er noch keine Nahrungsmittel gefunden hatte und die Indianer sich feindselig verhielten, setzte er die Fahrt fort. Bald musste er feststellen, dass er nicht gegen die Strömung ankam und so fuhr er weiter flussabwärts, in der Überzeugung, dass der unbekannte Fluss in den Atlantik münden müsse.

Trotz der kleineren Gefechte, die er sich immer wieder mit Indianern lieferte, überstand Orellana ohne Verluste die 4750 km lange Fahrt auf dem Fluss, den er nach den Kriegerinnen aus der griechischen Mythologie Amazonas nannte. Er nahm Kurs auf die Westindischen Inseln und kehrte schließlich nach Spanien zurück. Hier war man von seinen Entdeckungen so beeindruckt, dass man ihm vergab, die Gefährten im Stich gelassen zu haben. Er erhielt die Genehmigung, das Gebiet, das er entdeckt hatte, zu erobern und besiedeln zu lassen, doch er starb auf der erneuten Fahrt zum Amazonas.

Gonzalo Pizarro und seine Männer warteten am Ufer des Napo wochenlang auf Orellanas Rückkehr. Zuletzt gaben sie das Warten auf und folgten dem Fluss zu Fuß; bis zur Einmündung in den Amazonas brauchten sie zwei Monate; Orellana hatte die Strecke auf dem Wasser in drei Tagen zurückgelegt. Am Zusammenfluss fanden sie einen halb wahnsinnig gewordenen Mann, einen ihrer Gefährten, den Orellana an Land hatte aussetzen lassen, weil er gegen die Fortsetzung der Fahrt protestiert hatte.

Pizarro und die anderen kehrten zu Fuß nach Quito zurück. Sie ernährten sich, so gut es ging, von Insekten und allem, was sie im Dschungel finden oder in den Dörfern der Indianer stehlen konnten. Als die Expedition im Juni 1542 Quito erreichte, war sie von 350 auf 80 Männer geschrumpft. Der Amazonas hatte sein Geheimnis verraten – und seinen Preis dafür verlangt.

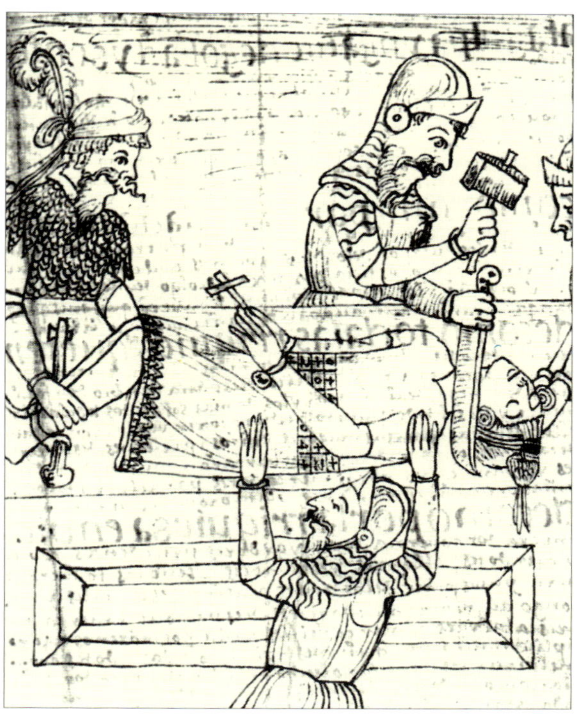

◄ **In einem makabren** *Schauprozess verurteilten die Spanier den Inka Atahualpa zum Tode auf dem Scheiterhaufen. Die einzige Gnade, die Pizarro ihm erwies, bestand darin, ihn durch Erdrosseln zu töten. Auf diesem Holzschnitt aus einer alten peruanischen Handschrift wird Atahualpa jedoch geköpft. In welcher Form seine Hinrichtung auch immer erfolgt sein mag: Sie markiert den Beginn der totalen Eroberung Perus durch die Spanier.*

Die Suche nach El Dorado

▲ ***Dieser Stich*** *von de Bry (Ende 16. Jh.) stellt einen indianischen Fürsten dar, der mit Gold bedeckt wird. Nach der Legende fuhr der Fürst anschließend auf einem Floß in die Mitte des Sees und warf dort eine große Menge Gold ins Wasser.*

Die furchtbaren Gräueltaten der Konquistadoren waren von Seiten der spanischen Krone nicht beabsichtigt gewesen. Bereits 1503 erließ Königin Isabella das Verbot, die Indianer grausam zu behandeln, davon ausgenommen war „jenes Volkes, das man Kannibalen nennt." Weiter hieß es in dem königlichen Erlass: „Wenn besagte Kannibalen fortgesetzten Widerstand leisten und die Offiziere und Männer, die in meinem Auftrag reisen, nicht ihr Land betreten lassen … noch sich von ihnen in unserem Heiligen Katholischen Glauben unterweisen lassen … so sei es gestattet, sie zu ergreifen und als Sklaven zu verkaufen."

Das Hinterland von Cartagena wurde in dem Erlass als „Land der Kannibalen" bezeichnet, und so hatten die Konquistadoren in dieser Region, die dem heutigen Kolumbien entspricht, völlig freie Hand. In den ersten Jahrzehnten des 16. Jh. entstanden entlang der Küste Siedlungen als Stützpunkte für Eroberungszüge ins Landesinnere.

Vasco Núñez de Balboa (der 1513 den Pazifik im Namen der spanischen Krone in Besitz nehmen sollte), führte 1512 einen dieser Trupps an. Er hatte vor, Kontakt mit einem einheimischen Herrscher namens Dabeiba aufzunehmen, der große Mengen Gold angesammelt haben sollte. Tatsächlich war in dieser Gegend das Gold in so reichem Maße vorhanden, dass man sie offiziell „Castilla del Oro" nannte.

Aufgestachelt von den Berichten von Cortés und Pizarro, erreichte das Goldfieber in den 30er Jahren des 16. Jh. einen Höhepunkt. Drei Expeditionen – unter Jiménez de Quesada, Federmann (einem Deutschen) und Benalcázar – trafen dort zusammen, wo heute die Stadt Bogotá liegt, um das Gebiet erobern. Anders als die Konquistadoren, die zur gleichen Zeit Peru eroberten, befehdeten sich diese drei Anführer nicht untereinander, sondern konzentrierten sich ganz darauf, die Einheimischen auszurauben.

Der vergoldete Mann

Diesen Eroberern kam eine Geschichte zu Ohren, in der es um einen vergoldeten Mann ging: El Dorado, und um ein seltsames Ritual, das an einem Guatavita genannten See (in der Nähe des heutigen Bogotá) bei der Einsetzung eines neuen Herrschers stattfand. Dabei wurde dieser zusammen mit einem Vasallen und einer großen Menge Gold und Smaragden auf einem Schilffloß hinaus aufs Wasser geschickt. Nach dem Bericht von Juan Rodríguez Freyle,

ROUTEN

- Balboa 1512
- Benalcázar 1533–1539
- Quesada 1536–1537
- Federmann 1536–1539
- Raleigh 1595
- Raleigh 1617

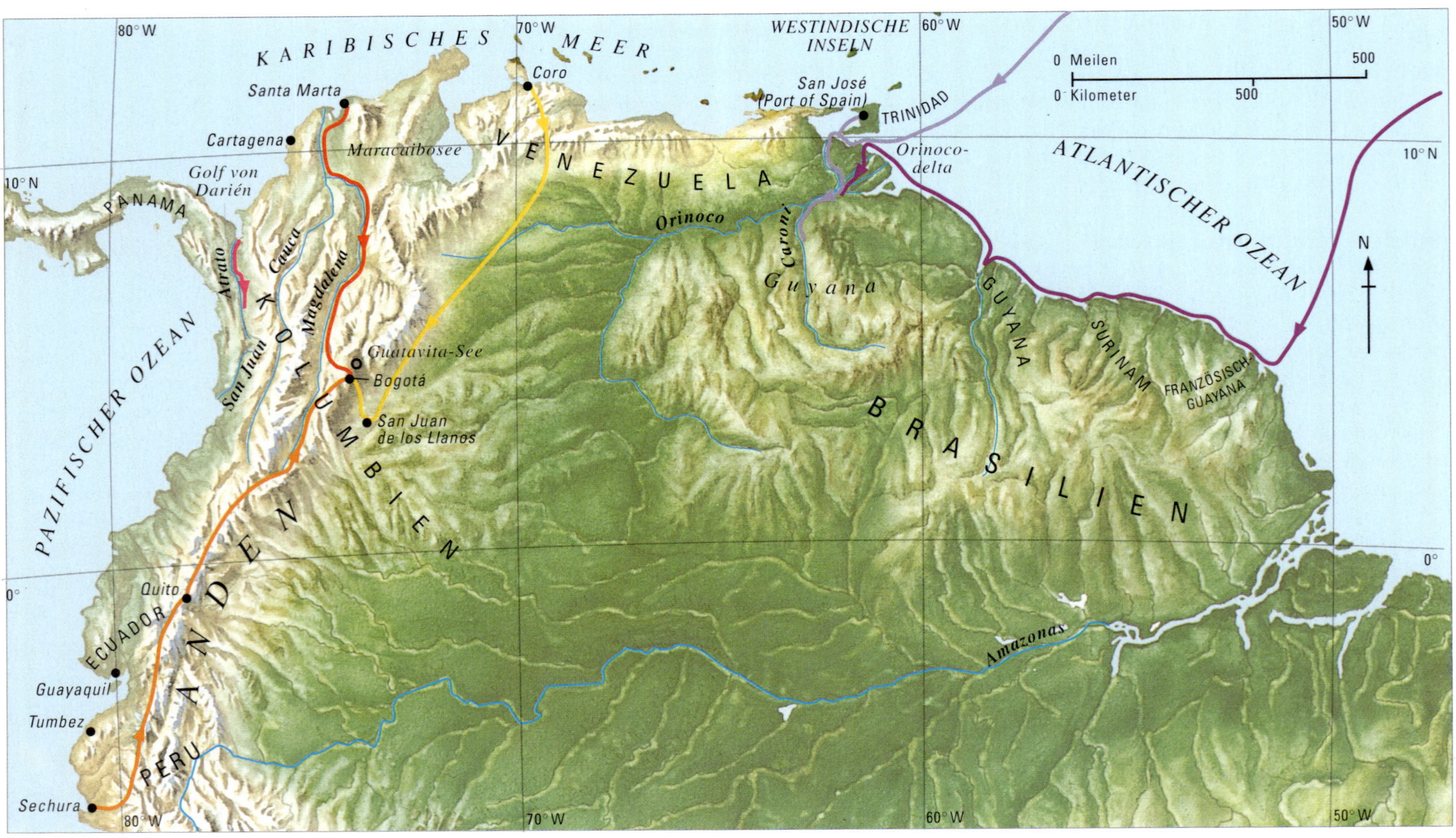

den dieser allerdings erst 1636 schrieb, wurde er „nackt ausgezogen und mit haftender Erde bestrichen, über die Goldstaub so dicht gepudert wurde, dass er am ganzen Körper davon bedeckt war … In der Mitte des Sees brachte der vergoldete Indianer ein Opfer dar, indem er den ganzen Haufen Gold ins Wasser warf, und der ihn begleitende Häuptling tat es ihm gleich."

Diese ist eine von vielen Versionen der Legende von El Dorado. Den gleichen Namen trug in späteren Erzählungen eine märchenhafte Stadt. Die Spanier faszinierte die Vorstellung eines Sees, dessen Boden mit goldenen Gegenständen bedeckt war; wie zum Beweis fanden sich an seinen Ufern angespülte Schmuckstücke.

▲ ***Diese Illustration*** *aus dem Codex Köler stellt die Konquistadoren von Federmanns Expedition bei ihrem Marsch auf Sevilla dar.*

► ***Sir Walter Raleigh*** *wurde von seinem Sohn Wat auf einer Orinoco-Expedition begleitet. Der Junge wurde bei einem Überfall getötet.*

Der Goldsee

Zuerst versuchte einer von Quesadas Offizieren, den See trockenzulegen, später dessen Bruder. Dieser wartete die Trockenzeit von 1545 ab und ließ dann die Männer eine Kette bilden, um den See mit Kürbisschalen auszuschöpfen. Sie senkten so den Wasserspiegel um 3 m ab und erbeuteten an die 4 000 Goldmünzen.

Vierzig Jahre später ließ ein reicher spanischer Kaufmann namens Antonio de Sepúlveda von 8 000 Indianern einen Abfluss für das Seewasser graben; dieses Mal sank das Wasser um 20 m, bis der Abflusskanal einstürzte. Dabei kamen viele der Arbeiter ums Leben, und das Vorhaben wurde aufgegeben. Die Überreste des Abflusskanals sind heute noch sichtbar. Sepúlveda konnte den Gegenwert von zwölftausend Pesos bergen lassen.

Zahlreiche weitere Versuche folgten. Anfang des 19. Jh. kam ein Freund von Simón Bolívar auf die Idee, das Seewasser abzusaugen. Gegen Ende des 19. Jh. wollte ein Unternehmen das Wasser durch einen Tunnel ablaufen lassen. Es stellte sich heraus, dass der freigelegte Seeboden aus einer meterdicken Schlammschicht bestand, die wie Treibsand war. Am folgenden Tag aber hatte die Sonne den Schlamm so hart werden lassen, dass er mit Schaufeln und Hacken nicht aufgebrochen werden konnte. Bis man Bohrmaschinen herbeigeschafft hatte, hatte der Schlamm den Tunnel blockiert, und der See hatte sich wieder mit Wasser gefüllt. Einige wenige Gegenstände wurden gefunden und später über Christie's in London verkauft, aber der Hauptteil des Goldschatzes der Indianer entzog sich – wenn es ihn wirklich gibt – dem Zugriff der Konquistadoren und konnte auch von modernen Schatzsuchern bislang noch nicht gehoben werden.

Sir Walter Raleigh und der Orinoco

Die Vorstellung, dass sich die Schatzkammern der Spanier mit Gold aus der Neuen Welt füllten, ärgerte die Seefahrer des Elisabethanischen Englands. 1595 nahm Sir Walter Raleigh Kurs auf Guyana, um nach El Dorado zu suchen; unter dem Begriff stellte er sich eine Stadt in den Wäldern am Orinoco vor.

Raleigh verlor unterwegs auf dem Atlantik zwei Schiffe. In Trinidad angelangt, griff er die spanische Siedlung San José an (heute St. Joseph bei Port of Spain) und nahm den Gouverneur Antonio de Berrío gefangen. Ohne auf dessen Warnungen vor dem Orinoco zu hören, fuhren Raleigh und seine erschöpften Männer mit Kanus 800 km stromaufwärts; dabei verirrten sie sich ständig in dem Labyrinth untereinander verbundener Nebenarme. Die anbrechende Regenzeit zwang die Expedition zur Umkehr.

Statt mit dem erwarteten Gold nach England zurückzukehren, kam er mit einem begeisterten Bericht über die Schönheit der Flora und Fauna des „jungfräulichen" tropischen Regenwalds zurück. Elisabeth I. hatte die Reise in der Hoffnung auf eine reiche Ausbeute finanziert und war nun enttäuscht. Sie gestattete Raleigh nicht, das Gebiet in ihrem Namen in Besitz zu nehmen.

Raleigh aber bewahrte sich seine Begeisterung für Guyana. 1617, nachdem er unter Jakob I. wegen Hochverrat einige Jahre im Kerker verbracht hatte, segelte er in die Neue Welt, um erneut nach El Dorado zu suchen. Da der englische König befürchtete, dies könnte den Frieden mit Spanien gefährden, setzte er den spanischen Botschafter von Raleighs Vorhaben in Kenntnis. Raleigh geriet in einen Hinterhalt der Spanier; sein Sohn Wat wurde dabei getötet, Raleigh selbst wurde 1618 nach seiner Rückkehr nach England vom König zum Tode verurteilt und hingerichtet.

▼ ***Die Gier*** *nach dem Gold lockte zahlreiche spanische Abenteurer in das Gebiet der heutigen Stadt Bogotá.*

Missionare und Banditen

Um die Eroberung von Süd- und Zentralamerika im 16. Jh. zu rechtfertigen, wurde die Verbreitung des Evangeliums als Vorwand benutzt; das wahre Motiv jedoch war der Hunger nach Gold. Das kostbare Metall sollte von Sklaven abgebaut werden. Im 17. und 18. Jh. aber nahm der Einfluss der Missionare zu. Sie gingen auf Seelenfang, während die Bandeiranten, bewaffnete Banditen, die zu Bandeiras – „Fahnen" – genannten Banden zusammengeschlossen waren, gezielt Indianer jagten, um sie als Sklaven an Bergwerke, Bauern und Pflanzer zu verkaufen.

Der Papst sowie die Herrscher Spaniens und Portugals hatten schon früh die Versklavung der Indianer verboten. Aber sie hatten Ausnahmen eingeräumt: In gerechtem Krieg gefangene Indianer konnten zu Sklavenarbeit gezwungen werden und ebenso Indianer, die von ihren Feinden gefangen worden waren und die man diesen abgekauft hatte, um die Tötung der Gefangenen zu verhindern. Natürlich konnte jeder behaupten, einen „gerechten Krieg" zu führen.

Während die spanische Krone streng über die Einhaltung diesbezüglicher Gesetze wachte, ging die portugiesische Verwaltung lässiger mit ihren Siedlern in den Kolonien um. Zuwiderhandelnde Siedler sollten exkommuniziert und zur Bestrafung der Inquisition übergeben werden; Fälle, in denen dies tatsächlich geschah, sind jedoch kaum bekannt.

▼ ***Diego Homen*** *zeichnete diese Karte im 16. Jh., zu einer Zeit, in der die Europäer die fremden Kontinente als unerschöpfliches Reservoir von Sklaven und Gold ansahen. Christliches Sendungsbewusstsein und missionarischer Eifer waren bei vielen Eroberern und Reisenden nur vorgetäuscht.*

► ***Die Jesuiten*** *erbauten im Urwald mächtige Kirchen aus Stein. Rund um die Kirchen legten sie* reducciónes *an, Wehrdörfer für die bekehrten Indianer, die von den Patres eher wie Kinder denn als ebenbürtige Erwachsene behandelt wurden.*

Das größte Zentrum der Bandeiranten war São Paolo im Süden Brasiliens. Von hier aus zogen die Sklavenjäger in das Innere Brasiliens oder Paraguays. Gefechte, Krankheiten und Hunger forderten ihren Tribut. Manch eine Expedition kehrte nie zurück, entweder weil sie an einem natürlichen Hindernis gescheitert war oder weil die angegriffenen Indianer sich zur Wehr gesetzt hatten.

Die Bandeiranten zeichneten kaum je Karten der Gebiete, die sie durchstreiften, und schrieben auch keine Berichte über ihre Entdeckungen. Trotzdem aber eröffneten sie den Zugang zum Inneren des Kontinents.

Die Jesuiten

Der größte Gegner der Bandeiranten war die Gesellschaft Jesu – die Jesuiten, die bereits 1549 nach Brasilien kamen, um die Heiden zu bekehren. Sie drangen tief ins Innere vor. Ohne es zu wollen, erleichterten sie den Konquistadoren und Plünderern zunächst noch die Arbeit, bis sie merkten, dass die Indianer, die sie bekehrt hatten und denen sie den Frieden predigten, für die Sklavenjäger leichte Beute waren. Daraufhin versammelten die Jesuiten die gläubigen Einheimischen um sich und bauten mit ihnen gemeinsam Festungen, die unter dem besonderen Schutz der Kirche standen und im Bedarfsfall auch verteidigt werden konnten.

Die erste dieser Wehreinrichtungen, die reducciónes genannt wurden, entstand 1608. Die Jesuiten erbauten große Kirchen aus Stein, bebauten Felder, verteilten die Ernte unter den Bekehrten, hielten sie dazu an, sich wie europäische Bauern zu kleiden und unterwiesen sie im christlichen Glauben sowie in europäischem Handwerk. Unter ihrem Einfluss bekamen Bräuche und Tänze christlichen Charakter.

Die Bekehrung der Indianer hielt die Bandeiranten jedoch nicht davon ab, ihnen weiter nachzustellen. Allein 1629 plünderten sie fünf reducciónes, setzten sie in Brand und trieben die Überlebenden zur Küste. Bei Märschen dieser Art war die Todesrate unter den Gefangenen vergleichbar mit der auf Sklavenschiffen. In den folgenden Jahren starben auf diese Weise 30 000 Menschen. Die Patres Montoya und Macedo beschlossen daraufhin, 12 000 überlebende bekehrte Indianer den Paraná hinunter in ein sichereres Gebiet zu führen. Ihre Flöße zerschellten in den Stromschnellen, aber sie setzten ihren Weg zu Fuß durch den Urwald fort und erreichten schließlich die Hochburg der Jesuiten, ein Gebiet zwischen Paraguay, Südbrasilien und einer Region Argentiniens, die heute noch Misiones heißt.

Die Insel Marajó in der Amazonasmündung ist fast so groß wie die Schweiz. Ihre Bewohner widerstanden lange Zeit Eindringlingen, indem sie sich bei deren Herannahen versteckten und mit Pfeilen aus dem Hinterhalt schossen. Die Portugiesen konnten auf der Insel nicht Fuß fassen – bis der Jesuitenpater Antonio Vieira 1685 getaufte Indianer dorthin schickte, damit sie das Evangelium verkündeten. An die 40 000 Insulaner bekannten sich zu dem neuen Glauben.

Pater Samuel Fritz

Einer der bekanntesten Jesuitenmissionare war Pater Samuel Fritz, ein Böhme, der 1686 an den Quellflüssen des Amazonas mit seiner Arbeit begann. Er befuhr mit dem Kanu ein Netz von Wasserläufen von einer Gesamtlänge von 1600 km und trug zur Gründung von über 50 Siedlun-

◄ ***Auf ihren Reisen** durch den Urwald gerieten die Missionare immer wieder in gefährliche Situationen. Wenn ein Floß oder Boot in die Wasserfälle und Stromschnellen der noch unbekannten Flüsse geriet, war es verloren.*

ROUTEN

Fritz ab 1686

gen von christianisierten Indianern aus den Völkern der Omagua und der Yurimagua bei. In einem Bericht schildert er, wie er einmal in einem Yurimagua-Dorf an Fieber erkrankt war. Rings um ihn her stieg die Flut, aber er war zu schwach, um ans Wasser zu kommen und seinen Durst zu stillen. Nicht nur die Schlaflosigkeit quälte ihn, sondern auch „das Grunzen der Krokodile, die am Rand des Dorfes lauerten, Bestien von furchtbarer Missgestalt … Die Ratten fanden ihren Weg in meine Wohnstätte und [waren] so hungrig, dass sie sogar meinen Löffel, meinen Teller und das Heft meines Messers annagten."

Endlich kamen andere Missionare und brachten ihn nach Pará (das heutige Belém) an der Amazonasmündung. Da er in einem Gebiet missioniert hatte, um das sich Spanier und Portugiesen stritten, sahen die Portugiesen ihn als Spion an und hielten ihn 18 Monate lang unter Hausarrest. Aus Lissabon erbaten sie Anweisung, wie sie weiter mit ihm verfahren sollten.

Als er wieder in sein Missionsgebiet zurückkehren durfte, kartografierte Fritz den Tausende von Kilometern langen Strom, so gut er es mit den einfachen, ihm zur Verfügung stehenden Instrumenten vermochte. (La Condamine, der ein halbes Jahrhundert später den Amazonas befuhr und bessere Navigationsinstrumente besaß, war von der Genauigkeit dieser simpel erstellten Karten beeindruckt.) Bis zu seinem Tod im Jahre 1725, im Alter von 71 Jahren, stand Fritz den Indianern gegen die Sklavenjäger bei. Als man ihn nach seinem Tod für das Begräbnis auszog, stellte man fest, dass sein Körper ungewöhnlich viele Insektenstiche aufwies: Der fromme Pater, der so tapfer gegen die Plünderer gekämpft hatte, hatte den Flöhen und Mücken nichts zu Leide tun wollen.

Die Widersacher der Jesuiten

Zwar hatten auch die Karmeliter, die Mercedarier, die Franziskaner und andere Orden im 17. und 18. Jh. in Südamerika missioniert, aber die Jesuiten waren am erfolgreichsten gewesen. Trotzdem waren sie hier, ebenso wie in Europa, nicht gern gesehen.

Der Marquis von Pombal, der um die Mitte des 18. Jh. leitender Minister des Königs von Portugal war, ließ die Jesuiten in Portugal und bald auch in der Neuen Welt verfolgen; 1758 befahl er, sie aus Brasilien auszuweisen. Die Verwaltungsbeamten der Kolonie kamen diesem Befehl unverzüglich nach. Somit konnten die Jesuiten, die einen wesentlichen Beitrag zur Erforschung dieses Teils des Kontinents geleistet hatten, nicht weiter an dessen Erschließung mitarbeiten.

Wissenschaftler am Amazonas

► ***Isabella Godin** wurde durch ihre abenteuerliche Amazonasreise bekannt. Nachdem ihre Reisegefährten sie verlassen hatten oder gestorben waren, setzte sie ihren Weg alleine fort.*

Bis zum 18. Jh. war die Erforschung Südamerikas weitgehend den Italienern, Spaniern und Portugiesen überlassen geblieben, wenn auch einzelne Engländer, wie Sir Walter Raleigh, oder Deutsche, wie Pater Fritz, beachtenswerte Beiträge dazu geleistet hatten.

Zu Beginn des 18. Jh. wurde in der französischen Akademie der Wissenschaften über die Gestalt der Welt debattiert. Isaac Newton behauptete, dass sie keine echte Kugel sei, sondern am Äquator einen Wulst aufweise und an den Polen abgeflacht sei. Die französischen Wissenschaftler dagegen stellten sie sich in der Mitte verjüngt und an den Polen länglich auslaufend vor.

Um die Frage endgültig zu klären, schickte die Akademie eine Expedition an den Äquator und eine zweite in die Polarregion. Beide sollte die exakte Länge je eines Breitengrades messen. Die Expedition, die 1735 nach Quito aufbrach, wurde von einem französischen Adligen geleitet: Charles-Marie de la Condamine, ein ehemaliger Soldat, der sich mit Mathematik, Kartografie und Naturkunde beschäftigte.

La Condamines Expedition

Die rein französische Expedition wurde von der spanischen Krone nur geduldet, weil man Ludwig XV. gefällig sein wollte, tatsächlich aber mit großem Misstrauen behandelt. Die genauen Messungen, die die Männer vornahmen, und die rätselhaften Geräte in ihrem Gepäck legten den Verdacht nahe, dass sie in Wirklichkeit nach Gold suchten.

Die Expedition schien unter einem ungünstigen Stern zu stehen. La Condamine musste viel Zeit mit dem Einholen von Genehmigungen vergeuden, einer seiner Gefährten wurde von einer wütenden Menge gelyncht; ein anderer starb an Fieber, und ein dritter wurde wahnsinnig, als eine unter jahrelangen Mühen zusammengestellte botanische Sammlung zerstört wurde. Schließlich erfuhren sie, noch während sie unterwegs waren, dass die Polarexpedition aus Lappland zurückgekehrt war und nachgewiesen hatte, dass Newton Recht hatte und die französische Theorie nicht stimmte.

Trotz all des Unglücks war La Condamines wissenschaftliche Neugier nach Erfüllung des Forschungsauftrags noch lange nicht befriedigt, und statt heimzukehren überquerte er die Anden und folgte dem Amazonas über seine gesamte Länge bis zum Atlantik, so wie Orellana zwei Jahrhunderte vor ihm. La Condamine war in diesem Gebiet der erste Reisende mit wissenschaftlichem Gerät zum Beobachten, Kartografieren und Navigieren. Mit seiner Hilfe überwand er die wilden oberen Nebenflüsse des Amazonas. Weiter flussabwärts bewährte sich ein Balsa-

ROUTEN

- La Condamine 1745
- Isabella Godin 1749

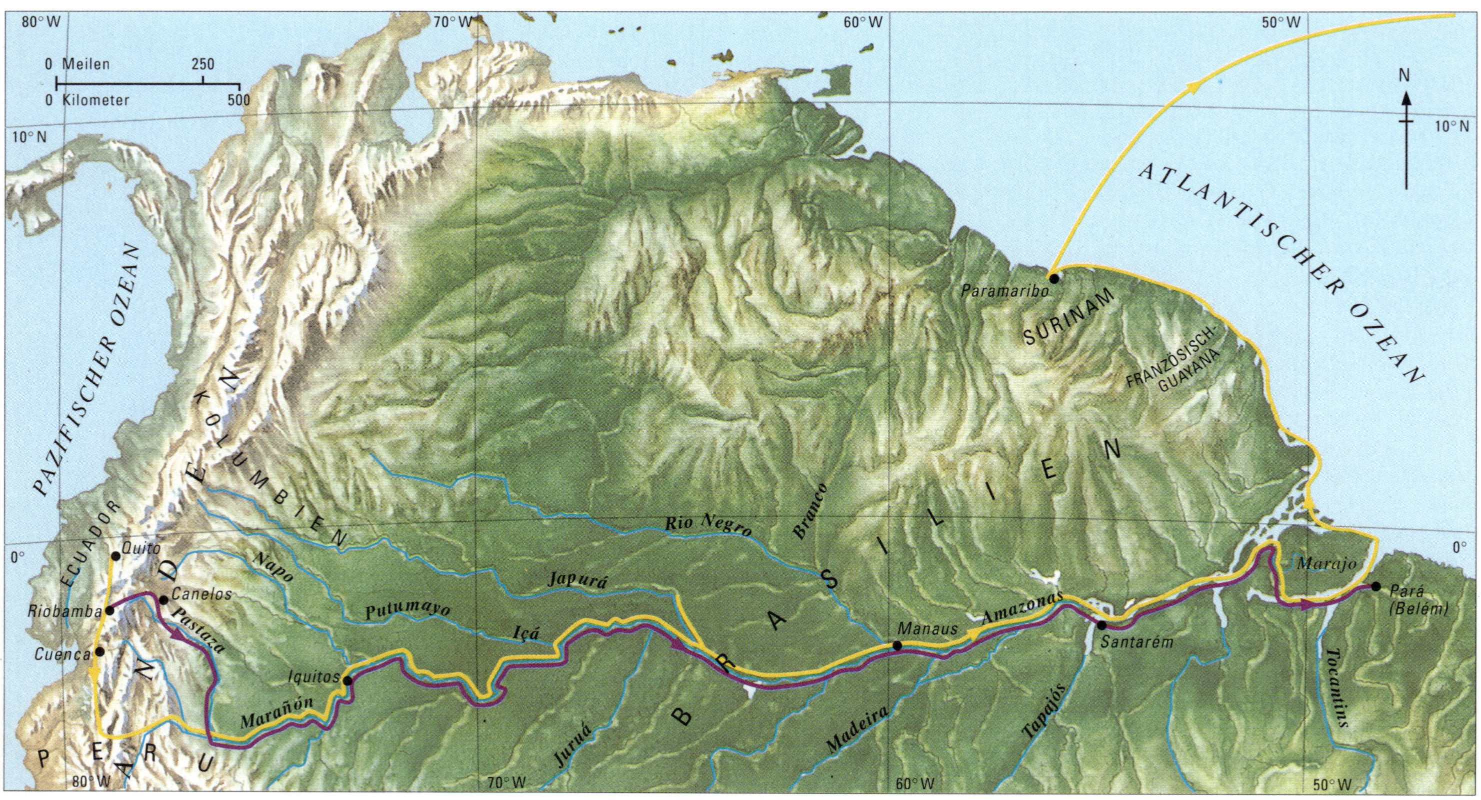

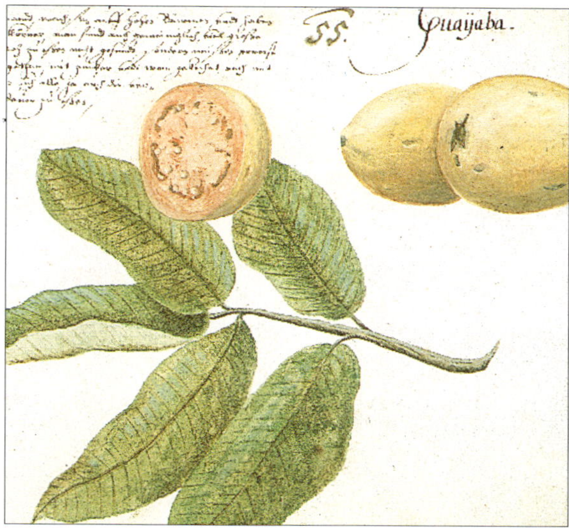

Einer holländischen Expedition, *die 1630 Brasilien erforschte, gehörten unter anderem ein Naturwissenschaftler und mehrere Maler an. Sie fertigten über 100 Zeichnungen an, darunter Guave und Ameisenbär.*

holzfloß als Transportmittel. La Condamine stellte fest: „Bei einer solchen Fahrt wäre ein Kanu in tausend Teile zersprungen … Da aber die Balken des Floßes weder genagelt noch ineinander gefügt waren, wirkten die geschmeidigen Lianen, mit denen sie zusammengebunden waren, wie Stahlfedern.“

Die Erforschung des Amazonas

La Condamine beschränkte sich nicht darauf, seine Fahrt heil zu überstehen, sondern maß unterwegs regelmäßig Tiefe und Breite des Wasserlaufs, den er befuhr, sowie dessen Strömung. Mit Hilfe von Kompass und Uhr kartografierte er den Flusslauf und korrigierte die Angaben von Pater Fritz. Daneben notierte er Beobachtungen zu Flora und Fauna. Besonders hatten es ihm die Zitteraale angetan, die, wenn man sie nur mit einem Stock berührte, „eine unangenehme Taubheit im Arm“ verursachen konnten, so dass „es einen zu Boden warf.“ Ferner befasste er sich als erster systematisch mit den vielfachen Eigenschaften des Latex.

Von Sklavenjägern und durch eingeschleppte Krankheiten dezimiert, stellten die Indianer für La Condamine kaum noch eine Gefahr dar; trotzdem hatte er eine schlechte Meinung von ihnen: „Gefräßige Völler … bis zum Äußersten ängstlich und feige, es sei denn, sie sind betrunken … Obgleich es an den Ufern des Marañón keine Kannibalen mehr gibt, existieren im Inneren Stämme von Amerikanern, die ihre Gefangenen essen.“

Zuletzt erreichte La Condamine die Stadt Pará (das heutige Belém) an der Amazonasmündung und schiffte sich dort nach Französisch-Guyana ein, wo er fünf Monate lang auf eine Passage nach Frankreich wartete. Im Februar 1754 kehrte er nach zehnjähriger Reise zurück.

▲ **Flüsse** *waren im Amazonasgebiet die einzigen möglichen Reisewege. Als Isabella Godin und ihre Reisegefährten das Flussufer verließen, um durch den Urwald abzukürzen, verloren sie die Orientierung und verirrten sich.*

Einige von den Fragen, mit denen La Condamine sich beschäftigt hatte – wie die Gestalt der Erde – waren längst überholt. Andere seiner Annahmen, z. B. dass es am Amazonas keine giftigen Schlangen gäbe, waren schlicht falsch. Dies schmälert aber nicht das Ausmaß seines Beitrags zur Erforschung des Amazonas. Darüber hinaus trug er durch seine Messungen auch zur Einbürgerung des Meters – damals definiert als zehnmillionster Teil der Entfernung zwischen Pol und Äquator – als weltweit gebräuchlichste Maßeinheit bei. La Condamine hatte den Wissenschaftlern, die im folgenden Jahrhundert den Amazonas erforschen würden, den Weg bereitet.

Die einzige Überlebende

Als La Condamine sich entschied, den Amazonas hinunterzufahren, schlossen sich ihm zwei Expeditionsteilnehmer an: der Wissenschaftler Jean Godin und seine Frau Isabella. Madame musste die Reise aufgrund von Gesundheitsproblemen unterbrechen, setzte sie aber 1749 fort, begleitet von ihren beiden Brüdern, einem Neffen, einem Arzt, zwei weiteren Franzosen, drei Zofen, einem afrikanischen Sklaven und 31 indianischen Trägern und Ruderern. Sie erreichten Canelos, wo sie in ein Kanu umsteigen wollten. Doch in Canelos herrschte eine Pockenepidemie, und die Ruderer flohen in den Wald.

Isabella Godin wollte ihre Reise trotzdem fortsetzen, denn ihren Berechnungen zufolge war die Küste nur 12 Tagesreisen entfernt. Sie ließ ein Kanu bauen, aber unterwegs ertrank ihr letzter erfahrener Ruderer, und schließlich kenterte das Kanu. Die Insassen schwammen ans Ufer.

Später gelang es den Männern, das Kanu zu bergen, und sie fuhren flussabwärts, um Hilfe zu holen. Isabella Godin und ihre Familie warteten 25 Tage lang auf die Retter, dann machten sie sich zu Fuß auf den Weg. Da die Ufer oft unwegsam waren und der Wasserlauf viele Schleifen bildete, versuchten sie, durch den Dschungel abzukürzen, verirrten sich dabei jedoch.

Nacheinander starben alle Reisegefährten an Hunger und Erschöpfung, mit Ausnahme von Isabella Godin, die sich tapfer weiterschleppte und sich von Insekten und Wurzeln ernährte. Nach neun Tagen fand sie zum Fluss zurück und wurde von zwei Indianern, die in einem Kanu vorbeifuhren, gerettet. Ihr Abenteuer sollte späteren Reisenden eine Warnung sein.

Alexander von Humboldt

▲ **Humboldt und Bonpland,** *hier am Ufer des Orinoco porträtiert, reisten in Booten, die häufig in den reißenden Flüssen kenterten. An den Ufern lauerten Alligatoren, im Urwald andere Raubtiere: Humboldts Hund, eine große Dogge, wurde von einem Jaguar gefressen.*

▲ **Humboldts Forschungen** *lieferten wichtige Beiträge unter anderem zur Anthropologie, Zoologie und Medizin. Obwohl er auf seinen Reisen keiner Gefahr aus dem Wege ging, wurde er 90 Jahre alt.*

Im Verlauf seiner fünf Jahre dauernden Reisen in Süd- und Zentralamerika leistete Alexander von Humboldt einen Beitrag zu Geografie und Naturwissenschaften, der weit bedeutender war als der La Condamines, obwohl dieser zehn Jahre im gleichen Gebiet unterwegs gewesen war. Das lag zum Teil daran, dass in den Jahren, die zwischen den Expeditionen von La Condamine und Humboldt lagen, die europäische Wissenschaft große Fortschritte gemacht hatte. Sicher aber spielte dabei auch Humboldts Persönlichkeit eine große Rolle: Er war nicht nur wissbegierig, sondern auch körperlich widerstandsfähig, und besaß eine gute Portion Abenteuergeist.

Humboldts Leistungen

Humboldt kam 1799 nach Venezuela und bereiste anschließend, bis 1804, Kuba, Kolumbien, Ecuador, Peru und Mexiko. Gemeinsam mit dem Botaniker Aimé Bonpland überquerte er die Wasserscheide zwischen Orinoco und Amazonas auf dem Fluss Casiquiare. Dieser Nebenfluss des Orinoco mündet in den Rio Negro, der seinerseits in den Amazonas fließt. Damit hatte Humboldt den wahren Kern der Legende von dem „Fluss, der in beide Richtungen fließt“, gefunden – und auf der Suche nach dieser Wahrheit in dem reißenden Wasser oft genug sein Leben riskiert.

Seine wissenschaftliche Neugier veranlasste ihn, sich ständig neuen Gefahren auszusetzen. Er experimentierte mit Kurare, dem Pfeilgift der Indianer, das er trank, um zu beweisen, dass es nur dann tödlich ist, wenn es in die Blutbahn eindringt. Er ließ die Expeditionsteilnehmer die Milch des Kautschukbaumes trinken, bis einer seiner Gefährten begann, Gummikugeln zu speien. Er überredete den armen Bonpland, das eine Ende eines Zitteraals zu halten, während er das andere hielt, und so erlitten sie abwechselnd Stromstöße von bis zu 600 Volt. Während eines Erdbebens, als alle anderen um ihr Leben rannten, maß er seelenruhig die atmosphärische Elektrizität. Humboldt notierte alle seine Erlebnisse und Erkenntnisse, damit spätere Generationen von Wissenschaftlern auf ihnen aufbauen konnten.

Am gefährlichsten waren seine Wanderungen in den Bergen rund um Quito in Ecuador. Humboldt erkletterte mehrere Vulkane und wollte schließlich den 6 267 m hohen Chimborazo besteigen, den er für den höchsten Berg der Welt hielt – doch es sollte ihm nicht gelingen. Beim Erreichen der Schneegrenze verließen seine Führer ihn, und als er etwas höher gestiegen war, kam Nebel auf und machte die Orientierung unmöglich. Er erlitt einen Anfall von Höhenkrankheit. Der Pfad, auf dem er ging, wurde immer schmaler; an der einen Seite gähnte ein 300 m tiefer Abgrund, auf der anderen Seite stieg ein Gletscher im 30° Grad Winkel empor, und als sei das alles noch nicht genug, setzte ein Hagelsturm ein. Humboldt, der bereits die Höhe von 5 800 m erreicht und damit alle Bergsteigerrekorde der Zeit gebrochen hatte, sah endlich ein, dass er nicht weiter aufsteigen konnte, und kehrte um.

Forscher und Philosoph

Humboldt war nicht nur Forschungsreisender und Abenteurer, er war auch Philosoph. Seine Gedanken zu den Problemen Südamerikas weisen über seine Zeit hinaus. Er war ein erklärter Gegner von Sklavenhaltung und Zwangsarbeit und protestierte, wenn Menschen als Lasttiere herhalten mussten und behandelt wurden wie Pferde oder Maultiere. Natürlich waren ihm die Gebräuche der Kannibalen zuwider, aber er sympathisierte auch mit einem Missionar, der seinerseits unfähig gewesen war, einen Indianer zu bestrafen, der eine seiner Frauen gemästet und dann getötet und aufgegessen hatte.

Humboldt beschäftigte sich in seinen Aufzeichnungen auch mit den Amazonen, nach denen der Amazonas benannt war. Er lobte die Missionsstationen für ihr barmherziges Wirken unter den Indianern, kritisierte aber auch Fälle, in denen in den Stationen allzu strenge Disziplin herrschte.

Humboldts Erbe

Der kalte Meeresstrom an der Westküste Südamerikas ist nach Humboldt benannt. Der vielseitige Wissenschaftler erkannte den Zusammenhang zwischen der Kälte des Wassers, der Wärme der Luft und dem Mangel an Niederschlägen an der Küste der Atacama-Wüste. Bei seiner Rückkehr nach Europa über die Vereinigten Staaten wurde er so überschwänglich gefeiert wie kein anderer Forschungsreisender vor oder nach ihm.

Man verglich ihn sogar mit Napoleon und mit Goethe, Zeitgenossen, denen er begegnet war, und die man, ebenso wie ihn, schon zu Lebzeiten zu den großen Männern der Epoche zählte.

▲ ***Der Chimborazo,*** *hier vom Tapiaplateau aus gesehen, widersetzte sich Humboldts Besteigung. Erst ungefähr 80 Jahre später bezwang ihn der Bergsteiger Edward Whymper.*

ROUTEN

Humboldt 1799–1803

Navigatoren und Naturforscher

▲ ***Naturforscher des 19. Jh.,*** *Männer wie Bates, Wallace und Spruce, verbrachten lange Jahre ihres Lebens mit der Erkundung der oberen Nebenflüsse des Amazonas, die sie auf Einbäumen befuhren; ihre Bootsleute waren Indianer.*

Ab der Mitte des 18. Jh. wurde die Küstenlinie Südamerikas systematisch kartografiert, zum Teil von Offizieren der britischen Marine. Der Flottenadmiral George Anson vollbrachte in den Jahren von 1740 bis 1747 seine berühmte Weltumsegelung, in deren Verlauf er auch Südamerika umfuhr. Nachdem er vier seiner sieben Schiffe verloren hatte, ließ er vor den unbewohnten Juan-Fernández-Inseln die Anker werfen, um Reparaturen vorzunehmen.

Der Besatzung eines der gesunkenen Schiffe, der *Wager*, gelang es, Inseln vor der chilenischen Küste zu erreichen. Unter ihnen war John Byron. Er schrieb später über den Schiffbruch und die darauf folgenden Abenteuer einen Bericht, der zu einem Klassiker seiner Gattung wurde. Trotz der schlechten Erfahrungen unternahm John Byron 1764 eine weitere Reise zu den Falkland-Inseln und nach Feuerland.

Britische und spanische Expeditionen

1768 verzichtete Kapitän James Cook darauf, die relativ sichere Magellanstraße zu befahren, und umsegelte stattdessen auf seiner Fahrt nach Australien und Neuseeland Kap Hoorn. Cook war ein herausragender Navigator und hatte zwei Astronomen sowie den angesehenen Botaniker Joseph Banks an Bord.

Trotzdem gelang es Alessandro Malaspina, die Küste exakter zu kartografieren. Malaspina war ein italienischer Adliger, der zwischen 1789 und 1794 Südamerika im Auftrag Spaniens mehrmals umfuhr. Auf seinen Reisen sammelte Malaspina sowohl wissenschaftliche als auch geheime politische Informationen. Aufgrund seiner politischen Ansichten wurde er bei seiner Rückkehr verhaftet. Napoleon persönlich setzte sich erfolgreich für seine Freilassung ein.

Die britische Marine arbeitete noch bis ins 19. Jh. hinein an der gründlichen Erforschung der südamerikanischen Küsten. 1826 stachen die *Adventure* und die *Beagle* mit dem Auftrag in See, naturkundlich interessantes Material zu sammeln. Leutnant Robert Fitzroy, der nach dem Selbstmord des Kapitäns das Kommando über die *Beagle* übernommen hatte, leitete auch die größere Fahrt, die von 1831 bis 1836 mit diesem Schiff unternommen wurde. Auf diese Expedition nahm Fitzroy einen Naturwissenschaftler mit, einen gewissen Charles Darwin. Die Erkenntnisse, die Darwin auf der Reise gewann, sollten die Fahrt der *Beagle* zu einer der bedeutendsten Entdeckungsfahrten machen (siehe S. 110–111).

Die britischen Offiziere beschränkten sich nicht nur auf das Erforschen der Meere und Küsten, sondern drangen auch ins Landesinnere und sogar bis in die Anden vor, wie Kapitän Basil Hall (1820–1822) und Leutnant Charles Brand (1827).

Wissenschaftliche Expeditionen an Land

Im Laufe des 19. Jh. wurden immer häufiger Expeditionen ins Landesinnere Südamerikas unternommen. Zwei Bayern, der Zoologe Johann Baptist von Spix und der Botaniker Philip von Martius, begleiteten 1817 die Erzherzogin Leopoldina, Braut des zukünftigen Kaisers Dom Pedro, nach Brasilien. Geplant war das Studium von Ureinwohnern, Klima, Flora, Fauna und Boden. Sie erkundeten die Täler rund um Ouro Preto im Süden Brasiliens, die reich an Goldvorkommen waren, und reisten dann weiter zum Amazonasbecken wo Martius beinahe bei einem Bootsunfall ums Leben kam. Als sie 1820 nach Bayern zurückkehrten, hatten sie 85 Säugetierarten gesammelt, 350 Vögel, 130 Amphibien, 116 Fische, 2 700 Insekten und 6 500 Pflanzen.

Wissenschaftlich weniger ernst zu nehmen war der englische Naturkundler Charles Waterton, der in den Jahren 1812 bis 1824 durch Guyana streifte. Nach eigenen Erzählungen fing er Alligatoren, ritt auf dem Rücken eines Riesenkaimans und rang mit einer Boa.

Der Nordamerikaner William H. Edwards verbrachte 1846 acht Monate am Amazonas. Auch er vermochte dramatische Schilderungen dieses Teils der Welt zu liefern, wo „der mächtigste der Flüsse majestätisch durch grenzenlose urzeitliche Wälder rollt … wo das Gold den Freibeuter versucht, und die Frau vom Amazonas ihn zurückweist, wo Jesuitenmissionare und glücklose Händler Kannibalen und gefräßigen Anakondas zum Opfer gefallen sind."

Bestandsaufnahme der Natur

Alfred Russell Wallace, Henry Bates und Richard Spruce, verbrachten insgesamt 32 Jahre im Amazonasbecken. Ähnlich wie Darwin befasste Wallace sich mit der Evolution. Bates allein sammelte über 14 000 Insekten; 8 000 davon gehörten bis dahin unbekannten Arten an. Spruce schickte den führenden naturwissenschaftlichen Museen und Universitäten Europas 30 000 Exemplare von Pflanzen. Er kartografierte außerdem einen Großteil der 16 000 km Wasserläufe, die er mit einer coberta (einem überdachten Kanu)

befuhr. Darüber hinaus klassifizierte er Wörter aus 21 verschiedenen Sprachen der Amazonasindianer.

Während ihrer Forschungstätigkeit erkrankten die Wissenschaftler häufig an Malaria und Ruhr und mussten sich immer wieder vor feindlichen Indianern oder Raubtieren schützen. Eines Nachts kroch eine Anakonda auf Bates' Kanu und stahl ein paar Hühner aus dem Holzverschlag an Bord. Wallace stolperte beinahe über einen schwarzen Jaguar. Einmal, als Spruce mit Fieber in der Hängematte lag, hörte er, wie seine Träger beschlossen, ihn zu töten, um sich in Besitz der Spiegel, Perlen und anderen Tauschwaren zu bringen, die er auf seinen Reisen mitführte.

Die drei Forscher ließen nicht zu, dass derartige Zwischenfälle die Routine ihrer Arbeit und ihres geregelten viktorianischen Tagesablaufs störten. Sie tranken abends regelmäßig ihren „Sundowner", den Abendschoppen, während die Diener ihnen die Anzüge auswuschen und das Arbeitsgerät für den folgenden Tag bereitlegten.

Die Bücher, die die drei nach ihrem Aufenthalt am Amazonas schrieben, schildern anschaulich die Schwierigkeiten und Gefahren, denen sie täglich begegneten.

Leider hatten sie aber auch mit den Finanzen zu kämpfen. Bates erhielt vier Penny je gesammeltes Exemplar, daran war sein Agent mit 20 Prozent Provision beteiligt, so dass er nach 20 Monaten Arbeit ganze 27 englische Pfund verdient hatte. Spruce verlor nach zwölfjähriger Arbeit seine Ersparnisse, als die Bank von Guayaquil, der er sie anvertraut hatte, Bankrott ging. Beim Brand und dem anschließenden Untergang des Schiffes, mit dem Wallace nach England zurückfuhr, ging die naturkundliche Sammlung verloren, die er in sechsjähriger Arbeit angelegt hatte.

Nach ihrer Rückkehr nach England wurden sie für ihre Arbeit geehrt: Bates wurde zum ersten angestellten (und bezahlten!) Sekretär der *Royal Geographical Society* ernannt sowie zu ihrem Mitglied. Wallace ging nach Südostasien, um zu forschen (siehe S. 62). Im Briefwechsel diskutierte er mit Darwin die Evolution der Arten.

Darwins Fahrt mit der *Beagle*

Im Dezember 1831 stach Kapitän Robert Fitzroy im Auftrag der britischen Admiralität mit der *Beagle* in See. Neben der Kartografierung der Küsten Südamerikas sollten chronometrische Messungen durchgeführt werden. Mit an Bord war Charles Darwin, ein 22-jähriger Naturforscher, der mit der *Beagle* seine erste und letzte Auslandsreise machen sollte. Darwin freute sich schon darauf, die Anden zu sehen, die Pampas, Feuerland und die noch nahezu unbekannten Inselgruppen der Falklands und der Galápagos. Wie mit Fitzroy vereinbart, unternahm Darwin mehrere Expeditionen an Land: Er bestieg den Corcovado

ROUTEN

Darwin/*Beagle* 1831–1836

► **Charles Darwin** *war 22 Jahre alt, als er das Angebot erhielt, auf der Beagle als Naturforscher mitzureisen. Seine Beobachtungen auf dieser Reise legten den Grundstock zu seiner Theorie der Evolution durch natürliche Auslese, die zu einer Revolution der Naturwissenschaften führte. Darwin stellte sie erstmals 1859 in seinem Buch „Die Entstehung der Arten durch natürliche Zuchtwahl" der Öffentlichkeit vor.*

▲ *Certhidea olivacea (Waldsängerfink)*

▼ *Geospiza magniostris Großer Grundfink)*

Galapagos- oder Darwinfinken

Darwin war erstaunt über die Vielfalt der Finkenarten, die er auf den Galápagosinseln vorfand, und über die Verschiedenartigkeit ihrer Schnäbel. Auf einer Insel eigneten sich die Schnäbel der Vögel besonders gut, um Früchte und Blüten zu fressen; auf einer anderen Insel ernährten sich die Vögel von Nüssen und Samen und hatten dicke, starke Schnäbel; auf einer dritten waren die Schnäbel besonders schmal und damit ideal für das Fangen von Insekten. Offensichtlich hatten die Vögel je nach Nahrungsangebot besondere Schnabelformen entwickelt. Darwin schloss weiter daraus, dass sie die ersten Vögel gewesen waren, die von dem Festland auf die Inseln gekommen waren und daher keine Nahrungskonkurrenten besaßen. Der Spechtfink zum Beispiel hatte sich spezialisieren können, weil es auf den Inseln noch keine Spechte gab. Die Inselsituation hatte zur Entwicklung neuer Arten geführt.

◄ **Darwin** *war von den Vögeln des Urwalds fasziniert, die er auf seiner Expedition durch das Gebiet um Salvador an der Küste Brasiliens im Jahre 1832 beobachten konnte, darunter auch Riesentukane* (Ramphastus toco).

► ***Als die* Beagle** *im Februar 1833 bei den Falkland-Inseln vor Anker lag, lebten dort viele Füchse* (Canis antarticus). *Darwin berichtet, dass sie keine Scheu zeigten und sogar angriffen.*

in Rio de Janeiro, erkundete zu Wasser und zu Lande die Wasserstraßen Feuerlands und ritt mit Gauchos über die argentinischen Pampas. Er jagte in Patagonien Nandus und schoss in Chile einen Kondor. Er überquerte die Anden, nicht ohne auf den hohen Pässen zwischen Portillo und Mendoza von der Höhenkrankheit befallen zu werden. Auf den Galápagosinseln ritt er eine Riesenschildkröte, die er als Sitzgelegenheit sehr „wackelig“ fand.

Während all seiner größeren und kleineren Abenteuer beobachtete Darwin aufmerksam die Natur. In Cambridge hatte er sich mit Geologie, Entomologie (Insektenkunde) und Naturkunde beschäftigt. Er legte eine große Insektensammlung und eine noch größere Fossiliensammlung an und kam zu dem Schluss, dass „das gesamte Gebiet der Pampas nichts anderes ist als das „Grab … riesiger ausgestorbener Vierfüßer.“ Er nahm an, dass die Anden unter dem Wasserspiegel eines Ozeans gelegen hatten und durch Erdbewegungen emporgeworfen worden waren. Anhaltspunkte seiner Theorie waren die Meeresfossilien, die er hoch oben in den Anden fand, und ein schweres Erdbeben, das er in Concepción (Chile) erlebte und bei dem er feststellen konnte, wie dünn hier die Erdkruste war.

Der Ursprung einer Idee

Die eigentlich Anregung zu seiner Lehre über die gemeinsame Abstammung und die natürliche Auslese der Arten erhielt Darwin jedoch erst auf den Galápagosinseln, als er feststellte, dass die Tiere der Inseln besonderen Arten angehörten; zwar ähnelten sie ihren Verwandten auf dem Festland, wiesen jedoch eigene charakteristische Merkmale auf.

Die einzelnen Arten waren von Insel zu Insel verschieden, auch wenn diese nur 80 bis 90 km voneinander entfernt waren. Die Unterschiede, so folgerte er, konnten sich nur in einer Umwelt entwickelt haben, in der die Tiere keine natürlichen Feinde oder Nahrungskonkurrenten besaßen und sich den Bedingungen ihrer Umgebung optimal angepasst hatten. Aufgrund dieser Beobachtungen begann er, den damals allgemein akzeptierten Glauben an die Unveränderlichkeit der Arten zu hinterfragen. In sein Tagebuch schrieb er: „Im Juli erstes Notizbuch über die Veränderung der Arten begonnen. War ungefähr seit vorigem März stark von dem Charakter der südamerikanischen Fossilien beeindruckt sowie von den Arten des Galápagos-Archipels. Diese Tatsachen (besonders letztere) Ursprung all meiner Ansichten.“

Darwins Arbeit stellte für Kapitän Fitzroy eine nicht unwesentliche Belastung dar, unter anderem, weil die beiden sich eine Kabine teilen mussten. Auch die Decks der *Beagle* waren bald mit Knochen, Gesteinsproben, Pflanzen, Vogelbälgen, faulenden Fischen und Pilzen übersät.

Schlimmer aber als das Chaos von Proben und Funden waren für Fitzroy Darwins Gedanken. Fitzroy war ein fundamentalistischer Christ: Er glaubte wortwörtlich, was in der Bibel stand. Darwin dagegen zweifelte am christlichen Glauben: Konnte die Schöpfung wirklich, wie die Kirche behauptete, erst im Jahre 4004 v. Chr. erfolgt sein? Hatte die Sintflut die Erde bedeckt, und hatte Noah tatsächlich alle überlebenden Arten gerettet? Und war es möglich, dass alles, was zwischen Himmel und Erde lebte, innerhalb von sieben Tagen erschaffen worden war? Fitzroy, dem es entgegen seiner Absichten nicht gelungen war, in Feuerland eine Missionsstation einzurichten, begann Darwin als Abtrünnigen im Glauben anzusehen.

Darwin verbrachte Jahre damit, die Aufzeichnungen seiner fünfjährigen Reise auszuwerten. 1859 veröffentlichte er *The Origin of Species* („Die Entstehung der Arten durch natürliche Zuchtwahl“). Im Jahr darauf fand in Oxford eine öffentliche Debatte statt, bei der Darwins Anhänger mit dem Bischof von Oxford und anderen Vertretern der Kirche die neue Theorie diskutierten. Die Veranstaltung wurde durch einen älteren, grauhaarigen Mann gestört, der Darwin und seine Werke aufs Schärfste anklagte: Vize-Admiral Robert Fitzroy, seinerzeit Kapitän der *Beagle*.

▼ ***Der Zeichner*** *auf der* Beagle, *Conrad Martens, malte dieses Aquarell, das Eingeborene festhält, die dem vor Feuerland liegenden Schiff einen Besuch abstatten möchten.*

In den Anden

▲ Edward Whymper *schrieb zur Erläuterung der Abbildung , dies seien sein „Schlafzimmer" und seine „Küche" gewesen.*

► Auf der Suche *nach den geheimnisvollen Städten der Inka musste Hiram Bingham mehrere tiefe Schluchten auf Hängebrücken überqueren.*

▲ Edward Whymper *bestieg die interessantesten Gipfel Ecuadors und suchte dabei nach Methoden, um die Höhenkrankheit zu vermeiden.*

Edward Whymper, der durch seine Erstbesteigung des Matterhorns im Jahre 1865 der berühmteste Alpinist Europas geworden war, reiste 1879 nach Guayaquil in Ecuador, um die Anden zu erkunden. Besonders interessierte er sich für das Phänomen der Höhenkrankheit, unter der Bergsteiger in Südamerika anscheinend stärker zu leiden hatten als in Europa.

Whympers Bergbesteigungen

Gleich nach seiner Ankunft machte Whymper sich zum Chimborazo auf, jenem Gipfel, an dem Alexander von Humboldt nahezu 80 Jahre zuvor gescheitert war. In seinen *Travels Amongst the Great Andes of the Equator* schrieb Whymper später, dass es seiner Überzeugung nach besser sei, „eine Politik der Nichteinmischung einzuhalten … Wir verlassen uns lieber auf unseren Verstand als auf unsere Empfehlungsschreiben und sind überzeugt, dass ein Scherz dort siegt, wo Gewalt es nicht vermag, und dass ein Bonmot einen oft weiter bringt als ein Pass."

Als sie den zweiten Stützpunkt auf dem Berg erreicht hatten, litten Whymper und seine Begleiter tatsächlich viel stärker unter der Höhe als in den Alpen. Trotzdem setzten sie ihren Aufstieg zum westlichen Gipfel fort – und mussten enttäuscht feststellen, dass er niedriger als der östliche war. Sie überquerten das dazwischen liegende Plateau und erklommen den Hauptgipfel des Chimborazo.

Als nächstes war der Vulkan Cotopaxi an der Reihe. Beim Aufstieg drang den Alpinisten die Vulkanasche in Kleidung, Ohren, Augen und Nase. Sie schlugen ihr Lager so nahe wie möglich an dem rauchenden Krater auf, mussten aber feststellen, dass die Gummibeschichtung ihres Zeltbodens unter der Einwirkung des 43° C heißen Untergrunds schmolz. Whymper kletterte in der Nacht an den Kraterrand und blickte in glühende, geschmolzene Masse.

Er erstieg die meisten anderen hohen Gipfel Ecuadors, entdeckte bis dahin unbekannte Gletscher, nahm Höhenmessungen vor und sammelte Gebirgspflanzen, Schmetterlinge und sogar Würmer. Sein besonderes Interesse aber galt nach wie vor der Höhenkrankheit. Whymper wies nach, dass sie mit dem atmosphärischen Druck zusammenhing (auf dem Gipfel des Chimborazo war das Barometer um 35 cm gefallen), und entwickelte einen Katalog von Empfehlungen für Bergsteiger.

Binghams Entdeckung des Machu Picchu

Einen Reiz ganz anderer Art übten die Anden auf Hiram Bingham aus, einen jungen amerikanischen Dozenten für Lateinamerikanische Geschichte an der Yale University, der sich für die Inkakultur interessierte. Nach Pizarros grausamer Eroberung im Jahre 1532 hatten die Spanier Manku Inka Yupanki eingesetzt; 1537 führte er einen erfolglosen Aufstand gegen die Eroberer und floh danach zur westlichen Wasserscheide, an den Fluss Urubamba, wo er die Städte Vilcabamba und Vitcos gründete.

Den Spaniern gelang es schließlich, Vilcabamba einzunehmen. Mankus jüngster und einziger überlebender Sohn Tupac Amaru wurde nach Cuzco gebracht und dort geköpft. Dies war das endgültige Ende des Inkareiches.

Im Jahre 1908 brachen Bingham und ein Freund von Cuzco aus mit Maultieren zu den Festungen der Inka auf. Sie ritten vier Tage lang, bis das Gelände immer schwieriger wurde und der Pfad so steil, dass sie manchmal nur noch auf allen Vieren kriechend vorankamen. Nachdem sie sich durch dichtes Unterholz und Bambusdickicht gekämpft hatten, fanden sie tatsächlich die Überreste eindrucksvoller Inkabauten – aber nicht Vilcabamba oder Vitcos.

Bingham kehrte 1911 mit einer größeren Expedition aus Yale zurück. Vom Urubambatal aus stieg er zum Gipfel eines Berges auf und wurde für die Anstrengung reich belohnt: „Ein unerwarteter Anblick, eine lange Flucht von schön gebauten Steinterrassen, vielleicht ihrer hundert, jede Hunderte von Fuß lang und zehn Fuß hoch … Wände zerstörter Häuser, aus feinsten Steinmetzarbeiten erbaut … zwischen Bambus und Lianen konnte man teilweise Wände aus Quadersteinen von weißem Granit sehen, die sorgfältig geschnitten und hervorragend eingepasst waren." Hoch über den Ruinen ragte ein Gipfel in Form eines Zuckerhutes empor, den die Einheimischen Huayna Picchu nannten. Davon abgeleitet erhielten die Ruinen den Namen Machu Picchu. Bingham war überzeugt, die verlorene Inkahauptstadt Vilcabamba entdeckt zu haben.

Nun wollte Bingham auch Vitcos finden, von dem es hieß, in seiner Nähe liege „ein Sonnentempel, in dem sich ein weißer Stein über einem Brunnen befindet." Bingham suchte eine Vielzahl von Ruinen auf, seine Erwartungen wurden jedoch nicht erfüllt.

Doch Bingham ließ sich von seinem Ziel nicht ablenken. Er wusste, das Vitcos besonders reich verzierte Gebäude besaß. Eines Tages fand er auf einem Höhenzug eine alte Stadt, bei der „die Türstürze aus fein gemeißeltem Marmor waren." Er war sofort überzeugt davon, dass dieser Rosaspata genannte Ort Vitcos war. Als ihn seine indianischen Führer zu einem riesigen, mit andinen Motiven verzierten weißen Granitblock brachten, unter dem sich ein geheimnisvoller, dunkler Teich befand, war Bingham sich sicher, dass dies der Tempel war, den er gesucht hatte.

▲ ***Machu Picchu*** *war wahrscheinlich eine der letzten Bergfestungen der Inka und muss den Spaniern uneinnehmbar erschienen sein. Als Hiram Bingham 1911 Machu Picchu entdeckte, glaubte er, Vilcabamba gefunden zu haben.*

Im folgenden Jahr kam Bingham erneut in das mit Zeugnissen des Inkareiches übersäte Urubambatal. Während seine Begleiter die Terrassen von Machu Picchu vom Pflanzenwuchs befreiten, suchte er nach weiteren Ruinenstädten. Zwar machte er nie wieder einen annähernd so aufsehenerregenden Fund, entdeckte aber noch einige Ruinen, unter anderem bei Espiritù Pampa.

Die letzte Hauptstadt der Inka

Viel später, in den Jahren 1964 und 1965, entdeckte Gene Savoy, ebenfalls Amerikaner, dass Espiritù Pampa wesentlich weitläufiger war als Bingham angenommen hatte. Er schloss daraus, dass dies die gesuchte Hauptstadt der Inka sein müsse. Die Position der Stadt stimmte mit der Überlieferung überein, ebenso die Gebäude, und auch die Höhenlage passte: Die Stadt lag niedriger als Machu Picchu und in einem milderen Klima. Außerdem legte die Größe nahe, dass es sich um eine Hauptstadt gehandelt hatte. Der letzte, makabre Anhaltspunkt war, dass ein Fluss in der Nähe war, auf dem Pizarro, wie erzählt wurde, der Stadt 1539 die Leiche von Mankus ermordeter Gattin Cura Occlo in einem Korb hatte schicken können.

Die letzte Hauptstadt der Inka war gefunden; dennoch suchte man in den Urwäldern und Schluchten am Urubamba weiter. Die Risiken, denen sich Bingham und seine Vorgänger auf ihren Expeditionen aussetzten, existieren weiterhin, und Reisen durch den Urwald sind bis heute ein gefährliches Abenteuer geblieben.

Entdecker des 20. Jahrhunderts

▲ ***Oberst Fawcett,*** *hier in seinem Camp am Mato Grosso, wollte 1925 den Urwald weiter erforschen, obwohl er schon auf früheren Expeditionen immer wieder Gefährten durch Boas und Pirañas verloren hatte. Da die Pferde im dichten Wald nicht vorankamen, mussten der Oberst und seine Begleiter auf sie verzichten. Von dieser Expedition kehrte Fawcett nie zurück.*

Percy Fawcett, ein britischer Offizier, verbrachte lange Jahre seines Lebens mit der Erforschung des Mato Grosso und der Nebenflüsse des Amazonas und ist 1925 in diesem Gebiet verschollen.

Nachdem er die brasilianisch-bolivianische Grenze kartografiert hatte, beherrschte ihn der Gedanke, im Dschungel am Amazonas nach den Ruinen der Stadt El Dorado zu suchen. Fawcett hatte eine aus dem 18. Jh. stammende detaillierte Beschreibung einer märchenhaft reichen Stadt gelesen, die voller Gegenstände aus Gold und Silber sein sollte, wo es „große Bögen, so hoch, dass niemand ihre Inschriften lesen konnte" gab, Säulen und Statuen.

Im April 1925 brach Fawcett auf, um den Urwald zwischen Zentralbrasilien und der Ostküste zu erkunden. Weil er seine genaue Route geheim hielt, verdächtigten ihn die brasilianischen Behörden, für eine multinationale Gesellschaft nach Öl zu suchen. Andere glaubten, er beschäftige sich mit Sonnenenergie, weil er sich sowohl für Mystik als auch für Naturkunde interessierte.

Es gab in dem Gebiet keinen befahrbaren Fluss, und das Gelände war für Packtiere zu unwegsam. Deshalb konnte nicht mehr Ausrüstung mitgenommen werden als er und seine beiden Begleiter (sein 22-jähriger Sohn und dessen Freund) tragen konnten. Anfangs kamen von ihnen noch Nachrichten und dann nichts mehr. Das beunruhigte lange Zeit niemanden, denn Fawcett hatte angekündigt, ein oder zwei Jahre unterwegs sein zu wollen.

Die Suche nach Fawcett

1928 finanzierte ein amerikanisches Pressesyndikat eine Rettungsexpedition. Diese kehrte mit der Nachricht zurück, dass Fawcett und seine Begleiter wahrscheinlich am Fluss Culuene von Indianern getötet worden seien. Es gab aber auch Gerüchte, dass ein Weißer von Indianern gefangen gehalten werde. Ein Schweizer Abenteurer behauptete, im Herzen des Mato Grosso einen britischen Oberst getroffen zu haben, und ein amerikanischer Missionar fand ein weißes Kind, das angeblich Fawcetts Sohn gezeugt hatte.

25 Jahre nach diesen Ereignissen wurde einem brasilianischen Anthropologen, der bei den Kalapalo lebte, erzählt, dass die Männer aus diesem Volk seinerzeit von Fawcett provoziert worden waren und ihn erschlagen hatten; sie übergaben dem Forscher Knochen, die angeblich von Fawcett stammten. Die Knochen wurden nach England gebracht, aber eine Untersuchung ergab, dass sie weder von Fawcett noch überhaupt von einem Europäer stammten. Bis heute sind die Umstände von Fawcetts Tod ungeklärt.

Reisen am Amazonas

Seit dem Zweiten Weltkrieg hat es zahlreiche Reisende nach Südamerika gezogen, eine der letzten Regionen der Erde, die noch nicht völlig erforscht sind oder – wie Sir Walter Raleigh es vor dreihundert Jahren ausgedrückt hatte – „sich ihre Jungfräulichkeit bewahrt" haben.

Ein Engländer namens Sebastian Snow beschloss 1950, von einem Punkt in den peruanischen Anden aus, den er für die Amazonasquelle hielt, bis zur Mündung bei Belém durch den Urwald zu reisen – über eine Strecke von 5 500 km. Bereits 1541 war Francisco de Orellana dem Lauf des Amazonas bis zum Atlantik gefolgt. Die Besonderheit von Snows Route war, dass sie hoch oben in den Bergen begann und dem Tal des Marañón folgte, dem wichtigsten Quellfluss des Amazonas. Erschwert wurde sie dadurch, dass der Marañón erst 800 km hinter der Quelle schiffbar ist.

Für die ersten 2 000 km brauchte Snow über neun Monate; er kämpfte sich die Flussufer entlang oder kenterte wiederholt mit Kanus und Flößen. Als er Belém endlich erreichte, war er durch mangelhafte Ernährung und Ruhr geschwächt.

Margaret Mee

Ab Mitte der 50er bis in die späten 80er Jahre hinein unternahm die Botanikerin und Forscherin Margaret Mee, die bei ihrer ersten Reise bereits 47 Jahre alt war, eine Reihe von Kanufahrten auf den entlegeneren Nebenflüssen des Amazonas. Skizzenbuch und Staffelei waren ihre ständigen Begleiter, und sie hielt die Schönheit der exotischen Blüten des Regenwaldes in unvergleichlichen Aquarellen fest. Ihre Bilder werden in den Kew Gardens bei London aufbewahrt.

ROUTEN

- Fawcett 1925
- Snow 1951–1952
- Hanbury-Tenison 1958
- Hanbury-Tenison 1964–1965

Die Durchquerung des Kontinents

Später in den 50er Jahren wollten zwei Studenten aus Oxford, Richard Mason und Robin Hanbury-Tenison, den südamerikanischen Kontinent an seiner breitesten Stelle mit einem Jeep durchqueren, von Recife am Atlantik nach Lima am Pazifik. Zwar wussten sie, dass es durch den Mato Grosso nur wenige Straßen gab, hofften aber auf passierbare Pfade. Nachdem sie mit ihrem Jeep auf einem Floß über den Rio Araguaia nach Bananal, der größten Binneninsel der Welt, übergesetzt hatten, tuckerten sie so lange durch unwegsames Gelände, bis das Fahrgestell des Jeeps auseinanderbrach. Hanbury-Tenison setzte den Weg zu Fuß durch das Gebiet der Karajá-Indianer fort, um Hilfe zu holen, während Mason zurückblieb, um das Auto und die Vorräte zu bewachen.

Nach tagelangem einsamen Marsch und nachdem er mehrere Flüsse schwimmend durchquert hatte, kehrte Hanbury-Tenison mit Helfern zurück. Mit dem reparierten Jeep fuhren die beiden Studenten eiligst durch das Territorium der kriegerischen Xavante, vorbei am Ausgangspunkt von Fawcetts Expedition. Sie umfuhren die Sümpfe von Pantanal, ließen ihren Jeep streckenweise von Ochsen ziehen und erreichten schließlich Lima. Richard Mason unternahm später zusammen mit seinem Freund John Hemming eine Expedition zum noch unerforschten Rio Iriri im Zentrum des Mato Grosso und wurde von Kriegern des bis dahin noch unbekannten Stammes der Kreen-Akore mit Pfeilen und Keulen getötet.

Snow und Hanbury-Tenison ließen sich durch das traurige Schicksal von Mason nicht davon abhalten, nach Südamerika zurückzukehren. Mit einem Schlauchboot fuhren sie 1964 von der Mündung des Orinoco in Venezuela 9 750 km weit über den Amazonas und seine Nebenflüsse bis zur Mündung des Rio de la Plata in Argentinien. Snow erkrankte kurz nach Reisebeginn und musste heimkehren; Hanbury-Tenison setzte die achtmonatige Reise alleine fort und erreichte schließlich Buenos Aires.

▼ ***Eines der zahlreichen*** *am Amazonas lebenden Völker sind die Yanomami, die als sehr kriegerisch gefürchtet werden. In manchen Gegenden ist es üblich, dass die Männer ihre Dörfer gegenseitig überfallen und Frauen und Kinder entführen.*

NORDPOLARMEER
GRÖNLAND
Baffinbai
Baffininsel
Beringmeer
Beringstraße
Yukon
Großer Bärensee
Mackenzie
Großer Sklavensee
DRITTE EINWANDERUNGSWELLE
ZWEITE EINWANDERUNGSWELLE
Hudsonbai
ROCKY MOUNTAINS
Winnipegsee
Neufundland
Sankt-Lorenz-Strom
PAZIFISCHER OZEAN
Columbia
Snake
Oberer See
Huronsee
Michigansee
Eriesee
Missouri
Mississippi
Ohio
APPALACHEN
ERSTE EINWANDERUNGSWELLE
Colorado
Arkansas
ZWEITE EINWANDERUNGSWELLE
ATLANTISCHER OZEAN
Rio Grande
Nördlicher Wendekreis
Nördlicher Polarkreis
GOLF VON MEXIKO
Große Antillen
KARIBISCHES MEER
Einwanderungsrouten
0 Meilen 500
0 Kilometer 1000
N

NORDAMERIKA

Die ersten Menschen, die Nordamerika erkundeten und besiedelten, zogen vor etwa 14 000 Jahren von Sibirien aus Richtung Osten nach Alaska, über eine Landbrücke, die sich dort befand, wo heute die Beringstraße verläuft. Vom Nordwesten zogen sie südwärts, entweder durch einen Korridor, der östlich der Rocky Mountains zwischen zwei Gletschern entstanden war, oder an der Pazifikküste entlang auf einem Küstenstreifen, der heute 100 m unter dem Meeresspiegel liegt.

Die erste Einwanderungswelle bewegte sich erstaunlich schnell vorwärts, wenn man bedenkt, dass die Menschen keinerlei überlieferte geografische Kenntnisse über diese für sie neue Welt besaßen: Innnerhalb von knapp 1 000 Jahren stießen sie bis zur südlichen Spitze Südamerikas vor. Rund 500 Indianersprachen im südlichen Teil Nordamerikas sowie in Zentral- und Südamerika zeugen von dieser Einwanderungsbewegung. Ihr folgte eine zweite Welle von Einwanderern, deren Nachkommen Sprachen der Na-Dene Gruppe sprechen. Die Vorfahren der Inuit schließlich, im hohen Norden, deren Sprachen der eskimo-aleutischen Sprachfamilie zugeordnet werden, kamen im Laufe der letzten 4 000 bis 8 000 Jahre nach Alaska und Nordkanada, und zuletzt auch nach Grönland.

Zur Zeit des ersten Kontakts mit den Europäern stellten Jagen und Sammeln, Fischfang, Acker- und Gartenbau die wichtigsten Wirtschaftsformen dar. Die Europäer stellten fest, dass ein Netz fester Pfade die Landschaft durchzog und dass die Einwohner des Kontinents Landkarten zu erstellen verstanden. Obwohl die Karten einfach waren und nur auf Birkenbast oder Tierhäute gezeichnet, machten die weißen Pioniere sie sich oft zu Nutze. Eine Karte Virginias, die 1612 von John Smith, einem englischen Entdeckungsreisenden, angefertigt wurde, ist mit dem Hinweis versehen, „dass immer dort, wo das kleine Kreuz auf Flüssen, Bergen oder anderen Orten zu sehen ist, diese entdeckt worden sind; alle anderen Informationen stammen von den Wilden und wurden gemäß ihren Angaben eingetragen."

Norwegische Entdecker

► ***Leif Eriksson**, der 1003 nach Amerika segelte, wird in der Grönland-Saga beschrieben: „Hochgewachsen, stark und von beeindruckendem Äußeren ... ein gewitzter Mann und immer gemäßigt in seinem Benehmen." Auf dem hier abgebildeten, idealisierenden Gemälde haben sich Fehler eingeschlichen; so führten zum Beispiel Handelsschiffe, wenn sie auf See waren, auf den Dollborden keine Schilde mit.*

Im späten 9. und 10. Jh. wurde Island von Wikingern aus Skandinavien und von den britischen Inseln entdeckt und kolonisiert. Um 900 n.Chr. war ihnen die Ostküste Grönlands bekannt, während die Fjorde Südwestgrönlands erst ab 986 von Isländern erkundet wurden.

Die Grönland-Saga, die im späten 12. Jh. in Island geschrieben wurde, berichtet, dass die Männer an Bord eines von Bjarne Herjolfsson befehligten Schiffes, das 986 von Eyrar in Südwestisland nach Grönland fuhr, die ersten Europäer waren, die die Küste Nordamerikas erblickten. Der Sturm hatte sie in ein nebliges Gebiet südlich von Grönland getrieben – möglicherweise vor die Küste Neufundlands. Statt gleich wieder nach Nordosten an ihr eigentliches Ziel zu segeln, fuhren sie nach Norden, eine lange Westküste entlang, und sichteten dreimal Land; später berichteten sie von einem „Land mit Wäldern und niedrigen Hügeln", „einem flachen, von Wäldern bedeckten Land" und „gebirgigem Hochland mit Gletschern." Dies also waren die ersten Eindrücke, die Europäer von Amerika gewannen.

Die Vinland-Expeditionen

Nach dieser ersten Entdeckung kam es zu mindestens zwei weiteren belegten Sichtungen der nordamerikanischen Küste; vermutlich gingen beide auf Versuche zurück, Grönland von Island aus zu erreichen. Der Grönland-Saga zufolge begann die eigentliche Erforschung aber erst um 1003, als Leif Eriksson von den östlichen Siedlungen in Grönland aus aufbrach, um Herjolfssons Entdeckungen in umgekehrter Reihenfolge nachzuprüfen. Dabei gab er der Landschaft, die Herjolfsson zuletzt gesehen hatte, den Namen Helluland. Sie war „ohne Gras; im Hinterland nur große Gletscher; eine einzige große Felsplatte reicht vom Meer bis zu den Gletschern; karges, unbrauchbares Land." Die zweite Landschaft, die „weiße Sandstrände" hatte, die „sanft zum Meer hin abfielen", nannte er „Markland". Nach der Saga Eriks des Roten, die im späten 12. Jh. entstand, setzte sich die Küste nach Süden hin als „eine offene Küste ohne Buchten, mit langen Stränden und Sand" fort – Furdustrandir oder „Wunderstrände" –, dann folgte ein Kap, Kjalarness, und darauf eine zerklüftete Küste. Der dritte Landstrich, den Herjolfsson gesehen hatte, war ein nach Norden weisendes Kap, dem eine grasbewachsene Insel vorgelagert war und an das sich im Süden eine flache Bucht anschloss. Eriksson benannte die Gegend „Vinland". Hier erbauten er und seine Männer Leifsbúdir, „Leifs Siedlung", erforschten die Umgebung, fällten Holz und überwinterten. Eriksson beanspruchte das Gebiet um Leifsbúdir als sein Eigentum und unternahm von hier aus weitere Expeditionen.

Zwei weitere Expeditionen von Grönland aus nach Leifsbúdir, die eine unter dem Kommando von Leifs Bruder Thorvald Eriksson, die andere unter dem von Thórfinn Thordarson, einem Kaufmann aus Island, erkundeten das Gebiet zwischen 1005 und 1012 in Richtung Westen, Norden und Südosten und bis zu einem doppelten Fjord im Süden, in den eine bewaldete Landzunge hineinragte. Dieses Gebiet nannten sie Krossanes. Beide Expeditionen begegneten Bewohnern der Gegend; bei Versuchen, Pelze einzuhandeln und Holz für die wachsende Kolonie in Grönland zu schlagen, kam es wiederholt zu Feindseligkeiten. Für die Expeditionen im späten 10. und frühen 11. Jh. wurden breite Handelsschiffe eingesetzt, nicht die schmalen Langschiffe, die für Fahrten entlang der europäischen Küsten verwendet wurden (siehe S. 22).

Norwegische Siedlungen in Neufundland

Die einzige bisher entdeckte Wikingersiedlung befindet sich über der Épaves Bay nahe L'Anse-aux-Meadows, an der Nordspitze Neufundlands. Die Ausgrabung wurde in den frühen 60er Jahren unseres Jahrhunderts von den norwegischen Wissenschaftlern Helge und Anne Stine Ingstad begonnen. Die Siedlung, die um 1000 entstand, besteht aus drei Ansammlungen von Gebäuden mit Schuppen und einer Schmiedeesse voller Kohle und Schlacke. Wenn dies, wie angenommen, die Überreste von Leifsbúdir sind, wäre Vinland das heutige Neufundland, Markland wäre mit der Südküste Labradors identisch und mit dem Südufer des Sankt-Lorenz-Golfes; Furdustrandir und Kjalarnes würden den langen Stränden auf beiden Seiten von Kap Porcupine entsprechen und Helluland Nordlabrador und der Ostküste von der Baffin-Insel bis zum Kap Dyer. Krossanes könnte möglicherweise die flache Landzunge an der Nordspitze Neufundlands sein.

Auch auf der der Ellesmere-Insel vorgelagerten Insel Skraeling wurden archäologische Funde gemacht, die belegen, dass Wikinger in Nordamerika waren, darunter Teile von Kettenpanzern, eiserne Messerklingen, Bootsnieten, Kupferstücke, Wollstoff und bearbeitete Knochen.

Spätere Entdeckungsfahrten

Die Kolonie auf Neufundland hatte nicht lange Bestand, und die Wikinger scheinen die Erforschung der nordamerikanischen Küste im 11. Jh. abgebrochen zu haben. Eiríḱ Gnúpsson, ein auf Island geborener grönländischer Bischof, machte sich auf die Suche nach „Vinland", möglicherweise um nach neuen Einnahmequellen für seine Diözese zu fahnden, aber der Ausgang dieser Expedition ist unbekannt. Die Annalen von Skalholt berichten, dass 1347 ein Schiff aus Grönland durch einen Sturm von Markland nach Island gelangte. Dies könnte ein Hinweis darauf sein, dass die Norweger auf Grönland gelegentlich nach Südlabrador fuhren, jedoch wohl eher, um Pelze zu erwerben oder Holz zu schlagen als zur Erkundung des Hinterlandes. Jedenfalls scheinen diese Besuche so selten gewesen zu sein, dass sie weder auf die Landschaft noch auf ihre Bewohner Auswirkungen hatten.

Im Jahre 1360 wurde die noch bestehende Kolonie von grönländischen Wikingern, die Östliche Ansiedlung, von einem englischen Minoriten- oder Franziskanermönch besucht, einem Mathematiker aus Oxford und „gutem Astronomen, der den Norden bereiste, alle Orte beschrieb, die er sah, und mit seinem Astrolabium deren Höhe [Breite] maß und all die Wunder jener Inseln zu Papier brachte und der dem König von England [Edward III.] ein Buch schenkte, das er *Inventio Fortunatae* nannte und das bei … 54° Breite begann und bis hinauf zum Pol führte." Wenn dies historischen Tatsachen entspricht, dann hat der englische Mönch die Baffinbai und die nordamerikanische Küste bis hinunter nach Kap Porcupine (54° N) in Südlabrador erforscht, zweifellos mit Hilfe der grönländischen Wikinger.

In den einhundertfünfzig Jahren zwischen 1350 und 1500 schwand die Bedeutung der Wikingersiedlung auf Grönland. Sie wurde aufgegeben und mit ihr auch der einzige Stützpunkt für die Erkundung Nordamerikas. Erst als die Europäer gegen Ende des 15. Jh. nach einer neuen, westlichen Route nach China und Ostindien suchten, begann die eigentliche Entdeckung der Länder westlich des Atlantischen Ozeans.

ROUTEN

- Bjarne Herjolfsson
- Leif Eriksson
- Thorvald Eriksson

◄ ***Neufundland*** *wurde von den Wikingern zu einer Zeit besucht, in der das Klima etwas milder als heute war; trotzdem war die damalige Vegetation der heutigen ähnlich. Eine Zeit lang dachte man, dass im 11. Jh. in der Vinland genannten Landschaft Trauben wuchsen, inzwischen ist man aber von dieser Vorstellung abgekommen.*

Die Erkundung der Ostküste

John Cabots *Reise nach Amerika im Jahre 1497 (unten) sollte das Leben vieler europäischer Fischer verändern (links). Seine Beschreibung der riesigen Fischgründe veranlasste sie, besonders ab 1520, die Gewässer Neufundlands aufzusuchen.*

▼ ***Giovanni da Verrazzano*** *zeichnete 1524 die Küstenlinie zwischen Kap Fear und Neufundland auf, eigentlich aber suchte er 1524 nach der Passage zum Pazifik.*

▼ ***Ponce de Léon*** *hatte sich auf seinem Feldzug auf Puerto Rico die Gesundheit ruiniert; auf der Suche nach einem „Jungbrunnen" entdeckte er Florida.*

Die *Mathew*, mit der John Cabot im Mai 1497 in England ablegte, war das erste uns namentlich und mit Ankunftsdatum bekannte Schiff, das den Atlantik überquerte und die Nordostküste Amerikas erreichte. Man weiß zwar nicht, an welcher Stelle der Genueser Cabot Ende Juni die Küste erreichte; aber einem Brief, den der englische Kaufmann John Day wenige Monate nach Cabots Rückkehr schrieb, ist zu entnehmen, dass Cabot von der Nordspitze Neufundlands aus bis zur Südküste der Kap-Breton-Insel segelte.

John Cabots Entdeckungen

Die *Mathew* benötigte ungefähr einen Monat, um den etwa 1 000 bis 1 500 km langen Küstenabschnitt abzufahren; diese Küste war der östliche Rand einer Region, die im 16. Jh. meist „Terranova" oder „Les Terres Neuves" (Neufundland) genannt wurde. Cabot war überzeugt, das Land des Großen Khan gefunden zu haben. Was auch immer er entdeckt hatte, ob einen Teil Chinas oder eine Küste, die nach Cipangu (Japan) wies, die „Insel Brasilien" oder irgend eine andere – Cabots Beschreibung der neuen „Länder und Inseln" überzeugte König Heinrich VII., dass es das „Neue Land" wirklich gab, und er belohnte den Seefahrer entsprechend.

Zwar hatte Cabot von seiner ersten Reise weder Gewürze noch Edelsteine mitgebracht, doch er hatte Bäume gesehen, deren Stamm sich als Mast eignen würde, sowie Spuren menschlicher Existenz, wie Tierfallen, einen Herd und eine Nadel. Besonders beeindruckt hatte ihn und seine Mannschaft das massenhafte Vorkommen jener Fischart, die zu Stockfisch verarbeitet wird und die man „auf Island im Freien trocknet." Dies sprach sich bald in Spanien und Italien herum, und in kürzester Zeit hatte der vor den Küsten Neufundlands lebende Kabeljau das Leben vieler europäischer Fischer – besonders der Portugiesen, Bretonen und Normannen – verändert.

Die Fischer merkten bald, dass sie weder vor China noch vor Japan kreuzten. In Spanien und Portugal war ein Teil des Neuen Landes im frühen 16. Jh. als „Tierra de los Bacallaos" bekannt – das Land des Kabeljau. Auf den Karten wurde es südwestlich der „Tierra del Labrador" eingezeichnet. Eine Reise zu diesen neuen Fanggründen galt bald als nicht viel abenteuerlicher als eine Fahrt nach Irland oder Island. Der schon erwähnte John Day behauptete, Cabots Rückreise von Neufundland nach England habe nur etwa fünfzehn Tage gedauert. Die größere Entfernung, die man für den Fischzug zurücklegen musste, wurde durch eine hervorragende Ausbeute mehr als wett gemacht.

Cabots Erfolg ermutigte zu weiteren Entdeckungsfahrten; besonders die Bewohner der Azoren fühlten sich dazu angespornt. Unter dem Patronat des englischen Königs Heinrich VII. oder des portugiesischen Herrschers unternommen, versorgten diese Reisen die Kartografen nach und nach mit geografischen Informationen. Zwölf Jahre nach Cabots erster Reise wurden die Namen von Gaspar und Miguel Corte Real sowie von Johan Fernandez, der auch unter dem Namen „Labrador" (Grundbesitzer auf den Azoren) bekannt war, auf den Landkarten als „Terra Corte Regali" oder „Tierra Nova de Cortereal" und „Terra de Lavoradore" verewigt.

Man kann heute nicht mehr feststellen, welche von den sich rasch einbürgernden Bezeichnungen für Kaps, Inseln und Buchten von Seefahrern, wie den Corte-Real-Gebrüdern, stammten und welche von Fischern. Es ist jedoch wahrscheinlich, dass religiös inspirierte Namen wie Eleven Thousand Virgins, St. Pedro oder St. Iria auf die christlich orientierten Entdecker zurückgehen, während die sprechenden Namen der kleinen Buchten an der Halbinsel Avalon zwischen Kap Spear (Cabo de Espera) und Kap Race (Cabo Raso) sicher von portugiesischen Fischern vergeben wurden. Für sie war es wichtig war, sich die besonderen Eigenschaften einer Örtlichkeit zu merken, den Sandstrand etwa, die vom Meer aus sichtbaren Wasserfälle oder charakteristisch geformte Kaps, daher übernahmen sie häufig Namen von bekannten, ähnlich aussehenden europäischen Landschaften.

Der Kabeljau wurde zunächst in Küstennähe gefangen, daher waren die Fischer bald mit den Buchten von Südostneufundland vertraut. Obwohl die Seeleute von den Sandbänken, den Grand Banks, wussten, setzte sich der Fang auf hoher See, im offenen Atlantik, erst in der zweiten Hälfte des Jahrhunderts durch.

Die Kartografierung der Küste

Während Fischer in den Jahren 1502 bis 1524 die gesamte kanadische Atlantikküste erkundeten und benannten, wagte sich der Spanier Juan Ponce de Léon, der Eroberer von Puerto Rico, im Jahre 1513 an eine Halbinsel, die er „La Florida“, die Blühende, nannte. Eine Reihe von Männern machte sich nun mit Unterstützung der europäischen Herrscherhäuser daran, die weißen Flecken auf den Landkarten zu füllen.

Im Jahre 1524 versah Giovanni da Verrazzano im Dienste Frankreich einen langen Abschnitt der Ostküste, zwischen Florida und Kap Breton, mit Namen, 1524/1525 tat Esteban Gómez (eigentlich Estêvão Gómeses) es ihm nach; er reiste im Auftrag Spaniens. Beide zeichneten den Küstenverlauf relativ präzise auf, wobei sie nach einer Meerenge oder Wasserstraße suchten, die zum Pazifik führte. Am Ende ihrer Reise waren beide überzeugt, dass die Küste keinen Durchlass bot und dass eine Passage zum Chinesischen Meer wahrscheinlich eher in nördlicheren Breiten zu suchen sei.

Als Luis Vásquez de Ayllón 1525 am Kap Fear an Land ging (heutiges South Carolina), um dem Küstenverlauf bis Winyah Bay zu folgen, tat er dies, um eine Siedlung zu gründen, die Kolonie San Miguel de Gualdape, die jedoch nur bis 1527 bestand.

John Rut

Im Jahre 1527 stach John Rut mit zwei Schiffen König Heinrichs VIII. in See, der *Mary Guildford* und der *Samson*. Seine Reise führte ihn vorbei an einem Punkt, der auf 53° N vor der Küste Labradors lag, nach Süden, bis zur Insel Hispaniola in der Karibik. Einem spanischen Zeitzeugen zufolge, der Rut vor den Westindischen Inseln begegnete, hatte diese Expedition das Ziel, ebenso wie Sebastian Cabot in den Jahren 1508/1509, den Seeweg in die Tatarei, ins Land des Großen Khan, zu finden; Rut war deshalb an den nördlichen Ausläufern des amerikanischen Kontinents entlanggefahren, aber „große Inseln aus Eis“ hatten den Weg versperrt.

Durch Rut wissen wir, wie viele Fischer vor Neufundlands Küsten kreuzten. An Heinrich VIII. schrieb er, dass er in der Bucht von St. John am 3. August 1527 14 Schiffe angetroffen habe (elf normannische, ein bretonisches und zwei portugiesische); ein spanischer Augenzeuge dagegen berichtete, Rut sei an der Küste der „Bacallaos“ insgesamt etwa 50 spanischen, französischen und portugiesischen Schiffen begegnet. In jenem Jahr waren keine weiteren englischen Schiffe in diesen Gewässern unterwegs; die Engländer entwickelten erst später stärkeres Interesse an den Fischgründen vor Neufundland.

Die meisten Fischer, die den Atlantik überquerten, wollten Kabeljau fangen, um ihn auf den breiten Kiesstränden auszunehmen und zu trocknen, bevor sie ihn nach Europa brachten. Ein paar wenige baskische Fischer waren jedoch vor allem auf Wale aus; ihr Ziel war die Belle-Isle-Straße, eine Meerenge, durch die die Tiere alljährlich zogen. Eine regelrechte baskische Walfangindustrie entstand jedoch erst nach 1540.

Zuvor entsandte König Franz I. eine Expedition nach Neufundland, die 1534 unter Leitung von Jacques Cartier die riesige, westlich von Neufundland gelegene Landmasse auf den Karten eintragen sollte. Diese Expedition begründete die späteren Kolonialinteressen Frankreichs.

Vorstöße auf das Festland

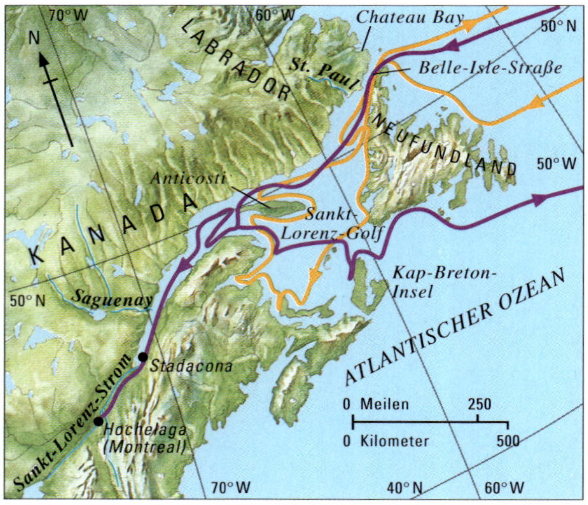

► ***Jacques Cartiers*** *Umsegelung des Sankt-Lorenz-Golfes 1534 und seine Fahrt stromaufwärts im folgenden Jahr hatten zwar nicht unmittelbar die europäische Besiedelung zur Folge, waren aber ein erster großer Schritt auf dem Weg zur Kartografierung der Region.*

Im April 1534 ließ Jacques Cartier im Auftrag des Königs von Frankreich die Segel seiner zwei kleinen Schiffe setzen und stach mit 61 Männern von St. Malo in der Bretagne aus in See. Durch die Belle-Isle-Straße erreichte er den Sankt-Lorenz-Golf; er sollte der erste Europäer sein, der dieses Gebiet beschrieb, aber er war nicht der Erste, der den Buchten in der Belle-Isle-Straße Namen gab. Die landschaftlichen Merkmale an der Südküste Labradors, zwischen Chateau Bay und dem Fluss St. Paul, waren bereits von anderen mit geografischen Bezeichnungen versehen worden. Er konnte seinen Beitrag erst leisten, als er den Fischereihafen an der Mündung des St. Paul passiert hatte; der Ort hieß damals Brest.

Während im südlichen Neufundland portugiesische Namen gebräuchlich waren, hatte man für Südlabrador mindestens drei bretonische Namen übernommen: Brest, Blanc Sablon und Crozon (heute Middle Bay genannt). Den Fischern geläufige Namen aus anderen Teilen der Bretagne waren auch für die Inseln am nördlichen Zugang zu der Wasserstraße verwendet worden, durch die später Schiffe aus Europa 1 450 km tief in Richtung Südwesten vordringen sollten, unterwegs zu einem Land, das Cartier „Nouvelle France“, („Neues Frankreich“) nannte. In den 30er und 40er Jahren des 16. Jh. drangen allerdings weder Kabeljaufischer noch Walfänger tiefer in diese Wasserstraße vor, befanden sich die besten Fanggründe doch nahe der Ostküste.

Cartiers Entdeckungen

Auf seiner zweiten Reise, 1535/1536, fuhr Cartier mit drei Schiffen und 110 Mann auf dem Sankt-Lorenz-Strom, der damals noch „Canada-Fluss“ hieß, bis Hochelaga (heute Montreal) und überwinterte bei Stadacona (nahe Quebec); noch nie zuvor war ein europäischer Entdecker einem Wasserlauf so tief ins Innere des Kontinents gefolgt, weder in Nord- noch in Südamerika. Seine spanischen Zeitgenossen – Männer wie Álvar Núñez Cabeza de Vaca und Hernando de Soto – bemühten sich, in jenes Gebiet vorzudringen, das heute zu den Südstaaten der USA zählt, erkannten aber noch nicht die Eignung des Mississippi als Wasserstraße.

1542, im gleichen Jahr, in dem Cartier nach seiner (dritten und) letzten Reise nach Frankreich zurückkehrte, hatte Jean Rotz auf einer der Tafeln seines Atlasses bereits den großen Golf eingezeichnet, den Cartier umfahren hatte, und in dem im folgenden Jahr erschienenen Atlas von Guillaume Brouscon sind sowohl der mächtige Sankt-Lorenz-Strom als auch der Saguenay zu sehen. Als Cabeza

Hernando de Soto und seine Männer gingen mit den Bewohnern der am Mississippi „entdeckten" Gebiete nicht gerade zimperlich um; ein Augenzeuge berichtet: „Vier Indianer wurden ergriffen, von denen aber keiner etwas sagen wollte ... Der Gouverneur (Soto) befahl, einen von ihnen zu verbrennen; daraufhin verriet ein anderer, dass sich in zwei Tagesreisen Entfernung eine Provinz namens Cutifachique befand." Soto machte sich umgehend dorthin auf. Unterwegs nahm er drei Indianer gefangen, die aussagten, dass die Herrin („Caçica") jener Gegend bereits von den Christen wisse und in einer Stadt auf sie warte. Als entdeckt wurde, dass die Caçica den Christen weder Führer noch Träger geben wollte, weil sie die Bevölkerung so grausam behandelten, befahl der Gouverneur, sie mitzunehmen. „Das war uns in allen Orten, durch die wir kamen, von Nutzen, denn sie befahl den Indianern, mitzukommen und die Lasten von einem Ort zum nächsten zu tragen."

de Vaca 1536 von seiner acht Jahre langen Reise zurückkehrte, war den Spaniern klar geworden, dass das weitläufige Gebiet zwischen Florida und Mexiko Entdeckungsreisende vor ganz andere Probleme stellen würde als das Sankt-Lorenz-Tal. Obwohl Cartier und seine Mannschaften den Winter 1535/36 und den Winter 1541/42 an Land verbracht und dabei schlimme Kälteperioden erlebt hatten, hatten sie ihre Schiffe nicht aufgegeben und konnten, sobald das Eis getaut war, nach Europa zurückkehren.

Spanische Expeditionen in Florida

Anders als die Erkundungen von Juan Ponce de Léon (1513) und Luis Vásquez de Ayllón an der Ostküste Floridas und South Carolinas (1525–1526) erfolgte die große Expedition von Pánfilo de Narváez und Álvar Núñez Cabeza de Vaca auf dem Landweg. Die Teilnehmer der Expedition gingen an der Westküste Floridas nahe der Tampa Bay im April 1528 an Land und marschierten parallel zur Küste in Richtung Norden. Fünf Monate später bauten die Entdecker, die unterwegs viele Abenteuer, unter anderem auch Indianerüberfälle, überstanden hatten, an der Küste Floridas fünf Boote, mit denen sie entlang der nördlichen Küste des Golfes von Mexiko und vorbei an der Mündung des Mississippi fuhren. Bald wurden Narváez und vier der Boote vermisst. Cabeza de Vaca landete mit einer kleinen Schar Männer im November an der texanischen Küste, in der Nähe der Matagorda Bay.

Nur Cabeza de Vaca und drei seiner Gefährten sollten überleben. Sie waren abwechselnd Gäste und Sklaven der Indianer, freie Kaufleute und Heiler und reisten auf diese Weise auf Indianerpfaden durch das heutige nördliche Mexiko, den Rio Grande entlang und über die Sierra Madre zur Westküste. Dort wurden sie von spanischen Sklavenjägern aufgelesen und nach Mexiko-Stadt gebracht. Durch den Bericht, den Cabeza de Vaca dem Vizekönig von Neuspanien, Antonio de Mendoza, erstattete, wurde das Interesse an Expeditionen nach Norden neu entfacht.

Hernando de Soto

Etwa zehn Jahre nach dem Abenteuer von Narváez und Cabeza de Vaca wurde nochmals versucht, in das Hinterland von Florida vorzustoßen. Im Jahre 1539 landete Hernando de Soto mit neun Schiffen, einer Armee von mehr als 600 Mann und mindestens 2000 Pferden nahe der Tampa Bay. De Soto, der Pizarro bei der Eroberung Perus zur Seite gestanden hatte und dem von Karl V. der Titel „Gouverneur der Insel Kuba und Statthalter von Florida" verliehen worden war, hatte grandiose Pläne: Er wollte für Spanien ein riesiges Gebiet erobern. Er und seine Männer überquerten die Appalachen und marschierten durch Gebiete, die landwirtschaftlich genutzt und sehr fruchtbar waren; Gold allerdings fanden sie keines.

Nachdem sie den Mississippi auf Flößen überquert und im Tal des Arkansas, bei Little Rock, überwintert hatten, kehrten sie an den Mississippi zurück, wo de Soto im Mai 1542 starb. Sein Stellvertreter, Luis de Moscoso, ließ Boote bauen, mit denen sie den Mississippi hinunter und an der Küste des Golfes entlang fuhren. Als die Expedition im September 1543 die mexikanische Stadt Pánuco (bei Tampico) erreichte, war sie auf die Hälfte zusammengeschrumpft. Doch sie hatte auf ihrer vierjährigen Reise zahlreiche Informationen über diesen Teil des Kontinents sammeln können.

Die Spanier im Südwesten

ROUTEN

- Marcos und Esteban 1539
- Ulloa 1539–1540
- Coronado/Cárdenas 1540–1542
- Cabrillo 1542–1543
- Oñate 1598–1605
- Vizcaíno 1602–1603

Die frühesten spanischen Expeditionen zu Land wurden von Florida aus unternommen, die größten Erfolge jedoch erzielten Expeditionen, die von Mexiko aus ins nordwestliche Hinterland zogen. Drei Jahre, nachdem Cabeza de Vaca 1536 Mexiko erreicht und dort von den märchenhaften Städten des Nordens erzählt hatte, begann Vizekönig Antonio de Mendoza, eine Expedition zu planen, die das Land jenseits des Rio Gila und des Rio Grande erkunden sollte.

Marcos de Niza und Esteban

Im Frühjahr 1539 wurde der Franziskanermönch Marcos de Niza, der bereits an Expeditionen in Peru teilgenommen hatte, von Vizekönig Mendoza mit der Leitung einer Forschungsreise beauftragt, die nach den legendären Sieben Städten suchen sollte. Zur Gruppe der Reisenden gehörten ein weiterer Franziskaner, Honoratus, und einige Indianer und Sklaven. Einer der drei überlebenden Gefährten von Cabeza de Vaca, Esteban, war der einzige Europäer, der das Land zwischen der Sierra Madre und dem Golf von Kalifornien bereits kannte. Marcos schickte ihn als Vorhut voraus, zusammen mit einigen indianischen Führern vom Stamme der Zuni, die als Boten zwischen den beiden Gruppen dienen sollten.

Nachdem sie Culiácan, Los Mochis und den Rio Mayo passiert hatte, zog Estebans Gruppe landeinwärts, zu den hohen Pässe zwischen den Flüssen Sonora und Rio San Pedro. Vielleicht weil er sich für die Entbehrungen entschädigen wollte, die er auf der Expedition mit Cabeza de Vaca erlitten hatte, stellte Esteban sich einen Harem aus Indianerinnen zusammen und benahm sich immer hochmütiger. Sein Verhalten gefiel den Zuni, seinen Begleitern, nicht, und sie töteten ihn – zum Entsetzen der Mitglieder der zweiten Gruppe der Expedition. Obwohl Marcos in der Ferne am Berghang bereits eines der vielstöckigen Pueblos sehen konnte, setzte er seine Forschungsreise nicht fort, sondern kehrte nach Mexiko-Stadt zurück.

Coronados Expedition

Marcos' Bericht hatte das Interesse des Vizekönigs Mendoza am Norden keineswegs gedämpft. Unter der Leitung des jungen Gouverneurs von Nueva Galicia, Francisco Vásquez de Coronado, schickte er eine zweite, wesentlich stärkere Expedition aus. Begleitet von ungefähr 250 Reitern und mehreren hundert Indianersklaven folgte Coronado 1540 der Route von Esteban und Marcos bis ins Land der Zuni. Hier wurde die Expedition aufgeteilt. García López de Cárdenas wurde mit zwölf Männern hinauf zum Colorado geschickt; sie sahen den Grand Canyon, konnten ihn aber nicht überqueren. Eine zweite Gruppe unter Rodrigo Maldonado wurde die Küste hinunter zum nördlichen Ende des Golfes von Kalifornien gesandt, damals als Zinnoberrotes Meer bekannt. Hier sollten sie auf Schiffe unter dem Kommando von Hernando de Alarcón treffen. Das geplante Treffen fand nicht statt, aber Alarcóns Männer erfuhren von Indianern, dass Coronados Abteilung bereits jenes Land erreicht hatte, das sie Cibola nannten.

Als Coronado und die Hauptabteilung der Expedition den ersten Winter im Norden überstanden hatten, wurde beschlossen, dass 30 Reiter nach Nordosten in die großen Ebenen ziehen sollten, wo die Indianer, ähnlich wie Nomaden, hinter riesigen Bisonherden herzogen. Nach beschwerlicher Reise erreichten Coronado und seine Männer mit den sie begleitenden Indianern die Ufer des Flusses Arkansas (im heutigen Kansas) und waren somit nur noch

◄ ***Im Gebiet der Zuni*** *sah Marcos erstmals vielstöckige Pueblos. Sie galten den Spaniern als Beweis dafür, dass es im Norden vermögende Königreiche geben musste. In den Jahren 1539 bis 1543 wurden zahlreiche Expeditionen ausgerüstet, die nach diesen Reichen suchen sollten.*

► ***Eine der Expeditionen,*** *die nach Gold suchten, stand unter dem Kommando von Francisco Vásquez de Coronado (1540–1542). Sie trug zur europäischen Erschließung des Südwestens bei, der aber erst gegen Ende des Jahrhunderts von Spaniern besiedelt wurde.*

480 km von jenem Ort im modernen Staat Arkansas entfernt, in dem bereits Sotos in Florida gestartete Expedition überwintert hatte. Nach Coronados Rückkehr wurde seine Expedition nicht gerade als erfolgreich angesehen; tatsächlich aber trugen seine Berichte wesentlich dazu bei, die Umrisse des südlichen Nordamerikas besser vorstellbar zu machen.

Die Erforschung der Küste

Zwischen 1539 und 1543 wurde festgestellt, dass Kalifornien eine Halbinsel und keine Insel war. Die Kenntnis der Pazifikküste Kaliforniens wurde unter anderem durch die Reisen von Francisco de Ulloa und Juan Rodríguez Cabrillo erweitert.

In den Jahren 1539/1540 stach Ulloa in Acapulco in See, folgte der Küstenlinie des Golfes von Kalifornien und erkundete einen Teil der Pazifikküste von Niederkalifornien. Cabrillo legte 1542 in Barra de Navidad ab. Die Indianer, die er und seine Männer oben im Norden, bei San Diego, der Insel Santa Catalina und Ventura trafen, teilten ihnen durch Zeichensprache mit, dass sie erfahren hatten, dass weitere weiße Männer das Landesinnere bereisten.

Es wird angenommen, dass Cabrillo an der Küste entlang nach Norden segelte, bis seine Schiffe irgendwo auf der Höhe von Monterey oder San Francisco durch den Wind vom Kurs abkamen. Sie kehrten zum Überwintern zur Insel San Miguel zurück; hier starb Cabrillo. Nach seinem Tod erreichte wenigstens eines seiner Schiffe ungefähr 42° 30´ N, bevor es im Frühjahr 1543 nach Barra de Navidad zurückfuhr.

Die nächste größere Forschungsreise die Küste hinauf fand unter dem Kommando eines baskischen Kapitäns statt. Sebastián Vizcaíno verließ im Jahre 1602 mit drei Schiffen Acapulco und erreichte Kap Blanco auf 43° nördlicher Breite. Seine Mannschaft litt unter der Kälte und erkrankte an Skorbut. Antonio de la Ascensión, ein Franziskanermönch, der auf einem der Schiffe mitreiste, berichtet, dass nur noch ganze sechs Männer in der Lage waren, das Schiff, auf dem er sich befand, zu bedienen. Seit 1565 hatten von den Philippinen zurückkehrende Galeonen öfters die gleiche Gegend befahren, ohne besonderen Schwierigkeiten begegnet zu sein. Das Hauptproblem dieser Expedition war vermutlich, dass sie sich in der kältesten Zeit des Jahres, im Dezember und im Januar, in nördlichen Breiten befand.

▲ ***Den Grand Canyon*** *erreichten García López de Cárdenas und seine Begleiter, nachdem sie sich von Coronado und der Hauptabteilung seiner Expedition getrennt hatten, um dem Lauf des Colorado zu folgen.*

Die ersten Kolonien

Während immer mehr Orte und Landschaften an der Westküste Amerikas spanische Namen erhielten, machten sich einige Spanier mit den Indianersiedlungen an den Westhängen der Rocky Mountains vertraut. Die Franziskanermönche beabsichtigten, hier Missionen zu gründen. Zwei in Mexiko ansässige Spanier leisteten einen wesentlichen Beitrag zur frühen europäischen Erschließung der Region zu Ansiedlungs- und Ausbeutungszwecken. Antonio de Espejo fand 1582 in den Bergen des heutigen Arizona Türkise und Silber, und Juan de Oñate führte 1598 eine große Anzahl Siedler bei El Paso über den Rio Grande. Im Jahre 1609 gründete Pedro der Peralta eine Missionssiedlung mit dem wohlklingenden Namen La Villa Real de la Santa Fe de San Francisco – die spätere Stadt Santa Fe, von der aus mehr als 200 Jahre später der gleichnamige Trail nach Westen erfolgen sollte.

Champlain und seine Zeitgenossen

In der 2. Hälfte des 16. Jh., nach den Reisen von Cartier und Soto, wurden im östlichen Nordamerika lange Zeit keine größeren geografischen Entdeckungen mehr gemacht – außer in arktischen Gewässern. Einige kleinere kartografische Expeditionen arbeiteten an der Nordostküste Floridas, in der Nähe der aufgegebenen Siedlungen René de Laudonnières und Jean Ribaults, sowie, in den 80er Jahren, in der Umgebung von Sir Walter Raleighs ehemaliger Kolonie in Virginia. Samuel de Champlain, der am 24. Mai 1603 nach Tadoussac kam, war der erste Geograf, der sich mit dem Verlauf der indianischen Handelswege beschäftigte. Diese Wege sollten in den folgenden zwei Jahrhunderten bei der europäischen Erschließung Nordamerikas eine große Rolle spielen.

Die Geografie der Indianer

In den Sommermonaten des Jahres 1603 vertiefte Champlain sein Wissen über das Gebiet um den Sankt-Lorenz-Golf. In Frankreich berichtete er nach seiner Rückkehr, er sei den Saguenay entlang ungefähr 12 Wegstunden stromaufwärts (60 km) gelaufen und 5 oder 6 Wegstunden stromabwärts am Richelieu entlang, in Richtung auf jenen See zu, den er 1609 Champlainsee nennen würde. Bereits aus seinem ersten Buch über Kanada, *Des Sauvages ou Voyage de Samuel Champlain* (Über die Wilden oder Die Reise des Samuel Champlain), das im Herbst 1603 erschien, ging hervor, dass er zwar keine neuen Wege ausprobiert hatte, seinen indianischen Reisegefährten jedoch bereits die umfassende Kenntnis aller Wasserscheiden eines Gebiets verdankte, das im Norden bis zu jenem Meer reichte, das man bald als Hudsonbai bezeichnen würde, im Süden bis zur Grenze Virginias und im Westen bis zu drei der Großen Seen.

Champlain hatte offenbar volles Vertrauen zu seinen indianischen Führern, wenn er mit ihnen alleine oder gemeinsam mit weiteren Franzosen durch die Wildnis zog. Er passte sich ihrer Lebensart an, nahm die gleiche Nahrung zu sich und reiste auch wie sie – bemerkenswert, wenn wir bedenken, wie selten Freundschaft und gegenseitiges Vertrauen zwischen Europäern und Angehörigen außereuropäischer Völker in diesen Zeiten waren.

Geografische Entdeckungen

In den Jahren 1604 bis 1607 konzentrierte Champlain sich auf die Küstengebiete zwischen der Kap-Breton-Insel und Kap Cod. Im ersten Winter war die Insel Sainte-Croix sein Stützpunkt, in den folgenden vier Wintern war es Port Royal, wo Pierre du Gua de Monts das Kommando führte. Die Karte, die Champlain 1607 von dem Gebiet zeichnete, war den Arbeiten zeitgenössischer Kartografen überlegen. 1614 fertigte der holländische Pelzhändler Adriaen Block Karten von dem Landstrich zwischen Kap Cod und der Küste gegenüber der Insel Manhattan an, die bald darauf Teil der Kolonie Neuholland wurde.

Als Abgesandter von Gua de Monts gründete Champlain 1608 den neuen Handelsposten Quebec. Eine im folgenden Jahr von dem englischen Offizier Henry Hudson geleitete Expedition bereitete die Schaffung einer neuen holländischen Siedlung vor. Im September 1609 segelte die *Half Moon*, ein Schiff mit englisch-holländischer Besatzung, den Hudson hinauf; ihr Ankerplatz lag nahe der heutigen Stadt Albany. Unweit davon erstreckte sich das Gebiet, das Champlain erforscht hatte. Im Frühsommer desselben Jahres hatte er in der Nähe der Quellwasser des Hudson gemeinsam mit zwei weiteren Franzosen seinen Verbündeten von den Völkern der Montagnais und der Huronen in einem Kampf gegen eine Übermacht von Irokesen beigestanden.

Wasserstraßen des Binnenlandes

Champlains nächste größere Reise führte ihn 1613 den Fluss Ottawa hinauf und zu den benachbarten Seen, bis zur Île des Allumettes, auf einem traditionellen Indianerhandelsweg, der von den damals mächtigen Algonkin kontrolliert wurde; sie versuchten, Champlain davon abzubringen, seine Reise fortzusetzen. Erst im Frühjahr 1615 konnte er flussaufwärts weiterziehen und den Nipissingsee überqueren. Hier wurde er von einem Häuptling als Gast aufgenommen und zum Ufer des Huronsees geführt, der „Frischwassersee" genannt wurde. Begeistert von der Schönheit des Landes am Huronsee, dem Gebiet rund um die Georgianbai, wanderte Champlain von Dorf zu Dorf und sammelte ethnografische Informationen.

► **Champlain** (oben) und zwei weitere Franzosen entschieden ein Gefecht zwischen Huronen und den ihnen zahlenmäßig überlegenen Irokesen, indem sie zwei Häuptlinge mit Arkebusen erschossen. Die Kanus im Vordergrund des Stiches sind ebenso wenig wirklichkeitsgetreu wie die Palmen im Hintergrund.

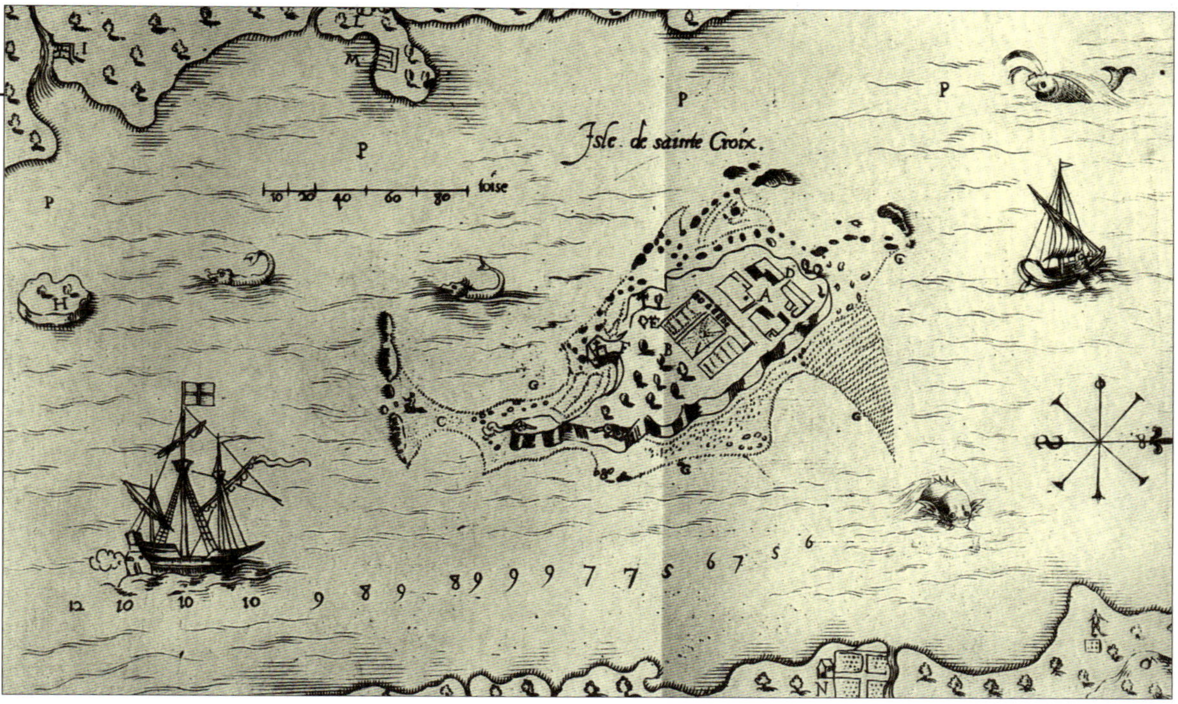

► ***Während seines*** *ersten Winters in Kanada 1604/05 fertigte Champlain diese Zeichnung der Insel Sainte-Croix in der Fundybai an. Von dort und von Port Royal aus erkundete er einen 600 km langen Abschnitt der Ostküste. Er zeichnete 16 Karten, machte Pläne von Buchten, die sich als Häfen eigneten, und schrieb Reiseberichte.*

▼ ***Champlains*** *schematische Darstellung der Siedlung auf Sainte-Croix entspricht dem mit „A" gekennzeichneten Punkt auf der großen Karte.*

Im August 1613 lernte er in Carhagouha den Franziskanerpater Joseph Le Caron kennen, der eine Mission bei den Huronen gegründet hatte. Nachdem Champlain am Ontariosee an einem Kriegszug seiner indianischen Verbündeten gegen die Irokesen teilgenommen hatte und von einer dabei erlittenen Verletzung genesen war, besuchten Champlain und Le Caron während der Wintermonate zahlreiche Dörfer der Gegend.

Im Frühjahr 1616 kehrte Champlain nach Quebec und von dort aus nach Frankreich zurück, wo er sich nur schwer an das Leben und die Intrigen bei Hofe gewöhnen konnte. Er kehrte als oberster Verwalter der neuen Kolonie nach Quebec zurück, verbrachte den Rest seines Lebens in der Kolonie und ermutigte junge Männer dazu, seine Entdeckungsreisen fortzusetzen.

Jean Nicollet, ein Waldläufer

Champlain beschäftigte Männer, die einige Zeit bei den Huronen oder Algonkin verbracht hatten, als Dolmetscher, darunter Etienne Brûlé, Nicholas Marsolet de Saint-Aignan und Jean Nicollet de Belleborne. Die „courreurs de bois", die „Waldläufer", trugen viel zur Ausweitung der französischen Handelsverbindungen bei. Im Jahre 1634 erhielt Nicollet den Auftrag, das Gebiet südlich und westlich des Huronsees zu erforschen, weit über den westlichsten von Champlain erreichten Punkt hinaus; er sollte die einander bekriegenden Stämme am Westufer des Michigansees aussöhnen und sie zu einem Bündnis mit Neufrankreich überreden. Er passierte zunächst den Ort, an dem später Fort Michilimackinac entstehen würde, drang im Süden bis zum Ende der Green Bay vor und folgte dem Fox River auf der Suche nach einer Verbindung zum Meer. Zwar kam er nicht bis zum Fluss Wisconsin oder zum Mississippi, erfuhr aber von ihrer Existenz. Dieses Gebiet entspricht dem heutigen mittleren Westen, und Nicollet war der erste Europäer, der es betrat.

Nicollet trug auf seiner beschwerlichen Reise ein äußerst exzentrisches Kleidungsstück: eine lange, mit Blumen und Vögeln bestickte Robe aus chinesischem Damast. Die Winnebagos zeigten sich beunruhigt, als er in diesem Aufzug vor sie trat. Sie hielten ihn für einen Gott oder zumindest für ein übernatürliches Wesen und versprachen, vier- bis fünftausend Männer aus den Stämmen der Umgebung zu versammeln; bei dem Treffen wurde ein Friedensabkommen geschlossen.

Wenige Monate nach Nicollets Rückkehr nach Quebec starb Champlain, an Weihnachten 1635. Sein Traum, einen Weg nach China zu finden, hatte sich nicht erfüllt, aber es muss den Menschenfreund und Forschungsreisenden gefreut haben, dass auch die nachfolgende Generation von Entdeckungsreisenden ebenso wie er in Frieden mit den Indianern lebte und reiste.

ROUTEN

Die Nordwestpassage

Die Erforschung der nördlichen Küsten Amerikas erfolgte im Rahmen der Suche nach einer nördlichen Route nach Cathay (China), die vor allem von Engländern, Franzosen und Holländern betrieben wurde, weil Spanier und Portugiesen die südliche Route beherrschten. Als Erster wurde der Engländer Martin Frobisher mit der Suche nach dieser Passage beauftragt. Er stach 1576 in See. Zwar verlor er auf der Fahrt zwei seiner drei Schiffe, konnte aber mit der *Gabriel* die Baffin-Insel erreichen und eine Bucht, die er für eine Meerenge hielt; durch sie glaubte er Asien erreichen zu können. Dort kam es zu Überfällen feindlich gesonnener Inuit, die einige von Frobishers Leuten töteten. Ein Inuit wurde gefangen genommen, und Frobisher nahm ihn mit nach England, zusammen mit Gesteinsbrocken, die angeblich Gold enthalten sollten.

Der Zweck seiner zweiten Reise war, mehr von diesem Erz zu sammeln; auf seiner dritten Reise geriet er in ein Unwetter, das sein Schiff in eine Meerenge abdrängte, die heutige Hudsonstraße. Frobisher befuhr die Straße jedoch nicht und überließ so seinem Landsmann Henry Hudson eine bedeutende Entdeckung.

Henry Hudsons Reise

Auftraggeber von Hudsons Reise im Jahr 1609 war die holländische Ostindien-Kompanie. Hudson sollte nördlich von Europa nach der Passage suchen. Aber sein Schiff, die *Half Moon*, traf auf so viel Eis, dass die Besatzung mit Meuterei drohte, wenn keine Kursänderung erfolgte.

▼ ***Obwohl sie Gewehre*** *hatten, wurden einige von Frobishers Männern im Kampf mit den Inuit getötet. Der Maler John White wurde Zeuge des Überfalls, der sich 1577 ereignete.*

Hudson änderte die Richtung, aber nicht den Zweck der Fahrt: Er segelte über den Atlantik und erreichte am 11. September 1609 die Insel Manhattan, die bald zur ersten Pelzhandelsstation in Nordamerika werden würde und, eines fernen Tages, zu einem wichtigen Teil New Yorks. Hudson fuhr den später nach ihm benannten Fluss hinauf, bis er feststellte, dass er sich weder in einer Meerenge befand noch auf dem Weg nach China.

Der zweite Versuch

Im Jahre 1610 unternahm Hudson einen weiteren Versuch. Von der Meerenge aus, die John Davis 1585 entdeckt hatte, suchte er einen Weg nach Westen. Tatsächlich erschloss er dabei – ähnlich wie Cartier – ein Binnenmeer und ein System von Zuflüssen, die den europäischen Händlern das Vordringen ins Innere Nordamerikas ermöglichten. Hudsons Mangel an Führungsqualitäten aber hatte schließlich den tragischen Ausgang der Expedition zur Folge. Als die *Half Moon* in der Jamesbai überwinterte, degradierte Hudson Robert Bylot, den ersten Offizier und einzigen Mann außer Hudson, der in der Lage war, das Schiff sicher wieder nach Hause zu lenken. Aufrührer in der Mannschaft überredeten Bylot, sich einer Meuterei anzuschließen. Sie setzten Hudson zusammen mit den Kranken und den Männern, die loyal zu ihrem Kapitän standen, in einem kleinen Boot aus.

Bylot brachte das Schiff und acht Überlebende heil zurück und nahm später an den Expeditionen von Sir Thomas Button teil (1612–1613), von William Gibbons (1614) und von William Baffin (1615 und 1616). Finanziert wurden diese Fahrten hauptsächlich von der 1612

◄ ***Henry Hudson,*** *sein Sohn und einige loyale Matrosen wurden nach einem harten Winter in der Jamesbai von Meuterern auf einem kleinen Boot ausgesetzt.*

▲ ***Thomas James*** *verlor bei der Überwinterung in Kanada nur zwei seiner Männer und bewies so, dass Europäer in diesem Klima durchaus überleben konnten.*

vom König genehmigten *North-West Company*, einem Zusammenschluss Londoner Händler, die an der Entdeckung einer Nordwestpassage interessiert waren. Auch König Christian IV. von Dänemark sandte Expeditionen aus: eine im Jahre 1605 unter Kapitän John Cunningham sowie James Hall und John Knight und eine zweite (1619–1620), in deren Verlauf Jens Munk in der Mündung des Flusses Churchill überwinterte. Doch auf keiner dieser Fahrten konnte man eine Nordwestpassage finden, weder an der Küste der Baffin-Insel noch irgendwo an der Hudsonbai. Trotzdem gab es Seefahrer, die, wie Luke Foxe (1631) und Thomas James (1631–1632), weiter nach ihr suchten – leider vergeblich. „Hier geht es nicht nach Japan", teilte Foxe lakonisch James mit, als er ihn im Südwesten der Hudsonbai traf.

Geglückte Überwinterung

James und seine Mannschaft verbrachten einen entsetzlich harten Winter auf der Charlton-Insel, nahe der Mündung des Rupert; James veröffentlichte später darüber einen Bericht. Sie bauten an einer geschützten Stelle ein Haus, indem sie Stangen in die Erde steckten, dazwischen Zweige einflochten und das Hauptsegel als Dach darüber spannten. Die Außenseite isolierten sie mit einer 2 m dicken Schicht aus Bäumen und Büschen. Mitte Dezember war das Haus fast ganz von Schnee bedeckt, von der Decke hingen Eiszapfen, und die Betten waren voller Reif. Essig, Öl und Wein waren in den Fässern gefroren, und der Koch hatte große Mühe, das eingesalzene Fleisch einzuweichen. Über den Kochkessel schreibt James, dass „die Seite am Feuer sehr warm war und die andere von einer Eisschicht bedeckt." Jeden Tag suchten die Männer nach Nahrung und Wasser. Trotz widriger Umstände starben nur zwei Männer an Skorbut – die gefährlichste Krankheit für Europäer, die in diesen Breiten überwinterten. Cartier hatte im Winter 1535/36 durch Skorbut 25 seiner Männer verloren. Indianer hatten ihm damals ein Heilmittel verraten: ein Aufguss der Rinde eines immergrünen Baumes. James' Männer kamen nach dem schrecklichen Winter durch den Verzehr von Wicken und Löffelkraut wieder zu Kräften.

In seinem Reisebericht schreibt James, dass die Nordwestpassage, wenn es sie gäbe, mindestens auf der Höhe von 66° N liegen müsse, und da im Westen viel Land sei, müsse die Enge sehr lang sein und sei aufgrund der Kälte nicht lange befahrbar. Im August und September habe man Gegenwind, so dass man nur sehr langsam vorankomme. „Außerdem könnten Schiffe, die groß genug sind, um Waren zu laden, dem Eis und anderen Schwierigkeiten nicht ohne Gefahr widerstehen." James betonte, dass es schneller und einfacher wäre, 1 000 Seemeilen (4 750 km) südwärts und um Kap Hoorn herum zu segeln als 100 Seemeilen (475 km) in arktischen Gewässern, und dass in der Seefahrt „der größte Umweg" oft der sicherste und beste sei.

Die negativen Expeditionsberichte von Foxe und James entmutigten die Kaufleute aus Bristol und London so sehr, dass sie drei Jahrzehnte lang keine Mittel mehr für die Suche nach der Nordwestpassage bereitstellten. Die späteren Fahrten zur Hudsonbai dienten einem ganz anderen Zweck: dem Handel mit Pelzen.

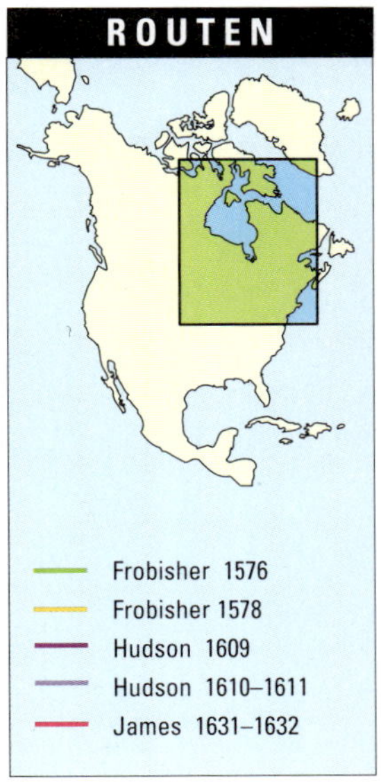

Missionare und Händler

▲ ***Auf John Whites Bild*** *von fischenden Indianern ist ein Einbaum zu sehen. Meist wurde von den Entdeckungsreisenden in Nordamerika jedoch das Birkenrindenkanu verwendet. Es gab mehrere Modelle, die alle den Vorteil hatten, leicht repariert werden zu können, weil es das dafür erforderliche Material überall gab: Birkenrinde und Harz oder Pflanzensaft, um die Nähte abzudichten. Die einzelnen Teile des Kanus wurden mit gespaltenen Fichtenwurzeln zusammengenäht.*

Unter den Franzosen, die im 17. Jh. in engem Kontakt zu den Indianern standen und die einen wesentlichen Beitrag zur europäischen Erschließung Nordamerikas leisteten, waren auch viele Missionare, besonders Angehörige des (zu den Franziskanern gehörenden) Rekollektenordens und Jesuiten. Vier Rekollektenmönche kamen 1615 nach Kanada und gründeten in Carhouaga, an der Georgianbai, eine Mission, um die Huronen zu bekehren. Die erste Messe wurde von Pater Joseph Le Caron gefeiert, der selbst kleinere Expeditionen unternahm und Champlain 1616 zu den Petun, einem Waldvolk, begleitete.

Natürlich konnten die Missionare nur dann erfolgreich Bekehrungen durchführen, wenn sie die Sprachen der Indianer beherrschten; manche Patres eigneten sich beachtliche Sprachkenntnisse an. Le Caron verfasste zusammen mit Nicholas Viel ein Wörterbuch der Sprache der Huronen. Die Patres Gabriel Sagard und Christien Le Clerq beschrieben in mehreren Büchern deren Sitten und Gebräuche. Die Bücher Sagards behandeln die erste Phase der Erforschung Kanadas durch die Rekollektenmönche und die frühen Bekehrungen (1615–1629), während Le Clerq in seinen Werken die Zeit nach der Rückkehr der Rekollektenmönche nach Kanada im Jahre 1669 schildert.

Nach dem Rückzug der Rekollektenmönche hatten die Jesuiten vier Jahrzehnte lang verstärkt unter Angriffen der Huronen zu leiden, deren Zahl durch Seuchen dezimiert und deren Konföderation durch Irokesen zerstört wurde. Die Huronen beschuldigten die französischen Missionare, die Seuchen eingeschleppt zu haben, und ihre Schamanen riefen zum Misstrauen gegen die neue Religion auf.

Groseilliers und Radisson

Missionierung, Erforschung und Handel erlitten einen schweren Rückschlag, als Huronen und Missionare vor den Angriffen der Irokesen fliehen mussten. Erst um 1660 normalisierte sich die Situation. Nach 1665 gab es dank Médard Chouart des Groseilliers und seines Schwagers Pierre-Esprit Radisson neue Handelswege, die außerhalb der Reichweite der Irokesen lagen. Zwischen Herbst 1659 und Sommer 1660 hatten die beiden Männer das Südufer des Oberen Sees erkundet; den Winter hatten sie an einem kleinen See oberhalb des westlichen Ausläufers des Oberen Sees verbracht; anschließend waren sie sechs Wochen bei den Sioux gewesen. Radisson hatte außerdem angeblich noch einen Abstecher vom Nordufer des Oberen Sees zur Jamesbai gemacht, möglicherweise aber behauptete er dies nur, um Jakob II. von England oder einige Londoner Kaufleute zu überreden, eine Handelsexpedition zur Hudsonbai zu finanzieren. Im Laufe der nächsten Jahre ermutigten Groseillers und sein Schwager Kaufleute aus Neuengland und London dazu, sich an Handelsfahrten zur Hudsonbai zu beteiligen. Der eigentliche Zweck war die Suche nach neuen Handelspartnern, da der französische Gouverneur 1661 ein Embargo gegen ihre Pelze ausgesprochen hatte. Im Jahre 1668 wurde in Fort Charles der erste englische Handelsposten gegründet; im Mai 1670 erhielt die *Hudson's Bay Company* den Freihandelsbrief.

Die Patres Ménard und Allouez

Als Groseilliers und Radisson mit Kanus voller Tierfelle nach Montreal kamen, sahen die Händler dies als untrügliches Zeichen dafür, dass sich Expeditionen in den Westen finanziell wieder lohnten. Aber auch die Jesuiten freuten sich über das, was die Reisenden erzählten. Noch im Herbst des gleichen Jahres schloss sich Pater René Ménard einer Gruppe von Indianern vom Stamm der Ottawa an, die gemeinsam mit fünf französischen Händlern in den Westen zurückkehrten. Ménard war der erste Geistliche, der die Indianer am Oberen See besuchte. Er gründete eine Mission am Südufer der Keweenay Bay, an einem Ort, den er Chassahamigan nannte. Im August des folgenden Jahres verliert sich seine Spur in den Wäldern; ab dem Jahr 1665 wurde seine Arbeit durch Pater Claude Allouez weitergeführt.

Allouez' erste Missionsstation lag weiter westlich, an der Chequamegon Bay. Von hier aus gründete er weitere Stationen in einem Gebiet, das in etwa dem heutigen Staat Wisconsin entspricht. Außerdem überquerte er den Oberen See und fuhr hinauf zum Nipigonsee. Im Laufe seiner 24-jährigen Tätigkeit als Missionar legte er in dem Gebiet der Großen Seen insgesamt eine Strecke von 4750 km zurück und stand in Kontakt mit 23 indianischen Völkern.

Pater Charles Albanel

Der Jesuit Charles Albanel zog von der Mission in Tadoussac aus mit indianischen Führern zum Mistassinisee. Er überquerte sodann den See Némiscau, folgte dem Rupert stromabwärts und erreichte die Jamesbai. Hier fand er ein englisches Schiff und zwei verlassene Häuser vor, aber keine Europäer. Möglicherweise waren sie auf einer Jagdexpedition.

Die Reise zur Jamesbai und zurück – eine Strecke von ungefähr 4000 km – war anstrengend gewesen und der Winter der schlimmste der zehn, die Albanel, wie er selbst sagte, mit den „Wilden" in den Wäldern verbracht hatte. Trotzdem plante der Gouverneur Frontenac sofort nach Albanels Rückkehr nach Quebec eine neue Reise. Frontenacs Bericht vom 13. November 1673 zeigt, wie missionarischer Eifer der Regierung von Neufrankreich zugute

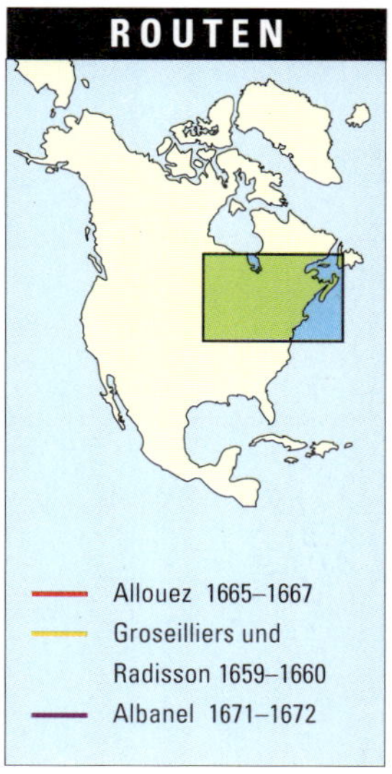

kam: „Ich nutze das Bestreben von Jesuitenpater Albanel, in jenen Gebieten eine Mission zu gründen, um die Wilden davon abzulenken … diese Route für den englischen Handel zu erobern. Der Pater soll Des Groseilliers aushorchen, wenn er ihn trifft, und versuchen, ihn dafür zu gewinnen, wieder unsere Interessen zu vertreten."

Mit einem Brief von Frontenac im Gepäck machte sich Albanel wieder zum Fluss Rupert auf; es war eine beschwerliche Reise für den über Fünfzigjährigen. Als er im August 1674 das englische Fort an der Mündung des Rupert erreichte, musste er feststellen, dass er dort nicht willkommen war. Charles Bayly, Gouverneur der *Hudson's Bay Company*, war gegen ihn eingenommen. Bei seinem letzten Besuch hatte Albanel nicht nur Indianer zum Christentum bekehrt, sondern sie auch dazu aufgerufen, nicht mit den britischen Händlern zusammenzuarbeiten. Albanel wurde gefangen genommen und auf ein Schiff gebracht, das nach England fuhr.

Erst als Albanel versprach, nichts mehr gegen die *Hudson's Bay Company* zu unternehmen, durfte er nach Frankreich zurück. Im Jahre 1676 ging er, als Abt der St.-Francis-Xavier-Mission (heute De Pere in Wisconsin), wieder nach Kanada, beschränkte sich aber auf geistliche Tätigkeit und starb im hohen Alter von 80 Jahren.

◄ ***Schneeschuhe*** *waren eine Erfindung der Indianer, die von den Europäern übernommen wurde. Sie waren sehr praktisch, wenn die Seen und Flüsse zugefroren waren. Wenn man sie allerdings bei Wanderungen benutzte, bei denen man schweres Gepäck und ein Gewehr mitführen musste, kam man nicht gerade schnell voran.*

Jolliets Reisen

Bis 1670 waren alle Entdeckungsreisen in Neufrankreich von Händlern oder Missionaren privat, also ohne Unterstützung seitens der Regierung, unternommen worden. Dies änderte sich mit der Gründung der *Hudson's Bay Company*. Nun erhielten Männer den Auftrag, Expeditionen zu leiten; ihr Lohn bestand meist nicht in einer Bezahlung, sondern darin, dass sie anschließend zum Kommandanten eines Forts oder eines Handelspostens ernannt wurden oder eine Seigneurerie, eine Art Lehen, erhielten.

Wichtig war den Franzosen vor allem, zu verhindern, dass die englischen Händler die westlichen Handelswege kontrollierten. Mit Zustimmung von Gouverneur Frontenac beauftragte der Verwalter von Neufrankreich, Jean Talon, Louis Jolliet damit, eine Expedition vom Michigansee aus nach Westen zu führen. Die Existenz des Mississippi war seit der Reise von Jean Nicollet im Jahre 1643 bekannt, man wusste aber noch nicht, wo dieser Fluss ins Meer mündete. Jolliet versprach Frontenac, die Mündung des „Großen Flusses" zu finden. Zuerst aber musste er mit mehreren Händlern aus Quebec eine Handelsgesellschaft gründen, damit diese die Reisekosten übernahmen; dann konnte er im Herbst 1672 nach Fort Michilimackinac aufbrechen, wo er sich mit seinem Reisegefährten Pater Jacques Marquette treffen sollte.

Jolliet überbrachte Marquette einen Brief des Superiors der Jesuiten in Neufrankreich, der ihm befahl, sich der Expedition anzuschließen. Diese Anweisung deckte sich mit Marquettes Plänen. Die sieben Männer, die im Mai in zwei Kanus aufbrachen, um die Mississippimündung zu suchen, taten dies also aus politischen, ökonomischen und religiösen Motiven. Sie sollten eine Wasserstraße finden, deren Bedeutung den Entdeckungen von Cartier und Hudson in nichts nachstand, und damit gleichzeitig die weitere

▲ Pater Marquettes Ziel *war es, „neue Nationen zu finden, die uns unbekannt sind, auf dass sie Gott in seiner Herrlichkeit kennen lernen." Die Kenntnis von sechs Indianersprachen erleichterte ihm die Verständigung mit den einheimischen Begleitern der Expedition (unten).*

▲ Nahe dem Zusammenfluss *von Mississippi und Arkansas beschlossen Jolliet und Marquette umzukehren. Marquette konnte sich mit den Indianern dieser Region nicht mehr verständigen. Außerdem trieben die Einheimischen hier Handel mit den Spaniern, denen die beiden auf keinen Fall in die Hände fallen wollten.*

Ausbreitung der englischen Kolonien nach Westen für die Dauer von nahezu hundert Jahren unterbinden. Ihre Entdeckung ermöglichte die französischen Vorstöße nach Süden und begründete mittelbar das spätere französische Kolonialreich in Nordamerika.

Der Mississippi

Jolliet und Marquette sollten die Mündung des Mississippi allerdings nicht erreichen. Sie passierten zwei wichtige Nebenflüsse, den Missouri und den Ohio; nahe dem Zusammenfluss von Arkansas und Mississippi entschieden sie, dass sie weit genug gereist waren. Sie wussten nun, dass der Mississippi tatsächlich in den Golf von Mexiko floss. Sie kehrten um und paddelten 1600 km weit flussaufwärts und über den Fluss Illinois zum Michigansee zurück; ein Stück weit mussten sie die Kanus tragen. Jolliet gab einem Berg im Süden Chicagos seinen Namen; später wurde hier auch eine Stadt nach ihm benannt.

Den Winter 1673/74 verbrachte Jolliet in der Mission von Sault Sainte Marie und fertigte Abschriften seines Tagebuchs und seiner Karten an. Die Kopien ließ er bei den Missionaren zurück, als er sich im Frühjahr auf den Weg nach Quebec machte. Sein Kanu kenterte; er überlebte den Unfall als Einziger, aber die Aufzeichnungen, die er bei sich getragen hatte, gingen verloren. Unglücklicherweise wurden die Kopien, die er in Sault Sainte Marie zurückgelassen hatte, durch ein Feuer zerstört.

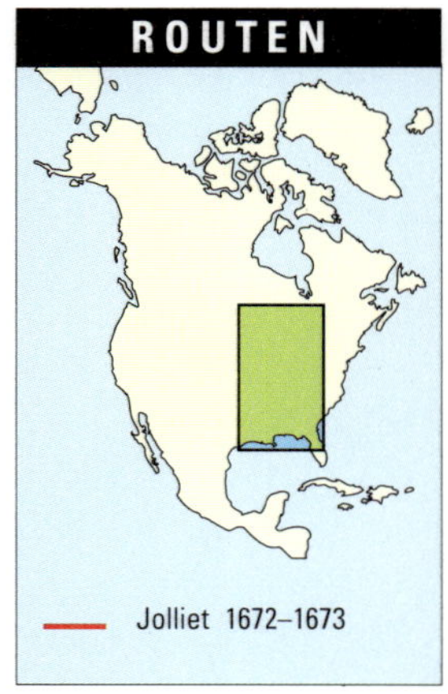

Auf dem Landweg zur Hudsonbai

Trotz dieses Verlustes galt Jolliet nun als äußerst erfahrener Entdecker und wurde im Jahr 1679 damit beauftragt, „alle Nationen und Länder unter der Herrschaft des Königs“ zu überwachen. Im Klartext bedeutete dies, dass er herausfinden sollte, inwieweit die eingeborene Bevölkerung der Hudsonbai unter dem Einfluss der britischen Händler stand. Ein weiterer Grund für die Reise, die er daraufhin in den Norden unternahm, war der Plan, in Némiscau am Rupert eine Mission und Handelsstation zu gründen.

Diesmal würde die Reise nicht durch unbekanntes Land führen, denn fünf Jahre zuvor hatte Pater Albanel die Gegend erforscht. Interessanterweise wurden Jolliet und seine Begleiter, anders als Albanel, in der englischen Niederlassung von Gouverneur Bayly sehr freundlich empfangen. Möglicherweise hatte Bayly von Jolliets Expedition zum Mississippi gehört und versuchte nun, ihn dazu zu bringen, für England zu arbeiten. Dem in Quebec geborenen Jolliet schien jedoch das Wohl der Kolonie sehr am Herzen zu liegen, und er blieb Frankreich treu.

Die Küste Labradors

Als Händler interessierte sich Jolliet lebhaft für den Pelzhandel. Zusammen mit einer Anzahl Kaufleute aus Quebec gründete er eine Kompanie, die an der Nordküste des Sankt-Lorenz-Stroms Handel treiben sollte. Er erhielt eine Seigneurerie, die das gesamte Nordufer des Sankt-Lorenz-Stroms bis zum westlichen Ende der Belle-Isle-Straße umfasste, bis zu jenem Ort also, an dem die Basken früher die gefangenen Wale verarbeitet hatten. Im Jahre 1694 brach Jolliet wieder zu einer Reise auf. Diesmal wollte er die Atlantikküste von Labrador nördlich der Belle-Isle-Straße auf einer Strecke von ungefähr 500 km erkunden und beschreiben.

Die Basken waren mit den Montagnais-Indianern an der südlichen Küste von Labrador gut zurechtgekommen, beim Handel mit den „Eskimaos“ (Inuit) aber hatte es immer wieder Probleme gegeben. Zwar wurden Seehundfelle gegen andere Waren eingetauscht, aber auf beiden Seiten herrschte großes Misstrauen. Deshalb ist Jolliets Bericht seiner Reise entlang der Labradorküste bis hinauf zum 56. Breitengrad besonders interessant. Er und seine Begleiter scheinen sich den ganzen Monat lang, den sie an der Küste verbrachten, sicher gefühlt zu haben. Sie wurden in die Häuser der Inuit eingeladen, und die Frauen unterhielten sie mit Gesängen und Tänzen. Um sich erkenntlich zu zeigen, stimmten die mitreisenden Mönche der Rekollekten Kirchenlieder an, die ihren Gastgebern offensichtlich gut gefielen.

Jolliets Reise entlang der Küste Labradors und seine guten Beziehungen zu den Inuit bilden einen starken Kontrast zu den Beschreibungen grausamer Überfälle, die von Inuit in der ersten Hälfte des 18. Jh. in der Belle-Isle-Straße auf europäische Fischer verübt wurden. Auslöser waren meist die übertriebenen Strafen der Fischer für kleinere Diebstähle durch Inuit gewesen. Erst in den Jahren 1764/1765, als die ersten Missionare der Herrenhuter Brüdergemeinde kamen, die die Sprache der Inuit sprachen, entspannte sich das Verhältnis zwischen Inuit und Europäern.

La Salle und der Mississippi

Obwohl die meisten Zeitgenossen von Jolliet und La Salle die Entdeckung des Mississippi Jolliet zuschrieben, erkannten sie La Salle als den Mann an, der dem Fluss fast bis zu seiner Mündung gefolgt war und Louisiana im Namen Frankreichs in Besitz genommen hatte. La Salle hatte in Frankreich eine sorgfältige wissenschaftliche Ausbildung genossen und verfügte über politische Weitsicht, die es ihm erlaubte, geografische Voraussetzungen für den Aufbau eines überseeischen Großraums klug zu nutzen. Leider sollte ihm seine Neigung zur Übertreibung eines Tages zum Verhängnis werden.

In den 15 Jahren, die La Salle in Neufrankreich verbrachte, unterstützte Gouverneur Frontenac seine kaufmännischen Unternehmungen. 1673 wurde La Salle zum Kommandanten eines Forts ernannt. Mit seinem deutlichen Bekenntnis zum Lager des Gouverneurs machte er sich allerdings auch viele Feinde. Das mag ein Grund dafür sein, dass heute noch die unterschiedlichsten Versionen seiner Biografie und seines Beitrags zur Erschließung Nordamerikas in Umlauf sind. Unbestritten aber ist, dass er an strategischen Stellen mehrere Forts als Stützpunkte für seine Mississippi-Expeditionen errichtete. Ob er tatsächlich den Fluss Ohio erreichte oder nicht, ist unter Historikern immer noch ein strittiger Punkt. Zweifellos war er arrogant und selbstherrlich. Von Reisenden wie Jolliet und Pater Albanel unterschied er sich außerdem dadurch, dass er nicht einfach nur mit einer Handvoll europäischer und indianischer Begleiter reiste, sondern z. B. auf seine größte Expedition über 30 Männer mitnahm, von denen einige bemerkenswerte Beiträge zu der Forschungsreise leisteten.

Die Großen Seen

Zu Beginn der Expedition wurden Dominique La Motte de Lucière und Pater Louis Hennepin zum östlichen Ende des Eriesees vorausgeschickt, um einen geeigneten Standort für ein Fort am Niagara zu suchen und einen Ort oberhalb der Fälle, an der man ein Schiff bauen konnte. Der Bau von *Le Griffon*, dem ersten Schiff, das auf den Großen Seen segelte, war sicher La Salles Idee; mit ihrer Umsetzung (Winter 1678 bis August 1769) hatte er jedoch nur wenig zu tun. Er war zu dem Zeitpunkt noch in Fort Frontenac und kam erst zum Stapellauf. Das Schiff wog etwa 60 Tonnen und war mit sieben Kanonen bestückt.

Bald sickerte durch, dass die *Griffon* nicht nur die Expeditionsteilnehmer nach Fort Michilimackinac und weiter zur Green Bay bringen sollte. Dies lief den Befehlen des Königs zuwider, denen zufolge „es keinen Handel mit den Ottawa genannten oder anderen Wilden“ geben sollte. La Salle belud die *Griffon* mit Fellen und schickte das Schiff vom Michigansee zum Fort am Niagara zurück; leider kam es dort nie an.

Wenn man bedenkt, dass die Krone Expeditionen nicht finanziell unterstützte, ist verständlich, warum La Salle den königlichen Befehl missachtete. Um 1680 war er stark verschuldet. Er hatte nicht nur die *Griffon* verloren; ein zweites Schiff, das ihm Handelsware im Wert von 20 000 Francs hätte bringen sollen, war im Sankt-Lorenz-Strom gesunken. Jeder andere hätte an diesem Punkt sicher aufgegeben, doch noch weiteres Unglück sollte folgen. Bei seinem ersten Versuch im Jahr 1680, dem Lauf des Illinois stromabwärts zu folgen, hatte La Salle ein Fort gegründet, dem er den schönen Namen „Crèvecœur“ (Herzeleid) gegeben hatte. Während er nun in Montreal seine Angelegenheiten regelte, brach in dem Fort eine Meuterei aus, und die Anlage wurde zerstört.

Den Mississippi hinunter

Im Januar 1682 versuchte La Salle erneut, die vor über drei Jahren begonnene Erforschung des Mississippi zum Abschluss zu bringen. Mit seinem Assistenten Henri de Tonty, 23 Franzosen und 18 Indianern machte er sich von Fort Crèvecœur aus auf den Weg zum Zusammenfluss von Illinois und Mississippi. Als Mitte Februar das Eis schmolz, konnten die Männer mit Kanus weiterreisen. Einmal mussten sie die Fahrt zehn Tage lang unterbrechen, um nach Pierre Prudhomme zu suchen, einem Reisegefährten, der sich auf der Jagd verirrt hatte. Er kehrte ausgehungert und erschöpft, auf einem Stück Holz flussabwärts treibend, von alleine zur Expedition zurück. Statt sich über den Zeitverlust zu ärgern, hatte La Salle die zehn Tage genutzt, um ein weiteres Fort bauen zu lassen, das er nach dem zurückgekehrten Vermissten „Fort Prudhomme“ nannte.

Die Beziehungen zu den Indianern, die zu beiden Seiten des Mississippi lebten, waren friedlich. Nach anfänglicher kurzer Feindseligkeit hatten die Indianer bald mit den Reisenden die Friedenspfeife geraucht und sie mit Nahrungsmitteln versorgt. Mit der gebotenen Feierlichkeit erklärte La Salle ihr Territorium zum Eigentum Frankreichs; ähnliche Zeremonien fanden auf den Stammesgebieten der Taensas und der Coroas statt. Tonty liefert eindrucksvolle Beschreibungen der würdevollen Schönheit der Taensas, und die Großzügigkeit der Indianer erstaunte die Reisenden immer wieder.

Die Expedition erreichte schließlich das Meer, und drei Tage später, am 9. April 1682, erlebte La Salle den Höhepunkt seiner Karriere: In einen scharlachroten Rock gekleidet, nahm er Louisiana im Namen von Ludwig XIV. in Besitz, während seine Gefährten dazu feierliche Kirchenlieder sangen.

Pläne für die Gründung einer Kolonie

La Salle hatte für Frankreich auf friedlichem Wege ein Gebiet erobert, das beinahe doppelt so groß wie Neufrankreich war. Es erstreckte sich von den Appalachen im Osten bis nach Südwesten, wo die Spanier ihre Kolonien hatten, und schloss die mexikanische Küste bis Tampico ein.

Trotzdem war Ludwig XIV. nicht erfreut. Möglicherweise befürchtete er, dass die Grenzen von Neufrankreich zu weitläufig waren. Als La Salle kurz vor Weihnachten 1683 nach Frankreich zurückkehrte, bekam er das königliche Missfallen zu spüren. Daraufhin suchte er Unterstützung für sein Projekt, eine französische Kolonie auf dem Gebiet der Taensas zu gründen, jener Indianer, die seine Expedition mit so viel Freundlichkeit aufgenommen hatten. Der Bericht dieses Vorhabens wurde dem König vorgelegt, der ihn gnädig aufnahm und La Salle mit der Durchführung des Vorhabens beauftragte. Der König stattete ihn mit zwei Schiffen mit Besatzung aus sowie mit hundert Soldaten. Insgesamt hatte La Salle nun über 320 Leute dabei, darunter Frauen und Kinder.

Weil La Salle sich auf ungenaue Karten stützte, irrte er sich bezüglich der Lage der Mississippimündung und führte seine Leute zu weit nach Westen, in den Golf von Mexiko. Nach zahlreichen Abenteuern gelangte der Großteil der Expedition in die Matagorda Bay.

Am Lavaca, einem der Flüsse, die in die Bucht münden, errichtete La Salle im Mai 1685 sein letztes Fort und gründete eine Siedlung. Die nächsten beiden Jahre verbrachte er mit der erfolglosen Suche nach dem Mississippi. Nach mehreren Forschungsreisen von Fort St. Louis aus beschloss La Salle im Januar 1687, von seinem Fort am Illinois Verstärkung zu holen. Er ließ 25 Männer, Frauen und Kinder in Fort St. Louis zurück und brach mit 16 Männern in Richtung Nordosten auf. Am 19. März wurden am Trinity, einem Fluss, der vom heutigen Dallas aus südwärts in den Golf fließt, La Salle und drei seiner Männer von wütenden und enttäuschten Expeditionsteilnehmern grausam ermordet.

So war es Pierre Le Moyne d'Iberville, der im Jahre 1698 vom Meer aus die Mississippimündung entdeckte und hier in den darauf folgenden Jahren eine Siedlung gründete, die Bestand haben sollte.

▲ ***La Salle** nimmt Louisiana im Namen Ludwigs XIV. in Besitz. Der König aber war alles andere als geschmeichelt und ordnete an, dass derartige nutzlose Unternehmungen in Zukunft zu unterbleiben hätten.*

◄ ***Der Stapellauf** der Griffon auf dem Eriesee muss ein beeindruckendes Schauspiel geboten haben. La Salle hatte den Bau des Schiffes angeordnet, aber nicht persönlich beaufsichtigt.*

Die Überquerung der Appalachen

► **Dieses mit Palisaden** bewehrte Dorf wurde von dem Engländer John White gezeichnet, dem wir zahlreiche Darstellungen des indianischen Lebens im Virginia des 16. Jh. verdanken.

Die ersten englischen Siedler in Nordamerika kannten von ihrer neuen Heimat kaum mehr als den Küstenverlauf. Das Land sah nicht sehr einladend aus; entweder war es felsig und dicht bewaldet oder – wie die Gegend, in der sie 1607 Jamestown gründeten – sumpfig, von Malaria verseucht und schwer zu verteidigen.

Der bekannteste dieser Siedler war John Smith, ein ehemaliger Soldat. Unter den Europäern war er wegen seiner Tatkraft angesehen, die Indianer – unter ihnen auch der mächtige Häuptling Powhatan, Vater von Pocahontas, achteten ihn, weil er sie respektierte. Er sprach Algonkin, interessierte sich für ihr Leben und ihre Bräuche und war dennoch überzeugt davon, dass die Europäer ein Anrecht darauf hatten, Amerika zu besiedeln.

Smith übernahm 1608 die Leitung der Siedlung, ging aber schon im folgenden Jahr nach England zurück. Mit 14 Männern war Smith zweimal zur Chesapeakebai gefahren und hatte hier „grimmige, starke Wilde mit langen Stecken wie Speere", angetroffen. Er hatte nach einer Meeresstraße gesucht, durch die man den Ozean erreichen konnte, der seiner Vorstellung nach hinter den Bergen lag, aber seine Suche war erfolglos geblieben.

Die Blaue Kette

Um 1650 war aus Jamestown dank des Tabakanbaus ein wohlhabender Ort geworden. Auf der Suche nach weiterem geeigneten Ackerboden wanderten die beiden Pflanzer Edward Bland und Captain Abraham Wood mit einheimischen Führern in südwestlicher Richtung zum Roanoke; unterwegs bauten sie Handelsverbindungen auf. Zu dieser Zeit zogen bereits etliche Jäger und Händler nach Westen, fertigten aber kaum Aufzeichnungen an. Im Gegensatz zu den meisten von ihnen war Johann Lederer, ein junger Deutscher, an der Kultur der Indianer interessiert. Er erforschte 1670 im Auftrag des Gouverneurs die Region; unter anderem bestieg er den höchsten Gipfel des Höhenzuges Blue Ridge (Blaue Kette), der den Ostrand der Appalachen bildet, und musste feststellen, dass „meine Sicht ... plötzlich von Bergen behindert war, höher als der, auf dem ich stand." Er nahm Kontakt zu mehreren, den Weißen bis dahin unbekannten Stämmen auf, unter anderem zu den Tuscarora, lernte durch sie einige Pfade in den südlichen Appalachen kennen und gelangte bis zum Catawba River (nahe dem heutigen Rock Hill).

Lederers Entdeckungen ermutigten zu weiteren Forschungsreisen, die von wohlhabenden Bewohnern der Kolonie finanziert wurden, unter anderem von Captain Wood. Thomas Batts und Robert Fallam überquerten im Jahre 1671 zusammen mit Perecute, einem Häuptling der

► **Daniel Boone** war einer jener Abenteurer, die im 18. Jh. das Gebiet westlich der Appalachen durchstreiften. Das Gemälde stellt dar, wie er eine Schar von Pionieren anführt, die auf der Suche nach Land in den Westen ziehen.

Appomattox, die Blue Ridge und folgten dem Lauf des New River nach Westen; sie hofften, er münde in das „Westmeer", das sie in der Ferne gesichtet zu haben glaubten. James Needham führte eine Expedition in das Gebiet des heutigen Asheville, wurde aber von den Occaneechi getötet. Sein Begleiter, der junge Gabriel Arthur, verbrachte ein Jahr mit den Tomahitans.

Bald suchten die europäischen Reisenden im Westen nicht mehr nach dem legendären Meer, sondern nach Fellen. Manche Expeditionen waren sehr abenteuerlich, andere hatten eher den Charakter eines Picknicks. Alexander Spotswood führte 1716 eine Gruppe von Gentlemen aus Virginia über die Blue Ridge zum Shenandoah. Die Herren beschäftigten sich hauptsächlich damit, Salut zu schießen und auf das Wohl des Königs zu trinken. „Wir hatten mehrere Sorten geistiger Getränke dabei, nämlich Rotwein und Weißwein aus Virginia, irischen Usquebaugh, Brandy, Shrub, zwei Sorten Rum, Champagner, kanarischen Wein, Sherry, Punsch, Wasser, Apfelwein usw."

Carolina

Auch die Provinz Carolina, die sich zwischen Virginia und dem spanischen Florida, also teilweise auf spanischem Territorium, befand, war inzwischen von Engländern besiedelt worden. Dr. Henry Woodward, einer der ersten Siedler, ging 1664 nach Port Royal, um die Sprachen der Region zu erlernen. Die Spanier nahmen ihn gefangen, aber es gelang ihm, während eines Angriffes englischer Piraten zu fliehen; er führte noch einige Expeditionen nach Westen und Norden, entdeckte vielversprechende Landstriche und unterhielt zu den Indianern ein freundschaftliches Verhältnis. Im Jahre 1685 gründete er in Coweta (Columbus) am Fluss Chatahoochee bei den Creek eine Handelsstation. Als sie davon hörten, schickten die Spanier eine größere Abteilung Männer nach Coweta, doch Woodward floh rechtzeitig. Erst im folgenden Jahr kehrte er zu seiner Station zurück.

New York

Die Holländer aus Neu-Amsterdam drangen nur langsam nach Westen vor; das mag an ihrer geringen Zahl gelegen haben. Um 1660 hatten sie Schenectady erreicht; 1690 wurden sie von den Franzosen wieder von dort vertrieben. Zu den Pionieren im westlichen New York gehörte Arnout Viele, der zwischen 1682 und 1694 weite Strecken zurücklegte, sogar den Wabash erreichte, aber keine Aufzeichnungen hinterließ. Viele erkundeten auch das Gebiet westlich des Susquehanna. Hier waren bereits im frühen 18. Jh. viele Händler aktiv. Als kühner Unternehmer tat sich George Croghan aus Philadelphia hervor, der bis 1750 einen Handelsposten am Miami River unterhalten hatte. Später, nach dem Siebenjährigen Krieg (1756–1763), führte Croghan eine Gesandtschaft zum Häuptling der Ottawa und fiel in die Hände der Illinois. Einen Tomahawkschlag überlebte er, weil „mein Schädel so dick war."

Händler aus dem Pelzhandelszentrum Albany wagten sich in das Gebiet der Großen Seen vor. Manchmal waren ihre Führer abtrünnige Franzosen. Johannes Rosebloom erreichte 1685 die Straits of Mackinac zwischen dem Huron- und dem Michigansee, geriet aber, als er die Reise im folgenden Jahr wiederholen wollte, in einen Hinterhalt der Franzosen.

Wege in den Westen

Um 1700 hatten Engländer aus den südlichen Kolonien fast schon den Golf erreicht, und zahlreiche Europäer hatten die Appalachen überquert. Thomas Welch, ein Händler aus Carolina, erreichte 1698 den Mississippi; ein Reisender namens John Lawson legte im Hinterland von Carolina

960 km zurück, bevor er von Indianern getötet wurde. Der Naturforscher Mark Catesby drang bis zum Fluss Savannah vor; er schickte Pflanzen, Samen und sehr schöne Aquarelle nach England.

Weitere Entdeckungen gehen auf Angestellte der Handelsgesellschaften zurück. Dr. Thomas Walker fand 1748 im Auftrag der *Loyal Land Company of London* einen Einschnitt im Cumberland-Plateau, den Cumberlandpass, durch den die Siedler zu Tausenden nach Kentucky zogen. Walker notierte sich auch seine Jagderfolge; in nur einem Monat schoss er: „13 Bisons, 8 Elche, 53 Bären, 20 Gazellen, 4 Wildgänse, ungefähr 150 Truthähne, außerdem Kleinwild." Die Klapperschlangen bemühten sich, die Tierwelt zu rächen, erwischten aber meist nur die Pferde.

Christopher Gist, ein ausgezeichneter Kenner des Südwestens, der in Maryland geboren war und sich mit seiner Familie am Fluss Yadkin niedergelassen hatte, erkundete 1750 im Auftrag der *Ohio Land Company* den Ohio und seine Nebenflüsse. Am Scioto traf er George Croghan und handelte mit ihm die Besiedlung des Ohio-Ostufers aus; Gist kehrte durch die Bluegrass-Region von Kentucky nach Hause zurück. Später diente er George Washington als Führer, als dieser 1753 Fort Le Bœuf (Waterford, Philadelphia) aufsuchte.

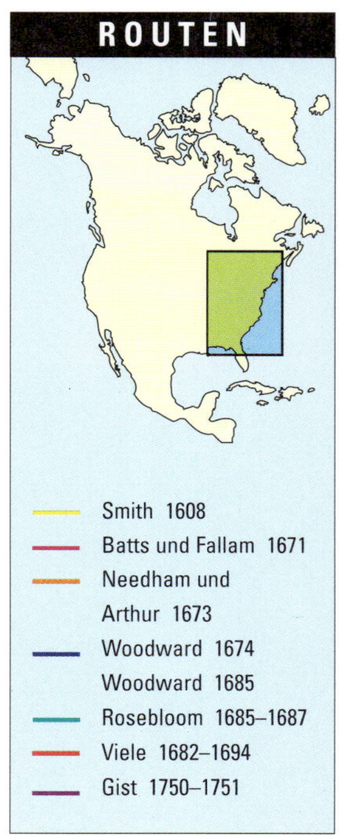

Reisen in den Nordwesten

ROUTEN

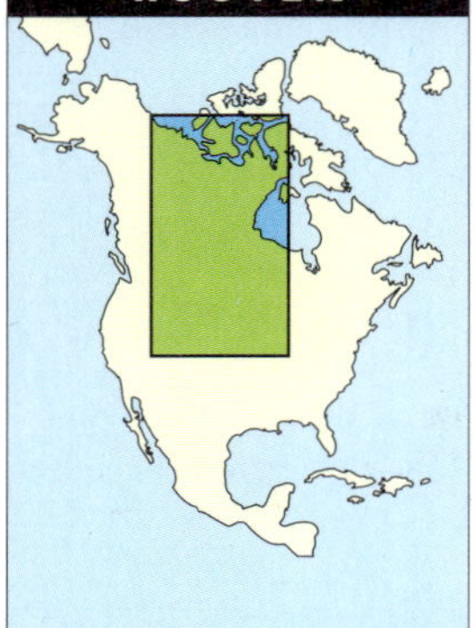

Die erste Phase der Erschließung der Gebiete westlich des Oberen Sees erfolgte durch frankokanadische Händler, die nach neuen Quellen für Biber- und andere Felle suchten. Aber auch La Vérendrye und seine Söhne leisteten hierzu einen wichtigen Beitrag. Sie richteten einen Handelsweg vom Oberen See zum Winnipegsee ein und an einem Fluss, von dem die Indianer erzählten, dass er zum „Meer des Westens" fließe.

La Vérendrye und seine Söhne

Mit Erlaubnis des französischen Marine- und Kolonialministers, Comte de Maurepas, richtete La Vérendrye zwischen dem Oberen See und dem Winnipegsee eine Reihe von Handelsposten ein. In seinen Berichten hob er seine Leistungen und die seiner Söhne hervor, tatsächlich aber waren die Waldläufer die wahren Pioniere. La Vérendrye selbst kam erst 1737 zum Winnipegsee. Deshalb wurde er von Maurepas getadelt, der, vermutlich nicht zu unrecht, argwöhnte, La Vérendrye sei „weniger an dem Meer des Westens als an einem Meer von Biberfellen interessiert."

Es musste erst ein Unglück geschehen, bevor La Vérendrye seine Aufgabe als Entdecker ernst nahm. Am Lake of the Woods fielen 21 seiner Männer, einschließlich seines Sohnes Jean-Baptiste, einem Hinterhalt der Sioux zum Opfer – deren Feinde La Vérendrye mit Feuerwaffen beliefert hatte. Zusammen mit 50 Männern und einigen Assiniboin suchte er 1738 die Dörfer der Mandan am Missouri auf – und legte dabei zu Fuß 500 km zurück. Im Jahre 1739 erkundete sein Sohn Pierre das Gebiet nördlich des Winnipegsees und studierte den Lauf des Flusses Saskatchewan. Zwei weitere Söhne, François und Louis-Joseph, bereisten im Jahre 1742, begleitet von Bow-Indianern, die Region zwischen dem Little Missouri, dem Cheyenne und den Black Hills im Süden.

Maurepas erreichte, dass La Vérendrye 1742 das Kommando über die Handelsposten abgab. Dieser beklagte sich daraufhin, infolge seiner Forschertätigkeit arm geworden zu sein. Als Maurepas 1749 seinerseits sein Amt verlor, wurde La Vérendrye wieder als Kommandant eingesetzt, starb jedoch noch im gleichen Jahr.

Der Beitrag der Indianer zur Erschließung

Eine interessante Karte traditioneller Routen, die ein Indianer namens Ochagach 1728 für Le Vérendrye zeichnete, zeigt, wie wichtig das Wissen und die Unterstützung der Indianer in dieser Zeit für die europäischen Forscher war; das sollte bis ins frühe 19. Jh. hinein so bleiben.

Es existieren unter anderem zwei Karten, die von Peter Fidler, einem Angestellten der *Hudson's Bay Company*, nachgezeichnet wurden und auf Skizzen beruhen, die Blackfoot-Indianer in Chesterfield House am Süd-Saskatchewan 1801 und 1802 anfertigten. Diese Karten zeigen das Verhältnis der westlichen Flüsse Missouri, Milk und Bow zu den Rocky Mountains. Auf einer weiteren Karte sind die Flüsse eingetragen, die von den Rockys zum Pazifik fließen, sowie die Namen zahlreicher, an ihren Ufern lebender Stämme. Fidler kopierte auch die Karte des Chipewyan Cotawney yah-zah, auf der die Kanurouten zwischen dem Churchill und dem Athabascasee eingezeichnet sind.

In dieser Zeit arbeiteten Indianer und Europäer noch gemeinsam an der Erschließung des Nordwestens, und die Kenntnisse der Einheimischen über den Verlauf von Flüssen und gangbare Pässe trugen nicht unwesentlich dazu bei, dass der Nordteil des Kontinents so rasch von Einwanderern besiedelt werden konnte. Die Erforschung des Nordens kam zunächst nicht nur den Händlern, sondern auch den Indianern zugute, die im Tausch gegen Pelze Gewehre und andere Güter aus europäischer Fabrikation erhielten. Konflikte entstanden meist dadurch, dass ein Stamm verhindern wollte, dass ein anderer Waffen und Munition erhielt.

Samuel Hearne

Im Jahre 1769 bestand die *Hudson's Bay Company* seit fast hundert Jahren, hatte sich jedoch bei der Erschließung des Nordens noch keinen Namen gemacht – und war dafür kritisiert worden. Daraufhin wurde vorgeschlagen, den Angestellten Samuel Hearne auf eine Reise ins Landesinnere zu schicken, „von Churchill aus weit hinauf in den Norden, um die Verbreitung unseres Handels zu fördern und ferner

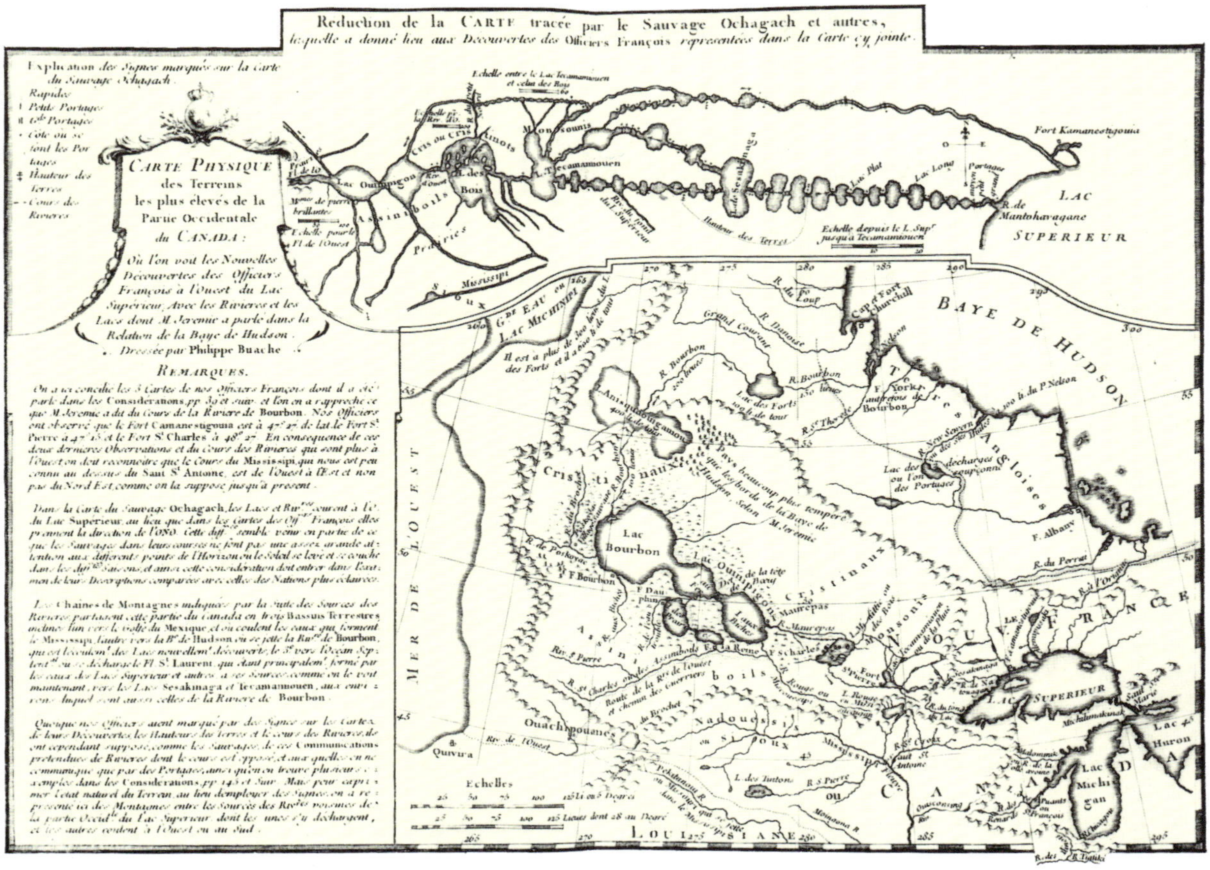

◄ Diese Karte *von 1764 zeigt die Indianerwege zwischen dem Oberen See und dem Winnipegsee, so wie sie 1728 für La Vérendrye gezeichnet wurden. Das „Meer des Westens" liegt deutlich zu dicht an der Hudsonbai.*

▼ Samuel Hearne *bereiste ein Gebiet, das noch nicht kartografiert war, und erreichte das Nordpolarmeer.*

nach einer Nordwestpassage zu suchen sowie nach Kupfer." Einige Angestellte der Company waren im Westen bis zu den Flüssen Nord-Saskatchewan und Süd-Saskatchewan vorgedrungen, noch niemand aber hatte jenen Fluss im Norden aufgesucht, der, den Indianern zufolge, in das Gebiet der Kupferminen floss.

Samuel Hearne war als junger Mann von etwa 20 Jahren nach Fort Prince of Wales an der Mündung des Flusses Churchill gekommen; als er mit dieser Mission betraut wurde, war er nicht älter als vierundzwanzig. Er hatte an der Nordwestküste der Hudsonbai Erfahrungen im Umgang mit den Inuit sammeln können und war gut mit ihnen ausgekommen. Bei seiner ersten Reise im November und Dezember 1769 aber verließen ihn seine indianischen Begleiter unterwegs, „etwa 200 Meilen [320 km] vom Fort Prince of Wales entfernt", und nahmen den Großteil der Vorräte mit. Mit bemerkenswerter Hartnäckigkeit machte sich Hearne im folgenden Februar mit einer kleineren und treueren Eskorte auf den Weg und konnte diesmal ungefähr 800 km zurücklegen. Dann aber zerbrach sein Quadrant (Instrument zur Messung der Längengrade); Hearne sah keinen Sinn darin, die Reise fortzusetzen, wenn er nicht mehr kartografieren konnte.

Auf seine dritte Expedition brach Hearne 1770 auf, begleitet von Matonabee, einem Indianer, der ein ausgezeichneter Scout war. Hinsichtlich seiner Forschungen war Hearne dieses Mal erfolgreich, die Expedition sollte für die Inuit des erforschten Gebietes jedoch zur Katastrophe werden. Hinter dem Großen Sklavensee gesellten sich zu Hearne und Matonabee eine große Zahl Indianer, und bald wurde aus der geografischen eine kriegerische Expedition: Die Indianer griffen ein Inuitlager an und bemächtigten sich aller Gegenstände aus Kupfer, die sie finden konnten. Hearne wurde zum unfreiwilligen Zeugen der Ermordung einer Gruppe von schlafenden Männern, Frauen und Kindern. Seine Schilderung des Überfalls schließt mit den Worten: „Meine Lage und das Entsetzen, das ich empfand, als ich dieses Gemetzels ansichtig wurde, ist nicht leicht nachzuempfinden ... Obwohl ich mich, so gut es ging, zu beherrschen suchte, konnte ich die Tränen kaum zurückhalten."

▲ Fort Prince of Wales *war eines der Pelzhandelszentren, die gegen Ende des 17. Jh. von der* Hudson's Bay Company *errichtet wurden. Samuel Hearne stieß dort 1782 auf den französischen Entdecker Comte de La Pérouse, der ihn animierte, seine Reiseberichte schriftlich festzuhalten.*

Hearne setzte die Reise bis zu einer Flussmündung fort. „Um der Form Genüge zu tun ... errichtete ich, nachdem ich mich mit den Indianern beraten hatte, einen Markstein und nahm die Küste im Namen der *Hudson's Bay Company* in Besitz."

Fünfzig Jahre später kartografierte Sir John Franklin, begleitet von Sir John Richardson und Sir George Back, den Unterlauf des Coppermine River und fand dort, was Hearne beschrieben hatte: die Bloody Falls, die Stätte des Überfalls, an der Schädel und Knochen, „über den Boden verstreut" lagen. Die Stelle befand sich auf 67° 42´ N Breite: Hearne hatte also die Küste des Nordpolarmeers betreten, und zwar an einer Stelle, die jener Insel gegenüber lag, die später zu Ehren der englischen Königin den Namen Viktoria-Insel erhalten sollte.

Die Nordwestküste

▲ ***George Vancouver*** *verbrachte drei Jahre damit, die Westküste zu kartografieren, und half dadurch Großbritannien, seine Gebietsansprüche zu belegen.*

▼ ***Indianische Holzplastiken****, wie diese Totempfähle der Kwakiutl an der Nordwestküste, machten auf die europäischen Reisenden großen Eindruck.*

Im Laufe des 16. Jh. hatten die Spanier ihre Erforschung der kalifornischen Küste fortgesetzt, und im Jahre 1603 war Sebastián Vizcaíno in die Bucht von Monterey gesegelt und anschließend bis zum Kap Blanco im südlichen Oregon. Da die Spanier an der Westküste jedoch nicht nach Land für Siedler suchten, folgte auf ihre Entdeckungen zunächst keine Erschließung. Die erste europäische Siedlung in Monterey wurde erst 1770 von spanischen Franziskanern gegründet, zu einem Zeitpunkt, als Spanien fürchtete, das Gebiet könnte sonst von anderen europäischen Mächten beansprucht werden.

Europäer anderer Nationalitäten breiteten sich aus zwei Richtungen über Nordamerika aus. Reisende aus dem Osten, über Land, waren noch nicht zur Pazifikküste vorgedrungen, obwohl Samuel Hearne 1771 das Nordpolarmeer erreichte. Gefährlicher erschienen den Spaniern die Eindringlinge, die aus dem Westen, also über das Meer, kamen. Russische Handelsexpeditionen zu den Alëuten waren den Reiserouten von Vitus Bering und Alexej Tschirikow nach Alaska (1741) gefolgt. Die erste feste europäische Siedlung auf der Kodiak-Insel entstand 1784.

Das Vordringen der Spanier

Berichte von den hohen Profiten der russischen Pelzhändler bewirkten das Wiederaufleben des spanischen Interesses am Norden. Nach einigen kürzeren Fahrten entlang der kalifornischen Küste erhielt Juan Pérez den Auftrag, weiter nördlich nach geeigneten Standorten für Siedlungen zu suchen. Im Januar 1774 stach er mit der *Santiago* vom neuen Hafen San Blas in Mexiko aus in See. Nach Aufenthalten in San Diego und Monterey erreichte er Mitte Juli die Königin-Charlotte-Inseln, betrieb mit den dort lebenden Haida Tauschhandel und entdeckte auf der Rückfahrt den Nootka-Sund der Vancouver-Insel, die er, ebenso wie etwas später Cook, für einen Teil des Festlands hielt. Die Besatzung der *Santiago* erkrankte an Skorbut und befand sich, als das Schiff Ende August Monterey erreichte, in einem bemitleidenswerten Zustand.

Bald unternahm Pérez seine nächste Reise: Unter dem Oberbefehl von Bruno Hezeta fuhren die *Santiago* und die *Sonora* (unter Kapitän Francisco de la Bodega y Quadra) nach Norden. Schlechtes Wetter und ein blutiger Zusammenstoss mit Indianern an der Küste des heutigen Bundesstaats Washington ließen es fraglich erscheinen, ob die Expedition ihr Ziel, den 65. Breitengrad, jemals erreichen würde. Durch einem Sturm von der *Sonora* getrennt, kehrte die *Santiago* nach Monterey zurück. Bodega y Quadra dagegen fuhr weiter nordwärts. Er erreichte 58° N und nahm für Spanien den Salisbury-Sund in Besitz; dann zwangen ihn Kälte, Unwetter und Skorbut zur Umkehr. Im Jahre 1779 unternahm er eine zweite Reise, unter dem Oberkommando von Ignacio Arteaga, dem zwei neue Fregatten unterstanden. Sie erreichten die Kayak-Insel; unterwegs gingen sie mehrmals an Land und erklärten das Gebiet zur spanischen Kolonie.

Die letzte Reise des Kapitän Cook

Im Sommer 1778 suchte Kapitän Cook an der Küste nach der Nordwestpassage, obwohl Hearnes Entdeckung des Nordpolarmeers den Schluss nahelegte, dass eine Passage nicht so weit südlich liegen könne. Cook mied das spanische Kalifornien, verbrachte einen Monat mit Wartungsarbeiten im Nootka-Sund, passierte die Alëuten und fuhr weiter nach Norden bis in die Beringstraße, wo bei 70° 44´ N das Eis die Weiterfahrt verhinderte. Nach einem Zwischenstopp an der asiatischen Küste kehrte er zu den Alëuten zurück, führte hier trotz der Sprachprobleme einige für ihn sehr interessante Gespräche mit russischen Händlern und segelte dann zum Überwintern nach Hawaii. Im Frühling wollte er wieder in den Norden hinauffahren, doch er wurde im Kampf mit Einheimischen auf Hawaii getötet (siehe S. 160–161).

Im Verlauf seiner großen Weltreise, die im Jahre 1788 mit einer Katastrophe endete (siehe S. 160–161), folgte der Comte de la Pérouse im Jahre 1786 in umgekehrter Richtung Cooks Route, segelte also von Norden nach Süden an der Küste entlang. Er nahm Lituya Bay für Frankreich in Besitz und stellte fest, dass die Einheimischen hier bereits Kontakt mit russischen Händlern gehabt hatten. Er verbrachte einige Zeit in Monterey, überquerte den Pazifik, um in Macau Pelze zu verkaufen, und kehrte im darauf folgenden Jahr nochmals an die Westküste zurück.

Der Nootka-Sund

Cook war aufgefallen, dass es in der Umgebung des Nootka-Sundes sehr viele Seeotter und andere Pelztiere gab. Noch vor Veröffentlichung seines Berichtes fielen englische Pelzhändler in das Gebiet ein – zum Schaden der Indianer und des Wildes. Nicht wegen der Händler, sondern aufgrund des Gerüchtes, Russland wolle diese Gebiete für sich beanspruchen, brach Esteban Martinez im Jahre 1787 zu einer Fahrt in den Norden auf. Er gelangte bis zum Prinz-William-Sund. In einer russischen Siedlung erfuhr er, dass die Russen Nootka besetzen wollten. Als er dem Vizekönig Bericht erstattete, beorderte ihn dieser,

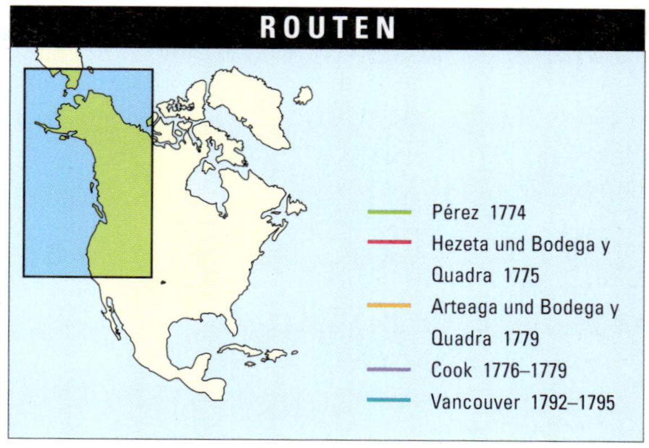

▲ Die Küste von Alaska *wurde erstmals von Alexej Tschirikow und Vitus Bering 1741 im Auftrag Russlands erkundet. Aufgrund ihrer Berichte nahm man an, Alaska sei eine Insel, vom Festland durch eine Straße getrennt. Lange vermutete man, diese Straße könne ein Zugang zur Nordwestpassage sein; erst um 1795 wurde diese Theorie widerlegt.*

ohne auf Anweisungen aus Madrid zu warten, sofort nach Nootka, um dort den Anspruch Spaniens zu verteidigen. Martinez beschlagnahmte einige britische Schiffe. Dies erzürnte die britische Regierung, die Entschädigung verlangte und darauf bestand, dass Spanien von seinen Ansprüchen auf Gebiete im Nordwesten zurücktrat. Durch das Abkommen von Nootka sollte der Streit schließlich beigelegt werden.

George Vancouver

Die diplomatischen Verstrickungen machten weitere Entdeckungsfahrten nötig. Der Spanier Alfrerez Manuel Quimper befuhr im Jahre 1790 mit einem der von Martinez beschlagnahmten britischen Schiffe die Juan-de-Fuca-Straße; eine spanische Karte aus dem Jahre 1791 zeigt bereits einen großen Teil der östlichen (strenggenommen nördlichen) Küste der vorgelagerten Insel.

Im Jahre 1792 umfuhr der Brite George Vancouver die Insel, die später nach ihm benannt werden sollte, und kartografierte in den darauffolgenden Sommern sorgfältig den gesamten Küstenverlauf zwischen 56° 44´ und 35° N, von Alaska bis Mexiko.

In der Juan-de-Fuca-Straße hatte Vancouver die *Sutil* angetroffen, die von Dionisio Galiano befehligt wurde und in der gleichen Mission unterwegs war wie Vancouver. Die beiden Kapitäne tauschten Karten und Informationen und arbeiteten eine Zeit lang zusammen. Galiano segelte zusammen mit Cayetano Valdes im gleichen Jahr (1792) an der Ostküste der Vancouver-Insel entlang, geriet aber in einen anderen Kanal als Vancouver, brauchte für seine Fahrt nicht nur länger, sondern veröffentlichte seinen Bericht auch noch später als Vancouver.

Vancouver hatte von den Kenntnissen zahlreicher anderer profitiert. Unter ihnen waren auch Alessandro Malaspina, ein Italiener im Dienste Spaniens, der 1792 am Nootka-Sund ein Observatorium errichtet hatte, und Bodega y Quadra, der sich auf seiner letzten Reise nach Norden befand. Vancouver lernte auch Robert Gray kennen, einen nordamerikanischen Händler, der als Entdecker der Mündung des Columbia gilt. Gray hatte den Auftrag, Einzelheiten des Abkommens von Nootka an Ort und Stelle auszuhandeln; sein Verhandlungspartner war Bodega y Quadra. Die Verhandlungen waren nicht einfach, der gesellschaftliche Umgang dagegen „sehr angenehm".

Die Rocky Mountains

◄ ***Die Kanadischen** Rocky Mountains waren für David Thompson auf seiner Suche nach einer Route zum Pazifik ein großes Hindernis. Immer wieder kam es zu Auseinandersetzungen mit den Piegan; bei einer Gelegenheit gelang es ihm, sie freundlich zu stimmen, indem er ihren Stammesältesten Tabak und eine besonders „schöne Pfeife" schickte. Trotz aller Schwierigkeiten konnte er schließlich den gesamten Lauf des Columbia kartografieren.*

► ***Alexander Mackenzie** schrieb unter Verwendung einer Mischung aus Zinnober und geschmolzenem Fett auf einen Felsen eine kurze Gedenkschrift, in der er nur sich selbst erwähnt, nicht aber seine sechs Reisegefährten, darunter sein Assistent Alexander Mackay und zwei Indianer.*

Gegen 1790 besaß man eine vage Vorstellung von der Form und der Größe Nordamerikas, aber noch kein Europäer hatte das Land je von Küste zu Küste durchquert, und man kann davon ausgehen, dass zuvor auch kein Indianer von der Hudsonbai oder vom Sankt-Lorenz-Strom über die Rocky Mountains zur Westküste gereist war. In den folgenden zwei Jahrzehnten sollte beides unternommen werden. Am bekanntesten sind die Expeditionen des Schotten Alexander Mackenzie, des Walisers David Thompson und der beiden Amerikaner Meriwether Lewis und William Clark.

Berühmt wurden diese Männer vor allem, weil sie Berichte über ihre Reisen schrieben; andere ebenso verwegene Männer wurden vergessen, weil sie keine Aufzeichnungen hinterließen. Alle Reisenden aber waren auf das Netz von Handelsvertretungen angewiesen, das im Lauf der Zeit von den Pelzhändlern aufgebaut worden war. Eine wichtige Hilfe waren ihnen auch ortskundige Führer, die meist Mestizen waren, also Kinder französischer Händler und indianischer Frauen.

Alexander Mackenzie

Im Jahre 1789 brach Alexander Mackenzie, ein Angestellter der *North-West Company,* die mit Pelzen handelte, von Fort Chipewyan am Athabascasee auf, um einen Wasserweg zum Pazifik zu suchen. Alexanders Cousin Roderick Mackenzie hatte im Jahre 1788 Fort Chipewyan errichtet. Vier Frankokanadier begleiteten ihn, zwei von ihnen mit ihren indianischen Frauen, sowie ein Häuptling mit zwei seiner Frauen. Einen Teil der Strecke begleitete sie ein französischer Händler; er hieß Laurent Leroux und war Gründer des ersten Handelspostens am Großen Sklavensee. Der erste aktenkundige Händler im Distrikt Athabasca war Peter Pond; er war um 1770 in Connecticut geboren und kannte den Nordwesten sehr gut. Er wusste zum Beispiel, dass der Fluss Peace von den Rocky Mountains nach Westen floss. Leider glaubte er auch, dass der große Fluss, der aus dem Großen Sklavensee nach Westen fließt, in den Pazifik mündete, obwohl die Indianer zu Recht behaupteten, er fließe nach Norden.

Aufgrund von Ponds Informationen nahm Mackenzie an, dass er dem großen Fluss (der später nach ihm benannt wurde) folgen müsse, um an jenem Punkt die Westküste zu erreichen, an dem Kapitän Cook eine Mündung gesichtet hatte, die er für die eines Flusses gehalten hatte. So kam es, dass die Expedition nicht wie geplant den „Westlichen Ozean" entdeckte, sondern einen noch unbekannten Küstenabschnitt des Polarmeers. Mackenzie war enttäuscht, gab aber nicht auf.

Die Reise zum Pazifik

Im Oktober des Jahres 1792 trat Mackenzie eine Reise an, die ihn an sein Ziel führen sollte: den Peace und ein Stück den Fluss Fraser entlang nach Bella Coola. Er begann und beendete seine Reise zum Pazifik in wesentlich höheren Breiten als jeder andere Reisende des 18. und frühen 19. Jahrhunderts. Ausgangsort war Fort Chipewyan auf fast 59° N gewesen; der Ort an der Küste, nahe dem Königin-Charlotte-Sund, lag auf 52° 20´48˝. Dort schrieb er mit großen Buchstaben auf einen Felsen: „Alexander Mackenzie, aus Kanada, über Land, am zweiundzwanzigsten Juli Siebzehnhundertdreiundneunzig."

David Thompson

David Thompson kam im Jahre 1785 im Alter von 15 Jahren nach Churchill. In den folgenden 26 Jahren sammelte er ein beachtliches Wissen über das Gebiet zwischen den Großen Seen und dem Pazifik; es gründete auf den Erkenntnissen von Mackenzie und wurde ergänzt durch die Informationen, die er den Reisen mit seiner indianischen Frau verdankte (mit der er später 13 Kinder haben würde). Teile des Landes, die er erforschte, wie das Gebiet nördlich des Winnipegsees, waren seit einem Jahrhundert oder länger kaum von Weißen besucht worden. Er gab sich beim Kartografieren so große Mühe, dass einer seiner Reisegefährten einmal meinte, er reise „eher wie ein Geograf

denn wie ein Pelzhändler." Seine 1814 gezeichnete Karte des Nordwestens blieb lange Zeit ein Standardwerk. Einige Indianer nannten ihn den „Sternenmann", weil er zur Bestimmung der Längen- und Breitengrade ständig die Sterne beobachtete. Da die *Hudson's Bay Company* seine Leistungen nicht anerkannte, trat er 1797 der *North-West Company* bei und unternahm für sie seine erfolgreichsten Reisen.

Vom Quellgebiet des Saskatchewan gelangte er über die Rocky Mountains zum Quellgebiet des Columbia, vermaß die Flüsse in British Columbia und folgte dem Fluss Kootenay bis zum Kootenay-See, den er 1807 erreichte. Wegen seiner akkuraten Messungen kam Thompson nur sehr langsam voran; außerdem bekam er Probleme mit den Indianern. Die Piegan, mit denen er jahrelang Handel betrieben hatte, verwehrten ihm den Zugang zum Gebirge aus Furcht, die Stämme auf der Westseite könnten an Gewehre gelangen. Als Thompson und seine Männer die Blockhausfestung bauten, die sie Kootenay House nannten, kamen Kundschafter der Piegan, die ihn überwachen sollten. Thompson zeigte ihnen, wie stabil das Fort war, und sagte: „Ich weiß, ihr kommt als Spione und wollt uns töten, aber bevor euch das gelingt, werden viele von euch sterben; geht zu euren Leuten zurück und berichtet ihnen das." Die Warnung wurde beherzigt; in seinen Aufzeichnungen notierte Thompson: „Wir verlebten einen ruhigen Winter."

Im Frühling jedoch wurde es ernst. Vierzig Krieger der Piegan wurden vom Stammesrat entsandt, den Handelsposten zu belagern. Die Expedition saß fest. Um Überfällen aus dem Weg zu gehen und seinen Weg nach Westen zu verschleiern, wählte Thompson eine Route zum Columbia, die zuerst nach Norden führte. Er musste noch einige weitere Zwischenfälle überstehen, bis er am 14. Juli 1811 die Mündung des Columbia erreichte. Wenige Monate zuvor war hier ein Handelsposten durch Angestellte der *Jacob Astor's Pacific Company* gegründet worden: Fort Astoria. Diese Männer hatten eine lange Seereise hinter sich; sie hatten sich in New York eingeschifft und hatten Kap Hoorn umfahren. Sie müssen sehr überrascht gewesen sein, als Thompson und seine Männer aus dem Landesinneren auftauchten.

Thompson hatte den gesamten Lauf des Columbia und dessen Nebenflüsse kartografiert. Im Schlusswort seines Berichts klingt berechtigter Stolz an: „Somit habe ich die Vermessung dieses Teils von Nordamerika von Meer zu Meer vollendet und durch unzählige astronomische Beobachtungen die Position der Berge, Seen und Flüsse und anderer bemerkenswerter Örtlichkeiten des nördlichen Teils dieses Kontinents bestimmt; die von all dem gezeichneten und mit geografischen Angaben ergänzten Karten sind das Werk von siebenundzwanzig Jahren."

▲ ***Pelzhändler*** *und ihre indianischen Frauen dienten den Reisenden bei der Erforschung der Rocky Mountains im 18. und frühen 19. Jh. häufig als Führer und versorgten sie mit wertvollen Informationen.*

Die Erschließung des Westens

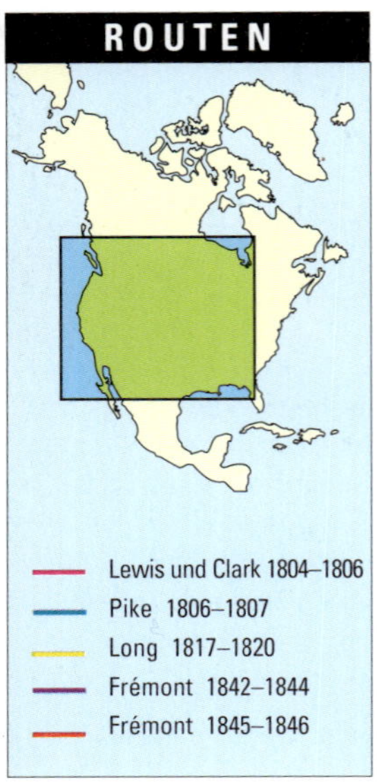

Präsident Thomas Jefferson hatte bereits über die Erschließung des Westens nachgedacht, bevor die amerikanische Regierung Louisiana von Frankreich erwarb und damit die Gesamtfläche der USA auf über 2 Millionen Quadratkilometer vergrößerte. Jefferson wählte die richtigen Männer für diese Aufgabe: seinen Privatsekretär, einen ehemaligen Offizier namens Meriwether Lewis, und William Clark, ein Freund Lewis' aus dessen Soldatentagen. Die anderen Teilnehmer der Lewis-und-Clark-Expedition, wie man sie heute noch nennt, waren hauptsächlich Soldaten, die alle „gute Jäger, kräftig, gesund, unverheiratet und an das Leben im Wald gewohnt" sein mussten.

Den Missouri hinauf

Auch früher schon waren Expeditionen von Regierungen finanziert worden, aber die Lewis-und-Clark-Expedition war die erste in der Neuen Welt, die man als nationales Unternehmen bezeichnen könnte. Ihr Hauptziel war, eine Route vom Mississippi zum Pazifik zu finden; die erste Hälfte der Strecke – den Missouri hinauf – war bereits bekannt. Die Forscher wussten, dass sie auf Berge stoßen würden, hofften aber, dem Flusstal des Missouri durch die Rocky Mountains folgen zu können.

Die Expedition sollte jedoch feststellen, dass es die Route, von der Jefferson geträumt hatte, nicht gab. Aber sie erfüllte auch weitere Aufgaben: Sie stellte den Kontakt her zu über fünfzig indianischen Stämmen und Völkern. Auch die Wissenschaften wurden nicht vernachlässigt; die Männer sammelten zahlreiche Exemplare bisher noch nicht erfasster Pflanzen- und Tierarten. Obwohl die Expedition gut organisiert war, nahm kein Wissenschaftler an der Forschungsreise teil und auch kein Arzt. Lewis hatte sich jedoch vor der Abreise intensiv mit Botanik und Zoologie beschäftigt, und sowohl er wie auch Clark besaßen medizinische Kenntnisse. Dem Blinddarmdurchbruch, an dem Sergeant Charles Floyd schließlich starb, standen sie allerdings hilflos gegenüber. Es sollte der einzige Todesfall auf der Reise bleiben.

Nachdem sie den Winter 1803/04 mit Vorbereitungen in St. Louis verbracht hatten, fuhr die Expedition den Fluss stromaufwärts zu den Mandan, bei denen sie den folgenden Winter verbrachten. Hier heuerten sie auch zwei frankokanadische Jäger an. Einer der beiden war mit einem 16-jährigen Shoshone-Mädchen verheiratet, das, hochschwanger, ebenfalls mitkam. Sie hieß Sacajawea und sollte sich als sehr nützliches Expeditionsmitglied erwei-

▲ **Der Oregon Trail** *war eine von mehreren Überlandrouten nach Westen, die den Indianern lange bekannt gewesen waren und zu Beginn des 19. Jh. erschlossen wurden.*

▼ **Trapper und Jäger** *führten ein einsames Leben. Viele von ihnen nahmen indianische Sitten an. Ihnen sind zahlreiche geografische Entdeckungen zu verdanken.*

sen. Nicht nur, dass sie sich mit vielen Indianern, die sie unterwegs trafen, verständigen konnte, sie kannte auch einige Pässe der Bitterrootkette, weil die Shoshone hier jagten. Nicht zuletzt dank Sacajawea erreichte die „Western Expedition" schließlich über die Flüsse Clearwater und Snake den Fluss Columbia. Wegen der Stromschnellen hatten sie die unterwegs hergestellten Kanus immer wieder über Land tragen müssen.

Am 7. November schrieb Clark in sein Tagebuch: „Große Freude im Lager. Wir haben den Ozean gesichtet." Wenige Tage später erreichten sie den Ort, an dem Jacob Astors Pelzhändler 1811 Astoria gründen würden. Sie sahen sich gezwungen, hier zu überwintern, bauten ein großes Blockhaus (Fort Clatsop), stellten aus Pfeilwurz Mehl her und aus dem Tran eines gestrandeten Wals Kerzen. Zwar war nicht voraussehbar gewesen, an welcher Stelle sie die Küste erreichen würden, dennoch ist es erstaunlich, dass kein Schiff mit Vorräten ausgesandt worden war, um vor der Küste zu kreuzen.

Der Rückweg

Am 23. März 1806 trat die Expedition den Heimweg an und teilte sich nach der Überquerung der Rocky Mountains auf: Clark folgte dem Lauf des Yellowstone zum Missouri, Lewis dagegen nahm die kürzere nördliche Route über Great Falls und durch das Territorium der Blackfoot. Hier kam es zu einem Zwischenfall, als ein Trupp Jäger in der Nacht versuchte, die Gewehre und Pferde der Expedition zu stehlen. In dem Durcheinander wurden zwei Männer getötet. Lewis und seine Leute ritten ohne Unterbrechung 100 km weit, um etwaige Verfolger abzuhängen. Sie trafen Clark am Zusammenfluss von Yellowstone und Missouri und erreichten ein paar Tage später die Dörfer der Mandan. Hier trennte Sacajawea sich von ihnen.

Am 23. September 1806 wurde die Expedition in St. Louis „herzlich empfangen" – wie Clark schrieb. Die Männer hatten eine Strecke von mehr als 12 000 km zurückgelegt, größtenteils durch völlig unbekanntes Gebiet, und die Flüsse des Nordwestens erkundet. Aufgefallen war ihnen, nachdem sie die Indianer im Landesinneren kennengelernt hatten, wie schnell die Kulturen der Küstenvölker nach nur wenige Jahren Kontakt mit den Europäern verfielen.

Zebulon Pike

Jefferson förderte weitere Expeditionen unter der Leitung von Offizieren, insbesondere die des Leutnants Zebulon Pike zum Oberlauf des Mississippi (1805). Nach Abschluss seiner Mission, jedoch ohne die Quelle gefunden zu haben, verließ Pike ein zweites Mal St. Louis und ging in den Südwesten. Mit 20 Mann Begleitung folgte er dem Lauf des Arkansas bis zu den Rocky Mountains, wandte sich dann nach Süden zur Sangre de Christo Range und wurde 1807 in New Mexiko von den Spaniern gefangen genommen, später aber wieder auf das Territorium der USA zurückgebracht. Während seiner Gefangenschaft fielen Pike die wirtschaftlichen Möglichkeiten auf, die der Südwesten bot.

Zu den weiteren, hauptsächlich der Armee angehörenden Forschungsreisenden des frühen 19. Jh. gehörte Stephen Long, der in den Jahren 1817 bis 1820 das Gebiet zwischen den Flüssen Platte und Canadian erkundete; ebenfalls wichtig für die Erschließung des Westens waren die Erkundungs- und Vermessungsexpeditionen, die John C. Frémont in den Jahren 1842 bis 1853 unternahm. Frémont kandidierte später als Republikaner für das Präsidentenamt.

Männer der Berge

Abgesehen von den Indianern, deren Kenntnis der Geografie Nordamerikas wesentlich umfangreicher war als gemeinhin angenommen wird, benutzte besonders eine bestimmte Sorte Reisende die Pfade und Routen des Westens: die Männer der Berge, die allerdings kaum Berichte über ihre Reisen verfassten.

Diese Männer europäischer Abstammung lehnten die weiße amerikanische Gesellschaft ab und zogen ein einsames Leben in der Wildnis vor. Einige von ihnen machten zufällige Entdeckungen, andere dagegen verdienen wirklich den Namen „Entdecker". Jedediah Smith fand den Südpass und die Route über die Sierra Nevada nach Kalifornien; als er im Jahre 1831 einen Treck auf dem Santa Fé Trail anführte, wurde er von Comanche getötet. Jim Bridger sah 1824 als erster Weißer den Großen Salzsee, den er für einen Meeresarm hielt. Mountain Men hatten den Ruf, fantastische Lügenmärchen zu erzählen; Bridger litt darunter, dass ihm niemand seine Schilderungen von Naturphänomenen, etwa der Geysire am Yellowstone, glauben wollte.

In den 30er Jahren des 19. Jh. zogen an die 3 000 Mountain Men durch den Westen Nordamerikas. Nach 1840 ging ihre Zahl durch den Niedergang des Pelzhandels und die europäische Besiedelung stark zurück.

Die Expedition, *die Lewis (oben) und Clark (unten) 1804–1806 leiteten, hatte neben der Erschließung des Westens den Zweck, Kontakt zu den ansässigen Indianern aufzunehmen. Sie verlief weitgehend friedlich.*

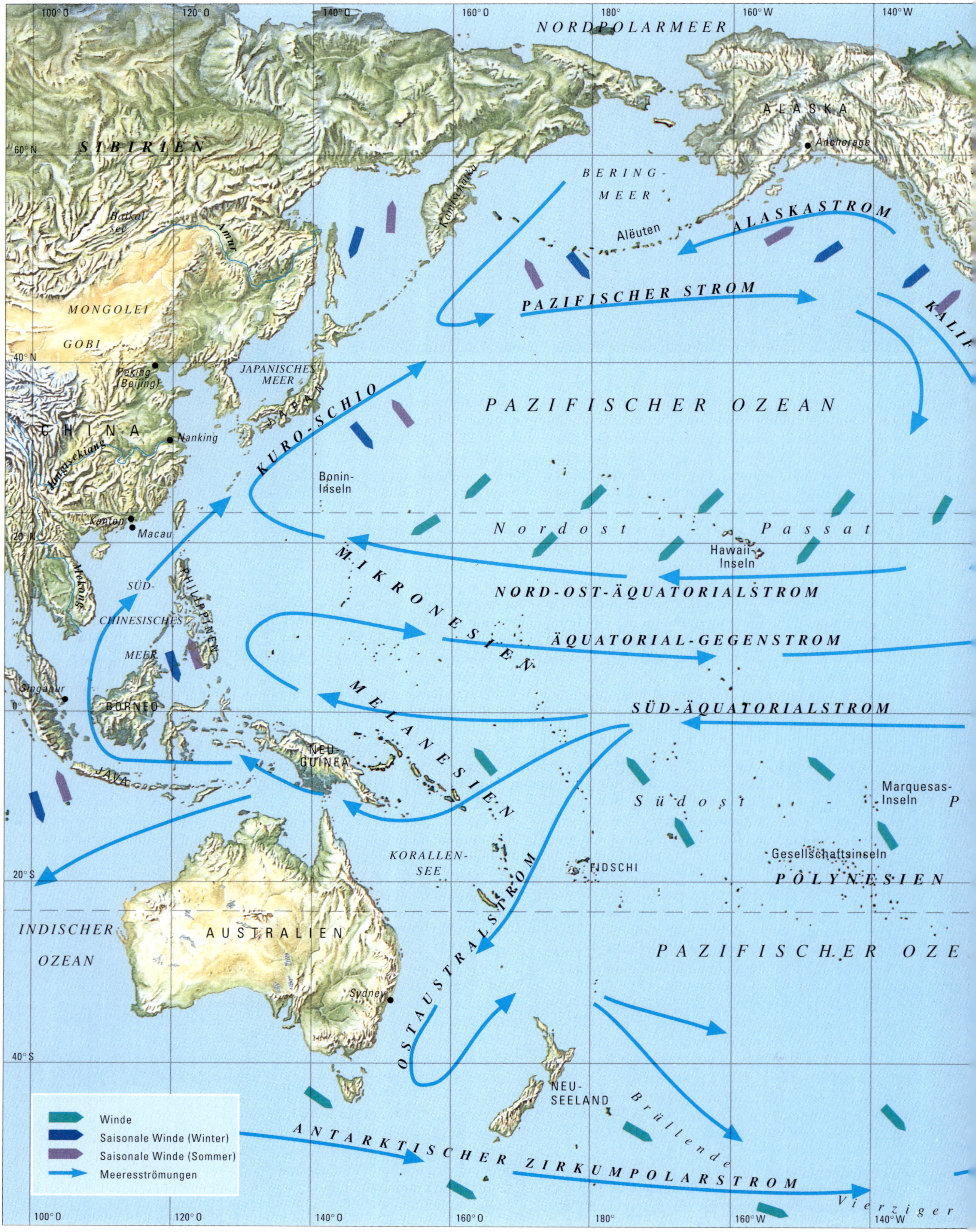

NORDPOLARMEER
SIBIRIEN
Baikal-see
Amur
MONGOLEI
GOBI
Peking (Beijing)
CHINA
Nanking
Jangtsekiang
Kanton
Macau
Mekong
Singapur
SÜD-CHINESISCHES MEER
PHILIPPINEN
BORNEO
JAVA
NEU-GUINEA
JAPANISCHES MEER
JAPAN
Kamtschatka
BERING-MEER
Aleuten
ALASKA
Anchorage
ALASKASTROM
PAZIFISCHER STROM
KALIF
PAZIFISCHER OZEAN
KURO-SCHIO
Bonin-Inseln
Nordost - Passat
Hawaii-Inseln
MIKRONESIEN
NORD-OST-ÄQUATORIALSTROM
ÄQUATORIAL-GEGENSTROM
SÜD-ÄQUATORIALSTROM
MELANESIEN
Südost - P
Marquesas-Inseln
Gesellschaftsinseln
POLYNESIEN
FIDSCHI
KORALLEN-SEE
OSTAUSTRALSTROM
AUSTRALIEN
Sydney
INDISCHER OZEAN
PAZIFISCHER OZE
NEU-SEELAND
Brüllende Vierziger
ANTARKTISCHER ZIRKUMPOLARSTROM
Winde
Saisonale Winde (Winter)
Saisonale Winde (Sommer)
Meeresströmungen
100° O
120° O
140° O
160° O
180°
160° W
140° W
60° N
40° N
20° N
0°
20° S
40° S

Pazifik, Australien und Neuseeland

Der Pazifik bedeckt ungefähr ein Drittel der Erdoberfläche. Seine Ausdehnung von Ost nach West beträgt mehr als 17 000 km und die Ausdehnung von Nord nach Süd ist nur unwesentlich geringer. Diese Ausmaße erschwerten seine Erforschung durch die Europäer beträchtlich. Ein weiteres Problem waren je nach Jahreszeit die Passatwinde aus Südost und Nordost sowie die Westwinde der antarktischen Gewässer. Schiffe, die am Kap Hoorn vorbei oder durch die Magellanstraße in den Pazifik segelten, konnten aufgrund des Humboldtstroms und der widrigen Winde ihre Reise nicht nach Westen fortsetzen. Diese Schwierigkeiten trugen mit dazu bei, dass der Glaube an den riesigen Kontinent im Südlichen Pazifik, die *Terra Australis,* lange Bestand hatte.

Der Pazifik erschien erstmals im 16. Jh. auf europäischen Karten. Kolumbus erfuhr 1502/03 von dessen Existenz. Vasco Núñez de Balboa durchquerte 1513 als erster Europäer die Landenge von Panama und bezeichnete das Meer, das er auf der anderen Seite des Isthmus vorfand, als „Südsee".

Während die Europäer Mühe hatten, sich die unermesslichen Weiten des Pazifiks vorzustellen, waren den Völkern, die in seiner Nähe lebten, dessen Ausmaße durchaus bewusst. Chinesische Dschunken, japanische Fischerboote, arabische Daus und malaiische Proas befuhren schon seit Längerem seine westlichen Randbereiche. Die Chinesen segelten bis nach Afrika; doch lockte sie selbst in der Phase der größten Ausdehnung ihres Reiches nichts nach Osten in die Weite des Pazifiks hinaus. Auch die Japaner hatten offenbar kein großes Interesse an seiner Erforschung; die nur 800 km von der japanischen Küste entfernt gelegenen Bonin-Inseln wurden erst im 19. Jh. dauerhaft besiedelt. Magellan war jedoch keinesfalls der erste Seefahrer im Südpazifik.

Mehr als 25 000 Inseln liegen in diesem Ozean; bis auf die Inseln im Südwesten sind sie sehr klein – jedenfalls im Vergleich zu der riesigen sie umgebenden Wasserfläche – und liegen weit verstreut. Trotzdem waren alle bewohnbaren Inseln zum Zeitpunkt von Magellans erster Pazifiküberquerung seit Jahrhunderten besiedelt.

Reisen der Polynesier

Die ersten Siedler, die vor etwa 50 000 Jahren, als der Meeresspiegel noch sehr viel niedriger lag als heute, nach Neuguinea und Australien gelangten, mussten relativ kurze Strecken zurücklegen, während die kleineren und weit auseinander liegenden Inseln Polynesiens nur nach langen Reisen erreicht werden konnten.

Vorfahren der Polynesier

Heute ist man sich darüber einig, dass die Vorfahren der Polynesier aus Südostasien und vom Malaiischen Archipel stammen. Neben anderen modernen Abenteurern hat Thor Heyerdahl mit seinem Floß *Kon-Tiki* 1947 bewiesen, dass die Oster-Insel und Polynesien unter Ausnutzung des Süd-Äquatorialstroms auch von Peru aus besiedelt worden sein könnten.

Obwohl man sich bis heute nicht erklären kann, wie die in Südamerika beheimatete, in Asien jedoch unbekannte Süßkartoffel auf die südpazifischen Inseln gelangte, unterstützen u.a. linguistische, biologische und archäologische Forschungsergebnisse die Annahme, dass die Vorfahren der Polynesier aus dem Malaiischen Archipel kamen.

Die ersten polynesischen Siedler gelangten wahrscheinlich vor 3 000 Jahren über Fidschi nach Samoa und Tonga. Möglicherweise zwang ein starker Bevölkerungsdruck einzelne Gruppen Jahrhunderte später dazu, nach Osten aufzubrechen. Über die Routen dieser ersten Entdecker des Pazifischen Ozeans existieren mehrere Theorien; am häufigsten wird die Meinung vertreten, sie seien trotz ungünstiger Winde und Strömungen nach einer 3 000 km langen Reise auf den Marquesas-Inseln gelandet.

Diese Erfolge spornten vermutlich zu weiteren Expeditionen an, denn innerhalb des nächsten Jahrtausends erfolgte offenbar von den Marquesas-Inseln aus die Besiedlung von Hawaii, Tahiti, Neuseeland und der Oster-Insel.

Zweifellos kamen immer wieder Boote vom Kurs ab, was zu „zufälligen“ Besiedlungen führte; doch die langen Fahrten nach dem 3 500 km entfernten Hawaii oder dem 5 000 km entfernten Neuseeland müssen geplant gewesen sein. Die Siedler nahmen von den Marquesas-Inseln neben Nahrungsmitteln und Wasser auch Vieh und Kulturpflanzen sowie Töpferwaren mit, anhand deren Verbreitung sich ihre Routen am besten rekonstruieren lassen. Wie waren diese Menschen, die die Europäer gerne als primitiv bezeichneten, zu dieser Zeit in der Lage, solche Strecken zu bewältigen?

Schiffsbau

Das einfache polynesische Boot war ein Einbaum; Boote für Hochseefahrten verfügten wie unsere Katamarane über einen Doppelrumpf. Dazu wurden zwei Einbäume durch eine Plattform verbunden, auf der die Ladung und eine Kabine Platz hatten; das Boot war mit einem (manchmal sogar zwei) Masten und einem dreieckigen Segel ausgestattet und konnte beträchtliche Ausmaße haben. James Cook sah in Tahiti ein polynesisches Boot, das mit 33 m Länge sogar länger als sein eigenes Schiff war. Bei günstigem Wind erreichten diese Schiffe bis zu acht Knoten; anders als die Schiffe der europäischen Entdecker konnten sie bei Flauten mit Hilfe der Ruder vorankommen.

1976 überquerte ein mit Pflanzen und Vieh beladenes Doppelrumpf-Segelkanu mit einer Besatzung von 17 Mann den Pazifik von Hawaii nach Tahiti. Dank alter polynesischer Navigationstechniken erreichte Kapitän Mau Piailug problemlos sein Ziel.

Navigationstechniken

Die Polynesier verfügten über keines der uns bekannten Navigationsinstrumente, noch nicht einmal über einen magnetischen Kompass. Sie waren dennoch ausgezeich-

ROUTEN

Mögliche Routen der Polynesier

◄ ***Moorea nahe Tahiti*** *könnte ebenso wie andere Inseln bereits vor 1400 Jahren von den Polynesiern entdeckt worden sein.*

nete Navigatoren, denn sie hatten ein besonderes Talent für die Seefahrt, gepaart mit einem außergewöhnlichen Einfühlungsvermögen in das Wesen des Meeres und der sie umgebenden Natur. Sie orientierten sich an den Sternen und hatten mehr als 200 Fixsterne benannt, an deren Stand sie die eigene geografische Position ablesen konnten. Tagundnachtgleiche und Sonnenwende waren ihnen bekannt, ebenso die Veränderungen der Position der Sonne bei Sonnenaufgang im Verlauf der Jahreszeiten. Unsere Vorstellung von Längen- und Breitengraden war ihnen fremd; stattdessen berechneten sie die Position durch Bestimmung des Fixsterns, der jeweils im Zenit stand. Sirius z. B. befand sich „über" Tahiti. Hatte also ein Seefahrer den Sirius über sich, dann wusste er, dass er sich auf gleicher Höhe mit Tahiti befand. Um es zu erreichen, musste er dem Stern nach Osten bzw. Westen folgen. Ebensowenig wie die Europäer vor Ende des 18. Jh. kannten die Polynesier ein System zur Bestimmung der Längengrade.

Bei den polynesischen Navigatoren wurde das Wissen vom Vater auf den Sohn weitergegeben. Sie fertigten aus Stäbchen und Kokosfasern eine besondere Art von Karten an; Muscheln, die auf die Stäbchen gesteckt wurden, gaben die Position der Inseln an. Außerdem verfügten sie über einen Sternenkompass, dessen Zeiger sie auf einen Fixstern ausrichteten, um ihren Kurs zu bestimmen.

Auf diese Weise konnten die Polynesier zwischen bestimmten Fixpunkten navigieren, und man nimmt an, dass sie u.a. zwischen Tahiti und dem Tuamotu-Archipel sowie zwischen Samoa, Tonga, Tuvalu (Ellice-Inseln), Fidschi und anderen Inseln verkehrten, um Handel zu treiben oder Krieg zu führen. Eine Reise von Tahiti nach Neuseeland war zwar theoretisch durchführbar, praktisch aber unwahrscheinlich. Mau Piailug (siehe oben) hatte bewiesen, dass eine Reise von Hawaii nach Tahiti möglich war. Geplante Fahrten zur Oster-Insel dagegen sind wegen der schlechten Wind- und Strömungsverhältnisse und der geringen Größe der Insel nahezu unvorstellbar.

Die ersten Siedler

Es bleibt die Frage, wie die ersten Siedler die Inseln überhaupt gefunden haben. Die Mitglieder der großen Expeditionen von den Marquesas-Inseln müssen gute Gründe gehabt haben, an die Existenz weiterer Inseln zu glauben. Man nimmt heute vielfach an, dass die Beobachtung der Zugvögel dabei eine Rolle spielte.

Der Goldregenpfeifer passiert auf seinem Flug Hawaii und Tahiti; der Zug des Kuckucks und anderer Vogelarten führt über Tahiti und Neuseeland. Die frühen Polynesier berechneten ihren Kurs möglicherweise nach dem beobachteten Flug der Vögel. Sie liefen trotzdem wohl oft genug Gefahr, das Land nicht zu erreichen, doch ihre Kenntnis des Ozeans, die Deutung der durch Küsten hervorgerufenen Veränderung der Wellenbildung, das Auftreten von Nebelbänken, bestimmter Vogelarten und das Vorkommen von Treibholz könnten ihnen den Weg zu den unbekannten Inseln gewiesen haben.

Bis zum Beginn des europäischen Zeitalters der Entdeckungen übertraf niemand die Polynesier an nautischer Erfahrung und Pioniergeist. Andere Völker, insbesondere die Chinesen, wären besser ausgestattet gewesen, haben solche Abenteuer aber nicht gewagt.

▲ ***Die mysteriösen*** *gigantischen Steinköpfe auf der Oster-Insel erinnern an die ersten Polynesier, die sich hier vermutlich um 400 n. Chr. angesiedelt haben.*

Die Reise des Magellan

► ***Magellan** befehligte als erster Europäer eine Fahrt über den Pazifik. Zwar konnte er seine Weltumsegelung nicht vollenden, war aber trotzdem der Erste, der die Welt umrundet hatte, da er die Molukken, die nach ihm benannte Magellanstraße und zuletzt die Philippinen entdeckte, wo er bei einem Kampf gegen die Eingeborenen ums Leben kam.*

Als Kolumbus die Karibik erreichte, hielt er sie für den Malaiischen Archipel; bald jedoch stand für ihn fest, dass er eine „Neue Welt" entdeckt hatte und dass sich der Orient westlich davon befand. Allerdings wusste niemand, wie weit es bis dorthin noch war. Man stellte sich den Abstand zwischen den Kontinenten kürzer vor als er tatsächlich war und suchte nach einer Passage.

Ferdinand Magellan (eigentlich Fernão de Magalhães) fand sie als Erster. Der Portugiese hatte die Molukken (Gewürzinseln) besucht, war jedoch der Auffassung, sie seien gemäß des Vertrages von Tordesillas (1494) spanisches Hoheitsgebiet. Da König Emanuel I. von Portugal seine Verdienste nicht entsprechend würdigte, bot Magellan an, eine spanische Expedition zu diesen Inseln nahe Südamerika zu geleiten.

Im September 1519 setzten fünf Schiffe unter seinem Kommando die Segel und überquerten den Atlantik. Magellan folgte der südamerikanischen Ostküste, lotste die Schiffe durch die Meerenge, die heute seinen Namen trägt (siehe S. 94/95) und erblickte im November 1520 erstmals den Pazifik. Mit der Zeit stellten er und seine Männer fest, wie unermesslich groß der Ozean war – „ein so weitläufiges Meer, dass der menschliche Geiste es kaum begreifen kann." Achtundneunzig Tage lang sichteten sie außer zweier unwirtlicher Inseln kein Land. Antonio Pigafettas Bericht veranschaulicht die Strapazen dieser Reise: „Der Zwieback, den wir aßen, war bloß noch Staub und voller Maden, durchdrungen vom Gestank der Ratten, die sich vor uns darüber hergemacht hatten, und wir tranken Wasser, das gelb war und übel roch." Ratten wechselten für einen halben Dukaten pro Stück den Besitzer. Die Männer aßen auch Sägespäne und Leder, das sie tagelang in Meerwasser einweichten und dann rösteten. Sie litten ausnahmslos an Skorbut und konnten ihre grässliche Ersatznahrung nicht einmal kauen. Neunzehn Besatzungsmitglieder starben an der Krankheit. Pigafetta schrieb, dass „wenn Unser Herr und die Mutter Gottes uns nicht mit gutem Wetter beigestanden hätten … wären wir auf diesem großen Meer verhungert, und ich glaube, dass kein Mann solch eine Reise [wieder] unternehmen wird." Schließlich erreichten sie Guam, eine der Marianen-Inseln, die Magellan Ladrones (Diebesinseln) nannte. Um ein entwendetes Beiboot zurückzuholen, brannte er einen ganzen Ort nieder und tötete ein halbes Dutzend seiner Einwohner. In der langen Reihe der schrecklichen Verbrechen, die die Europäer bei ihrer Eroberung der Neuen Welt begangen, war dies jedoch eine eher unbedeutende Tat. Gemessen an den Maßstäben seiner Kultur und Zeit war Magellan kein besonders grausamer Mann.

▲ ***Von den fünf Schiffen,** die 1519 in Sevilla ausliefen, kehrte nach 1124 Tagen nur die* Victoria *unter dem Kommando von Juan Sebastian del Cano nach Hause zurück.*

Tod auf den Philippinen

Nachdem Magellan und seine Mannschaft sich von den Strapazen ihrer Reise erholt hatten, segelten sie mit den drei noch seetüchtigen Schiffen zu den Philippinen. Auf der Insel Cebu wurden sie freundlich aufgenommen. Der dortige Herrscher unterwarf sich den Spaniern und ihrer Religion. Magellan ließ sich in politische Auseinandersetzungen seines neuen Verbündeten verwickeln und stand ihm bei einem Angriff auf die Nachbarinsel Mactan bei. Die Gegenwehr fiel unerwartet heftig aus. Magellan kämpfte tapfer gegen den zahlenmäßig überlegenen Gegner, unterlag jedoch. Pigafettas Bericht zufolge durchbohrte ein vergifteter Pfeil Magellans Oberschenkel, zwei Lanzenstöße schlugen ihm den Helm vom Kopf, eine Lanze verletzte ihn im Gesicht, eine weitere unter dem rechten Arm.

Da Magellan keine persönlichen Aufzeichnungen über seine Entdeckungen und seine Reise – vielleicht die bedeutendste in der Geschichte der Seefahrt – hinterließ, bleiben viele Fragen offen. Was wollte er eigentlich auf den Philippinen? Angeblich hatten ihm die Bewohner der Marianen empfohlen, dorthin zu fahren. Warum aber steuerte er einen Kurs, der ihn offensichtlich in höhere Breiten brachte als in jene, in denen die Molukken, sein eigentliches Ziel, lagen? Einer neueren Theorie zufolge hat Magellan von den Chinesen auf den Molukken von der West-Ost-Route erfahren, auf der Segelschiffe den Pazifik durchqueren konnten und die von den Spaniern erst 1565 entdeckt wurde; Magellan habe diesen Schiffahrtsweg erkunden und an geeigneter Stelle einen Stützpunkt gründen wollen. Trifft diese Annahme zu, ergibt sich eine weitere Frage: Wie wollte er nach Europa zurückkehren? Es ist unwahrscheinlich, dass er die Weltumsegelung fortsetzen wollte, weil er dadurch in feindliche portugiesische Gewässer geraten wäre. Sollte Magellan wirklich vorgehabt haben, auf seiner Rückreise nach Norden zu segeln, um die Westwinde zu nutzen, spricht das dafür, dass er niemandem traute. Das spätere Schicksal der *Trinidad* zeigte, dass er recht daran tat.

◄ ***Als Magellans Schiffe*** *im November 1520 die Magellanstraße passierten, sichteten sie im Süden ein ödes, kaltes Land und sahen in der Ferne die Feuer der Eingeborenen leuchten. Magellan gab der Insel den Namen Feuerland („Tierra del Fuego").*

Die Rückreise

Weil sie zu wenige waren, um drei Schiffe zu segeln, mussten die Überlebenden eines zurücklassen. Über Brunei fuhren sie zu den Gewürzinseln. Im November 1521 erreichten sie Tidore. Hier nahmen sie eine Ladung Gewürze an Bord, trafen verschiedene Handels- und „Schutzvereinbarungen" und traten sodann die Heimreise an. Die Portugiesen kontrollierten diesen Bereich zwar noch nicht komplett, machten aber gezielt Jagd auf die Spanier. Die *Trinidad* hatte dringend Reparaturen nötig. Nach deren Abschluss sollte sie zunächst in östlicher Richtung nach Darién segeln, von dem man immer noch annahm, dass es nicht allzu weit entfernt sei. Widrige Passatwinde trieben das Schiff in die entgegengesetzte Richtung, und es fiel in die Hände der Portugiesen.

Inzwischen hatte die *Victoria* unter dem Kommando von Juan Sebastian del Cano das Kap der Guten Hoffnung umrundet und lief im September 1522 mit nur 18 Überlebenden in den Hafen von Sevilla ein. Auch einigen Besatzungsmitgliedern der *Trinidad* gelang die Rückkehr nach Spanien. Die erste Weltumsegelung war, wenn auch zu einem hohen Preis, vollendet worden. Bis zur Entdeckung der West-Ost-Route im Jahr 1565 scheiterten alle Versuche, dieses Experiment zu wiederholen.

ROUTEN

Magellan 1519–1521
Cano 1521–1522

Die Spanier und die Portugiesen

▲ **Die Marquesas-Inseln** *wurden 1565 erstmals von Europäern besucht. Doch die ersten Entdecker fanden nie zu ihnen zurück, und erst 200 Jahre später legten erneut europäische Schiffe an ihren Küsten an.*

▲ **Francis Drake** *gelang 50 Jahre nach Magellans Reise als zweitem Europäer eine Weltumsegelung.*

Magellans Reise hatte gezeigt, dass Asien über den Westen erreicht werden konnte; allerdings war diese Route sehr lang und sehr gefährlich. Spanien konnte sich nur am Handel mit dem Fernen Osten beteiligen, wenn seine Seefahrer eine direkte Route über den Pazifik – von Mexiko zu den Philippinen – fanden. Dabei war die Hinreise dank der Passatwinde zwar langwierig, aber durchführbar; das eigentliche Problem stellte die Rückreise dar.

André de Urdaneta

Die Entdeckung des direkten Seewegs nach Osten durch die Spanier 1565 fiel mit der Gründung der ersten ständigen spanischen Niederlassungen in Manila zusammen. Der Mönch André de Urdaneta verließ für diese Reise sein Kloster. Urdaneta fuhr von den Philippinen parallel zur japanischen Küste nach Norden, bis er auf Westwinde traf, die sein Schiff bis in 37° N über den Ozean trieben. Er segelte sodann an der kalifornischen Küste entlang bis Acapulco; dieser Route sollten die spanischen Galeonen von nun an folgen.

Mendaña und Sarmiento

Sagen über Goldschätze in den Ländern des Pazifiks und über die Existenz des „Südkontinents" gaben 1567 den Anstoß für die Reise von Alvaro de Mendaña und Pedro de Sarmiento.

In Lima stachen sie mit zwei Schiffen und 150 Mann Besatzung, darunter auch einige Franziskanermönche, in See. In den folgenden zwei Jahren legten sie mehr als 11 500 km zurück, wobei sie oftmals kaum wussten, wo sie sich gerade befanden. Ihr Auftrag war die Bekehrung der Heiden, aber die Männer fanden es trotz der Proteste des frommen Mendaña meist einfacher, sie einfach niederzuschießen. Wie bei allen europäischen Pazifikreisen der Zeit entstanden Konflikte durch die naive Annahme der Europäer, dass die relativ kleinen Inseln und ihre Bewohner problemlos in der Lage seien, ein Schiff voller hungriger Seeleute und Soldaten reichlich mit Vorräten auszustatten.

Die wichtigste Entdeckung dieser Expedition waren die Salomonen, zunächst irrtümlich für Ausläufer des „Südkontinents" gehalten. Trotz der auf dieser Reise erlittenen Strapazen fasste Mendaña den Plan, auf dem entdeckten Land eine christliche Mission zu gründen, und brach deshalb 1595 zu seiner zweiten großen Reise auf.

Zur selben Zeit hatte der Engländer Francis Drake die Welt ein zweites Mal umsegelt (1577–1580), ohne dabei jedoch in Nordkalifornien eine Passage zu finden, durch die er zum Atlantik hätte zurückkehren können. Er reiste mit dem Auftrag, die spanischen Handelsverbindungen auf See zu zerstören, nicht als Entdecker; trotzdem stellte er fest, dass Magellan sich nicht geirrt hatte: Feuerland war tatsächlich eine Insel und nicht Teil des „Südkontinents".

Mendaña und Quirós

Im April 1595 verließ Mendaña erneut Callao, den Hafen von Lima. Mit dem Portugiesen Pedro Fernandez de Quirós hatte er dieses Mal einen erstklassigen Navigator an seiner Seite. (1580 herrschte vorübergehend Frieden zwischen der spanischen und der portugiesischen Krone, ohne dass der Kampf um die Vorherrschaft auf den Weltmeeren deswegen für beendet erklärt worden wäre.) Trotzdem entwickelte sich die Reise zu einer Katastrophe.

Mendaña verfehlte die Salomonen (ebenso wie jeder andere Seefahrer in den folgenden 200 Jahren), und die Flotte landete auf den bis dahin unbekannten Marquesas-Inseln. Mendaña hielt sie zunächst für die Salomonen, obwohl diese sich praktisch in der anderen Hälfte des Pazifiks befinden. Irrtümer dieser Art waren für die Zeit typisch, weil noch keine Längengrade gemessen werden konnten. Die Einheimischen wussten die Gründung einer Kolonie zu verhindern. Mendaña und ein Großteil der Besatzung starben auf der Reise, und Quirós rettete sich mit den Überlebenden auf die Philippinen.

Quirós' Reise

Quirós, der Mendañas religiösen Eifer ebenso teilte wie den allgemeinen Glauben an einen „Südkontinent", brach 1605 mit drei kleineren Schiffen und 300 Mann Besatzung zu einer weiteren Reise auf. Das erste Ziel waren die Santa-Cruz-Inseln. Die üblichen Probleme – Meutereien, Unwetter und Knappheit an Wasser und Nahrungsmitteln – blieben nicht aus, und die Situation wurde durch Quirós' schlechten Gesundheitszustand und sein geringes Durchsetzungsvermögen noch verschlimmert. Die Expedition entdeckte verschiedene Inseln (leider lässt sich nicht mehr rekonstruieren, welche), aber Quirós' Angaben über ihr eigentliches Ziel wurden immer vager: „Gott wird [die Schiffe] lenken", meinte er.

Eine beginnende Meuterei wurde durch die Entdeckung der Insel Espiritu Santo und der Neuen Hebriden abgewendet. Die Inseln waren fruchtbar. Zuallererst wurde die Herrschaft des Christentums auf die übliche Weise durchgesetzt; vielleicht löste dies bei Quirós den religiösen Wahn aus, dessen erste Anzeichen bald auftraten: Bei der Erkundung der näheren Umgebung verschwand Quirós Schiff am Horizont und tauchte später in Mexiko wieder auf. Ob dieses Verschwinden geplant war, wurde nie geklärt.

Mit Luis Vaez de Torres übernahm ein fähiger und resoluter Navigator die Leitung der Expedition. Torres befolgte trotz des heftigen Protests seiner Mannschaft, die nach Manila zurückkehren wollte, die Order des Vizekönigs von Peru und setzte die Suche nach dem sagenhaften „Südkontinent" fort. Er segelte bis zum 21. Grad südlicher Breite, ohne auf den gesuchten Kontinent zu treffen, und wollte entlang der inzwischen bekannten Nordküste von Neuguinea zu den Philippinen zurückkehren.

Da es ihm nicht gelang, die östliche Landspitze zu umsegeln, folgte er der Küste nach Westen und bewies damit, dass Neuguinea eine Insel ist.

Wie viele andere bedeutende Entdeckungen und ihre Entdecker wurden auch die Existenz der Torresstraße und Torres' Leistung zwar zur Kenntnis genommen, aber schnell wieder vergessen.

ROUTEN

- Urdaneta 1565
- Mendaña und Sarmiento 1567–1569
- Drake 1577–1580
- Mendaña und Quirós 1595–1596
- Quirós 1605–1606
- Torres 1606–1607

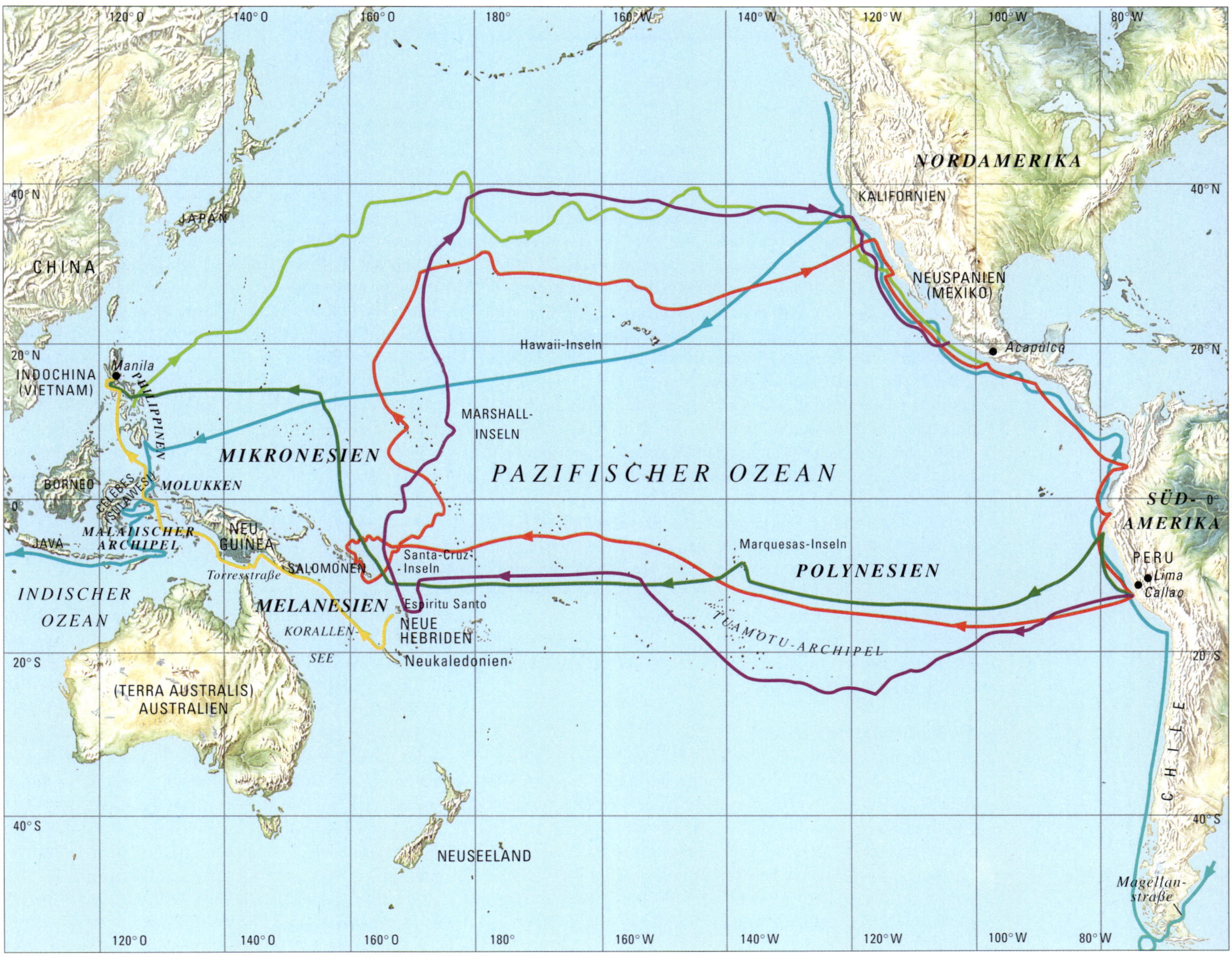

Die Holländer

▲ ***Die Zeichnung*** *von Abel Tasman dokumentiert die ersten Kontakte zwischen Maori und Europäern. Obwohl sie zunächst friedlich gewirkt hatten, griffen die Maori die Europäer in der Golden Bay der Südinsel an und töteten vier Besatzungsmitglieder.*

Ende des 17. Jh. verlor Spanien seine Vormachtstellung, und die Portugiesen wurden nach und nach von den Holländern aus dem Malaiischen Archipel verdrängt. 1619 gründeten die Holländer einen Stützpunkt in Batavia (Jakarta) an der Sundastraße. Die holländische Ostindien-Kompanie trieb gemeinsam mit der Regierung die Expansion voran. Die Kompanie hatte ausschließlich wirtschaftliche Ziele; Entdeckungen waren eher ein Nebenprodukt, erfolgten aber häufig, vor allem, seit die holländischen Schiffe die schnelle südliche Route um das Kap der Guten Hoffnung wählten. Da auch die Holländer die Längengrade nicht eindeutig bestimmen konnten, verirrten sich immer wieder Schiffe nach Australien.

Dank zufälliger Entdeckungen und geplanter Expeditionen kannten die Holländer schon bald die nördliche australische Küste bis zur Kap-York-Halbinsel und die westliche und südliche bis zur Großen Australischen Bucht. Ihre Begeisterung hielt sich in Grenzen. Die Bewohner des Kontinents waren für sie „ungezügelte, grausame Wilde", und das Land selbst schien nichts zu bieten – nicht einmal genügend Wasser.

Le Maire und Schouten

1615 gründete der Holländer Isaak le Maire eine eigene Handelsgesellschaft. Um das Handelsmonopol der Ostindien-Kompanie zu umgehen, suchte er nach einer Alternative zur Route über die Magellanstraße und um das Kap. Eine Expedition unter dem Kommando seines Sohnes Jakob und mit Willem Schouten als erfahrenem Navigator entdeckte die spätere Le-Maire-Straße und passierte die Landspitze, die nach Schoutens Geburtsort Kap Hoorn getauft wurde.

Im April 1616 erreichten sie das Tuamotu-Archipel und Tonga, wo es zu den unvermeidlichen Zusammenstößen mit den Eingeborenen kam. Kurz darauf entdeckten sie die Hoorn Inseln zwischen Fidschi und Samoa, deren Bewohner sie freundlich aufnahmen.

Le Maire schlug eine westliche Route zu den Salomonen und Quirós' „Südkontinent" vor, doch Schouten, der nichts von der Existenz der Torresstraße wusste, bestand auf einem nördlicheren Kurs. So passierten sie die Nordküste Neuirlands (das sie für Neuguinea hielten) und erreichten im Oktober Batavia (Jakarta). Auf der gesamten, hervorragend durchgeführten Expedition hatten sie nur drei Männer verloren.

Der Empfang war ein regelrechter Alptraum; die Ostindien-Kompanie beschlagnahmte die Schiffe samt Fracht und schickte die Besatzung mit einem Schiff der Kompanie nach Holland zurück. Jakob Le Maire starb auf dieser Reise. Sein Vater Isaak verklagte die Ostindien-Kompanie auf Schadensersatz und wurde schließlich vollständig für den Verlust seines Eigentums entschädigt.

Abel Tasman

Die wichtigsten holländischen Entdeckungen sind dem Gouverneur von Batavia, Anton van Diemen, zu verdanken. 1642 sandte er eine Expedition unter der Leitung des erfahrenen Seefahrers Abel Janszoon Tasman und mit Frans Jacobszoon Visscher als Navigator aus, die östlich von Mauritius nach dem „Südland" suchen sollte. Van Diemens Anweisungen, sich bei Begegnungen mit den Eingeborenen „geduldig und zurückhaltend" zu verhalten, hatten zur Folge, dass dieses Mal die Forscher häufiger von den Erforschten angegriffen wurden als umgekehrt.

Sie kamen vom vorgesehenen Kurs ab und entdeckten dabei eine Insel, die Tasman nach van Diemen benannte, die heute jedoch Tasmans Namen trägt. Die Schiffe folgten der Küste bis zu deren Nordwestspitze und wandten sich dann mit dem Wind nach Osten. Schon wenige Tage später stießen sie auf neues Land (Neuseeland). Als sie in einer

ROUTEN

- Le Maire und Schouten 1615–1617
- Tasman 1642–1643
- Roggeveen 1721–1722

▼ ***Abel Janszoon Tasman*** *(hier mit seiner Frau und seiner Tochter auf einem Gemälde aus dem Jahre 1637) bereiste mehrmals den Pazifik. Nach der Entdeckung von Vandiemensland (Tasmanien) und Neuseeland im Jahre 1642 wurde er 1644 damit beauftragt, zu untersuchen, ob Australien und Neuguinea zusammenhingen. Er verfehlte jedoch die Torresstraße, die beide voneinander trennt.*

Bucht vor Anker lagen, näherten sich ihnen Einheimische in Booten. Die Männer schienen zuerst friedliche Absichten zu haben, griffen dann jedoch unvermittelt an und töteten vier Holländer. Nach diesem ersten Zusammenprall zwischen Europäern und Maori verließ Tasman eiligst die „Bucht der Mörder" (Golden Bay).

Sie folgten dem Küstenverlauf nach Norden; im Glauben, sich an der Südspitze Südamerikas zu befinden, suchten sie nach einer Passage nach Chile. Tatsächlich befanden sie sich in der später so genannten „Cook-Straße" und umrundeten die nördliche Spitze der Nordinsel Neuseelands; von hier aus trieb sie der Wind nach Nordosten. Le Maires Route folgend erreichten sie Tonga und gerieten bei den Fidschis in ein unübersichtliches Gewirr von Felsen und Riffen. Sie verfehlten die Torresstraße (die nach wie vor nur den Spaniern bekannt war) und kehrten entlang der Nordküste von Neuguinea zehn Monate nach ihrer Abreise nach Batavia zurück.

Die Freude über ihre glückliche Heimkehr hielt sich in Grenzen. Tasman wurde vorgeworfen, er habe die von ihm entdeckten Länder nicht gründlich genug erforscht. Andererseits war die Ostindien-Kompanie nicht in der Lage, all die Möglichkeiten, die sich ihr aufgetan hatten, auszuschöpfen, und fürchtete, andere könnten von den neuen Entdeckungen profitieren. Der Historiker H. Parry schrieb: „Der Handel, der im 16. Jh. die Entdecker gefördert hatte, wurde im 17. Jh. zu ihrem größten Feind."

Daher ist es weder verwunderlich, dass es im Verlauf des 17. Jh. nicht mehr zu größeren Entdeckungen durch Holländer kam, noch dass der einzige weitere bedeutende Entdecker nicht im Auftrag der Ostindien-Kompanie reiste.

Jakob Roggeveen

Jakob Roggeveen war schon 62 Jahre alt, als er den Traum seines Vaters vom Handel mit den Ländern der Südsee in die Tat umsetzte; dabei unterstützte ihn die weniger einflussreiche Westindien-Kompanie. Auf der Suche nach dem großen „Südland" gelangte Roggeveen 1721 durch die Le-Maire-Straße in den Pazifik. Nach einem kurzen Aufenthalt auf den Juan-Fernández-Inseln (485 km von der chilenischen Küste entfernt) suchte er auf der Höhe von 27° S nach der Küste, von der ihm Seeräuber erzählt hatten.

Roggeveen entdeckte keinen Kontinent, dafür aber an Ostern eine kleine Insel. Besonders beeindruckten ihn hier die riesigen Steinskulpturen. Nach einer Woche setzte er seine Suche nach dem „Südland" fort – und irrte einen Monat lang durch den Tuamotu-Archipel. Nachdem er ein Schiff und einen Großteil seiner Mannschaft verloren hatte, kehrte Roggeveen über Samoa nach Batavia zurück.

Engländer und Franzosen

Ab 1763, als sie Schiffe und Männer nicht mehr in ihrem „Indianerkrieg“ einsetzen mussten, regte sich in England und Frankreich großes Interesse am Pazifik. William Dampier, Freibeuter und Autor von *A New Voyage Round the World* (1697), wurde mit einer Expedition zur Entdeckung des „Südkontinents“ beauftragt. Das einzige jedoch, was er auf seiner 1699/1700 unternommenen Reise entdeckte, war die Dampierstraße zwischen der Bismarcksee und der Salomonsee.

John Byron

John Byron, Großvater des berühmten Dichters und Kommandant der *Dolphin*, erhielt 1764 den Auftrag, die Falkland-Inseln zu erkunden und zu prüfen, ob sie sich als englischer Stützpunkt eigneten. Anschließend sollte er die Westküste Nordamerikas hinauffahren und nach einem Seeweg aus der Hudsonbai suchen. Statt den zweiten Teil seines Auftrags auszuführen, segelte er auf der Suche nach dem sagenhaften „Südkontinent“ nach Westen. Er fuhr die Insel Takaroa im Tuamotu-Archipel und verschiedene andere Inseln an, u. a. eine der Gilbert-Inseln, die heute noch seinen Namen trägt, umsegelte die Philippinen und lief in den Hafen von Batavia (Jakarta) ein. Sein Heimweg führte am Kap der Guten Hoffnung vorbei. Mit seiner knapp zweijährigen Weltumsegelung hatte er einen Rekord aufgestellt.

Samuel Wallis

Noch im gleichen Jahr wurde die *Dolphin* überholt und unter dem Kommando von Samuel Wallis erneut auf große Fahrt geschickt. Ebenso wie später Cook sorgte Wallis gut für seine Mannschaft, und sie blieb – als erste Besatzung auf einer Reise dieser Art – vom Skorbut verschont. Die *Dolphin* wurde von der *Swallow* unter dem Kommando von Carteret, der auch an Byrons Expedition teilgenommen hatte, begleitet. Leider konnte sie mit der *Dolphin* nicht mithalten und setzte jenseits der Magellanstraße ihre Reise alleine fort.

Wallis folgte der üblichen Nord-West-Route über den Pazifik, befand sich aber auf Höhe des Tuamotu-Archipels etwas weiter südlich als seine Vorgänger und entdeckte dadurch Tahiti. Dies war ein Wendepunkt in der europäischen Erschließung des Pazifiks. Den europäischen Seefahrern kam die Insel paradiesisch vor; für die Bewohner Tahitis jedoch war der Tag, an dem Wallis in der Bucht von Matavai vor Anker ging, praktisch der Beginn des Untergangs ihrer Kultur.

Wallis blieb einen Monat auf Tahiti; dann segelte er westwärts und benannte verschiedene Inseln, die seinen Weg kreuzten, nach bedeutenden Herzögen und Admirälen. Wegen der schlechten Verfassung, in der Schiff und Männer sich befanden, kehrte er nach Batavia zurück.

Carteret und die *Swallow*

Inzwischen setzte die kleine *Swallow* unter Carteret tapfer ihre Reise um die Welt fort. Ihre Langsamkeit führte dazu, dass Carteret die gute Jahreszeit verpasste und einen nördlicheren Kurs einschlagen musste als geplant. Trotzdem befand er sich südlich von Wallis' Kurs und entdeckte Pitcairn, jene Insel, die später durch die Meuterer der *Bounty* berühmt werden sollte. Carteret erreichte die von Quirós entdeckten Santa-Cruz-Inseln und passierte die Salomonen, ohne sie jedoch als solche zu erkennen. Er durchquerte den St. George's Channel und lieferte so den

ROUTEN

- Dampier 1699–1700
- Byron 1764–1766
- Wallis 1766–1768
- Carteret 1766–1769
- Bougainville 1766–1769

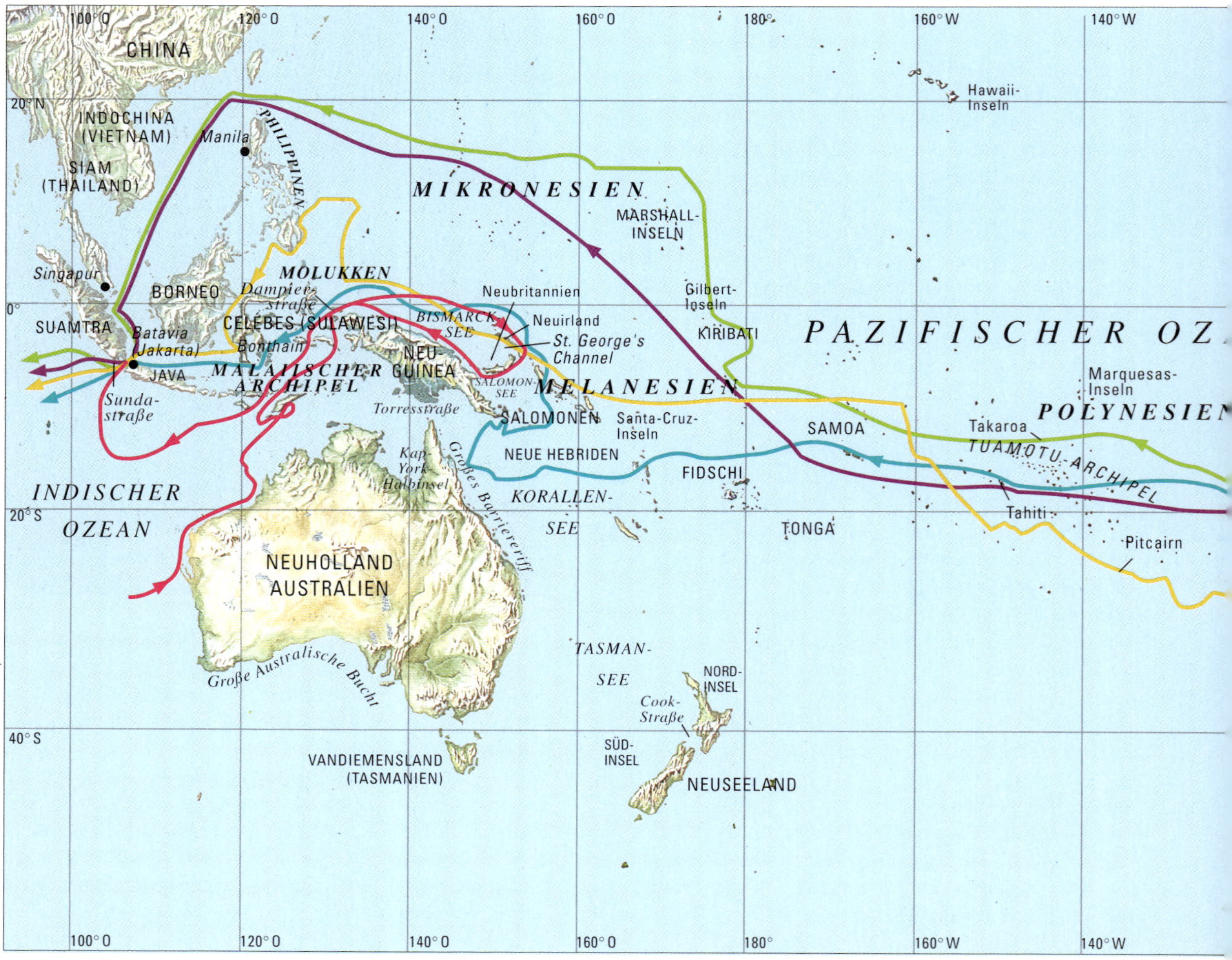

Beweis, dass es sich bei Neuirland und Neubritannien um zwei verschiedene Inseln handelt. Nach fünf Monaten Aufenthalt im kleinen holländischen Hafen Bonthain auf Celébes (Sulawesi) kehrte Carteret nach Batavia zurück, um dort die inzwischen schwer beschädigte *Swallow* reparieren zu lassen. Nach einem weiteren Aufenthalt von sechs Wochen am Kap der Guten Hoffnung brach er im Januar 1769 zur letzten Etappe auf, in deren Verlauf ihn die französische Fregatte *Boudeuse* unter dem Kommando Bougainvilles nahe der Insel Ascension überholte.

Louis Antoine de Bougainville

Bougainville folgte bei seiner Weltumsegelung einem ähnlichen Kurs wie Wallis. Auch er kam nach Tahiti, setzte seine Reise nach Westen aber schon nach gut einer Woche fort. Anders als fast alle Kapitäne zuvor schlug er einen Kurs ein, auf dem er Gefahr lief, auf den Sandbänken Neuguineas und Australiens aufzulaufen. Im Verlauf seiner Expedition sollte er seine Verwegenheit mehrmals bedauern. Bougainville fuhr an den Ausläufern des Großen Barriereriffs vorbei, hinter dem er eine ausgedehnte Landmasse oder wenigstens Inseln vermutete. Dann nahm er Kurs nach Norden und sichtete die Küste von Neuguinea.

Beinahe hätte er die Torresstraße wieder entdeckt, aber seine Besatzung war in schlechtem Zustand, und er musste baldmöglichst einen Hafen anlaufen. Sein Weg um die Nordspitze Neuguineas entwickelte sich wegen der Stürme, der schlechten Sichtverhältnisse und der Sandbänke zu einem Alptraum. Bougainville passierte die Salomonen (auch er erkannte sie nicht als solche) und erreichte schließlich einen Hafen in Neubritannien, in dem er Wasser und Holz, aber nur wenig Nahrungsmittel erwerben konnte. Durch einen Zufall stieß er etwa 8 km vom Hafen entfernt auf die Überreste von Carterets Lager.

Im Gegensatz zu Carteret erkannte Bougainville den St. George's Channel nicht als Meerenge (Dampier hatte ihn als Bucht bezeichnet) und segelte deshalb nördlich an Neuirland vorbei. Fünf Wochen später erreichte sein Schiff einen holländischen Hafen auf den Molukken, wo die Mannschaft die erste vollständige Mahlzeit nach vielen Wochen zu sich nahm. Zwölf Tage nach Carterets Abreise lief die *Boudeuse* in den Hafen von Batavia ein und hatte die Erde umrundet, bevor die *Swallow* am 25. Februar 1769 vor St. Malo im Atlantik gesichtet wurde.

Bougainville – ein kultivierter Abenteurer

Obwohl einige ihrer Landsleute von französischen Seefahrern ermordet worden waren, blieben die Bewohner von Tahiti gegenüber Bougainville weiterhin gastfreundlich. Als echter Gentleman und Sohn der Aufklärung zeichnete sich der Marineoffizier Louis Antoine de Bougainville (1729–1811) durch Charakter und Bildung, persönlichen Charme, Mut und ein an den Wissenschaften ausgerichtetes Denken aus. Unter Einsatz seines privaten Vermögens versuchte Bougainville, Franzosen auf den Falkland-Inseln anzusiedeln – vergeblich. Nach seiner Weltumsegelung arbeitete er u.a. als königlicher Sekretär und diente in Nordamerika. Die Niederlage Frankreichs in der Karibik (1782) führte jedoch zu seiner Entlassung aus der Armee. Er überlebte die Französische Revolution und wurde später von Napoleon in Gnade aufgenommen.

James Cook

► ***Auf seiner zweiten Reise*** *überquerte Cook zweimal den Südlichen Polarkreis und erfasste eine Vielzahl der von seinen Vorgängern entdeckten polynesischen Inseln. Die Abbildung zeigt die Schiffe* Resolution *und* Adventure *in der Bucht von Matavai (Tahiti) im Jahre 1773.*

In den 250 Jahren nach Magellans Weltumsegelung (1519–1522) wurden weite Teile des Pazifiks erforscht, vieles aber war noch unentdeckt geblieben. Als größtes Rätsel galt der „Südkontinent" und dessen Verbindung zu Australien und zu Neuseeland, das einige für ein Kap des sagenumwobenen Kontinents hielten. Der Engländer James Cook (1728–1779), der zunächst eine Matrosenlehre auf einem Kohlenschiff absolviert hatte und im Alter von 27 Jahren in den Dienst der Marine getreten war, sollte dieses große Geheimnis schließlich lösen.

► ***Captain James Cook*** *war nicht nur ein hervorragender Seemann und Entdecker, sondern zeichnete sich im Vergleich zu vielen seiner Zeitgenossen durch seine aufgeklärte Einstellung gegenüber der Kultur der Völker, denen sie unterwegs begegneten, aus.*

Cook hatte sich in der Marine rasch hochgedient. Seine Kompetenz hatte er bei der akkuraten kartografischen Aufnahme der Küste Neufundlands und bei der exakten Beobachtung einer Sonnenfinsternis unter Beweis gestellt. Der eigentliche Auftrag seiner Expedition im Jahr 1768 war die Beobachtung des Venusdurchgangs von Tahiti aus. Anschließend sollte er auf der Höhe von 40° S nach dem „Südkontinent" forschen. Fand er ihn nicht, dann sollte Cook in westlicher Richtung bis zur Ostküste Neuseelands segeln, jenes Gebiet erkunden, kartografieren und dann auf einer beliebigen Route zum Ausgangshafen zurückkehren.

Cooks Schiff, die *Endeavour*, war ein ehemaliges Kohlenschiff, stabil und mit großer Ladefläche, aber nicht sehr wendig. An Bord waren 94 Mann, darunter auch Wissenschaftler wie Joseph Banks.

Die erste Reise

Die *Endeavour* verließ im August 1768 den Hafen von Plymouth und umsegelte im Januar 1769 Kap Hoorn. Cook fuhr aus außergewöhnlich weit südlicher Position nach Nordwesten und schränkte so das mögliche Ausdehnungsgebiet des „Südkontinents" ein. Er verbrachte drei Monate auf Tahiti, errichtete ein Observatorium sowie ein Fort und genoss die Gastfreundschaft der Eingeborenen.

Banks und die anderen Naturwissenschaftler waren von der Insel fasziniert. In Cooks Begeisterung mischten sich jedoch schon bei diesem ersten Aufenthalt, dem noch drei weitere folgen sollten, Schuldgefühle, und je mehr er die Sprache der Einheimischen verstand, desto stärker wurde er sich bewusst, welch fatale Folgen der Kontakt mit den Europäern für die Kultur der Eingeborenen haben würde.

Nach Abschluss der Beobachtungen und der Kartografierung verschiedener Inseln überquerte die *Endeavour* 40° S, ohne den „Südkontinent" zu sichten. Cook nahm Kurs auf Westen und gelangte im Oktober zur Nordinsel

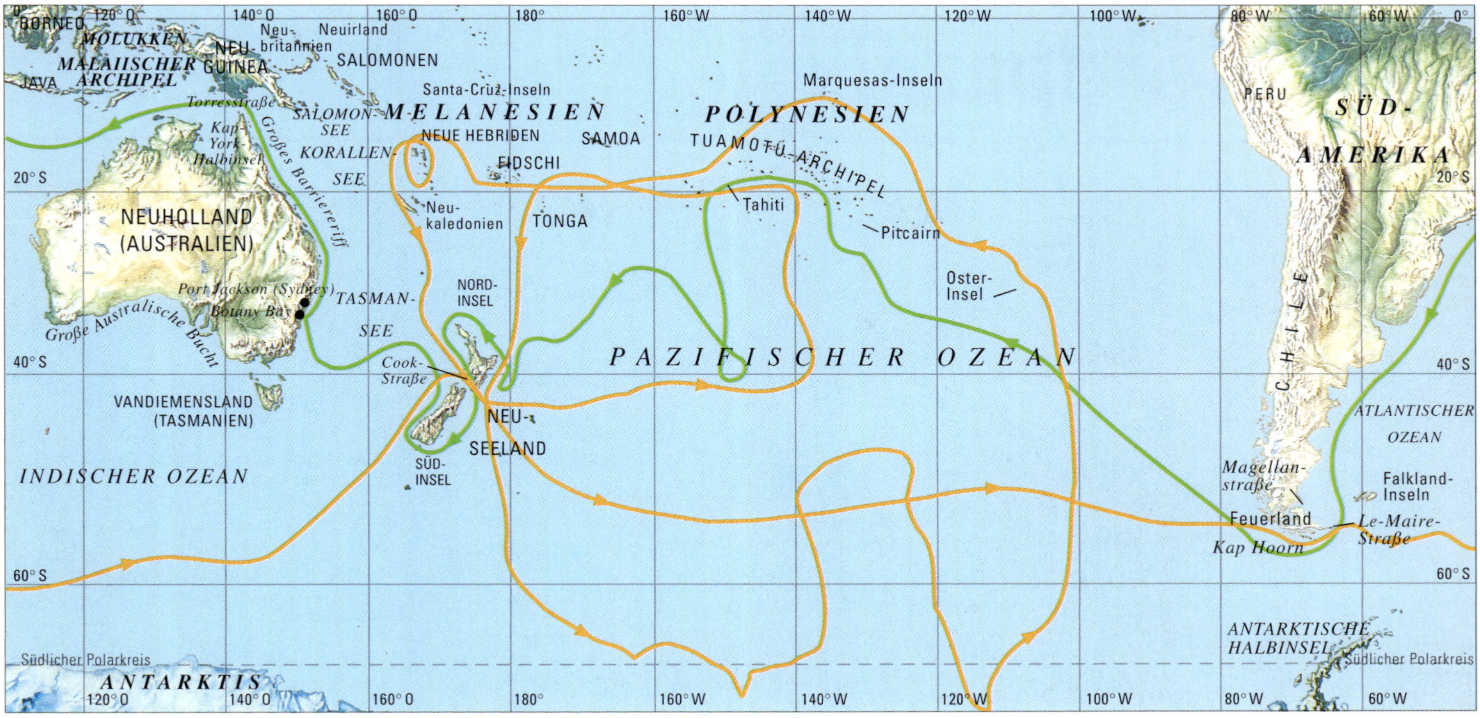

ROUTEN

- Cook 1768–1771
- Cook 1772–1775

Harrisons Chronometer
Längengrade definiert man, indem man die Differenz zwischen jeweiliger Ortszeit (Bestimmung durch Sonnenstand) und Greenwich-Zeit errechnet; jede Stunde Differenz entspricht 15 Längengraden. Bei seiner zweiten Reise führte James Cook ein Exemplar des vierten Chronometermodells von John Harrison mit sich. Harrison, ein Zimmermann aus Yorkshire, war 1761 vom *Board of Longitude* mit einer Prämie von 20 000 englischen Pfund für die Entwicklung eines präzisen, gegen Außeneinflüsse weitgehend resistenten Chronometers ausgezeichnet worden.

Neuseelands. Trotz anfänglicher Probleme gelang es Cook mit der Zeit, ein freundschaftliches Verhältnis zu den Maori aufzubauen. In den folgenden sechs Monaten führte Cook die Vermessung der neuseeländischen Küsten durch.

Australien

Im März 1770 wollte Cook über den Malaiischen Archipel zurückfahren, in der Hoffnung, dabei auf die Ostküste Neuhollands (Australiens) zu treffen. Cook steuerte Tasmanien an, wurde jedoch durch einen Sturm vom Kurs in nördliche Richtung abgedrängt und erreichte so Botany Bay; er ließ Anker werfen und ging mit ein paar Männern an Land. Die Europäer empfanden für die australischen Ureinwohner wenig Sympathie. Banks nannte sie „kaum besser als Tiere“, Cook war weitblickender. „Sie mögen wirken … als seien sie das elendste Volk auf Erden, sind aber weitaus glücklicher als wir Europäer. Ihr ruhiges Dasein wird nicht durch die Ungleichheit der Stände beeinträchtigt.“

Auf seinem Weg nach Norden entdeckte Cook einen natürlichen Hafen und gab ihm den Namen Port Jackson (Sydney). Bougainville, der weiter nördlich auf Australien gestoßen war, hatte die Küste wegen des Großen Barriereriffs nicht sichten können. Cook folgte der Ostküste von Süden nach Norden und geriet dadurch mitten in das Riff hinein. Die *Endeavour* lief auf ein Korallenriff auf, blieb dort 24 Stunden lang stecken und erreichte das rettende Ufer nur, weil das Leck notdürftig mit einem Segel geflickt werden konnte.

Nach der Reparatur des Schiffes setzte Cook die nervenaufreibende Fahrt innerhalb des Labyrinths aus Riffen und Sandbänken fort, um herauszufinden, ob Neuguinea und Neuholland (Australien) miteinander verbunden sind. Im August 1770 erhielt er den Beweis – er passierte als zweiter europäischer Seefahrer die Torresstraße. Cook hatte auf der ganzen Fahrt keinen einzigen Mann durch Skorbut verloren, doch beim Aufenthalt in Batavia, dem „ungesündesten Hafen der Welt“, erkrankte die Besatzung an Fieber. Noch bevor er das Kap der Guten Hoffnung erreichte, waren 30 Mann gestorben und kaum ein Dutzend war einsatzfähig.

Die zweite Reise

Cook hatte die erfolgreichste Fahrt in der Geschichte der Erforschung des Pazifik abgeschlossen und die Theorie von der Existenz des „Südkontinents“ widerlegt. Deren Anhänger jedoch waren noch nicht überzeugt; schließlich blieb im unerforschten Südpazifik immer noch genug Raum für einen Kontinent. Außerdem beunruhigten die Reisen französischer Entdecker die Engländer sehr.

Aus diesem Grund wurde Cook mit der Leitung einer weiteren Expedition beauftragt (1772–1775). Mit der *Resolution* und der *Adventure* umsegelte er die Erde entlang bisher nicht befahrener Breitengrade, überquerte dabei zweimal den Südlichen Polarkreis und verfehlte nur knapp die Sichtung der Antarktis. Damit erbrachte Cook den endgültigen Beweis, dass der „Südkontinent“ nicht existierte. Darüber hinaus besuchte er die Marquesas-Inseln (die seit Mendaña kein Europäer mehr betreten hatte) und entdeckte Neukaledonien im Pazifik sowie Südgeorgien und die Südsandwich-Inseln im Atlantik.

Der Nordpazifik

ROUTEN

- Bering 1728
- Bering 1741
- Tschirikow 1741
- Berings Besatzung 1742
- Cook 1776–1779
- Cooks Besatzung 1779–1780
- La Pérouse 1785–1788
- Entrecasteaux 1791–1793
- Entrecasteaux's Begleiter 1793

Zu Beginn des 18. Jh. gab der Nordpazifik den Europäern immer noch Rätsel auf; u. a. wusste man nicht, ob zwischen Asien und Nordamerika eine Landverbindung bestand. Der russische Zar Peter der Große, der sein Reich nach Osten ausweiten wollte, beauftragte den Dänen Vitus Bering damit, eine Antwort auf diese Frage zu finden.

1725 verließ Bering Sankt Petersburg, erreichte jedoch erst zwei Jahre später Ochotsk. Er begann seine eigentliche Forschungsreise 1728 und segelte bis 67° N, konnte aber wegen Nebels die amerikanische Küste nicht sichten.

Weil Russland die Konkurrenz von Frankreich und England im Nordpazifik fürchtete, wurde Bering die Leitung einer weiteren Expedition übertragen. Während Berings Offiziere zu den Kurilen und nach Japan fuhren, brachen Bering und Alexej Tschirikow im Juni 1741 nach Amerika auf. Die beiden Schiffe wurden getrennt. Bering ging auf der Kayak-Insel vor der Küste Alaskas an Land. Da ein Teil seiner Männer an Skorbut erkrankt war, wollte Bering zurückkehren, aber das Wetter zwang ihn dazu, den Winter auf der heutigen Bering-Insel zu verbringen, die im Grunde nicht weit von der Basis auf Kamtschatka entfernt war. Bering überlebte diese Expedition nicht (siehe Seite 48).

Cooks dritte Reise

Zweck von Cooks dritter Reise (1776–1780) war die Suche nach der Nordwestpassage bei oder durch Nordamerika. Unzählige Seefahrer hatten im Atlantik nach ihr gesucht. Cook wollte es vom Pazifik aus probieren. Von seiner Lieblingsinsel Tahiti aus segelte er Richtung Norden. Im Januar 1778 machte er seine letzte große Entdeckung: die Hawaii-Inseln, die er Sandwich-Inseln nannte. Cook baute freundschaftliche Beziehungen zu den Eingeborenen auf und stellte sich zum wiederholten Male die Frage, wie die Polynesier sich so weit über den pazifischen Raum hatten verbreiten können.

◄ ***Die Weitläufigkeit*** *der von Cook und La Pérouse bereisten Gebiete wird auf diesem kolorierten Stich dokumentiert, der die Einwohner der von ihnen besuchten Länder und Inseln vorstellt.*

Gemäß seinem Auftrag segelte Cook sodann Richtung Osten zum 40. Breitengrad Nord und nahm Kurs auf die nordamerikanische Küste. Auf der Höhe des heutigen Bundesstaats Oregon wandte er sich nach Norden und begann mit der Suche. Da die Küsten Alaskas und Kanadas trotz Berings Reisen noch unerforscht waren, kartografierte Cook die letzten größeren noch unbekannten Abschnitte kontinentaler Küsten.

Er folgte den Aleuten, segelte dann nach Norden zur Beringstraße, ging an der asiatischen Küste kurz an Land und drang bis 70° 44´N vor; dann konnte er wegen des Eises nicht mehr weiter. Das Nahen des Herbstes sowie Wasser- und Holzmangel zwangen ihn, seine Suche zu unterbrechen. Cook segelte an der asiatischen Küste entlang zu den Aleuten zurück, wo er russische Pelzhändler über die Topografie der Region befragte.

Cook beschloss, auf Hawaii zu überwintern, und fand in der Bucht von Keala Kekua einen geeigneten Ankerplatz. Da die Einheimischen Cook als einen Gott betrachteten, gab es zwischen ihnen und den Europäern zunächst keinerlei Probleme. Doch bald gingen die Nahrungsvorräte der Inselbewohner zur Neige, und sie baten ihre Gäste, die Bucht zu verlassen. Bei der Suche nach einer anderen Anlegestelle gerieten Cooks Schiffe in einen Sturm; der Vordermast der *Resolution* brach, und sie mussten nach Keala Kekua zurückkehren.

Dieses Mal waren die Europäer nicht willkommen. Bei einem Scharmützel um ein gestohlenes Boot wurde Cook von den Einheimischen niedergeschlagen und erstochen.

Unter dem Kommando von Kapitän Charles Clerke wurde die Reise fortgesetzt. Der 31 Jahre alte Clerke litt an einer schweren Lungenkrankheit, die sich auf der zweiten Antarktisexpedition verschlimmerte. Es wurden keine weiteren Entdeckungen gemacht, und die Expedition kehrte im Oktober 1780 nach England zurück. Kapitän Clerke starb auf der Rückfahrt.

In den elf Jahren seiner Reisen hatte Cook die Erforschung des Pazifiks beinahe vollendet. Während die Motive seiner Bemühungen größtenteils politischer und strategischer Natur waren, lieferte er vorwiegend wissenschaftliche und geografische Ergebnisse und bildete so eine große Ausnahme unter den europäischen Entdeckern. Er genoss überall hohe Anerkennung: Die den Engländern ansonsten nicht freundlich gesonnene französische Regierung hatte ihre Offiziere und Kommandeure angewiesen, Cook stets ungehindert passieren zu lassen.

La Pérouse und D'Entrecasteaux

Unter Cooks französischen Zeitgenossen zeichnete sich neben Bougainville vor allem La Pérouse als hervorragender Erforscher der Meere aus. Er erkundete die Westküste Nordamerikas bis Kalifornien und die Ostküste Asiens bis hinauf nach Sachalin. 1785 wurde er mit der Leitung einer Expedition zur Bestimmung der Position der Salomonen beauftragt. Nach gründlichen Vorstudien stach der Franzose in See und erreichte kurz nach dem Eintreffen der britischen Flotte Port Jackson (Sydney). Im Februar 1788 brach er zu den Salomonen auf und verschwand kurz darauf spurlos. Erst 30 Jahre später wurden auf den Santa-Cruz-Inseln Wrackteile der beiden Fregatten entdeckt.

D'Entrecasteaux, der 1791 mit der Suche nach La Pérouse beauftragt worden war, führte dessen Auftrag schließlich aus. Er war es auch, der Mendaña, dessen Aufzeichnungen in den vergangen Jahrhunderten von den Seefahrern immer wieder kritisiert worden waren, rehabilitierte, indem er seine Angaben über die Salomonen bestätigte und ergänzte.

▼ ***John Cleveley*** *hinterließ der Nachwelt eine Darstellung der Ermordung Cooks in der Bucht von Keala Kekua auf Hawaii. Vorlage für die Zeichnung war eine Skizze seines Bruders James, der auf der* Resolution *als Zimmermann mitfuhr.*

Die Briten in Australien

▼ ***Matthew Flinders***
wurde mit der Vermessung der Küsten Australiens beauftragt. Dabei umfuhr er gemeinsam mit George Bass 1798/99 erstmals ganz Tasmanien und bewies damit dessen Inselnatur.

Cooks Entdeckung von New South Wales im Jahr 1770 kam den Briten sehr gelegen. Weil die amerikanischen Kolonien sich 1781 unabhängig erklärt hatten, war es nicht mehr möglich, Strafgefangene nach Nordamerika zu deportieren. Das von Cook beschriebene Land schien eine brauchbare Alternative darzustellen. Im Mai 1787 nahm die Erste Flotte, die aus elf Schiffen mit einer Ladung von insgesamt über 800 Strafgefangenen bestand, Kurs auf die australische Ostküste. Ebenfalls an Bord befanden sich Seeleute und Marinesoldaten (einige davon mit ihren Familien). Die Vorräte sollten für zwei Jahre reichen. Im Januar 1788 erreichten die Schiffe Botany Bay und suchten kurz darauf Port Jackson (Sydney) auf, wo sich das Land besser für die Landwirtschaft eignete.

Trotz anfänglicher Schwierigkeiten gedieh die Siedlung mit der Zeit sehr gut. Ihre Bewohner wussten so gut wie nichts über den Kontinent, auf den man sie geschickt hatte, noch über die Menschen, die so genannten Aborigines, die ihn seit etwa 50 000 Jahren bewohnten.

Bei Ankunft der Ersten Flotte im Jahr 1788 lebten vermutlich 300 000 Aborigines in Australien. Sie teilten sich in verschiedene Stämme mit unterschiedlichen Sprachen, die über jeweils eigene Siedlungsgebiete verfügten; diese waren durch natürliche Grenzen, Flussläufe oder Gebirgsketten voneinander getrennt. Die Aborigines lebten im Einklang mit der Natur und hatten eine vielschichtige, auch mystische Beziehung zu ihrem Land entwickelt, die für die Europäer nicht nachvollziehbar war. Trotz der klar voneinander abgegrenzten Territorien verfügten die Angehörigen der einzelnen Stammesgruppen über umfassende geografische Kenntnisse, da sie aus religiösen Gründen oder um Handel zu treiben lange Wanderungen unternahmen und die verschiedenen Stämme stets miteinander in Kontakt standen.

Die Siedler erkundeten ihre Umgebung zunächst nicht; es sollte Jahre dauern, bis sich ein Europäer zu den 60 km entfernten Blue Mountains aufmachte, und das Binnenland wurde erst sehr viel später erforscht. Die Erfassung der Küsten war dringlicher; die Franzosen begannen, sich für Neuholland (Australien) zu interessieren, und die Briten wollten den Kontinent deshalb möglichst rasch in Besitz nehmen. Matthew Flinders, ein Mann, der sich durch Intelligenz, Einfühlungsvermögen und Entschlossenheit auszeichnete, wurde mit dieser Aufgabe betraut.

Flinders erste Reise

1796 kam Flinders, Fähnrich zur See, mit dem gleichen Schiff wie sein Freund George Bass nach Sydney. Mit seinen 21 Jahren war Flinders bereits ein erfahrener Seemann. Flinders und Bass umfuhren im Auftrag des Gouverneurs mit einer Schaluppe Tasmanien und bestätigten dessen Inselnatur. Dabei passierten sie die später so genannte Bass-Straße und erforschten das Tamar- und das Derwent-Tal.

Flinders zweite Reise

1800 kehrte Flinders nach England zurück und sicherte sich die Unterstützung von Sir Joseph Banks für seinen Plan, die gesamten Küste Neuhollands zu erkunden. Auf Banks Bitten hin stellte die Marine Flinders ein Schiff für

► ***Die Kartenskizze***
eines 1788 deportierten Strafgefangenen zeigt u. a. die Ankerplätze der britischen Ersten Flotte in der Bucht von Sydney (damals noch Port Jackson).

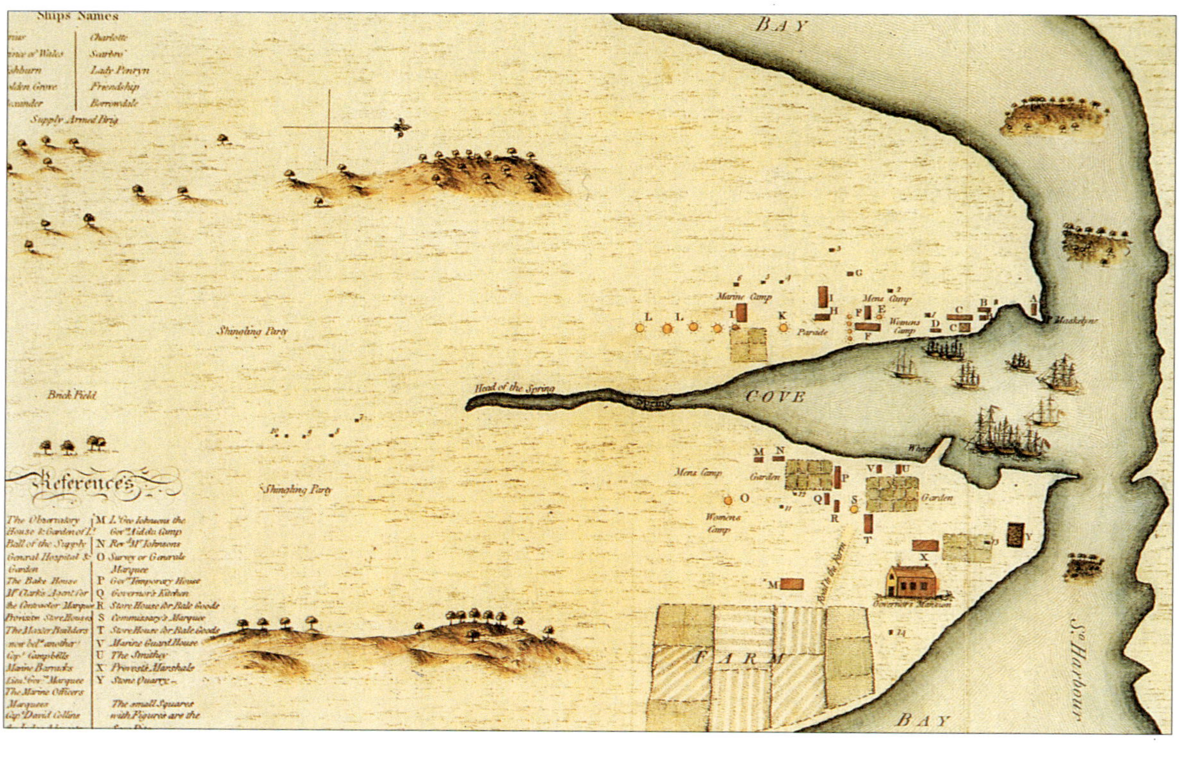

ROUTEN

- Flinders 1798
- Flinders und Bass 1798–1799
- Flinders 1801–1803

die Expedition zur Verfügung, die *Investigator*, ein umgebauter generalüberholter Kohlensegler. Flinders wurde auf seiner Fahrt von verschiedenen Wissenschaftlern begleitet. Weil sich der Astronom als nicht seefest erwies, führten Flinders und sein Bruder Samuel die astronomischen Messungen selbst durch. Dabei leisteten sie, vor allem durch ihre Beobachtung zum Erdmagnetismus, einen großen Beitrag zur Navigationskunde.

Der Verlauf der Südküste

Flinders segelte von Kap Leeuwin aus sechs Monate lang an der australischen Südküste entlang. Bei seinen Landgängen legte er auf der Suche nach Hügeln, die sich als Orientierungspunkte eigneten, bis zu 30 km zurück. Flinders erkundete den Spencergolf, der bis dahin fälschlicherweise für eine Meerenge zwischen New South Wales und Neuholland (Australien) gehalten worden war. Kurz darauf begegnete die *Encounter* Nicolas Baudin auf der *Géographe*, der im Auftrag Frankreichs die Küste zwischen Bass-Straße und Encounterbucht erforschte. Trotz Verständigungsproblemen kam es zu einem freundschaftlichen Informationsaustausch. Sowohl Flinders als auch Baudin verfehlten die Mündung des Murray. Überhaupt konnte Flinders keine einzige größere Flussmündung ausmachen und bestärkte dadurch die häufig vertretene These, dass die Flüsse ein Binnenmeer im Landesinneren speisten.

Nach einem zehnwöchigen Erholungsaufenthalt in Port Jackson (Sydney) brach Flinders zu einer Fahrt in nördlicher Richtung entlang der Ostküste auf. Er erreichte die Torresstraße kurz vor dem Monsun und entdeckte eine neue Passage durch diesen gefährlichen Wasserweg. Wegen ihrer Tücken wurde die Torresstraße jedoch danach nur selten als Abkürzung zwischen Pazifischem und Indischem Ozean genutzt.

Im Carpentariagolf zeigte sich, wie schlecht der Zustand seines Schiffes war. Flinders folgte dennoch der Westküste bis nach Arnhemland. Obwohl er versuchte, Streitigkeiten mit den Aborigines zu vermeiden, wurden sie auf Groote Eylandt angegriffen; die Briten eröffneten daraufhin das Feuer, und ein Mann starb. Vor der Küste von Arnhemland traf Flinders auf eine Gruppe malaiischer Fischer und benannte eine kleine Insel nach deren Anführer: Pabasso Island.

Flinders entschloss sich, seine Fahrt zu beenden, und segelte im März 1803 von der Arnhembucht nach Timor, ergänzte dort die Vorräte und vollendete durch die Rückkehr nach Port Jackson seine Umsegelung Australiens.

Rückkehr nach England

Auf der Rückreise nach England erlitt die *Investigator* auf dem Barriereriff Schiffbruch. Flinders kehrte nach Port Jackson zurück. Hier übergab man ihm einen 30-Tonnen-Schoner, die *Cumberland*. Bei Reparaturen auf Mauritius wurde Flinders von den Franzosen interniert. Erst nach mehr als sechsjähriger Gefangenschaft kehrte er nach England zurück. Schwer krank schrieb er seine Reiseerlebnisse nieder und starb am Erscheinungstag seines Buches *A Voyage to Terra Australis* im Jahre 1814.

Jenseits der Blue Mountains

▲ ***Den Aborigines** blieb angesichts der bewaffneten und berittenen Europäer nur die Flucht. Die Zeichnung von Thomas Baines, offizieller Zeichner einer Expedition durch Nordwestaustralien im Jahre 1855, zeigt Aborigines auf der Flucht vor Europäern.*

Auf der Suche nach Weidegründen machten die neuen Siedler erste Vorstöße ins Landesinnere, ohne aber die Berge rings um Sydney zu überwinden. Die Gebirgsketten erschienen aus der Ferne wie mit einem bläulichen Schleier verhüllt, was tatsächlich auf die zahlreichen ölhaltigen Eukalyptusbäume zurückzuführen war, den unglücklichen Deportierten jedoch wie die Verheißung eines fernen Paradieses erschien.

Anders als die ersten Siedler, die unten in den Tälern geblieben waren, überquerte Gregory Blaxland 1813 die Blue Mountains. Er und seine Männer kamen nur langsam voran und legten an manchen Tagen nur wenige Kilometer zurück, aber nach knapp drei Wochen erblickten sie vom Gipfel des Mount York aus das grüne Land jenseits der Blue Mountains. Der Gouverneur entsandte weitere Expeditionen, und schon 1815 führte eine Straße über die Berge nach Bathurst. 1818 entdeckte John Oxley, nachdem er eine Fahrt auf dem Fluss Macquarie hatte abbrechen müssen, die Liverpool Plains.

Inzwischen waren die Einreisebeschränkungen für Australien aufgehoben worden, und Scharen englischer Siedler strömten in die Kolonie. Auf der Suche nach fruchtbarem Land für weitere Siedlungen gelangte der geborene Australier Hamilton Hume 1824 trotz Feindseligkeiten von Seiten der Aborigines bis in das Gebiet des heutigen Melbourne. Der Botaniker Allan Cunningham entdeckte 1827 das fruchtbare Land der Darling Downs und erreichte die Küste an jener Stelle westlich der Great Dividing Range, an der später Brisbane entstand.

Sturt und Macley

So wie die Menschheit heute Vermutungen über die Lebensbedingungen auf anderen Planeten anstellt, wurde damals über unerforschte Regionen der Erde spekuliert. Bei der Erkundung der australischen Küsten waren kaum Flussmündungen gefunden worden (teilweise weil man sie übersehen hatte), und man vermutete deshalb im Inneren des Kontinents ein Binnenmeer. Das Geheimnis des Verlaufs der Flüsse von New South Wales wurde von dem Offizier Charles Sturt gelöst, der 1828 den Auftrag zur Erkundung der Flüsse erhielt.

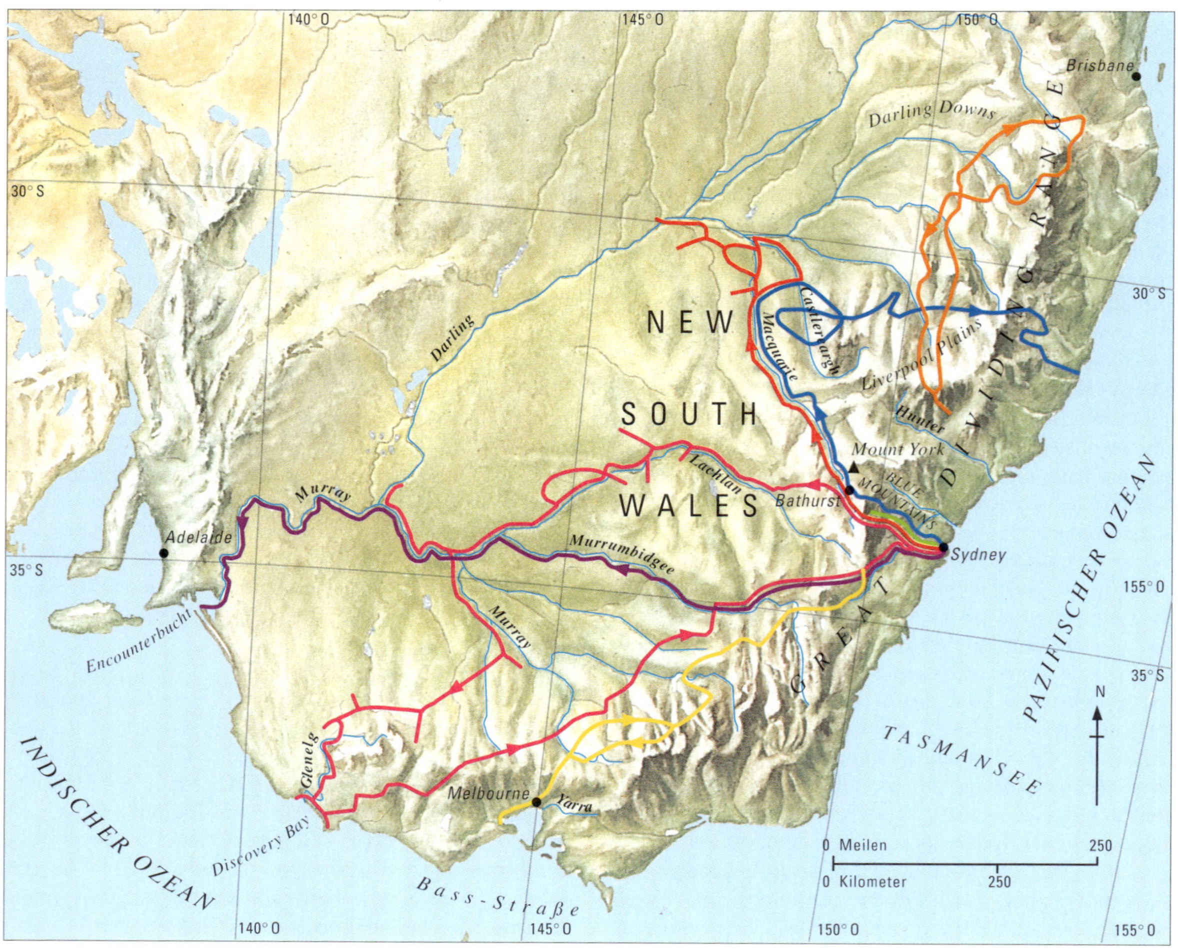

ROUTEN

- Blaxland 1813
- Oxley 1818
- Hume 1824–1825
- Cunningham 1827
- Sturt/Hume 1828–1829
- Sturt 1829–1830
- Mitchell 1836

► ***Fünfundzwanzig Jahre*** *nach Gründung der ersten Siedlung in Port Jackson (Sydney) überquerte Blaxland die Blue Mountains. Die Felsformation Three Sisters Rock vermittelt einen Eindruck von dem schwierigen Gelände.*

Auf seiner ersten Reise erkundete er in Begleitung von Hume den Lauf des Macquarie, wobei er die Sumpfgebiete, die Oxley seinerzeit aufgehalten hatten, überwinden konnte. Seine Aufzeichnungen berichten von den bei den australischen Expeditionen üblichen Strapazen: Hitze, Wassermangel und aggressive Insekten. Im Februar 1829 erreichte er den Darling, konnte jedoch dessen Verlauf nicht ermitteln.

Auf seiner zweiten Expedition hielt er sich weiter südlich und wanderte am Murrumbidgee entlang bis zu den Murray-Armen. Der Naturforscher George Macley (oder M'Leay), sein Begleiter, entwickelte ein so gutes Verhältnis zu den Aborigines, dass diese überzeugt waren, er habe australische Vorfahren. Doch je weiter sie nach Westen vordrangen, desto feindseliger traten ihnen die Eingeborenen entgegen. Als sie einmal auf 600 offensichtlich kampfbereite, bewaffnete Aborigines stießen, hielt Macley Sturt davon ab, den Anführer zu erschießen, und machte ihn auf vier Männer aufmerksam, die sich aus einer anderen Richtung näherten. „Als ich mich umdrehte, sah ich vier schnell laufende Männer. Der Vorderste stürzte sich in Höhe des Bootes aus großer Höhe ins Wasser, schwamm, und tauchte vor dem Wilden auf, auf den ich zielte. Er ergriff ihn an der Kehle, drängte ihn zurück und zwang alle Männer im Wasser mit bemerkenswerter Heftigkeit ans Ufer." Nach dem Eingreifen dieses unverhofften Verbündeten blieben die 600 Aborigines friedlich. Die Episode war insofern typisch, als die Aborigines meist nie lange aggressiv blieben und sich gerne von ihren kriegerischen Absichten ablenken ließen – besonders, wenn die Ablenkung ihren Sinn für Humor ansprach.

Die Begegnung mit den 600 blieb nicht das einzige Ereignis jenes Tages. Als Sturt und Macley ihr Boot von einer Sandbank wieder ins Wasser stoßen wollten, fiel ihr Blick auf einen „neuen und wunderschönen Fluss, der anscheinend aus dem Norden kam." Sie folgten ihm stromaufwärts, streckenweise von einer lärmenden, aber freundlichen Menschenschar begleitet. Sturt nahm an, dass es sich um den Darling handelte – und behielt recht. Später kehrten sie um und folgte dem Murray 650 km weit bis zur Mündung.

Im Süden des Murray

Sturt hatte durch seine Expeditionen wertvolles Land für die Siedler erschlossen, aber der Landvermesser Thomas Mitchell bezweifelte, dass es sich bei dem von Sturt entdeckten Fluss um den Darling handelte. Nach zwei abgebrochenen Expeditionen stellte er jedoch auf seiner dritten Expedition 1836 die Richtigkeit von Sturts Angaben fest. Mitchell wandte sich anschließend nach Süden, entdeckte den Glenelg und befuhr ihn bis zur Mündung in der Discoverybucht.

Die Expedition eröffnete den Siedlern einen neuen fruchtbaren, wenn auch nicht vollkommen unberührten Landstrich. An der Küste hatten sich ohne Erlaubnis der Regierung in Sydney Walfänger und Siedler aus Tasmanien niedergelassen. 1835 hatte John Batman das fruchtbare Gebiet an der Yarramündung entdeckt und den Aborigines etwa 2,5 Quadratkilometer davon für eine neue Siedlung „abgekauft". 1836 annullierte Bourke, der Gouverneur von New South Wales, Batmans Kauf, gab der Region den Namen Melbourne, ließ Straßen und Grundstücke ausweisen und bot diese den Siedlern zum Kauf an.

Die Overlanders

Die Suche nach Weideland war ein wichtiges Motiv für Entdeckungsreisen ins Innere Australiens. Den Entdeckern folgten die Viehhirten, die Schaf- oder Rinderherden über Land zu neuen Weiden trieben oder in die Siedlungen, in denen Fleisch knapp und teuer war. Diese so genannten Overlanders durchquerten regelmäßig teilweise unerforschte und größtenteils noch nicht kartografierte Gebiete und spielten bei der europäischen Erschließung des Kontinents eine wichtige Rolle. Manche von ihnen vollbrachten wahre Heldentaten, wie Patrick Leslie, der im Jahre 1840 rund 6000 Schafe vom Hunter Valley nach Norden zu den Darling Downs trieb.

Vorstoß ins Landesinnere

Gegen Ende der 30er Jahre des 19. Jh. war der australische Südosten erschlossen. Der größte Teil des Kontinents – nicht nur das Innere – war jedoch noch unerforscht. Von nun an verfolgten Landexpeditionen zwei Ziele. Zum einen suchte man nach möglichen Verbindungen zwischen den Siedlungen, die infolge von Expeditionen zur See an den Küsten entstanden waren. Zum anderen sollte das Innere erkundet und nach einer transkontinentalen Route gefahndet werden.

Von 1837 bis 1839 erforschte George Grey (später ein bedeutender Kolonialgouverneur) teilweise auf dem Landweg und teilweise vom Meer aus die Nordwestküste. Die erste größere westliche Ansiedlung entstand im südwestlichen Ausläufer des Kontinents und ließ den Ruf nach einer Landverbindung zwischen New South Wales und dem äußersten Südwesten laut werden. 1840 wurde Edward Eyre mit der Aufgabe betraut, diesen Weg ausfindig zu machen.

▼ ***Charles Sturt,*** *der mit seinen Männern der mörderischen Hitze der Stony Desert trotzte, war einer der kühnsten Entdecker Australiens.*

Edward Eyre

Eyre, der schon zahlreiche Viehherden von Sydney zu abgelegenen Siedlungen getrieben hatte, erkannte, dass eine Route entlang der Großen Australischen Bucht für das Vieh ungeeignet war. Statt sich weiter mit ihr zu befassen, drang er ins Innere vor und entdeckte den Torrenssee und den Eyresee, glaubte allerdings, es handele sich um denselben See. Als sein Pferd in der Salzkruste des Sees einbrach und bis zum Bauch im Wasser versank, trat Eyre den Rückweg an.

Trotz dieser unangenehmen Erfahrung startete er im Jahr darauf zu einer weiteren Expedition entlang der Großen Australischen Bucht von Adelaide nach Albany – allerdings nur, um zu beweisen, dass diese Route ungeeignet war. Bis zur Fowlers Bay wurde er von einem Proviantschiff begleitet, und die Reise verlief ohne größere Schwierigkeiten. Dann aber mussten die Vorräte auf Packpferden transportiert werden, da es keine Anlegestellen für das Begleitboot mehr gab. Eyre reduzierte seine Mannschaft auf vier Männer – den Europäer John Baxter und drei Aborigines – und setzte die Expedition fort. Es war Hochsommer, und sie mussten sich durch das Buschland kämpfen oder ritten an Klippen oder am Strand entlang. Nach der Hälfte der Strecke warfen sie Mäntel, Waffen und Kochgeschirr fort und begannen, die Pferde zu essen. Baxter wollte umkehren, doch Eyre redete es ihm aus.

Die beiden jüngeren Aborigines liefen fort, wurden jedoch nach wenigen Tagen vom Hunger zurückgetrieben. Als Eyre ein paar Tage später das Camp verließ, um die restlichen Pferde zusammenzutreiben, wurde Baxter von den Aborigines – vielleicht versehentlich, vielleicht, weil er sie beim Stehlen erwischt hatte – erschossen. Die Aborigines flohen mit den Waffen der Europäer und einem Großteil der Vorräte. Eyre zog mit dem verbliebenem Aborigine Wylie weiter. Ohne das Gewehr, das Eyre geblieben war, hätten sie in der Wildnis wohl kaum überlebt. Eyre gelang es, ein Känguru zu erlegen, und dessen Fleisch und Innereien und alles andere Essbare retteten ihn und Wylie vor dem Hungertod. Bald erreichten sie die ersten Grasflächen.

Anfang Juni sichteten sie ein Boot, die *Mississippi*, und winkten es heran. Eine Stunde später befand Eyre sich zu seiner großen Freude wieder unter Landsleuten. Die folgende Nacht verbrachte er in einer gemütlichen Koje. Fast zwei Wochen lang schwelgten sie an Bord der *Mississippi* in – nach ihren Maßstäben – üppigen Genüssen. Als sie wieder aufbrachen, versorgte die Besatzung sie mit Nahrungsmitteln, Vorräten und schenkte ihnen obendrein sechs Flaschen Wein.

Das Wetter verschlechterte sich; es wurde kalt und stürmisch. Eyre und Wylie kämpften sich durch ausgedehnte Sümpfe und erreichten nach drei Wochen endlich die kleine Siedlung Albany am King George Sound. Die Expedition brachte keine neuen Erkenntnisse und hatte nur Eyres Annahme bestätigt, dass sich die Route nicht für den Viehtrieb eignete. Seine Leistung wurde dadurch jedoch nicht geschmälert, hatte er doch die erste Landverbindung zwischen Ost und West erprobt.

Ludwig Leichhardt

Der Deutsche Ludwig Leichhardt, der erst im Jahr zuvor im Alter von 30 Jahren nach Australien gekommen war, brach 1844 mit einer neunköpfigen Expedition auf, um den Landweg von Brisbane zu einem militärischen Vorposten auf der Coburg-Halbinsel (Arnhemland) zu erschließen. Die Gruppe, zu der auch zwei Aborigines und zwei Jugendliche gehörten, legte 4 000 km zurück und traf im Dezember 1845 in Port Essington ein.

Leichhardt erreichte sein Ziel trotz großer Schwierigkeiten und obwohl es ihm nicht gelang, seine Position genau zu bestimmen. Darüber hinaus lehnte er jede Unterstützung durch ortskundige Aborigines ab und versäumte

es, die Vorräte zu rationieren, was dazu führte, dass sich seine Männer ihre Verpflegung schon bald erjagen mussten. 1848 brach er noch einmal auf, um den Kontinent von Ost nach West zu durchqueren, ist aber irgendwo jenseits des Flusses Warrego verschollen.

Sturts Expedition

1844 unternahm Sturt den Versuch, den Kontinent zu durchqueren. Um die Salzseen zu umgehen, die Eyre beinahe zum Verhängnis geworden wären, folgten er und seine Begleiter dem Darling bis nach Menindee, wanderten sodann nach Norden bis Milparinka und wandten sich anschließend nach Nordwesten. In diesem besonders heißen Sommer waren alle Wasserstellen ausgetrocknet, und die Expedition musste sechs Monate bei Milparinka ausharren. Vor der sengenden Sonne flohen sie in eine Höhle.

Nach dem Einsetzen von Regenfällen im Juli 1845 wagten sie die Fortsetzung der Reise. Als sie nach 650 km die Ausläufer der Simpsonwüste erreichten, entschloss sich Sturt zur Umkehr. Im folgenden Sommer brach er wieder auf; dieses Mal schlug er eine östlichere Route ein. Wieder war es sehr heiß: Am Cooper Creek zersprang bei einer Temperatur von 53° C das Thermometer.

Die Rückkehr durch die Stony Desert wäre beinahe tödlich ausgegangen. Sturt traf auf einem Karren in Adelaide ein; er konnte nicht mehr gehen, war fast erblindet, seine Haut war von der Sonne verbrannt, und er litt an Skorbut. Trotzdem wurde er 74 Jahre alt und starb erst 1869 im englischen Cheltenham.

In den späten 40er Jahren des 19. Jh. machte Australien eine Periode raschen Wandels durch. Die Selbstverwaltung wurde eingeführt, die Kolonie Victoria gegründet und die Deportation in die östlichen Kolonien abgeschafft. Doch mindestens ebenso bedeutend wie der politische Fortschritt waren die Goldfunde. Die Bevölkerungszahlen stiegen sprunghaft an; Straßen und Eisenbahnlinien wurden ausgebaut. Aber immer noch hatte niemand den Kontinent durchquert. Erst nach dem Abklingen des Goldrauschs besann man sich wieder auf dieses wichtige Vorhaben.

***Den Aborigines** wurde von den Europäern wenig Verständnis entgegengebracht. Edward Eyre war einer der wenigen, die die Verfolgung der Ureinwohner kritisierten: „Es ist äußerst beklagenswert, dass der Fortschritt und der Wohlstand einer Rasse zum Niedergang und Verfall einer anderen führen … und noch beklagenswerter ist die Tatenlosigkeit und Gleichgültigkeit, mit der die Menschheit diesem Prozess gegenübersteht.“*

Quer durch Australien

► ***Der Aufbruch** von Robert O'Hara Burke und seiner Expedition hatte Volksfestcharakter. Solch heitere Szenen dürften jedoch schon bald durch die fürchterlichen Reiseerlebnisse aus dem Gedächtnis der Forschungsreisenden verdrängt worden sein.*

▼ ***Burke, Wills und King** kehrten 1868 zum Camp am Cooper Creek zurück und mussten feststellen, dass Brahe und seine Begleiter es kurz zuvor verlassen hatten. Der körperliche Zustand der drei Männer sowie ihrer Kleidung dürfte in Wirklichkeit um einiges kläglicher gewesen sein als auf dem Bild von Nicholas Chevalier. John King überlebte als Einziger die Expedition.*

Die erste Expedition, der eine Durchquerung des Kontinents gelang, war die größte und am besten organisierte, die je in Australien zusammengestellt wurde. Sie war auch die berühmteste, nicht so sehr wegen ihres Erfolges als wegen ihres tragischen Ausgangs. Sie wurde von der Regierung Victorias finanziert; die Bevölkerung von Melbourne steuerte etwa 10 000 Pfund bei. Geleitet wurde das Unternehmen von Robert O'Hara Burke, einem ehemaligen Offizier und Goldsucher und zu jener Zeit Polizeipräsident von Castlemaine. Diese Wahl wurde jedoch kritisiert, da Burke über keine einschlägigen Erfahrungen verfügte und als rücksichtslos galt. Sein Begleiter war der englische Landvermesser John Wills.

Burke und Wills

Burke stand unter Zeitdruck. Er wusste, dass noch eine weitere Expedition unter Leitung von John McDouall Stuart mit demselben Auftrag von Adelaide aus starten würde, und es lockte ein stattliches Preisgeld. Im Oktober 1860 erreichte Burkes Gruppe Menindee, den letzten europäischen Vorposten. Obwohl der Sommer nahte, brach Burke mit acht Männern zum Cooper Creek auf (den Charles Sturt 30 Jahre zuvor entdeckt hatte) und ließ William Wright zurück, der mit den Vorräten nachkommen sollte.

Im Schatten eines Eukalyptusbaums errichtete Burke ein Camp. Hier gab es Wasserstellen, an denen Schilf und wilde Blumen wuchsen; leider zog das Wasser aber nicht nur farbenprächtige Vögel, sondern auch Insekten und Ratten an. Als Wright nicht erschien, brach Burke mit Wills, John King (einem ehemaligen Soldaten) und Charlie Gray, den er unterwegs aufgelesen hatte, auf. Sie rüsteten sich mit Vorräten für drei Monate und jeweils einem Gewehr und einer Bettrolle aus. Die Männer verzichteten auf Zelte, die sie auf ihrem Marsch gut hätten brauchen können, da sie durch Wüsten, Hochebenen, Wälder und felsige Gebirgsgegenden wandern und abwechselnd sengende Hitze und tosende Stürme überstehen mussten. Nach 57 Tagen erreichten sie die Salzsümpfe in der Nähe der Flindersmündung. Weil sie hier schon Gezeiten erkennen konnten, wussten sie, dass das Meer nicht weit sein konnte. Dennoch setzten sie ihren Weg zur Küste nicht fort.

Die Vorräte waren erschöpft, und als Jäger waren sie wenig erfolgreich; sie kochten und aßen Portulak-Pflanzen, um nicht an Skorbut zu erkranken, doch sowohl die Tiere als auch die Männer waren aufgrund der unzureichenden Ernährung und der körperlichen Anstrengungen am Ende ihrer Kräfte angelangt. Der Dauerregen durchnässte beständig ihre Kleidung. Burke erkrankte an Ruhr. Wenige Tage später fanden sie Gray morgens tot unter seinen Decken auf. Das letzte Pferd musste erschossen werden, so dass ihnen nur noch zwei klapprige Kamele blieben.

Rückkehr zum Cooper Creek

Die Aussicht auf das Camp am Cooper Creek trieb die drei Männer voran. Am letzten Tag legten sie sogar noch 50 km zurück. William Brahe, den sie dort als Wache zurückgelassen hatten, war nach vier Monaten des Wartens zu dem Schluss gekommen, Burke und die anderen seien entweder tot oder an der Küste von Queensland von einem Schiff aufgenommen worden, und war acht Stunden, bevor die drei erschöpften Reisenden ins Camp taumelten, mit seinen Leuten davongeritten. Außer etwas Nahrung ließ er nichts zurück.

Burke und Willis folgten dem Fluss, der sich jedoch bald in kleine Bäche aufteilte, die zwischen den Felsen verschwanden. Inzwischen hatten Brahe und seine Männer Wright getroffen, der endlich mit den Vorräten nachrückte. Sie kehrten zum Camp zurück, fanden keine Spur von Burke und ritten wieder fort. Burke schreckte zunächst vor dem 250 km langen Marsch durch die Wüste zurück. Doch Aborigines kamen ihnen zur Hilfe, schenkten den Männern Fisch und lehrten sie *nardoo*, ein Mehl aus Kleefarnsamen, herzustellen.

Der Suchtrupp, der nach Brahes Rückkehr in Melbourne gebildet wurde, erreichte in kurzer Zeit Cooper Creek. Unter den Aborigines, die ihn freundlich begrüßten, war ein fast schwarz gebrannter, ausgemergelter Weißer, der kaum in der Lage war zu sprechen: Es war John King. Burke und Wills waren seit zwei Monaten tot.

John McDouall Stuart

John McDouall Stuart war sechs Jahre älter als Burke, und seine Expedition wurde weniger großzügig unterstützt, aber er verfügte über mehr Erfahrung. Er hatte Charles Sturt auf dessen letzter Unternehmung begleitet und danach selbst mehrere kleinere Reisen unternommen. Die Route der Reise, zu der er im März 1860 aufbrach, war zwar nicht wesentlich länger als die Burkes, dafür aber noch um einiges schwieriger. Stuart drang in das Innere vor, entdeckte dort den Chambers Pillar, einen natürlichen Monolithen, den er nach einem seiner Gönner benannte, und überquerte die Macdonnellkette, einen Gebirgszug, dem er den Namen des Generalgouverneurs von Südaustralien gab. Im April 1860 erreichte er die Mitte des Kontinents, bestieg mit einem seiner drei Reisegefährten den heutigen Stuartberg (dem er den Namen Sturtberg gab) und hisste dort die Flagge.

Kurz darauf zwang ein von Aborigines entfachtes Buschfeuer die Forscher zur Umkehr. Als Stuart in Adelaide von Burkes und Wills' Aufbruch im August erfuhr, wollte er einen weiteren Versuch wagen. Im November begann er mit offizieller Unterstützung der Regierung von Südaustralien seine Unternehmung. Nachdem er den Attack Creek etwa 160 km weit hinter sich gelassen hatte, musste er seine Reise wieder abbrechen. Zum Zeitpunkt seiner Rückkehr nach Adelaide hatte Burke mit seiner Expedition Melbourne bereits verlassen.

Keine zwölf Monate nach seinem zweiten Anlauf machte sich Stuart erneut auf den Weg. Diesmal wurde er von neun Männern begleitet und war fest entschlossen, sein Ziel zu erreichen. Nachdem sie sich durch das unwegsame Gelände gekämpft hatten, vor dem Stuart im Jahr zuvor zurückgeschreckt war, kam die Expedition mit relativ geringer Mühe voran, inmitten von „weiten Ebenen mit dichtem Gras auf herrlichem Schwemmboden." Im Juli erreichten sie die Mündung des Adelaide River – und damit das Meer. „Ich ging ein paar wenige Yards auf den Strand zu und hatte die Genugtuung, den Indischen Ozean und den Vandiemengolf zu sehen, bevor der Trupp mit den Pferden deren Nähe auch nur ahnte. Thring, der mir vorausritt, rief ‚Das Meer!', was die anderen so sehr überraschte, dass er seinen Ausruf wiederholen musste, bevor sie begriffen und in Jubelrufe ausbrachen."

Die Männer machten sich auf den 3 250 km langen Rückweg nach Adelaide. Stuart war so erschöpft, dass er nicht einmal auf dem Pferderücken eine Tagesetappe überstand. Die Männer transportierten ihn in einer Hängematte zwischen zwei Pferden. Sie erreichten Melbourne am Tage der Beerdigung von Burke und Wills. Bereits zehn Jahre später wurde die erste Telegrafenlinie zwischen Adelaide und Darwin entlang Stuarts Route fertig gestellt.

Europäer in Neuseeland

Nach Cooks Besuch im Jahr 1769 hielt Europas Interesse an Neuseeland nicht lange an. Potenzielle Siedler fürchteten sich vor den Maori. Robben- und Walfänger waren an der neuseeländischen Küste jedoch gern gesehene Gäste und konnten dort sowohl ihre Schiffe reparieren als auch ihre Vorräte aufstocken. Auch einzelne Händler wurden freundlich empfangen; sie verkauften an die Maori vor allem Waffen und durften auf der Nordinsel Flachs anbauen und Holz schlagen; die Weiterverarbeitung erfolgte in New South Wales.

Die Kartografierung der Küste

Auch wenn noch viele Nachträge vorgenommen werden mussten, waren die Küsten Neuseelands durch Cooks Aufzeichnungen schon zu Beginn der Besiedlung in groben Zügen erfasst. Schlechte Wetterverhältnisse hatten Cook daran gehindert, die Ostküste der Südinsel zu erforschen, und Captain Chase stellte 1809 fest, dass Cooks „Insel" Banks eine Halbinsel war. Im selben Jahr entdeckte Captain Stewart bei der Erforschung der heute nach ihm benannten Insel die Meerenge zwischen Festland und Insel. Cook hatte die Wasserstraße zwar nicht ausmachen können, schien ihre Existenz aber vermutet zu haben.

1814 gründete Samuel Marsden eine Missionsstation in der Bay of Islands, die ihm und anderen Missionaren als Ausgangspunkt für verschiedene Expeditionen in das Innere der Nordinsel diente. Es sollten dann noch über 30 Jahre vergehen, bis eine dieser Expeditionen die Zentralregion der Nordinsel erreichte. Der tatkräftigste Entdecker war der Missionar und Botaniker William Colenso, der 1847 von Napier bis zum Tauposee vordrang.

Die Europäer wurden auf ihren Expeditionen, wie in anderen Teilen der Welt auch, von Einheimischen begleitet und unterstützt. Sie profitierten von den Erfahrungen der Maori und ihrer Kenntnis des „Landes der langen weißen Wolke". Die Erkundung fremder Landstriche ohne Unterstützung von Ortskundigen wäre wesentlich schwieriger und gefährlicher gewesen.

ROUTEN

- Heaphy, Brunner, Fox und Ekehu 1846
- Heaphy, Brunner und Ekehu 1846
- Brunner und Ekehu 1846–1848
- Colenso 1847
- Harper 1857

▼ ***Der Maori Ekehu*** *begleitete Heaphy und Brunner bei ihrer Erforschung der Südinsel Neuseelands. Seine Fähigkeit, in der Wildnis zu überleben, rettete sie aus manch kritischer Situation.*

Europäische Siedler

Nach Ankunft der ersten Siedler in Port Nicholson (1840) setzte die Suche nach brauchbarem Land ein. Aber nicht alle Siedler wollten Farmer werden. Der Naturforscher Ernst Dieffenbach machte sich im Sommer 1839/40 an die Besteigung des Mount Egmont, konnte aber keine einheimischen Führer finden, da der Berg für die Maori tabu war. Die wenigen, die schließlich doch mitgingen, weigerten sich später, die Schneegrenze zu überschreiten. So erklomm Dieffenbach den Berg gemeinsam mit dem Walfänger Heberly, doch der Gipfel war in Nebel gehüllt, und die großartige Aussicht blieb ihnen verborgen.

Nachdem Charles Kettle und Alfred Wills 1842 die Nordinsel von Wellington über den Manawatu-Pass bis zum Lake Wairarapa durchquert hatten und dort offenbar ungenutztes saftiges Weideland entdeckten, siedelten sich hier immer mehr Schafzüchter an. Auf der Südinsel folgte

der Gründung von Nelson an der Tasmanbucht die Entdeckung des Wairau Valley jenseits der Richmond Range. Hier lebten Maori, und als sich Europäer ebenfalls in der Region niederlassen wollten, kam es zu den ersten ernsthaften Konflikten.

Heaphy, Brunner und Ekehu

Reisende in Neuseeland setzten sich in der ersten Hälfte des 19. Jh., besonders auf der unwegsamen Südinsel, beträchtlichen Strapazen aus. Anders als in Australien stellte Wasserknappheit hier keine Gefahr dar; im Gegenteil ertrank so mancher Europäer in den Fluten der zahlreichen Flüsse.

Charles Heaphy und Thomas Brunner, zwei Landvermesser der *New Zealand Company*, und der Maori Ekehu unternahmen die anstrengendsten Expeditionen der Pionierzeit. Auf der Suche nach unbesiedeltem Land zogen die drei Männer 1846 von Nelson aus bis jenseits des Lake Rotoroa. Noch im selben Jahr wagten sie sich entlang der unwegsamen Küste bis zum Fluss Arahura vor; hier zwangen die Regen- und Schneefälle des neuseeländischen Winters sie zur Umkehr, aber schon im Dezember brach Brunner in Begleitung von Ekehu, einem weiteren Maori und deren Frauen zu seiner berühmtesten Reise auf.

Brunners Ziel war die große Hochebene im Süden der Insel, von der die Maori berichtet hatten. Sie wollten dem Buller stromabwärts folgen und dann parallel zur Küste Richtung Süden weiterziehen, doch Gelände und Vegetation verhinderten ein schnelles Vorankommen. Es dauerte acht Monate, bis sie zur Mündung des Grey gelangten; hier überwinterten sie. Als sie im November das Kap Tititira Head erreichten, verletzte sich Brunner am rechten Bein und konnte nicht weiter nach Süden wandern.

Im Januar 1848 traten sie den Rückweg an. Brunners Gesundheitszustand verschlechterte sich rapide; er war teilweise gelähmt und sein Sehvermögen stark eingeschränkt. Sie suchten Unterschlupf in einer Höhle, bis Brunner wiederhergestellt war. Danach kamen sie zügig voran und erreichten Nelson im Juni 1848, achtzehn Monate nach ihrer Abreise.

Die Überquerung der Berge

Die ersten Versuche, die zentrale Gebirgskette der Südinsel zu überqueren, unternahm 1850 und 1852 ein verwegener Schafzüchter, der seine Herde aus der Umgebung von Nelson zur Hanmer Plain an der Ostküste trieb. Der Harperpass wurde nach Leonard Harper benannt, der an dieser Stelle 1857 die Berge von Ost nach West überquerte und

▲ ***Der Missionar*** *und Entdecker Samuel Marsden hielt am 25. Dezember 1814 seinen ersten Gottesdienst in der Bay of Islands auf der Nordinsel ab.*

▼ ***Mount Cook,*** *den die Maori Aorangi nennen, erhebt sich als höchster Gipfel der Südinsel über dem Lake Pukaki. Die Erstbesteigung fand 1894 statt.*

dann dem Taramakau flussabwärts zur Küste unterhalb von Greymouth folgte.

Die Südlichen Alpen stellten zunächst ein unüberwindliches Hindernis dar. 1863 machte sich eine Gruppe von Goldsuchern unter der Leitung von A. J. Barrington auf die Suche nach einer Ost-West-Route durch den Südteil der Insel. Im Hochgebirge kam ein Mann ums Leben; ein anderer rutschte einen riesigen Gletscher hinunter, ohne sich ernsthaft zu verletzen. In dieser Höhe fanden sie kaum Nahrung; eine erlegte Ratte stellte schon ein Festmahl dar. Trotz allem überlebten sie ihr Abenteuer. Sie hatten bewiesen, dass es auf dieser Strecke keinen Pass gab.

Einer der herausragenden Entdecker zwischen 1880 und 1900 war Charles Douglas, genannt „Mr. Explorer“. Er widmete einen Großteil seines Lebens der Erforschung der rauen Landschaft in der Provinz Westland. Auf seinen Reisen kartografierte er – zum Teil in offizieller Mission, zum Teil nur aus eigenem Interesse – Hunderte bis dahin unbekannter Täler.

PAZIFISCHER OZEAN
BERINGMEER
Beringstraße
ALASKA
AMERIKA
KANADA
BEAUFORTSEE
Victoria-Insel
Königin-Elisabeth-Inseln
Ellesmere-Insel
Hudsonbai
Hudsonstraße
Baffin-Insel
Baffinbai
Davisstraße
GRÖNLAND
Kap Farvel
ISLAND
Nördlicher Polarkreis
NORDPOLARMEER
Geografischer Nordpol
LAPTEW-SEE
KARA-SEE
Nowaja Semlja
BARENTS-SEE
Spitzbergen
GRÖNLAND-SEE
EUROPÄISCHES NORDMEER
SKANDINAVIEN
ASIEN
RUSSLAND
EUROPA
NORD-SEE
BRITISCHE INSELN
ATLANTISCHER OZEAN
0 Meilen 500
0 Kilometer 1000
140° W
160° W
50° N
180°
160° O
140° O
120° W
120° O
100° W
100° O
80° W
80° O
60° W
60° O
40° W
40° O
20° W
20° O
0°
60° N
70° N
80° N

Arktis

Pytheas, ein griechischer Geograf aus Marseille (Massilia), reiste um 325 v. Chr. zu den Britischen Inseln, um nach Zinnerz zu suchen. Dort hörte er von einem Land im Norden, segelte daraufhin weiter bis zum Polarkreis und beschrieb später „ein Land, in dem um Mitternacht die Sonne scheint, umgeben von Meeren, die im Winter erstarrt sind." Allerdings schenkte damals niemand solch unwahrscheinlichen Reiseberichten Glauben.

Jahrhunderte später, um 870 n. Chr., machte sich der norwegische Seefahrer Ottar auf, um das ausgedehnte Gebiet jenseits seiner Heimat zu erkunden. Er fuhr auf östlichem Kurs die Küste entlang und dann südlich ins Weiße Meer, wo er so viele Walrosse vorfand, dass seine Besatzung binnen drei Tagen sechzig Tiere erlegt hatte und mit einer stattlichen Ladung elfenbeinerner Stoßzähne zurückkehrte.

Gegen Ende des 10. Jh. hatten die Wikinger die fruchtbaren Täler im Südwesten Grönlands besiedelt. Jährlich eintreffende Handelsschiffe sicherten ihre Verbindung mit Norwegen. Als im 15. Jh. die Schiffe ausblieben, das Klima sich verschlechterte und die Feindseligkeiten der Inuit zunahmen, gaben die Wikinger ihre Siedlungen auf.

In den folgenden Jahrhunderten beschrieben zahlreiche europäische Seefahrer die atemberaubenden arktischen Landschaften, das Knirschen und Dröhnen der sich ständig bewegenden Eismassen und die mächtigen Wale. Allerdings konnten sie nur im Sommer weit nach Norden reisen. Zu anderen Zeiten war die Navigation anhand des Stands der Sonne und der Sterne in diesen Breiten schwierig, weil oft Nebel den Himmel verdeckte und die Lichtbrechung störende Effekte verursachte. Der Magnetkompass in seiner damals noch sehr einfachen Ausführung war so weit nördlich nicht zuverlässig, und seine Funktion wurde durch metallische Bauteile der Schiffe, eiserne Öfen, Harpunen und anderes Gerät auf den Walfangschiffen beeinträchtigt. Hinzu kam, dass die Europäer sich nur schwer den Lebensumständen im hohen Norden anpassten, wie sie den Inuit selbstverständlich waren. Wurde ein Schiff vom Wintereinbruch überrascht, konnte es leicht von den Eismassen zermalmt werden, zumindest aber gingen der Besatzung die Vorräte aus.

Eine Passage im Norden

England und den Niederlanden, zwei im 16. und 17. Jh. sehr aktiven Handelsmächten, waren die südlichen Seewege in den Fernen Osten aufgrund der Vorherrschaft Spaniens und Portugals versperrt. Die Handelskompanien mussten also eine andere Route in den Pazifik suchen – entweder an der Nordküste Russlands bzw. Kanadas entlang oder direkt über den Nordpol.

Die Suche nach der Nordostpassage

1553 stachen im Auftrag einer britischen Handelsgesellschaft drei Schiffe unter dem Kommando von Sir Hugh Willoughby und Richard Chancellor in See, um eine Nordostpassage zum Pazifik zu suchen. Ein Sturm riss die kleine Flotte auseinander. Willoughby kam im Eis um, Chancellor aber erreichte das Weiße Meer und reiste auf dem Landweg nach Moskau, wo er Handelsbeziehungen mit dem Zar anknüpfte, bevor er 1554 nach England zurückkehrte. Im Jahr darauf machte sich Chancellor erneut nach Russland auf, doch auf der Rückfahrt kam er bei einem Schiffbruch vor Schottland um. Stephen Borough, einer von Chancellors Begleitern, erreichte 1556 die Karasee, wo Eis und schlechtes Wetter ihn zum Überwintern an der russischen Küste zwangen.

Damals florierte der Handel mit Moskau, so dass die Briten das Interesse an einer Route nach Asien verloren und die Suche nach einer Nordostpassage zunächst den Niederländern überließen. Deren erfolgreichster Seefahrer, Willem Barentsz, hatte bereits Erfahrung in arktischen Gewässern; er segelte 1596 über die Bäreninsel (Björnöya) nach Spitzbergen (Svalbard) und von dort weiter bis Nowaja Semlja. In den folgenden Wochen konnte er die Nordspitze der Insel umrunden, doch auf der Weiterfahrt in die Karasee blieb sein Schiff im Eis stecken. Er war gezwungen, auf Nowaja Semlja ein Winterlager aufzuschlagen: Barentsz und seine Leute überwinterten als erste Europäer im Nordpolarmeer. Im Juni 1597 nahmen sie in zwei Rettungsbooten Kurs auf Lappland, doch Barentsz starb unterwegs.

Die Suche nach der Nordwestpassage

Den ersten Versuch, eine Nordwestpassage zu finden, unternahm 1576 Martin Frobisher, der von England aus in Richtung Labrador aufbrach. Er verlor zwei seiner Schiffe, mit der *Gabriel* jedoch erreichte er südlich der Baffininsel eine Bucht, die er für eine Meeresstraße nach Asien hielt. Nachdem einige seiner Leute bei einer Konfrontation mit Inuit umgekommen waren, kehrte Frobisher nach England zurück.

Frobishers Landsmann John Davis nahm die Suche nach einer Passage weiter nördlich auf. 1585 segelte er entlang der Westküste Grönlands nordwärts, durchquerte die nach ihm benannte Meeresstraße zur Baffininsel und entdeckte den Cumberland-Sund, bevor schlechtes Wetter ihn zur Rückkehr zwang. Auf seiner zweiten Expedition befuhr er im Wesentlichen die gleiche Route, die dritte jedoch führte ihn 1587 bis zum 72. Breitengrad.

Davis war von allen Seefahrern am weitesten nördlich gewesen, den Rekord für die weiteste Fahrt nach Westen errang Henry Hudson, als er 1610 mit der *Discovery* die später nach ihm benannte Hudsonbai entdeckte. Er folgte der Küste nach Süden zur Jamesbai, wo sein Schiff vom Eis eingeschlossen wurde. Nach einem harten Winter meuterte die Mannschaft. Hudson, sein Sohn und sieben Getreue wurden in einem Boot ausgesetzt, und die Besatzung segelte nach England zurück.

1616 brach eine Expedition auf unter William Baffin, der mit Hudsons *Discovery* den nördlichen Teil der Davisstraße erkundete. Er erreichte den 78. Breitengrad und fuhr an den Inseln nördlich der Baffininsel entlang. Dank dieser Fahrten konnten die Davisstraße und die Baffinbai kartografiert werden, ebenso die drei bedeutenden Seewege nördlich des kanadischen Festlands: Smith-Sund, Landcaster-Sund und Jones-Sund.

Mitte des 17. Jh. war offensichtlich, dass weder der Sankt-Lorenz-Golf noch die Hudsonbai zur erhofften nördlichen Durchfahrt führten. Dafür boten sie Zugang zu den ausgedehnten Wäldern Nordamerikas. Statt weiter den

► ***Willem Barentsz*** *und seine Mannschaft überlebten den arktischen Winter, indem sie aus Treibholz eine Unterkunft von 10 m Länge und 6 m Breite bauten. Zwar brannte in der Hütte ständig ein Feuer, dennoch war die Kleidung der Männer jeden Morgen steif gefroren. Ein Mal wöchentlich nahm jeder ein Dampfbad in einem Fass.*

Reichtümern des Orients nachzujagen, betrieb man Handel mit den Trappern. Mehrere Handelsgesellschaften wurden gegründet; die erfolgreichste war die *Hudson's Bay Company*. Was deren Expeditionsschiffe entdeckten, wurde aus Furcht, Konkurrenten in das Gebiet zu locken, nicht preisgegeben.

1741 schickte die britische Admiralität Christopher Middleton, der zuvor für die *Hudson's Bay Company* tätig gewesen war, mit der *Furnace* und der *Discovery* in die Hudsonbai. Aber auch seine Suche nach einer nordwestlichen Durchfahrt war vergeblich.

Bis ins folgende Jahrhundert wurden keine bedeutenden Versuche mehr unternommen, von Osten her eine Passage zu finden. Man konzentrierte sich stattdessen auf den westlichen Teil der gesuchten Durchfahrt, den bereits 1741 Vitus Bering, vor allem aber 1778 James Cook (siehe S. 160–161) erkundete. Außerdem wurden Expeditionen entsandt, die entlang der großen Flüsse zur kanadischen Nordküste vordringen sollten; man versprach sich davon Hinweise auf den Verlauf der Nordwestpassage.

Expeditionen zu Lande

1771–1772 reiste Samuel Hearne zum Coppermine (dem „Kupferminenfluss") und zum Nordpolarmeer, 1789 folgte Alexander Mackenzie von der *North West Company* einer Route weiter westlich den später nach ihm benannten Fluss entlang bis zur Nordküste.

Im Auftrag der britischen Marine unternahm John Franklin zwei Expeditionen (1819–1821 und 1825–1827) und ermöglichte so die Kartografierung weiter Teile der Küstenlinie. Ebenfalls für die Marine erkundete George Back 1833–1834 den „Großen Fischfluss", der später nach ihm benannt wurde.

1837–1839 unternahmen Peter Warren Dease und Thomas Simpson, beide von der *Hudson's Bay Company*, ausgedehnte Forschungsreisen ins Hinterland und an die Küste zwischen Mackenzie und Back. Sie entdeckten auch die Victoria-Insel, die sie für einen Teil des Kontinents hielten und zunächst als Victorialand bezeichneten. Mitte des 19. Jh. waren die arktische Küste Nordamerikas und ein Teil der vorgelagerten Inseln recht gut erforscht.

ROUTEN

- Chancellor 1553–1554
- Willoughby 1553–1555
- Borough 1556
- Frobisher 1576
- Davis 1585
- Davis 1587
- Barentsz 1596
- Hudson 1610–1611
- Baffin 1616
- Middleton 1741
- Hearne 1771–1772
- Mackenzie 1789
- Franklin 1819–1821
- Franklin 1825–1827
- Back 1833–1834
- Dease und Simpson 1837–1839

Britische Expeditionen

William Scoresby

Außer den von offizieller Seite ausgerüsteten Expeditionen leisteten auch andere Seefahrer wie William Scoresby (Vater) wesentliche Beiträge zur Erforschung der Arktis. Gemeinsam mit seinem Sohn (rechts) kartografierte er fast 1 600 km der Ostküste Grönlands und drang 1806 bis 81° 31′ nördlicher Breite vor.

William Scoresby (Sohn), der eine wissenschaftliche Ausbildung genossen hatte, untersuchte mit dem Mikroskop nicht nur die Beschaffenheit von Plankton (der Nahrung von Walen), sondern auch die Form von Schneeflocken. Außerdem beschrieb er den optischen Effekt, der durch die Lichtbrechung entsteht und weit entfernte Schiffe verzerrt oder Kopf stehend erscheinen lässt.

Die kürzeste Route von Europa zum Pazifik führt in der Luftlinie über den Nordpol. Im 18. Jh. hingen viele der Theorie an, der Nordpol liege in einem Meer gemäßigter Temperaturen, und in England legte die *Royal Society* der Admiralität die Erforschung dieses „interessanten geografischen Punktes“ nahe.

Eine Route zum Pol

Zwei robuste Kriegsschiffe, die *Racehorse* und die *Carcass*, wurden zum Schutz gegen die Eismassen verstärkt. Im Juni 1773 stachen sie unter Constantine Phipps in See; er hatte den Befehl, nicht weiter als bis zum Nordpol vorzudringen. Tatsächlich erreichte er lediglich 80° 48′ nördlicher Breite; dort zwang ihn ein Schlechtwettereinbruch zur Umkehr. Während der Fahrt erkundete Phipps die Tiefe des Meers. Des Weiteren versuchte er die Wassertemperatur zu ermitteln, doch sein Messinstrument – ein einfaches Thermometer in einer Wasserflasche – erwies sich als unbrauchbar. Phipps versenkte daraufhin eine mit Tuch umwickelte Weinflasche, um Meerwasser von Originaltemperatur an Deck zu holen und dort die Messungen durchzuführen.

Seine Naturbeobachtungen, u.a. der Eisbären, erwiesen sich als wertvoll für die Zoologie, und sein Reisebericht fand sowohl bei Wissenschaftlern wie auch bei Seefahrern großes Interesse.

Die Suche nach der Nordwestpassage geht weiter

Nachdem England aus den Napoleonischen Kriegen siegreich hervorgegangen war und der englische Polarforscher William Scoresby (Sohn) 1817 berichtete, das Nordpolarmeer sei weniger stark vereist als in den Jahren zuvor, beschloss die britische Admiralität, die weitere Suche nach der Nordwestpassage zu fördern. Die ersten Expeditionen waren reine Erkundungsfahrten, doch bald bediente man sich auf den Schiffen neuartiger Methoden der wissenschaftlichen Beobachtung, die wiederum die Erfindung neuer und die Verbesserung vorhandener wissenschaftlicher Instrumente und Apparate anregten.

Im Frühjahr 1818 entsandte die Admiralität vier Schiffe. Die *Dorothea* und die *Trent* unterstanden David Buchan und John Franklin; sie sollten auf nördlichem Kurs die Grönlandsee durchfahren und in die vermeintlich eisfreie Polarregion vordringen. Die *Isabella* und die *Alexander* unter dem Kommando von John Ross bzw. William Edward Parry sollten die Davisstraße durchfahren und eine Passage nach Amerika suchen.

Als Ross den Lancaster-Sund erreicht hatte, erblickte er in der Ferne eine Bergkette, die ihm den Weg versperrte. Einige seiner Offiziere vermuteten eine Luftspiegelung (und um eine solche handelte es sich tatsächlich), doch Ross hielt dies für ausgeschlossen. Er nannte das Gebirge zu Ehren eines hohen Würdenträgers der Admiralität „Crokerberge“ und ließ die Expedition umkehren. Auch Buchans und Franklins Mission war nicht von Erfolg gekrönt: Ihre Schiffe gerieten in schwere Stürme und wurden vom Packeis eingeschlossen. Die beiden Forscher konnten daher nur wenige wissenschaftliche Untersuchungen durchführen.

John Ross' Sichtung der „Crokerberge“ ließ sich nur durch eine neuerliche Expedition überprüfen. Um Schiffsmannschaften für den Einsatz unter den harten Bedingungen im hohen Norden zu motivieren, bot die Regierung finanzielle Anreize. 1744 wurde per Gesetz eine Prämie von 20 000 englischen Pfund für die Entdeckung einer Nordwestpassage ausgesetzt, und 1776 bot die Regierung 5 000 englische Pfund für das Erreichen des 89. Breitengrads auf dem Seeweg.

▲ **Ross und Parry** *versuchen sich mit den Inuit zu verständigen. Die Szene wurde von John Sacheuse festgehalten, einem Inuit, der die Expedition begleitete.*

William Edward Parry

William Edward Parry, der als Erster Offizier zu Ross' Mannschaft gehört und die Existenz der „Crokerberge" angezweifelt hatte, startete 1819 eine Expedition mit den Schiffen *Hecla* und *Griper*. Er segelte in den Lancaster-Sund und über die Höhe der Phantomberge hinaus in den Viscount-Melville-Sund. Da er bis zum 110. Grad westlicher Länge vorgedrungen war, stand ihm die dafür vom Parlament ausgelobte Belohnung von 5 000 englischen Pfund zu.

Kurz danach zwang der bevorstehende arktische Winter die Expedition zum Aufsuchen einer sicheren Anlegestelle. Die Besatzungen richteten sich darauf ein, den Winter auf ihren Schiffen zu verbringen. Parry unternahm jegliche Anstrengung, um seine Leute gesund und bei Laune zu halten.

Am 1. August 1820 brach das Eis, doch Parry gelangen kaum weitere Fortschritte auf der Suche nach der Nordwestpassage. 1821 unternahm er eine weitere Fahrt, in deren Verlauf er von der Hudsonbai aus nach Norden vordrang; er fand aber keine Verbindung zu der von ihm zuvor befahrenen Route.

Die Walfänger, die bislang nur die Davisstraße befahren hatten, folgten nun Ross' Expeditionsroute und entdeckten nördlich der Melvillebai lohnende Fanggründe, ebenso auf den Spuren von Parrys dritter Arktisfahrt (1824–1825) in der Prince-Regent-Straße.

Der magnetische Nordpol

John Ross, dessen Ansehen durch seine Reaktion auf die „Crokerberge" stark gelitten hatte, konnte Felix Booth, einen wohlhabenden Brennereibesitzer, als Financier für eine weitere Expedition gewinnen. 1829 brach er mit der *Victory* auf, einem 87-t-Raddampfer, bei dem während der Fahrt immer wieder Maschinenschäden auftraten und der schließlich vor Felix Harbour im Eis festfror.

1831 erkannten John Ross und sein Neffe James Clark Ross bei einem Aufenthalt auf der Boothia-Halbinsel, dass sie sich in unmittelbarer Nähe des magnetischen Nordpols befanden, der damals gut 2000 km vom geografischen Nordpol entfernt lag. James Clark Ross machte sich mit einer Schlittenmannschaft aus Inuit auf den Weg und erreichte die gesuchte Stelle am 1. Juni 1831.

Als im Jahr darauf die Nahrungsvorräte zur Neige gingen, zogen John und James Clark Ross nordwärts, um die Lager zu suchen, die Parry angelegt hatte, nachdem er mit der *Fury* 1825 Schiffbruch erlitten hatte. Dank dieser Vorräte überlebten sie den Winter; 1833 verließen sie die Furybai in kleinen Booten und wurden von einem Walfangschiff aufgenommen.

ROUTEN

- Phipps 1773
- Buchan und Franklin 1818
- Ross und Parry 1818
- Parry 1819–1820
- Parry 1821–1823
- Ross 1829–1833

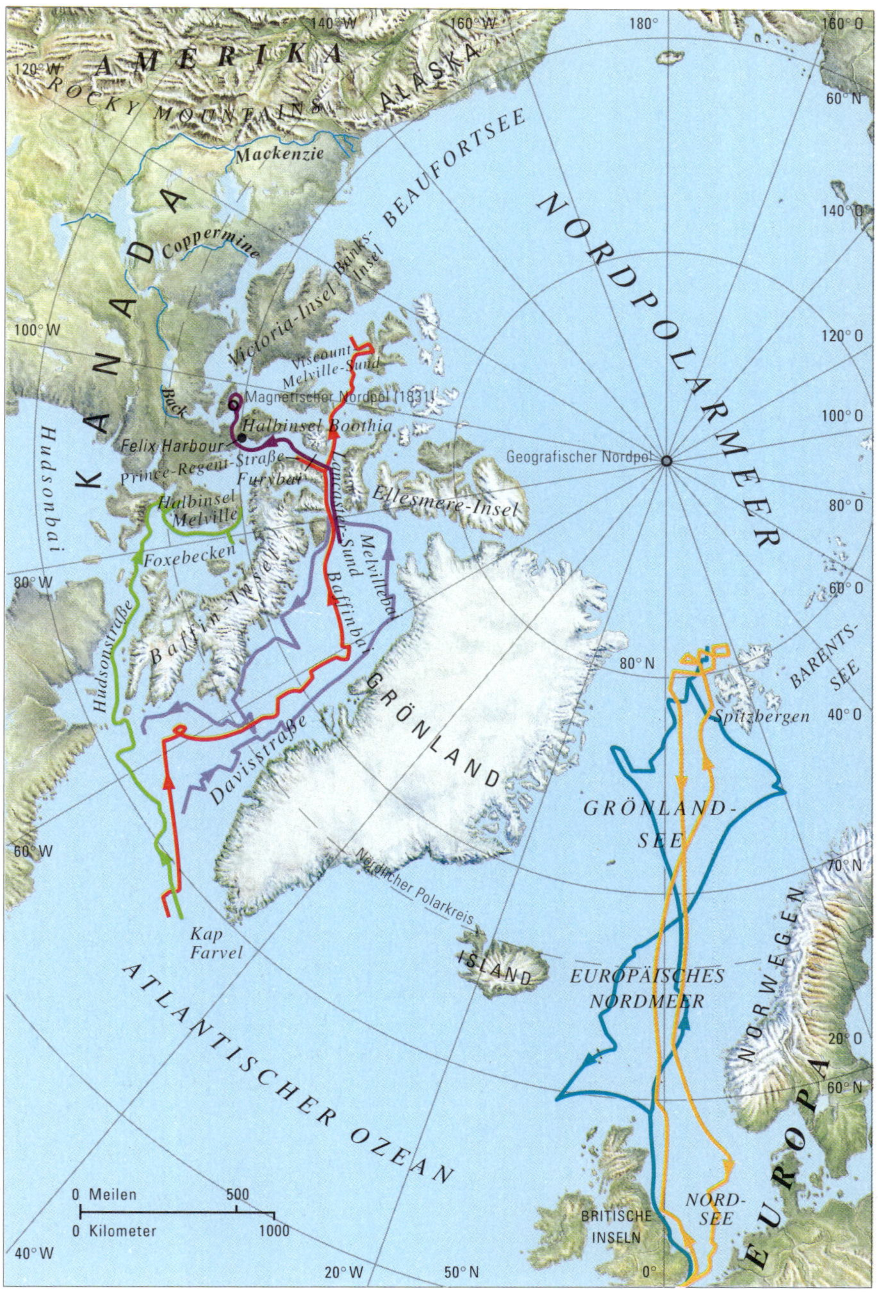

Kartografierung des Nordwestens

Nach dem Verschwinden
John Franklins (oben) rüstete unter anderem auch seine Frau Jane (unten) mehrere Suchexpeditionen aus.

Nach dem Erfolg der Antarktisexpedition von 1839 bis 1843 unter Ross (siehe S. 189) beschloss die britische Admiralität eine weitere Expedition auszurüsten, um die Nordwestpassage zu erzwingen. Im Mai 1845 stach der damals 59-jährige John Franklin in See; seine beiden Schiffe, die *Erebus* und die *Terror*, waren kurz zuvor mit neuen Dampfmaschinen und Schiffsschrauben ausgestattet worden. Im Juli desselben Jahres wurden die Schiffe letztmals von einem Walfänger in der Baffinbai gesichtet. Als man während der nächsten zwei Jahre nichts mehr von Franklin hörte, begann man ab 1848 nach ihm zu suchen.

Die Suche nach John Franklin

Suchexpeditionen wurden sowohl von der britischen Regierung wie auch von Privatpersonen, darunter Franklins Ehefrau Jane, entsandt. Sechs Gruppen nahmen den Landweg, 34 machten sich mit Schiffen auf die Suche; Ausgangspunkt waren die Beringstraße oder das östliche kanadische Polargebiet. Mehrere tausend Kilometer Küstenlinie wurden abgesucht und dabei erstmals kartografiert. An einer der Suchexpeditionen nahm Robert McClure auf der *Investigator* teil. Er entdeckte den letzten noch fehlenden Abschnitt der Nordwestpassage, wurde aber von einem Eisgürtel an der Durchfahrt gehindert. Nach seiner Rückkehr nach England erhielt er eine Belohnung von 10 000 englischen Pfund.

1850 fand man die Gräber dreier Männer aus Franklins Mannschaft und hatte so einen Hinweis auf das erste Winterlager. 1854 kehrte John Rae von der *Hudson's Bay Company* mit Gegenständen aus der persönlichen Habe einiger Expeditionsteilnehmer nach England zurück: Er hatte sie von Inuit auf der Boothia-Halbinsel bekommen, die ihm von einer mehrere Jahre zurückliegenden Begegnung mit vierzig halb verhungerten Weißen berichteten, die einen Schlitten zogen.

Franklins Ehefrau ließ daraufhin eine Expedition unter Francis McClintock ausrüsten (1857–1859), die bei einem Grab auf der König-William-Insel eine Aufzeichnung über Franklins Tod am 11. Juni 1847 fand, in der auch das Vorhaben seiner Begleiter, südwärts zu ziehen, erwähnt war. Man folgte der Marschroute, fand unterwegs Skelette sowie persönliche Gegenstände und erhielt am Ende Gewissheit, dass der letzte Expeditionsteilnehmer im Mündungsgebiet des Back verschollen war.

Überleben in der Arktis

Die extreme arktische Kälte und die erschöpfenden Märsche mit Schlitten über das Eis erforderten, dass die Expeditionsteilnehmer eine kalorienreiche Kost mit ausreichend Fett und Vitaminen zu sich nahmen.

Franklins kanadische Begleiter empfahlen ihm Pemmikan, eine Mischung aus getrocknetem zerriebenem Fleisch und Talg (sowie manchmal Beeren) – die ideale Nahrung bei solchen Unternehmungen. Fleisch-, Suppen- und Gemüsekonserven standen ab Mitte des 19. Jh. zur Verfügung und ergänzten die eingesalzene oder gedörrte Grundnahrung. Außerdem beschafften sich die Expeditionsteilnehmer Frischfleisch, indem sie auf Wild Jagd machten, fischten und Meeressäugetiere erlegten.

An Land gedeihen in den im Sommer schneefreien Gebieten Wildreis, Löffelkraut und andere essbare Pflanzen. Aus Rottannenextrakt lässt sich so genanntes Sprossenbier herstellen, das wie Zitronensaft dem Skorbut vorbeugt. Schwierig war es, große Mannschaften mit frischen Nahrungsmitteln zu versorgen; folglich litten die Teilnehmer solcher Expeditionen häufig unter Mangelerscheinungen.

Durch die Nordwestpassage

John Rae vertrat öffentlich die Ansicht, Expeditionen wie die Franklins hätten aufgrund der vielen Teilnehmer und der großen Mengen an Ausrüstung und Proviant mit besonderen Schwierigkeiten zu kämpfen. Daher wurden nachfolgende Expeditionen wesentlich kleiner gehalten, und die Teilnehmer richteten sich besser auf das Leben abseits der Zivilisation ein. Solch eine Expedition leitete der Norweger Roald Amundsen. Nach seinem Medizinstudium erwarb er die *Gjöa*, ein kleineres Walfangschiff, das er mit einem Motor ausrüstete. 1903 machte er sich mit nur sechs Begleitern auf, um die Nordwestpassage in ihrer gesamten Länge zu durchfahren. Bis zum Lancaster-Sund war die Fahrt ruhig, in der James-Ross-Straße jedoch lief die *Gjöa* in einem Sturm auf Grund. Mehrere Tage saß die Mannschaft fest, doch dann hob eine Flut das durch Abwurf wertvoller Ausrüstung leichtere Schiff vom felsigen Untergrund.

Den ersten Winter verbrachten Amundsen und seine Leute in der Nähe des magnetischen Nordpols in selbst gebauten Hütten. Sie kartografierten die Umgebung und unterhielten Kontakte zu den Inuit. Im kalten Sommer

▲ **Robert McClures** Schiff, die Investigator, lief im August 1851 in der Mercybai nahe der Banks-Insel im Eis fest. Im Frühjahr 1853 gab McClure das Schiff auf. Er kehrte als Bezwinger der Nordwestpassage nach England zurück – wenngleich er die Fahrt nicht mit einem einzigen Schiff absolviert hatte.

1904 hinderten die Eismassen sie an der Weiterfahrt; erst im August 1905 konnte die *Gjöa* wieder auf Westkurs gehen, und 1906 konnte Amundsen endlich die Fahrt durch die Nordwestpassage vollenden.

Abseits der Zivilisation

Der kanadische Ethnologe Vilhjalmur Stefansson bestätigte Raes arktische Überlebenstheorie: Er verbrachte mehrere Jahre bei den Inuit und studierte deren Lebensgewohnheiten. Von 1913 bis 1918 leitete er eine von Kanada finanzierte Arktisexpedition, deren Ziel die Erforschung der Beaufortsee war. Als das Hauptschiff der Expedition, die *Karluk*, im Eis eingeschlossen wurde, ging Stefansson bei Point Barrow mit einer kleinen Gruppe an Land. Geplant war ein zehntägiger Jagdausflug, doch Stefansson kehrte nicht mehr zurück. Die festgefrorene *Karluk* wurde von einem Sturm an der Küste Alaskas entlang und schließlich auf die Wrangelinsel zugetrieben. An Bord befanden sich zwanzig Europäer und eine Inuitfamilie. Sie waren sich bewusst, dass das Schiff vom Eis zermalmt werden würde und hatten daher Vorräte und Ausrüstung gepackt, als das Unausweichliche eintrat. In der bitterkalten Polarnacht traten sie den 100 km langen gefahrvollen Weg über das Eis zur Wrangelinsel an. Nur neun Personen überlebten die Strapazen und Entbehrungen.

Stefansson verbrachte die folgenden Jahre in der Arktis und erkundete bis dahin unbekannte Gebiete, u.a. die Borden-Insel und die Brock-Insel. Dabei fand er etliche Lager mit Gräbern, die vom Schicksal vorangegangener Expeditionen zeugten.

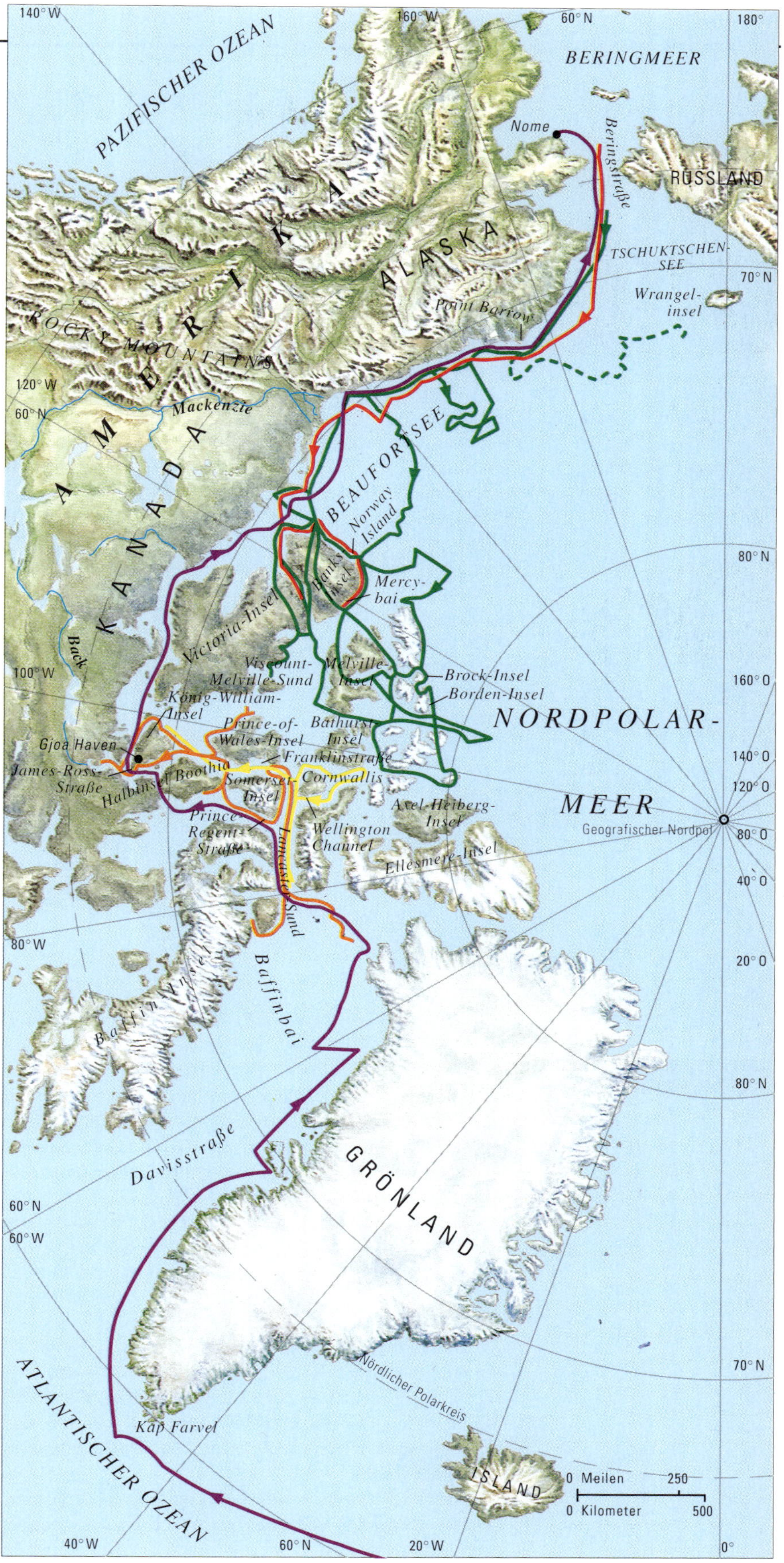

Nahrung besorgten sich Stefansson und seine Begleiter, indem sie auf die Jagd gingen und fischten, ihre Kleidung fertigten sie aus Tierfellen, und beim Bau ihrer Unterkünfte orientierten sie sich am Vorbild der Inuit. Gegen Ende ihrer Expedition legten sie 650 km auf einer schwimmenden Eisscholle zurück und erreichten schließlich nach einem Marsch über das Packeis in Alaska wieder festen Boden.

ROUTEN

- Franklin 1845–1847
- McClure 1850–1854
- McClintock 1857–1859
- Amundsen 1903–1906
- Stefansson 1913–1918

Aufbruch zum Nordpol

ROUTEN

- Nares 1875–1876
- Nordenskjöld 1878–1879
- Nansen 1888
- Nansen 1893–1896
- Peary 1909

Nachdem man wusste, dass sich hinter dem arktischen Eis kein offenes Meer ausdehnt, versuchte man, zu Fuß zum (geografischen) Nordpol vorzudringen. 1827 machte sich William Edward Parry von Spitzbergen aus nach Norden auf. Seine Ausrüstung bestand aus zwei kleineren Booten, die auf Rollen gesetzt und wie Schlitten über das Eis gezogen werden konnten. Die Eisoberfläche war jedoch rauer als angenommen, und das Eis driftete fast ebenso schnell nach Süden wie die Männer in nördlicher Richtung vorwärts kamen. 800 km vor dem Pol war Parry gezwungen, seinen Plan aufzugeben.

Den nächsten Erfolg versprechenden Vorstoß zum Pol unternahm George Nares als Leiter einer von der britischen Regierung ausgerüsteten Expedition (1875–1876). Mit der *Alert* und der *Discovery* kam er bis zu der nach ihm benannten Meeresstraße zwischen Grönland und der Ellesmere-Insel.

Nares schickte Schlittentrupps aus, die die umliegenden Küstengebiete erkunden sollten. Eine der Gruppen unter Albert Markham erreichte nach der Durchquerung zerklüfteter Eisfelder Kap Joseph Henry und 83° 20´ nördlicher Breite – ein neuer Rekord. Gegen Ende des ersten Expeditionsjahres litten so viele von Nares' Leuten an Skorbut, dass eine Rückkehr unumgänglich war.

Nordenskjöld und die Nordostpassage

Wenig später unternahm der Schwede Adolf Erik Nordenskjöld nach intensiver Vorbereitung einen Versuch zum Nordpol vorzudringen. Zwar erreichte auch er sein Ziel nicht, doch ging er als erster Seefahrer, der die Nordostpassage in ihrer vollen Länge durchfahren hatte, in die Geschichte ein (Nordenskjöld folgte dabei der von der Großen Nordischen Expedition 1733 bis 1742 kartografierten Küstenlinie (siehe S. 48–49).

Im Juli 1878 stach er mit der eisfesten *Vega* in See. Zur Besatzung gehörten neben schwedischen Ingenieuren und Wissenschaftlern auch Offiziere aus Russland, Italien und Dänemark.

Ende August erreichten sie nach ruhiger Fahrt die Lenamündung. Im September wurde die Navigation durch Nebel und Schnee erschwert, und kurz vor Kap Deschnew fror die *Vega* im Eis fest. Nordenskjöld und seine Mannschaft waren gezwungen, in Ostsibirien zu überwintern. Erst im Juli 1879 gab das Eis ihr Schiff wieder frei; zwei Tage später hatten sie Kap Deschnew umschifft und fuhren in die Beringstraße ein.

► ***Nordenskjöld** war Finne und wurde später schwedischer Staatsbürger. Seinen Erfolg verdankte er einer wissenschaftlichen Vorbildung und der großen Sorgfalt, die er auf die Vorbereitung seiner Expeditionen verwendete. Die Durchquerung der Nordostpassage trug ihm Ruhm als Polarforscher ein.*

▼ ***Nansen** machte sich schon in jungen Jahren einen Namen als Polarforscher. Ihm gelang 1888, woran sein Förderer Nordenskjöld gescheitert war: die Durchquerung Grönlands von Ost nach West.*

◄ ***George Nares*** *forderte seinen Leuten das Äußerste ab. Sein Begleiter Albert Markham und dessen Gruppe (hier auf einem von Markham selbst gezeichneten Bild) musste auf dem Weg in den „höchsten Norden" den Schlitten* Marco Polo *über bis zu 10 m hohe Eisgrate schleppen.*

Nansen und die *Fram*

Nordenskjöld förderte die Pläne des damals noch jungen norwegischen Polarforschers und Zoologen Fridtjof Nansen, der mit seiner wissenschaftlichen Denkweise und robusten Konstitution ideale Voraussetzungen für erfolgreiche Erkundungen in der Arktis mitbrachte.

Nansen, der bereits 1888 das grönländische Binneneis durchquert hatte, startete 1893 zu seiner Nordpolexpedition. Er wollte sich von den nördlichen Meeresströmungen nahe an den Pol herantreiben lassen und das letzte Stück zu Fuß zurücklegen. Mit seinem eisfesten Schiff, der *Fram*, fuhr er zunächst ostwärts an der sibirischen Küste entlang, ging dann auf Nordkurs und wurde im September 1893 bei den Neusibirischen Inseln vom Eis eingeschlossen. Während das Schiff langsam westwärts driftete, beobachteten die Wissenschaftler an Bord die Bewegungen der Eismassen und ermittelten durch Bohrlöcher Tiefe, Temperatur und Salzgehalt des Wassers. Nansen kam zu dem Schluss, dass das arktische Meeresbecken wesentlich tiefer war als er angenommen hatte. Die geografischen, ozeanografischen und meteorologischen Erkenntnisse, die er während seiner dreijährigen Fahrt gewann, füllten sechs umfangreiche Bände und wurden grundlegend für die weitere Nordpolarforschung.

Nansen auf dem Weg zum Pol

Im März 1895 verließ Nansen in Begleitung von Hjalmar Johansen die *Fram*, um zu Fuß zum Nordpol vorzudringen. Mit Proviant für drei Monate, zwei Kajaks, drei Schlitten und 28 Hunden machten sie sich auf den Weg. Damit die Hunde bei Kräften blieben, tötete Nansen in Abständen das jeweils schwächste Tier, um es an die anderen zu verfüttern. Mitte April musste er bei 86° 12´ nördlicher Breite wegen des einsetzenden Frühjahrs umkehren. Auf dem Weg nach Süden war die Expedition gezwungen, ihre letzten drei Schlittenhunde zu töten, um nicht selbst zu verhungern. Im Juli erreichten die Männer Franz-Josef-Land, überwinterten dort in einer selbst gebauten Hütte und versuchten im darauf folgenden Frühjahr, mit ihren Kajaks die See in Richtung Spitzbergen zu überqueren. Am selben Tag, an dem die *Fram* nördlich von Spitzbergen aus dem Eis freikam, wurden sie von dem englischen Arktisforscher Frederick Jackson gefunden und nach Norwegen gebracht.

Robert Edwin Peary

Der amerikanische Marineoffizier Robert Edwin Peary machte es sich zur Lebensaufgabe, als erster Mensch den Nordpol zu erreichen. Zwischen 1891 und 1906 leitete er sechs Arktisexpeditionen; seine Beobachtungen mündeten in die Erkenntnis der Inselnatur Grönlands.

Der Vorstoß zu seinem eigentlichen Ziel – dem Nordpol – gelang erst im dritten Anlauf am 6. April 1909. Peary hatte das Unternehmen sorgfältig vorbereitet: Bevor er sich auf den Weg machte, hatten 24 Mann mit 19 Schlitten und 133 Hunden von einem Basislager bei Kap Columbia aus entlang der geplanten Route Depots angelegt. Auf diese Weise gelangte Peary mit seinen Begleitern ohne größere Probleme weit nach Norden und konnte dann alle Kräfte auf den „Endspurt" konzentrieren. Nachdem seine Expedition das letzte Vorratslager passiert hatte, bewältigte er die restliche Strecke von etwa 260 km zum Pol und anschließend 780 km zurück zum Basislager in angeblich nur 16 Tagen.

Pearys Leistung wurde angezweifelt. Vielen erschien das enorm hohe Marschtempo unglaublich, andere meldeten Zweifel an der Exaktheit seiner Ortsbestimmung an, und überdies behauptete sein Landsmann Frederick Cook, er habe den Pol bereits am 21. April 1908 bezwungen.

▼ ***Zwischen Peary*** *und Cook entbrannte ein Streit um das Verdienst, als erster Mensch den Nordpol bezwungen zu haben. Cook übersandte Peary ein sarkastisches Glückwunschtelegramm, woraufhin dieser ihn der Lüge bezichtigte. Aufgrund seines arroganten Wesens fand Peary in der Öffentlichkeit wenig Unterstützung, doch die Wissenschaft gab ihm später Recht.*

Expeditionen im 20. Jahrhundert

► ***Wally Herbert,*** *der die transarktische Expedition (1968–1969) leitete, beschrieb das Eisfeld, das er mit seinen Begleitern durchquerte, als „ein Gebiet, dessen Eis unter dem enormen Druck ständig in Bewegung ist – eine Rinne öffnet sich, dann werden die Eiskanten mit Macht wieder zusammengeschoben und bilden einen Grat, daraufhin bricht die Scholle beiderseits im rechten Winkel dazu auseinander, und wieder werden die Kanten zu Graten aufgeschoben. Dies setzt sich den ganzen Winter über fort, bis ein regelrechtes Felsenmeer aus Eis entstanden ist."*

Dank der Entwicklung der Luftfahrt eröffnete sich im 20. Jh. eine neue Dimension für die Polarforschung. Im Juli 1897 brach der schwedische Luftfahrtingenieur Salomon August Andrée mit zwei Begleitern von Spitzbergen aus zu einem Ballonflug zum Nordpol auf. Die Expedition verschwand spurlos; erst 1930 fand man die Leichen der Forscher auf der Insel Vitö. Andrées Tagebuch zufolge musste der Ballon wegen Windstille ein Stück weiter nordwestlich landen. Die Männer hatten sich zu der Insel durchgeschlagen, auf der sie dann umkamen.

Der amerikanische Journalist Walter Wellman führte 1906 erstmals Flüge mit Luftschiffen durch, kam aber von Spitzbergen aus nicht weit. Am 21. Mai 1925 startete Roald Amundsen mit mehreren Begleitern in zwei Flugbooten zum Nordpol. Rund 250 km vor ihrem Ziel mussten sie notlanden; erst am 15. Juni gelang ihnen die Rückkehr nach Spitzbergen.

Obwohl das Fliegen in arktischen Regionen schwierig war, erwies es sich als effiziente Möglichkeit, größere Gebiete aus der Luft zu erkunden. Amundsen und sein amerikanischer Mäzen Lincoln Ellsworth überflogen in den folgenden Jahren mehr als 100 000 km² und konnten bestätigen, dass im hohen Norden keine größere, bis dahin unbekannte Landmasse existierte.

1926 flog der Amerikaner Richard Evelyn Byrd, der im Jahr zuvor mehrere Flüge über die Ellesmere-Insel und das grönländische Binneneis unternommen hatte, mit seinem Kopiloten Floyd Bennett die 1 375 km von Spitzbergen zum Nordpol in rund acht Stunden. Ihr Flugzeug war mit modernster Technik ausgestattet, die ihnen die problemlose Rückkehr zum Startpunkt ermöglichte.

Umberto Nobile

Ebenfalls 1926 flog der italienische General und Luftfahrtingenieur Umberto Nobile mit seinem Luftschiff *Norge* in Begleitung von u.a. Amundsen und Ellsworth von Spitzbergen aus über den Pol nach Alaska. Nobiles Luftschiff war mit Messgeräten ausgerüstet, die Aufzeichnungen zur Gravitation und zum Erdmagnetismus sowie detaillierte Wetterbeobachtungen erlaubten. Die Flugstrecke führte über bis dahin unerforschte Gebiete, die Nobile bei klarer Sicht fotografierte.

1928 brach er erneut zu einem Polflug auf, diesmal mit dem Luftschiff *Italia*. Er erreichte den Nordpol, geriet jedoch auf dem Rückflug in einen Schneesturm und verunglückte. Sechs Besatzungsmitglieder kamen dabei um. Nobile und die Überlebenden kampierten auf dem Eis und sandten mit einem intakt gebliebenen Funkgerät Notrufe, die aber erst nach mehreren Tagen empfangen wurden. Daraufhin startete man eine groß angelegte Suchaktion, und einem schwedischen Piloten gelang es (fast einen Monat nach dem Unglück), auf dem Eis zu landen und

Nobile in Sicherheit zu bringen. Bei dem Versuch, danach auch Nobiles Begleiter zu retten, überschlug sich das Flugzeug, und die Zurückgebliebenen mussten einen weiteren Monat im Eis ausharren, bis sie schließlich von dem russischen Eisbrecher *Krassin* gerettet wurden.

An der Suchaktion nach Nobile hatte sich auch Amundsen beteiligt – er blieb mit seinem Flugzeug in der Eiswüste verschollen.

Zu Fuß zum Nordpol

In den folgenden Jahrzehnten wurden viele weitere Expeditionen zum Nordpol unternommen. Die größte und abenteuerlichste – eine Arktisdurchquerung von Alaska nach Spitzbergen – leitete der Brite Wally Herbert. Im Februar 1968 verließ seine Expedition Point Barrow und drang 130 km bis zum Packeis vor, wo sie ihr Sommerlager aufschlug und wissenschaftliche Beobachtungen durchführte, während das Packeis nordwärts driftete. Als das Meer wieder zufror, zogen die Expeditionsteilnehmer mit Schlitten in Richtung Pol. Proviant und Brennstoff sowie Fertigbauteile für eine Hütte wurden, wenn das jeweilige Tagesziel erreicht war, von einem Versorgungsflugzeug abgeworfen. Im Mai 1969 wollte Herberts Expedition Spitzbergen erreichen, doch musste sie wegen der drohenden Eisschmelze wenige Kilometer vor ihrem Ziel per Hubschrauber gerettet werden.

1978 unternahm der Japaner Naomi Uemara eine Soloexpedition mit Hundeschlitten zum Nordpol, 1986 folgte der Amerikaner Will Steger mit seinen Begleitern, und 1989 erreichte der Deutsche Arved Fuchs als Teilnehmer einer internationalen Expedition den Pol.

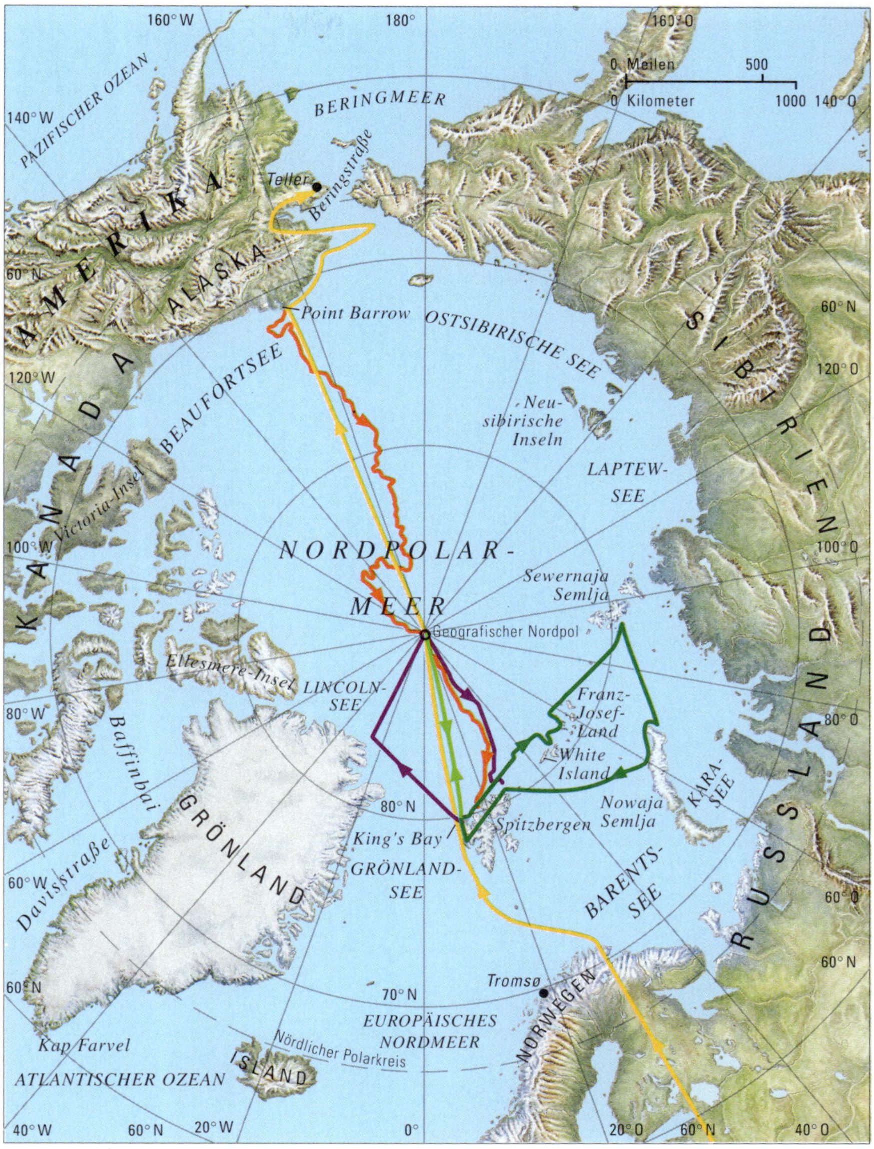

◄ **Das Lager,** *in dem Andrée umkam, wurde erst 30 Jahre später entdeckt. In seinem Tagebuch fand man die Notiz: „Wird man uns für verrückt erklären oder unserem Beispiel folgen?"*

▼ ***Die* Italia** *startete am 15. Mai 1928 von der King's Bay aus, zerschellte jedoch nach dem Flug über den Nordpol. Zehn Menschen überlebten, weil sie aus dem Luftschiff geschleudert wurden.*

ROUTEN
- Byrd 1926
- Nobile 1926
- Nobile 1928
- Herbert 1968–1969

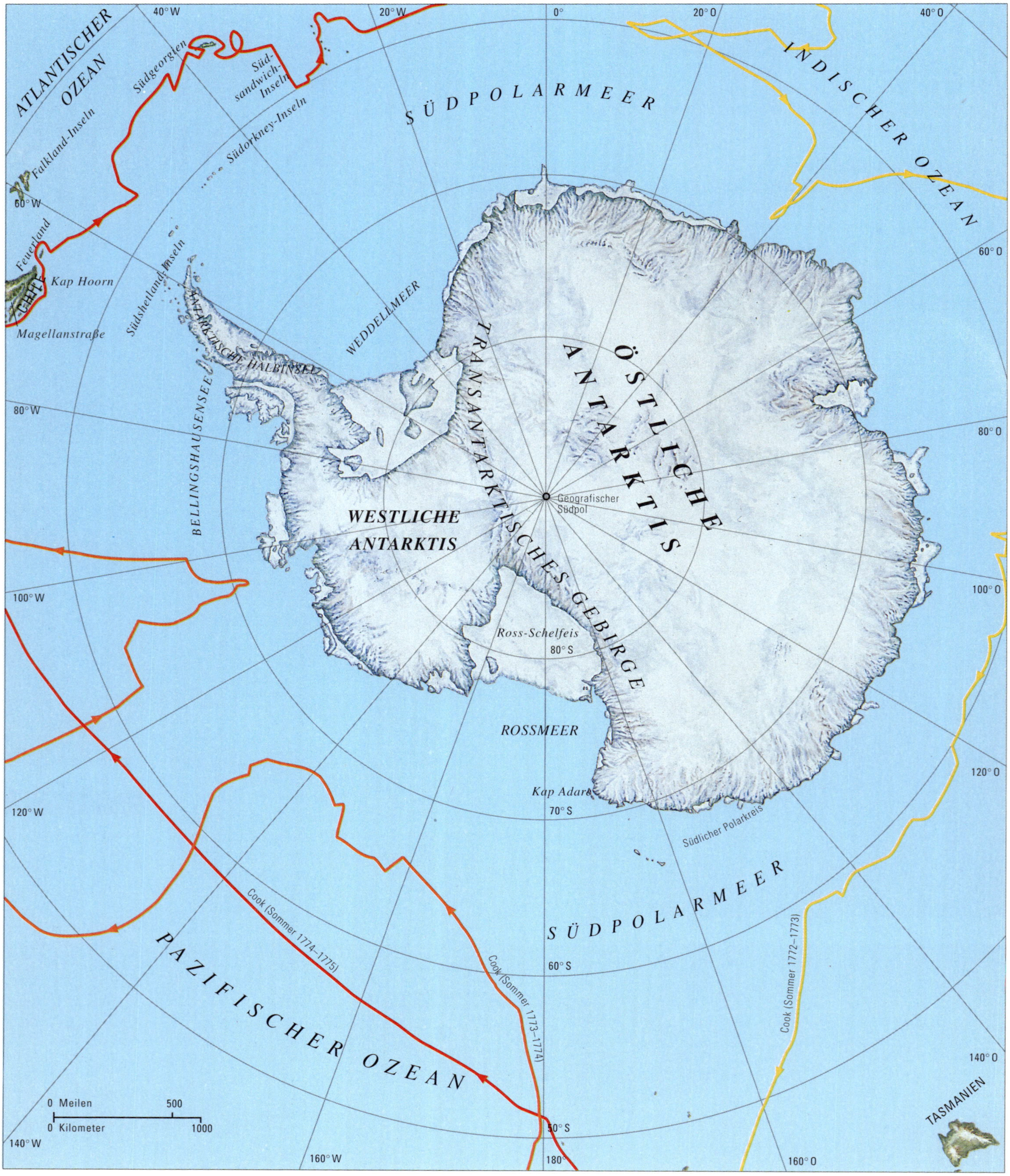
ATLANTISCHER OZEAN
INDISCHER OZEAN
PAZIFISCHER OZEAN
SÜDPOLARMEER
SÜDPOLARMEER
ÖSTLICHE ANTARKTIS
WESTLICHE ANTARKTIS
TRANSANTARKTISCHES GEBIRGE
ANTARKTISCHE HALBINSEL
WEDDELLMEER
BELLINGSHAUSENSEE
ROSSMEER
Ross-Schelfeis
Kap Adare
Geografischer Südpol
Südlicher Polarkreis
Südgeorgien
Süd-sandwich-Inseln
Südorkney-Inseln
Südshetland-Inseln
Falkland-Inseln
Feuerland
Kap Hoorn
Magellanstraße
CHILE
TASMANIEN
Cook (Sommer 1772–1773)
Cook (Sommer 1773–1774)
Cook (Sommer 1774–1775)
80° S
70° S
60° S
50° S
0°
20° W
40° W
60° W
80° W
100° W
120° W
140° W
160° W
180°
20° O
40° O
60° O
80° O
100° O
120° O
140° O
160° O
0 Meilen 500
0 Kilometer 1000

ANTARKTIS

Am „Südende“ der Erde erstreckt sich, umgeben vom stürmischen Südpolarmeer, ein Kontinent, der von einer z. T. kilometerdicken Eiskappe bedeckt ist, die in den Randbereichen in Tafeleisberge und Treibeis übergeht. Es verwundert daher nicht, dass der „sechste Kontinent“ zuletzt erforscht wurde. Noch zu Beginn des 20. Jh. herrschte Uneinigkeit darüber, ob die Antarktis tatsächlich ein Kontinent ist oder nur eine von Inseln gestützte Eismasse.

Die antarktischen Gewässer wurden anfangs mit Segelschiffen aus Holz befahren, später stießen Schiffe mit verstärktem Rumpf und mächtige Eisbrecher durch den Packeisgürtel. Im frühen 20. Jh. drangen Schlittenexpeditionen mit Hunden und Ponys als Zugtieren auf das antarktische Festland vor. Später setzte man Raupenfahrzeuge als Zugmaschinen ein und erkundete die Gestalt des eisbedeckten Kontinents per Flugzeug. In jüngster Zeit haben Satellitenaufnahmen unser Wissen über die Antarktis wesentlich erweitert.

Auf den Landkarten und Globen war bis ins 18. Jh. im äußersten Süden eine ausgedehnte Landfläche verzeichnet, die sich bis in die gemäßigten Breiten erstreckte. Mehrere Jahrhunderte lang versuchten Handelsschiffe immer weiter nach Süden vorzudringen, doch keines erreichte die dort vermutete Landmasse.

Der große englische Seefahrer und Entdecker James Cook überquerte bei seiner Weltumsegelung mit der *Resolution* und der *Adventure* den Südlichen Polarkreis. Sein Logbucheintrag vom 21. Februar 1775 lautet: „Ich habe nun das Südpolarmeer durchquert und so weit südlich umfahren, dass da nicht der geringste Platz für die Existenz eines Kontinents außer nahe dem Pole geblieben ist und außerhalb der Reichweite jeder Navigation … Dass es in Polnähe einen Kontinent oder ein ausgedehntes Landgebiet gibt, will ich nicht bestreiten, ich bin im Gegenteil der Meinung, dass dieses Land existiert, und es ist wahrscheinlich, dass wir einen Teil davon gesehen haben …“

Erste Sichtung des Kontinents

▲ **Der englische** *Seefahrer James Weddell, der während der Napoleonischen Kriege eine führende Position in der Marine innehatte, brach 1822 mit der 160-t-Brigg* Jane *in Begleitung des 65-t-Kutters* Beaufoy *in antarktische Gewässer auf.*

ROUTEN

- Bransfield 1819–1820
- Bellingshausen 1819–1821
- Weddell 1822–1824

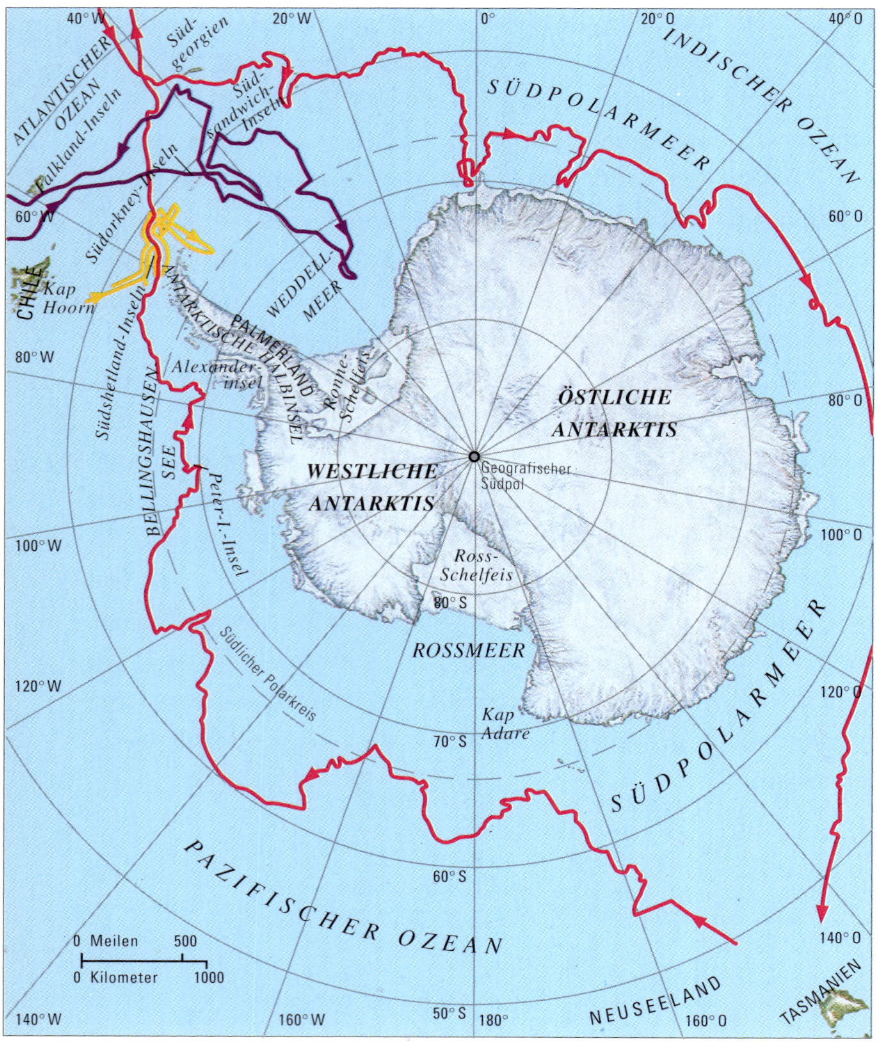

James Cook entdeckte 1775 Südgeorgien. Bald darauf folgten britische und später auch amerikanische Robbenfänger seiner Route und schlachteten auf der Insel und andernorts im Südpolarmeer tausende Pelzrobben und See-Elefanten ab; zu Beginn der 20er Jahre des 19. Jh. war die Pelzrobbe so gut wie ausgerottet. Die Robbenfänger konkurrierten untereinander und versuchten, ihre Fanggebiete geheim zu halten, was sich aufgrund der vielen beteiligten Schiffe als schwierig erwies. So wurde schließlich ein großer Teil des Nordwestens der Antarktischen Halbinsel – des lang gestreckten Ausläufers der Antarktis zur Südspitze Südamerikas hin – bekannt.

Historiker und Geografen sind sich uneinig, wer als Entdecker der Antarktischen Halbinsel zu betrachten ist. Mit hoher Wahrscheinlichkeit kommt dieses Verdienst Edward Bransfield zu, der mit dem Zweimaster *Williams* am 30. Januar 1820 einen Teil der nordwestlichen Küste der Halbinsel sichtete und als Trinityland bezeichnete. Dank seiner Erkundungen konnte diese antarktische Küstenregion erstmals kartografiert werden. Im November desselben Jahres erblickte der Amerikaner Nathaniel Palmer von seinem Robbenfangschiff *Hero* aus ein Landgebiet, das später den Namen Palmerland erhielt (heute wird der südliche Teil der Antarktischen Halbinsel so genannt).

James Weddell

Der englische Robbenfänger James Weddell brach 1822 mit zwei Fangschiffen, der *Jane* und der *Beaufoy*, vom schottischen Hafen Leith auf, durchfuhr das südliche Meer, das heute seinen Namen trägt, und stieß bis 74° 15´ südlicher Breite vor. Zuvor hatte er bereits auf den Südshetland-Inseln (nordwestlich der Antarktischen Halbinsel) angelegt; deren Beschreibung sowie die der Südorkney-Inseln weiter östlich und insbesondere den Verlauf seiner Fahrt durch das Weddellmeer hielt er in einem Buch fest, das unter folgendem Titel in zwei Auflagen erschien: *A Voyage towards the South Pole, performed in the years*

1822–1824, containing an Examination of the Antarctic Sea to the seventy fourth degree of latitude.

Weddell nahm Messungen und Beobachtungen vor, die sich später als sehr zuverlässig herausstellten. Ein Glücksfall für ihn war, dass er das Weddellmeer relativ eisfrei vorfand. Auch Weddells Landsmann George Powell, ebenfalls Robbenfänger, kartografierte die Südshetland-Inseln und mit Nathaniel Palmer die Südorkney-Inseln, die sie während einer gemeinsamen Fahrt von 1821 bis 1822 entdeckten.

Fabian Gottlieb von Bellingshausen

Als würdiger Nachfolger James Cooks erwies sich der russische Entdecker Fabian Gottlieb von Bellingshausen, der von 1819 bis 1821 den antarktischen Kontinent umsegelte. Mit seinen Schiffen *Vostok* und *Mirny* folgte er zunächst Cooks Route, drang dann aber über den 60. Breitengrad hinaus nach Süden in bis dahin unbekannte Gewässer vor und entdeckte auf seiner Fahrt die drei nördlichen Inseln der Südsandwich-Inseln, die Cook entgangen waren.

Erst 1945 erschien Bellingshausens Reisebericht in englischer Übersetzung, so dass seine Entdeckungen lange Zeit nur eingeschränkt zugänglich waren. In der Einführung zu dem Buch *The Voyages of Captain Bellingshausen to the Antarctic Seas* hob der Herausgeber Frank Debenham Bellingshausens und auch Cooks große Verdienste als Entdecker hervor, bedauerte jedoch, dass keiner von beiden dem Festland nahe genug gekommen war, um es eindeutig als solches zu identifizieren. Er führte dies auf das Einwirken von Wind und Wetter auf die Schiffe der Seefahrer zurück, das er folgendermaßen erläuterte: „Wenn in diesen Breiten der Wind von Norden kommt, treibt er das Schiff zwar nach Süden, doch bringt er stets Nebel und Schnee mit sich, so dass man das Land nicht sieht. Die Süd- und Ostwinde dagegen sorgen für klare Sicht, doch behindern sie das Vorwärtskommen des Schiffs nach Süden, treiben ihm Eisschollen von der Küste entgegen und verwehren ihm so die Annäherung an das Land."

Fest steht jedoch, dass die russische Expedition ein Randgebiet der Ostantarktis sichtete. Ob dies wirklich als Entdeckung des Kontinents gewertet werden kann, ist bis heute umstritten. Auf jeden Fall aber kommt Bellingshausen das Verdienst zu, mehrere Inseln im Südpolarmeer kartografiert zu haben, insbesondere die Peter-I.-Insel (die als erste jenseits des Südlichen Polarkreises entdeckt wurde) und die Alexanderinsel, beide in der Bellingshausensee westlich der Antarktischen Halbinsel. Im Jahre 1830 nahm Bellingshausen an der russischen Weltumseglung unter Krusenstern teil und starb 1852 im Alter von 65 Jahren.

Krähennester

Als Krähennest bezeichnet man den Ausguck am vorderen Mast großer Segelschiffe. Die Erfindung dieser ursprünglich für Walfangschiffe in der Arktis gedachten Vorrichtung wird William Scoresby (Vater) zugeschrieben. Das Krähennest war meist ein Verschlag aus Holz, manchmal auch ein großes Fass; als Einstieg diente eine Falltür im Boden. Die hölzernen Seitenwände und eine Abdeckung aus Segeltuch schützten den Seemann vor Schnee und Kälte, wenn er mit dem Fernrohr das Meer nach Treibeis absuchte.

Kartografierung der Küstenlinie

▲ ***Teilnehmer** von Dumont d'Urvilles Expedition hissten am 21. Januar 1840 auf einem Felsen vor der Adélieküste die französische Nationalflagge.*

► ***Dumont d'Urville** war ein umfassend gebildeter Mann. Er hatte sich mit alten und neuen Sprachen sowie mit Physik, Botanik und Astronomie beschäftigt; diese Kenntnisse kamen ihm bei seinen Forschungsreisen zustatten.*

Die erste eindeutige Landsichtung im Bereich der Ostantarktis machte am 28. Februar 1831 der Brite John Biscoe auf der Brigg *Tula*. Er beschrieb die Entdeckung von Enderbyland, so benannt nach dem Londoner Robben- und Walfangunternehmen, das seine Fahrt finanzierte: „Um vier Uhr nachmittags sahen wir im Süden mehrere Eishügel auftauchen, die Berggipfeln glichen, und um sechs Uhr nachmittags konnten wir diese deutlich als Land wahrnehmen, und zwar von beträchtlichem Ausmaß; zu meiner großen Befriedigung erwies sich, was wir zuerst gesehen hatten, als schwarze Berggipfel, die aus dem Schnee des tiefer gelegenen Landes aufragten."

Bei den Bergen, die er gesehen hatte, handelte es sich um Nunataks – Bergspitzen, die aus dem Inlandeis herausragen. Biscoe umrundete die Antarktis, gefolgt von dem Kutter *Lively* unter dem Kommando George Averys, und entdeckte 1832 Grahamland (den nördlichen Teil der Antarktischen Halbinsel), die Adelaide-Insel und eine weitere Insel, die nach ihm benannt wurde. Biscoe war der Überzeugung, er habe einen ausgedehnten Kontinent gefunden, dessen Küste er rund 500 km weit gefolgt war.

Dem britischen Robbenfänger Peter Kemp wird die Entdeckung der Heardinsel und Kemplands (östlich von Enderbyland) zugeschrieben; er befuhr die Gewässer dieser Regionen im Winter 1833 mit der *Magnet*.

Im Februar 1839 erkundete die Besatzung eines von Enderby entsandten Robbenfangschiffs die Balleny-Inseln am Eingang zum Rossmeer. Die Expeditionsleiter – John Balleny, der die *Eliza Scott* befehligte, und Thomas Freeman als Kapitän der *Sabrina* – berichteten außerdem über eine Landsichtung nahe der ostantarktischen Sabrinaküste.

Europäische und amerikanische Expeditionen

Zwischen 1837 und 1843 brachten drei Expeditionen aus Frankreich, Amerika und Großbritannien die Kartografierung der antarktischen Küstenlinie entscheidend voran. Die Franzosen und Amerikaner führten ihre Erkundungen überwiegend in den wärmeren Gewässern des Pazifik durch. Jules Sébastien César Dumont d'Urville stieß mit seinen Schiffen, der *Astrolabe* und der *Zélée* (unter Charles-Hector Jacquinot), in die Südpolarregion vor und nannte den von ihm entdeckten Abschnitt der antarktischen Küste nach seiner Frau Adélieland (heute Adélieküste). Ihren Namen tragen auch die kleinen Pinguine, die Dumont d'Urville dort in Scharen vorfand. Die Beobachtungen der französischen Expedition wurden in mehreren aufwändig bebilderten Büchern festgehalten.

Die beiden französischen Schiffe legten auch an der Antarktischen Halbinsel und den vorgelagerten Inseln an, u.a. an der Trinityhalbinsel und den Südorkney-Inseln.

Die amerikanische Expedition, die das Südpolarmeer von 1838 bis 1842 befuhr, war mit fünf Schiffen unterwegs; die Leitung oblag Charles Wilkes. Auch er kehrte mit einer Fülle von Kartenmaterial und naturkundlich interessanten Funden zurück, die der später gegründeten *Smithsonian Institution* in Washington D.C. zugingen. Wie sich herausstellte, waren Wilkes' Karten in mancherlei Hinsicht ungenau: Bereiche, die von ihm als Land ausgewiesen worden waren, machten andere Forscher später als Wasserflächen aus. Zutreffend war seine Kartografierung eines großen Abschnitts der antarktischen Küste zwischen dem 98. und dem 160. Grad östlicher Länge – dem Wilkesland.

James Clark Ross

Die dritte Expedition leitete James Clark Ross, der im Gegensatz zu Dumont d'Urville und Wilkes bereits polare Gewässer befahren hatte. Seine robusten Schiffe, die *Erebus* und die *Terror*, waren für die Fahrt im Südpolarmeer zusätzlich verstärkt worden.

Die *British Association* und die *Royal Society* hatten die Admiralität veranlasst, Ross (der einige Jahre zuvor, im Mai 1831, bereits den magnetischen Nordpol in der Arktis erreicht hatte) mit der Suche nach dem magnetischen Südpol zu beauftragen; die Bedeutung der Position der magnetischen Erdpole für Wissenschaft und Seefahrt kannte man damals bereits.

Auf Tasmanien wurde eine Beobachtungsstation für Magnetismus namens *Rossbank* errichtet. Gouverneur von Tasmanien war zu jener Zeit John Franklin, der fünf Jahre später mit der *Erebus* beim Versuch, die Nordwestpassage zu finden, scheiterte (siehe S. 178).

Nachdem Ross erfuhr, welche Routen Dumont d'Urville und Wilkes befahren hatten, beschloss er, einen Kurs weiter östlich einzuschlagen, um bislang unentdeckte Gewässer zu erkunden. Am 5. Januar 1841 gelang ihm als erstem Forscher die Fahrt durch den Packeisgürtel vor dem Rossmeer. Zu seiner Enttäuschung stellte sich jedoch heraus, dass der magnetische Südpol nicht auf dem Seeweg zu erreichen war.

Auf seiner Fahrt entdeckte Ross die bis dahin unbekannte Küstenregion Victorialand, zwei Vulkane (einen aktiven und einen erloschenen), die er nach seinen Schiffen Mount Erebus und Mount Terror nannte, sowie ein ausgedehntes Schelfeisgebiet, das heute unter dem Namen Ross-Schelfeis bekannt ist.

Später unternahm er noch zwei weitere Fahrten in die antarktische Region, machte jedoch keine so spektakulären Entdeckungen wie bei seiner ersten Expedition. Dass seine Schiffe den extremen Bedingungen trotzten, zeugt nicht nur von der Fachkenntnis der Schiffsbauer, sondern auch von Ross' großer Umsicht als Expeditionsleiter. Sein Stellvertreter war Francis Rawden Moira Crozier, der später mit Franklin in der Arktis umkam; die Position eines Assistenzarztes an Bord hatte Sir Joseph Dalton Hooker inne, der sich später als Botaniker und Weltreisender einen Namen machte.

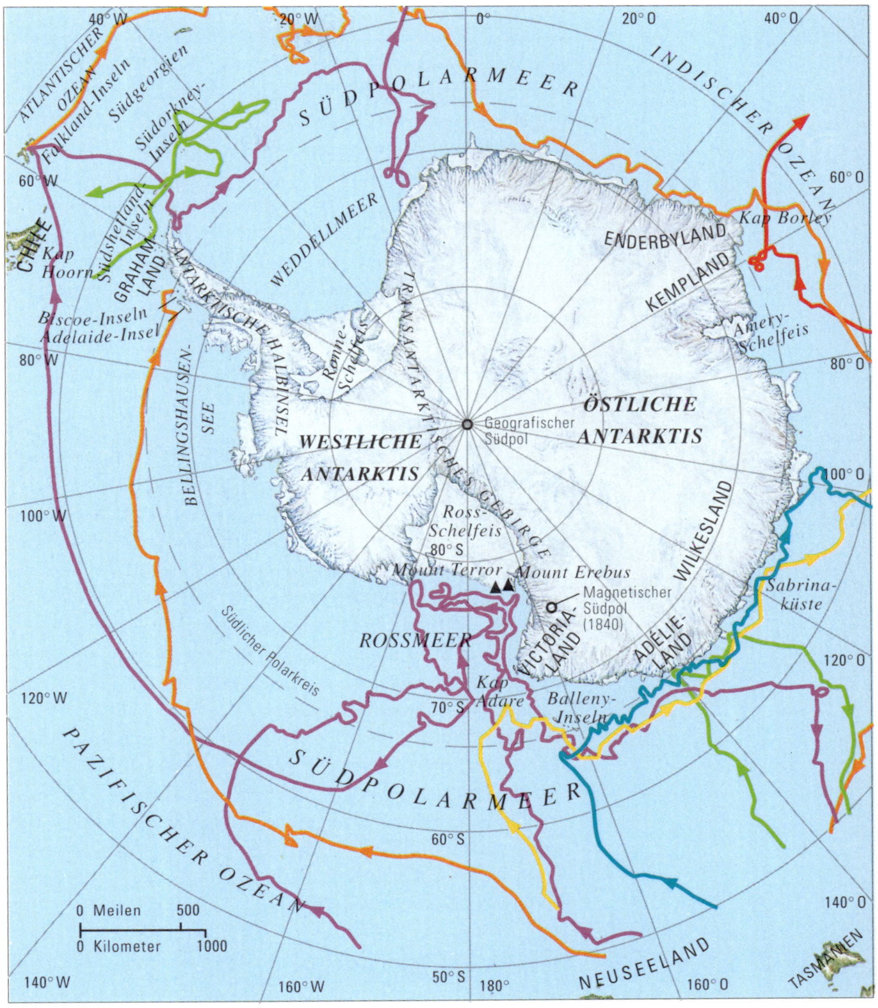

ROUTEN

- Biscoe 1830–1833
- Kemp 1833–1834
- Dumont d'Urville 1837–1840
- Balleny 1838–1839
- Wilkes 1838–1842
- Ross 1839–1843

► ***Zu einer gefährlichen*** *Situation kam es, als die* Erebus *plötzlich abdrehte, um einem Eisberg auszuweichen, und den Bug der* Terror *kreuzte. Eine Kollision schien unvermeidlich: Die Takelagen der Schiffe hatten sich verheddert, und die Rümpfe schlugen aneinander. Ross beschrieb, wie die* Terror *sich aufbäumte, der* Erebus *fast den Kiel zuwandte und wieder herabkam, während die* Erebus *auf den Wellenkamm gehoben wurde und ihr Schwesterschiff unter sich zu begraben drohte. Das Abenteuer ging gut aus: Die beiden Schiffe lösten sich voneinander, entgingen mit viel Glück einem Zusammenprall mit dem Eisberg und erreichten die offene See.*

Wissenschaftliche Expeditionen

Der Antarktisexpedition des Briten James Clark Ross in den Jahren 1839 bis 1843 folgten zwei weitere Fahrten, die wesentliche Erkenntnisse brachten. Die erste wurde von T.E.L. Moore geleitet, der von 1844 bis 1845 mit der *Pagoda* den Südatlantik und den südlichen Indischen Ozean befuhr und Beobachtungen zum Erdmagnetismus machte, die Ross' Messungen ergänzten. Fast dreißig Jahre später (1872–1876) überquerte die *Challenger* im Verlauf einer Weltumrundung, bei der die ozeanografische Forschung im Vordergrund stand, als erstes Dampfschiff den Südlichen Polarkreis. Was ihre Besatzung herausfand, entfachte das Interesse von Wissenschaftlern für die Antarktis und lockte zu Beginn des 20. Jh. erneut zahlreiche Forschungsreisende in das Gebiet um den Südpol.

Auf der Suche nach Walen

Ende des 19. Jh. brachen vier Schiffe der Walfängerflotte von Dundee (Schottland) und die *Jason* unter dem Kommando von Carl Anton Larsen vom norwegischen Hafen Sandefjord auf, um die in Ross' Berichten beschriebenen Walfanggebiete um die Antarktische Halbinsel zu erkunden. Zwar entdeckten sie diese nicht, doch führten sie wissenschaftliche und vermessungstechnische Arbeiten durch, und Larsen fand auf der Seymour-Insel Fossilien, die darauf hindeuteten, dass das antarktische Klima einst wärmer gewesen sein musste.

Kurz darauf (1893–1894) brach Larsen erneut mit der *Jason* auf. Im Weddellmeer folgte er der Küste der Antarktischen Halbinsel bis 68° 10´ südlicher Breite. Die Fahrt brachte eine bedeutende geografische Erkenntnis: Im Vergleich mit den Daten, die Biscoe im Westen der Antarktischen Halbinsel ermittelt hatte, ließ sich die Breite dieses Festlandteils berechnen.

▼ **James Clark Ross** hatte bereits an den Arktisexpeditionen seines Onkels John Ross teilgenommen, als ihm die Leitung der britischen Antarktisexpedition (1839–1843) übertragen wurde.

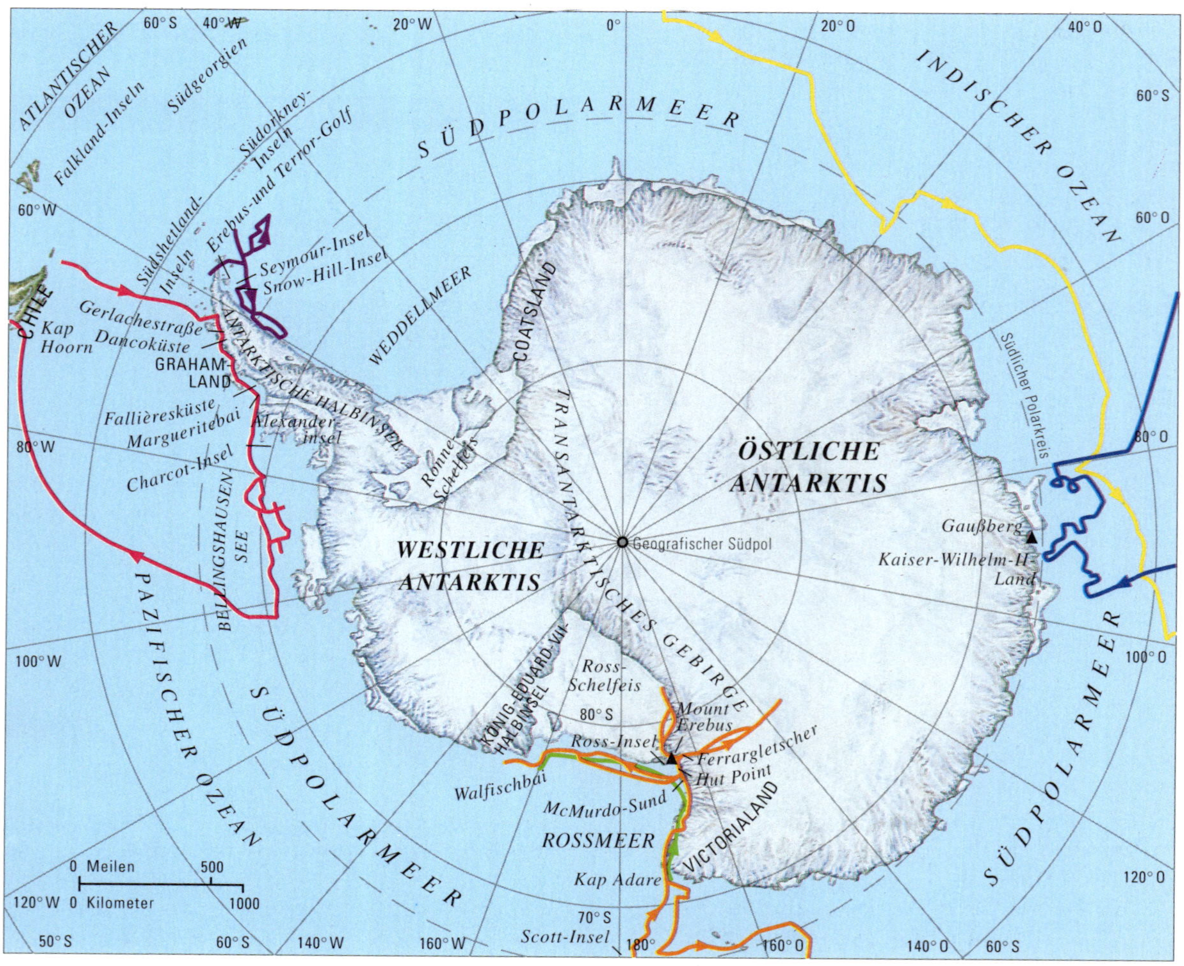

ROUTEN

- Moore 1844–1845
- Larsen 1893–1894
- Gerlache 1897–1899
- Borchgrevink 1898–1900
- Drygalski 1901–1903
- Scott 1901–1904

◄ ***Adrien de Gerlache de Goméry*** *und seine Mannschaft waren ein Jahr im Eis der Bellingshausensee eingeschlossen. Da sie auf eine Überwinterung in der Antarktis nicht vorbereitet waren, durchlebten sie – wie einer der Teilnehmer es später ausdrückte – in der langen Polarnacht die Hölle.*

Auf der anderen Seite des Kontinents ging erstmals im Januar 1895 bei Kap Adare (Victorialand) eine norwegische Forschergruppe vor Anker, die nahe dem Rossmeer Walfanggebiete erkundete. Drei Jahre später überwinterte eine britische Expedition, die der Zeitungsbaron George Newnes finanziert hatte, unter der Leitung von Carsten Eggeberg Borchgrevink am Kap Adare. Auf ihrem Schiff, der *Southern Cross*, folgten sie dem Verlauf der Rossbarriere und stellten fest, dass diese sich seit Ross' Tagen zurückgezogen hatte. Borchgrevink ging mit Hundeschlitten an Land und erreichte 78° 5´ südlicher Breite.

Von Bedeutung war auch eine von dem Belgier Adrien de Gerlache de Goméry geleitete Expedition (1897–1899). Ihr Ziel waren die Gewässer im Westen der Antarktischen Halbinsel; dort entdeckte das Expeditionsteam die Gerlachestraße und die Dancoküste. Da ihr Schiff, die *Belgica*, ein Jahr lang im Eis festsaß, kam es – unfreiwillig – zur ersten Überwinterung einer Expedition im Südpolargebiet. Zur Besatzung der *Belgica* gehörte auch Roald Amundsen, der später als erster Bezwinger der Nordwestpassage und als erster Mensch am Südpol Ruhm erlangte.

Deutsche und britische Expeditionen

Um die Jahrhundertwende drangen eine deutsche und eine britische Forschergruppe zur Antarktis vor. Geplant war eine Zusammenarbeit auf wissenschaftlichem Gebiet. Die deutsche Expedition leitete der Geophysiker Erich von Drygalski. Mit seinem Forschungsschiff, der *Gauß*, erreichte er eine bis dahin unbekannte Küstenregion – Kaiser-Wilhelm-II.-Land – und entdeckte landeinwärts einen erloschenen Vulkan, den Gaußberg.

Die britische Expedition hielt sich mit der *Discovery* zwei Winter lang in der Nähe des Hut Point im McMurdo-Sund (Rossmeer) unweit Mount Erebus auf. Zuvor hatten die Briten die König-Eduard-VII-Halbinsel am gegenüber liegenden Ende des Ross-Schelfeises entdeckt.

Die Expeditionsteilnehmer führten wissenschaftliche Erkundungen durch, u.a. fanden sie einen Massenbrutplatz der Kaiserpinguine und Fossilien. Der Expeditionsleiter Robert Falcon Scott stieß mit Schlitten weit auf den Kontinent vor und erreichte den 82. Breitengrad. Unweit des Ross-Schelfeises machte Scott eine Gebirgskette aus; im Jahr darauf unternahm er mit zwei Begleitern den Aufstieg über den Ferrargletscher, durchquerte das Gebirge und erreichte eine gigantische Eisfläche.

Die *Morning*, das zweite Schiff der Expedition, machte unter William Colbeck zwei Antarktisfahrten; die erste (1902–1903) führte zur Entdeckung der Scott-Insel in der Einfahrt zum Rossmeer.

Weitere europäische Expeditionen

Zu Beginn des 20. Jh. wurden außerdem eine schwedische, eine schottische und zwei französische Expeditionen ins Südpolargebiet entsandt. Sie alle führten wissenschaftliche Untersuchungen durch und entdeckten bis dahin unbekannte Landgebiete.

Die schwedische Expedition (1901–1904) wurde von Otto Nordenskjöld angeführt; er konzentrierte sich auf die Erforschung von Grahamland. Sein Schiff, die *Antarctic*, wurde im Erebus-und-Terror-Golf von den Eismassen eingeschlossen und sank. Die Expeditionsteilnehmer kämpften sich in drei Gruppen zur Snow-Hill-Insel durch und wurden von dem argentinischen Schiff *Uruguay* gerettet.

Die schottische Expedition (1902–1904) brach mit der *Scotia* unter William Speirs Bruce nach Süden auf. Sie führten die erste systematische ozeanografische Erforschung des Weddellmeers durch und entdeckten dabei Coatsland. Den Winter verbrachten die Forscher auf den Südorkney-Inseln, wo sie die erste wissenschaftliche Station in der Antarktis errichteten, die seit 1904 vom argentinischen Wetterdienst betrieben wird.

Die Leitung der beiden französischen Expeditionen oblag Jean Charcot. Mit zwei Dreimastern, der *Français* (1903–1905) und der *Pourquoi-Pas?* (1908–1910), stieß er in die Küstenregion westlich von Grahamland vor und erforschte die vorgelagerten Inseln. Während der zweiten Fahrt entdeckte er die Margueritebai, die Fallièresküste und die Charcot-Insel (westlich der Alexanderinsel).

▲ ***Die* Discovery** *(hier vor dem Winterlager im McMurdo-Sund) wurde im Jahr 1900 gebaut. Scott beschrieb die Konstruktion des Rumpfes folgendermaßen: „Die Spanten, die sehr dicht gesetzt waren, maßen 28 cm und waren aus robuster englischer Eiche; dann kam das Gerüst aus massiven Planken von 10 cm Dicke, und die Außenhaut bestand aus zwei Lagen Planken von 15 bzw. 12,5 cm Dicke, so dass man sich, um seitlich ein Loch zu bohren, an den meisten Stellen durch 65 cm massives Holz hindurcharbeiten musste."*

Das heroische Zeitalter

▲ ***Scott*** *(rechts) nimmt zusammen mit Evans, Bowers und Wilson eine warme Mahlzeit im Zelt ein. Bowers und Wilson tragen noch das Zuggeschirr für die Schlitten.*

▲ ***Dass Amundsen*** *den Südpol rasch und ohne größere Probleme erreichte, verdankte er seinen Erfahrungen in der Arktis. 1909 wollte er zur Bezwingung des Nordpols aufbrechen, doch Peary war ihm zuvorgekommen, und so wandte Amundsen sich dem Südpol zu. Dass er schon öfter Hundeschlitten eingesetzt hatte und sich überdies auf die Zubereitung von Hundefleisch verstand, verschaffte ihm Scott gegenüber einen Vorteil.*

Zu Beginn des 20. Jh., genauer: in den Jahren 1900 bis 1916 – dem so genannten „heroischen Zeitalter“ – wurde die Erforschung des antarktischen Kontinents wesentlich vorangetrieben. Bei der ersten intensiven Erkundung, die von 1901 bis 1904 unter der Leitung von Robert Falcon Scott (siehe S. 191) stattfand, zogen sowohl Hunde wie auch die Expeditionsteilnehmer selbst leichte, bewegliche Schlitten, wie sie erstmals der norwegische Arktisforscher Fridtjof Nansen eingesetzt hatte. Auch hinsichtlich Kleidung, Proviant und Ausrüstung orientierte man sich an Nansens Erfahrungen, die dieser z. T. den Inuit verdankte.

An Scotts Expedition hatte auch Shackleton teilgenommen, der sich von 1907 bis 1909 mit drei Begleitern und von Ponys gezogenen Schlitten von der Ross-Insel zum Südpol aufmachte, dem er sich bis auf 160 km näherte. Er folgte dem Transantarktischen Gebirge und stieg über den Beardmoregletscher zum hoch gelegenen Eisplateau des Festlands auf. Eine andere Forschergruppe erreichte mit Schlitten den magnetischen Südpol in Victorialand, und auch der Krater des aktiven Vulkans Mount Erebus wurde bestiegen.

Der Wettlauf zum Pol

Von Shackletons Beinahe-Erfolg inspiriert, brach Scott 1910 mit der *Terra Nova* ins Südpolargebiet auf. Anfang 1911 erreichte er nach schwieriger Fahrt den McMurdo-Sund. Gleich nach der Ankunft ließ er Versorgungslager entlang der geplanten Route auf dem Eis anlegen.

Roald Amundsen hatte in der Walfischbai Quartier bezogen und ließ ebenfalls Stützpunkte errichten. Er wollte eine noch unbekannte, dafür aber kürzere Route zum Pol einschlagen. Amundsen verließ am 19. Oktober 1911 mit vier Gefährten, vier Schlitten und 52 Hunden sein Basislager. Der Marsch ging ohne nennenswerte Probleme vonstatten, und Amundsen konnte am 14. Dezember 1911 die norwegische Flagge am Südpol hissen.

Scotts Gruppe war erst am 1. November aufgebrochen und hatte unterwegs mit Schwierigkeiten zu kämpfen. Die Ponys, die Scott als Zugtiere einsetzte, erwiesen sich als ungeeignet und mussten nacheinander erschossen werden.

▼ ***Scott*** *führte auf seinen Expeditionen konzentrierte Nahrung mit, die sich leicht transportieren ließ und auf einem von Fridtjof Nansen entwickelten Sparbrenner mit Wasser aufgekocht wurde. Die Kost war jedoch wenig abwechslungs- und vitaminreich.*

Mit vier Gefährten trat Scott die letzte Etappe an. Sie erreichten den Südpol am 17. Januar 1912 und fanden dort Amundsens Flagge und Zelt vor. Der 1280 km lange Rückweg wurde für Scott und seine Begleiter Wilson, Oates, Evans und Bowers zur Tragödie. Inwieweit sich die Enttäuschung über die Niederlage auf ihre Widerstandskraft ausgewirkt hat, wird man wohl nie erfahren. Fest steht jedoch, dass die vom Schlittenziehen erschöpften und von Erfrierungen gezeichneten Männer den extremen Bedingungen nicht mehr gewachsen waren. Hinzu kam der Mangel an Proviant. Evans starb am 17. Februar, einen Monat später war auch Oates zu Tode geschwächt. In dem Bewusstsein, dass die anderen ihn nicht zurücklassen würden, verließ er inmitten eines Sturms das Zelt und sprach die legendären Abschiedsworte: „Ich gehe nur hinaus und bleibe dort wahrscheinlich eine Weile.“

Am 21. März wurden die drei Überlebenden kaum 20 km vom letzten Depot vor der Küste von einem Schneesturm überrascht. Scott wurde bewusst, dass es keine Rettung mehr geben würde: Während der letzten Tage im Zelt verfasste er Abschiedsbriefe und eine Botschaft an die Öffentlichkeit. Diese Dokumente und sein Reisetagebuch, in dem er den Verlauf der Expedition aufgezeichnet hatte, machten ihn zum tragischen Helden. Die Leichen Scotts und seiner Begleiter wurden erst im November 1912 von einem Suchtrupp entdeckt und an der Fundstelle bestattet. Dass Scott den Tod gefunden hatte, erfuhr die Weltöffentlichkeit erst Anfang 1913.

Deutsche und japanische Expeditionen

Zeitgleich mit Scotts und Amundsens Vorstoß zum Pol fand von 1911 bis 1912 die zweite deutsche Südpolarexpedition statt. Ihr Leiter war Wilhelm Filchner, der mit der *Deutschland* neun Monate lang im Eis des Weddellmeers eingeschlossen war. Sein Verdienst ist die Entdeckung des Filchner-Schelfeises (am Südrand des Weddellmeers) und des Prinzregent-Luitpold-Lands.

Von 1910 bis 1912 bewältigte eine japanische Expedition, die mit der *Kainan-Maru* ins Südpolargebiet vorgedrungen war, eine weite Strecke über das Ross-Schelfeis und legte später an der König-Eduard-VII-Halbinsel an.

Transportmittel

Shackleton hatte bei seiner Expedition von 1907 bis 1909 Ponys eingesetzt. Obwohl diese sich als wenig geeignete Zug- und Lasttiere erwiesen, griff Scott 1910 ebenfalls auf

Ponys zurück. Diese Entscheidung wird häufig als Grund für sein Scheitern angeführt, denn nachdem die Ponys unterwegs erschossen werden mussten, waren Scott und seine Männer gezwungen, ihre Schlitten selbst zu ziehen – eine enorme Anstrengung, wenn man bedenkt, dass ein Schlitten rund 500 kg wog. Im Sommer 1912/1913 versuchte man es bei Expeditionen mit Maultieren, wie sie die indische Armee im schneebedeckten Himalaja einsetzte, doch auch sie waren ungeeignet.

Scott hatte mit einem motorbetriebenen Schneefahrzeug experimentiert, und Shackleton setzte bereits 1908 ein luftgekühltes Arrol-Johnston-Automobil ein. Allerdings war keines der Transportmittel ideal.

Ernährung

Zu Beginn des 20. Jh. hatte man noch kaum Möglichkeiten, auf langen Märschen den Vitaminmangel auszugleichen (erst später standen Vitamintabletten zur Verfügung). Pemmikan (getrocknetes zerriebenes Fleisch mit Talg) war lange Zeit ein wesentlicher Bestandteil der Kost während langer Schlittentouren. Den Teilnehmern von Scotts Expedition von 1901 bis 1904 war eine Tagesration von etwa 850 g wasserfreier Substanz zugeteilt (d. h. Nahrung in konzentrierter Form). Typische Nahrungsmittel der Antarktisforscher waren Zwieback, Haferschrot, Erbsenmehl, Käse, Schokolade, Kakao, Zucker, Tee, Zwiebelpulver, Pfeffer und Salz.

Obwohl die Tagesration auf ein Minimum beschränkt war, nahmen die Nahrungsmittel etwa drei Viertel der Nutzlast auf den Schlitten ein. Bewegte sich die Expedition in Küstennähe, konnten die Teilnehmer ihren Speisezettel um Pinguin- und Robbenfleisch erweitern, weiter landeinwärts entfiel dies. Man legte daher systematisch Lager an, in denen Lebensmittel und Brennstoff für die Expeditionen deponiert wurden. Dass man die Lager auf dem Rückweg wieder fand, war lebenswichtig. Scott und seine Begleiter starben während eines Schneesturms an Skorbut und Auszehrung – nur wenige Kilometer entfernt von einem Depot, das etwas weiter nördlich angelegt worden war als ursprünglich vorgesehen.

◄ ***Diese Höhle*** *in einem Eisberg fotografierte Herbert George Ponting, der an Scotts Südpolarexpedition teilnahm. Im Hintergrund ist die Terra Nova zu sehen.*

ROUTEN

- Shackleton 1907–1909
- Amundsen 1910–1912
- Scott 1910–1912
- Filchner 1911–1912

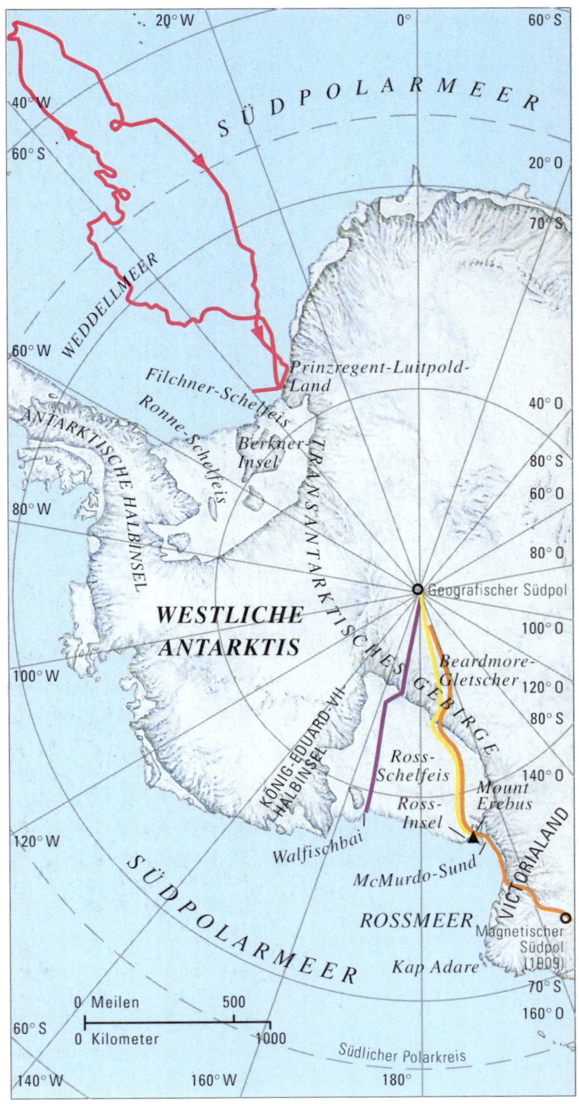

Mawson und Shackleton

▲ ***Shackleton*** *und seine Männer zogen ihr Walfangboot an Land und machten sich auf den Weg durch die Berge Südgeorgiens, einer Gegend, die James Cook als „verdammt zur ewigen Kälte" beschrieben hatte.*

Der in England geborene und in Australien aufgewachsene Douglas Mawson vereinigte in sich organisatorisches Geschick und eine wissenschaftliche Denkweise. Nach dem Studium der Geologie und Mineralogie lehrte er ab 1905 an der Universität von Adelaide.

Erste Erfahrungen in Polargebieten sammelte Mawson als Teilnehmer an der Expedition Ernest Henry Shackletons (1907–1909) auf der *Nimrod*. Nach seiner Rückkehr bereitete er die australische Antarktisexpedition vor (1911–1914). In dem Australien gegenüber liegenden Bereich der Antarktis führte Mawson wissenschaftliche Untersuchungen durch.

In der Commonwealthbai ging die Mannschaft an Land und errichtete ein Lager (das noch heute steht) sowie weitere im Bereich des Shackleton-Schelfeises und auf den Macquarie-Inseln zwischen Australien und der Antarktis. Mawson machte auch bedeutende geografische Entdeckungen (König-Georg-V-Land und Königin-Mary-Land) und erreichte mit Schlitten den magnetischen Südpol.

Mit seinen Gefährten Mertz und Ninnis brach er zu einer Erkundung des Gebiets östlich seines Hauptlagers auf. Als sie etwa 480 km zurückgelegt hatten, stürzte Ninnis bei einer Gletscherüberquerung in eine Spalte – und mit ihm ein Hundeschlitten, auf dem sich der Hauptteil des Proviants sowie das Zelt befanden. Mawson und Mertz machten sich mit unzureichender Ausrüstung auf den Rückweg; unterwegs zwang der Hunger sie, ihre Schlittenhunde zu töten. 160 km vom Lager entfernt starb Mertz. Mawson kämpfte sich, nachdem er seinen Schlitten, um Gewicht zu sparen, mit dem Messer halbiert hatte, allein zum Kap Denison durch. Dort angekommen, sah er sein Expeditionsschiff, die *Aurora*, am Horizont verschwinden. Fünf Freiwillige waren zurückgeblieben; sie überwinterten gemeinsam an der Küste und wurden 1914 gerettet. Die Gletschergebiete, die Mawson mit seinen Gefährten durchquert hatte, nannte er zum Gedenken an sie Mertz-Gletscher und Ninnis-Gletscher.

▲ ***Mit enormer*** *Ausdauer und unverwüstlicher Energie überstand Mawson die Schrecken und Entbehrungen seiner Expedition 1911–1914.*

Männer für Polarexpedition gesucht

Shackleton war sich der Entbehrungen und Gefahren für Seefahrer in der Antarktis wohl bewusst. Vor seiner Expedition mit der *Endurance* ließ er angeblich folgende Anzeige erscheinen:

> Männer gesucht für gefahrvolle Reise, geringer Verdienst, bittere Kälte, viele Monate völlige Dunkelheit, ständige Gefahr, sichere Rückkehr nicht garantiert. Auszeichnung und Anerkennung bei Erfolg.

Das Bild zeigt Shackleton (rechts) mit seinem Fotografen Frank Hurley vor einem Zelt auf dem Eis, nachdem sie die *Endurance* aufgegeben hatten.

Ernest Henry Shackleton

Auf der *Aurora* fuhr wenig später eine britische Expedition, die eine Durchquerung des antarktischen Kontinents von der Vahselbai im Weddellmeer zum Rossmeer plante. Die Gruppe auf der *Aurora* sollte ins Rossmeer vordringen und von dort aus Depots auf dem Eis anlegen. Der Expeditionsleiter Ernest Henry Shackleton, der auf der *Endurance* der *Aurora* ins Südpolarmeer gefolgt war, wurde im Weddellmeer vom Eis eingeschlossen. Sein Schiff driftete nach Süden und später nordwärts, bevor es von den Eismassen zermalmt wurde. Die Besatzung konnte sich retten und kampierte auf einer Eisscholle, die auf die Elephantinsel zutrieb. Im April 1916 erreichten Shackleton und seine Leute die Insel, und kurz darauf machte er sich mit fünf Begleitern in dem Boot *James Caird* auf den Weg, um Hilfe zu holen.

Nach 1280 km landeten sie an der Küste Südgeorgiens und mussten die Insel zu Fuß durchqueren, um zur Walfangstation Stromness zu gelangen. Dort lieh man ihnen ein Walfangschiff, mit dem Shackleton zur Elephantinsel vordringen wollte, doch ein Packeisgürtel zwang ihn zum Abdrehen. Er nahm Kurs auf die Falkland-Inseln und kam bei seinem zweiten Rettungsversuch mit einem kleinen Vermessungsschiff, das ihm die Regierung von Uruguay zur Verfügung gestellt hatte, bis auf Sichtweite an die Elephantinsel heran, erreichte sie aber nicht. Daraufhin charterte er einen Schoner, die *Emma*, doch wieder zwang ihn das Eis zum Umkehren. Schließlich stellte die chilenische Regierung Shackleton einen Schlepper, die *Yelcho*, zur Verfügung, mit dem er zu seinen Gefährten auf der Insel durchkam.

Shackleton stand noch eine weitere Rettungsaktion bevor. Im Mai 1914 war die Mannschaft, die von der Küste des Rossmeers aus Vorratslager anlegen sollte, in Schwierigkeiten geraten: Die *Aurora* hatte sich von ihrer Vertäuung losgerissen, und zehn Männer waren am Kap Evans auf der Ross-Insel zurückgeblieben. Im Dezember 1916 wurde das Schiff in Neuseeland gründlich überholt, bevor Shackleton mit ihm die in der Antarktis Gestrandeten rettete.

Keiner der beiden Gruppen Shackletons gelangen wesentliche Beiträge zur weiteren Erforschung der Antarktis (die Besatzung der *Endurance* entdeckte lediglich den südlichen Teil der Cairdküste). Unvergessen ist Shackleton jedoch, weil er sich entgegen aller Widrigkeiten unermüdlich für seine Leute einsetzte. Der Geologe Raymond Priestley charakterisierte die „Helden“ der Antarktisforschung folgendermaßen: „Willst du rasch und sicher vorankommen, dann vertraue auf Amundsen, wissenschaftliche Gründlichkeit garantiert dir Scott, aber wenn du mit deiner Weisheit am Ende bist und alle Stricke reißen, dann knie nieder und bete, dass Shackleton kommt.“ Nicht genannt wird in dieser Aufzählung Douglas Mawson, dessen herausragende Qualitäten als Expeditionsleiter und Wissenschaftler ihn vielen als den größten Antarktisforscher überhaupt erscheinen lassen.

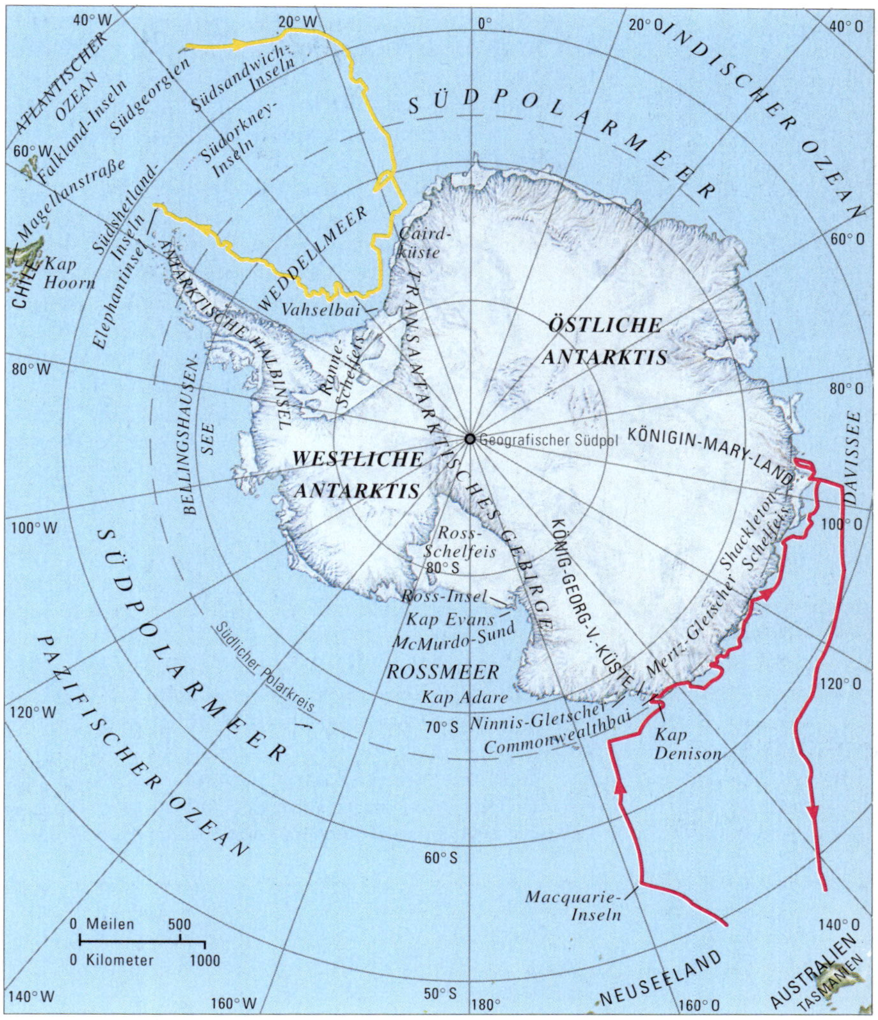

ROUTEN

- Mawson 1911–1914
- Shackleton 1914–1916

▼ ***So beschrieb*** *Shackleton das Ende: „Bis zum Morgen stand die* Endurance *unter einem gewaltigen Druck. Da war nur der Klang von berstendem Holz, und dann erlosch das Licht.“*

Forschungsreisen seit 1918

▲ ***Richard Evelyn Byrd*** *galt als einer der erfahrensten Polarforscher der 30er und 40er Jahre.*

Ab den 20er Jahren wurde der antarktische Kontinent auch aus der Luft erforscht. Zu den Pionieren gehörte Hjalmar Riiser-Larsen, der 1929 von Südgeorgien zum Königin-Maud-Land flog und dabei die Kronprinz-Olaf-Küste und die Kronprinzessin-Martha-Küste entdeckte und kartografierte.

Von 1929 bis 1931 führte Mawson die englisch-australische und neuseeländische Antarktisexpedition *(British Australian and New Zealand Antarctic Research Expedition = BANZARE)*, die zunächst mit Scotts *Discovery* fuhr und vor Ort ein Gypsy-Moth-Flugboot einsetzte, das von Wasserrinnen im Packeis aus startete. Aus der Luft entdeckte Mawson die Banzareküste, MacRobertson-Land und Prinzessin-Elisabeth-Land. Die britische Grahamland-expedition (1934–1937) unter dem Australier John Rymill, der auf der Antarktischen Halbinsel zusätzlich Hundeschlitten einsetzte, brachte weitere wichtige Erkenntnisse.

Richard Evelyn Byrd

Etwa zur gleichen Zeit verstärkte sich das Interesse der Amerikaner an der Antarktis. Der Polarforscher Richard Evelyn Byrd errichtete nahe der Walfischbai (Ross-Schelfeis) zwei Stationen: Little America I (1928–1930) und Little America II (1933–1935). Das an die König-Eduard-VII-Halbinsel grenzende Gebiet wurde aus der Luft und per Schlitten erforscht und erhielt den Namen Marie-Byrd-Land.

Byrd errichtete eine weitere Station, auf der er den Polarwinter 1934 allein zubrachte und meteorologische Beobachtungen vornahm. Im Kamin seiner Hütte bildete sich von ihm unbemerkt ein Eispfropf, so dass die Abgase des Ofens und der Generatoren ihn allmählich vergifteten. Seine Leute wurden aufmerksam, als die Funksprüche ihres Expeditionsleiters immer verworrener wurden. Im antarktischen Winter fuhren sie 200 km weit, um ihn zu retten. Byrd war so angegriffen, dass sie die Rückfahrt erst nach zwei Monaten antreten konnten.

Am 29. November 1929 überflog er mit seinem Piloten Bernt Balchen den Südpol. Weitere Flüge im Gebiet um den Pol führten der Australier George Hubert Wilkins und der Amerikaner Lincoln Ellsworth durch.

ROUTEN

- Riiser-Larsen 1929–1930
- Mawson 1929–1930
- Mawson 1930–1931
- Rymill 1934–1937
- Hillary 1957–1958
- Fuchs 1957–1958

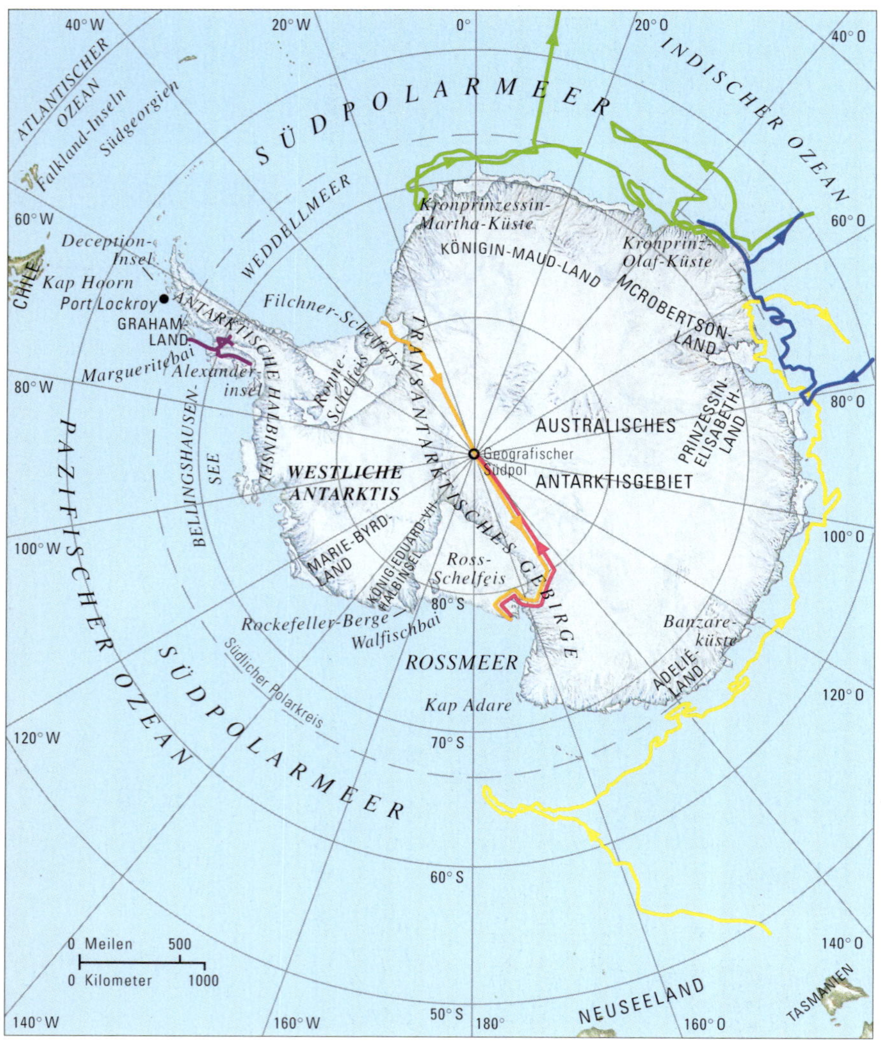

Zwischen 1925 und 1927 machten die *Discovery* und ihr Nachfolgeschiff, die *Discovery II* eine Reihe ozeanografischer Erkundungsfahrten mit dem Ziel, eine wissenschaftliche Grundlage zum Schutz der Wale zu erarbeiten, die von norwegischen und britischen Walfängern rücksichtslos gejagt wurden. Die Forscher auf den beiden Schiffen führten zoologische und ökologische Studien durch und kartografierten große Meeresgebiete.

Weitere Expeditionen

Zwischen 1925 und 1927 machten die *Discovery* und ihr Nachfolgeschiff, die *Discovery II* eine Reihe ozeanografischer Erkundungsfahrten mit dem Ziel, eine wissenschaftliche Grundlage zum Schutz der Wale zu erarbeiten, die von norwegischen und britischen Walfängern rücksichtslos gejagt wurden. Die Forscher auf den beiden Schiffen führten zoologische und ökologische Studien durch und kartografierten große Meeresgebiete.

Von 1939 bis 1941 hielt sich Byrd als Leiter einer amerikanischen Expedition erneut in der Antarktis auf. Von seinem Basislager Little America III auf dem Ross-Schelfeis und von der Margueritebai im Westen der Antarktischen Halbinsel aus unternahm er Flüge und Schlittentouren, die seine früheren Erkenntnisse erweiterten.

Von 1943 bis 1944 richtete die britische Marine bei Port Lockroy und der Deception-Insel im Westen der Antarktis unter dem Codenamen „Operation Tabarin“ Wetterstationen ein (sie waren die Vorläufer des so genannten Falkland Islands Dependencies Survey, später British Antarctic Survey).

Nach dem Zweiten Weltkrieg – im antarktischen Sommer 1946/1947 – unterstand Byrd die größte Antarktisexpedition aller Zeiten, die „Operation Highjump“. Dreizehn Schiffe (darunter ein U-Boot) waren an dem Unternehmen beteiligt; von ihnen aus wurden zahlreiche Flüge gestartet (u.a. Byrds zweiter Südpolflug am 15. Februar 1947). In der Nähe der Walfischbai wurde die Station Little America IV eingerichtet, von der aus mehrere Teilexpeditionen in die Rockefeller-Berge zogen.

In der Folgezeit entsandten mehrere Länder Expeditionen in die Antarktis, die auf dem Festland und den Inseln in Küstennähe Dauerstationen einrichteten. Erwähnenswert sind vor allem die Erkundungen der australischen Expedition, die ab 1947 Forschungsarbeiten im westlichen, von Australien beanspruchten Sektor der Antarktis durchführte. Adélieland wurde von den Franzosen erschlossen; bedauerlicherweise zerstörte man dort beim Bau einer Flugzeuglandebahn die Brutplätze von acht Pinguinarten und anderen Meeresvögeln, deren Verhalten französische Biologen über Jahre hinweg studiert hatten.

Das Internationale Geophysikalische Jahr

Von 1949 bis 1952 führte erstmals eine internationale Expedition mit Teilnehmern aus Großbritannien, Norwegen und Schweden unter der Leitung des Norwegers John Giaever Forschungen in der Antarktis durch. Ihr Lager Maudheim befand sich auf dem Schelfeis vor Königin-Maud-Land (dem norwegischen Sektor). Von hier und einer weiter südlich gelegenen Basis aus führten die Wissenschaftler Erkundungen durch.

Die erfolgreiche Expedition kann als Vorläufer des so genannten Internationalen Geophysikalischen Jahres (1957/1958) angesehen werden, das der Internationale Rat wissenschaftlicher Verbände organisierte und koordinierte (das IGJ war zugleich der Nachfolger der Internationalen

▲ ***Fuchs' Gruppe*** *musste während der Durchquerung der Antarktis des Öfteren gegen Schneestürme ankämpfen.*

► ***Die Raupenfahrzeuge*** *brachen immer wieder in verborgene Abgründe im Eis ein und mussten mühevoll herausgezogen werden.*

Polarjahre 1882/1883 und 1932/1933). Im Rahmen des IGJ richteten Argentinien, Australien, Belgien, Chile, Frankreich, Japan, Neuseeland, Norwegen, Südafrika, Großbritannien, USA und die UdSSR dauerhafte Forschungsstationen in der Antarktis ein und führten während der Projektdauer und z.T. auch darüber hinaus vielfältige wissenschaftliche Forschungen durch.

Im Geiste dieser friedlichen Zusammenarbeit wurde im Dezember 1959 von den zwölf genannten Staaten der Antarktisvertrag unterzeichnet, der eine Nutzung der Antarktis, d.h. aller Gebiete südlich des 60. Breitengrads, ausschließlich für friedliche Zwecke vorsieht.

Die Transantarktische Expedition

Die erste Durchquerung des antarktischen Kontinents gelang 1957/1958 im Rahmen des IGJ der britischen Transantarktisexpedition unter dem Geologen Vivian Ernest Fuchs. Am 24. November 1957 startete Fuchs' Gruppe vom Filchner-Schelfeis am Weddellmeer und erreichte plangemäß die Amundsen-Scott-Station am Südpol. Dort traf sie eine zweite Gruppe unter der Leitung des neuseeländischen Mount-Everest-Bezwingers Edmund Hillary, der mit Raupenfahrzeugen vom Rossmeer aus zum Südpol aufgebrochen war. Am 2. März 1958 erreichten Fuchs und Hillary gemeinsam die Scottbasis an der ostantarktischen Küste, wo sie begeistert empfangen wurden. Fuchs' Gruppe hatte innerhalb von 99 Tagen 3 475 km zurückgelegt und damit den Traum Shackletons, der 1914 zu einer Durchquerung der Antarktis aufgebrochen war, verwirklicht.

Fuchs' Team wurde von Kleinflugzeugen aus der Luft versorgt, und für die Durchquerung selbst setzte er Raupenfahrzeuge sowie Hundeschlitten ein. Unterwegs führte sein Team verschiedene Messungen durch, u.a. zur Seismik. Am 6. Januar 1958 flog außerdem eine einmotorige Otter mit dem Briten J.H. Lewis am Steuerknüppel vom Weddellmeer bis zum Rossmeer quer über den antarktischen Kontinent.

▼ ***Der norwegische*** *Flieger Hjalmar Riiser-Larsen benutzte als einer der Ersten ein Flugboot zur Erkundung der Antarktis.*

Septentrio
Circius
Polus Septẽ.
Latitudo Septen.
Chorus
Island
Terra Florida
Corterati
Europa
mare Casp.
Asia
Medera
Mare mediter.
Mauritania
Hispaniola
Tropic⁹ Cancri
Libya
Cuba
Oceanus occidẽtal
Africa
Arabia
Aethiopia
Troglodite
Aequinoctial Circul⁹
Madagascar
Zephirus
America vel Brasilij ins.
Tropicus Capricorni
Zanzibar
Freta Magallianum
Latitudo Merid.
Africus Lips
Polus merid.
Libonotus
Austroafricus
Auster

MEERESKUNDE

Die Meere bergen keine prächtigen Königreiche und auch keine sagenhaften Gold- oder Edelsteinminen. Weder kriegerische Stämme noch Heiden, die zum wahren Glauben hätten bekehrt werden können, bewohnten ihre Tiefen. Trotzdem hatten die Meere in den meisten frühen Sagen ihren festen Platz.

Plato berichtete von der Stadt Atlantis, die Krieg gegen Athen geführt haben soll und vor 9 000 Jahren in den Fluten versank. Man glaubte, dass die Meerestiefen die Heimat fremdartiger und wundersamer Ungeheuer wäre, die man am besten in Ruhe ließ, da sie im allgemeinen als menschenfeindlich galten. Mit diesen Ungeheuern verzierte man die leeren Flächen auf den frühen Landkarten, wo sie das Auge des Betrachters auf ferne Küsten lenkten.

Im Mittelalter und der Renaissance wurde die Vorstellung vom Meer durch zwei philosophische Auffassungen geprägt. Die eine bezog sich im wesentlichen auf die Schriften des Alten Testaments, in denen die Erde als eine flache Scheibe vorgestellt wurde, deren Kontinente durch das Rote Meer, den Persischen Golf und das Mittelmeer getrennt waren und vom ewig wogenden Weltmeer begrenzt wurden. Die andere Auffassung, die auf rationalem Denken beruhte, sprach sich für eine kugelförmige Erde aus, deren Vertiefungen mit Wasser ausgefüllt waren – eine Vorstellung, der viele klassische griechische Philosophen anhingen und die auch im frühen Mittelalter nie ganz verloren ging.

Als sich gegen Ende des 15. Jh. portugiesische Seefahrer an der afrikanischen Küste entlang über den Äquator in die südliche Hemisphäre wagten, geriet die Theorie von der flachen Erdscheibe in Vergessenheit. Doch es sollten noch Jahrhunderte vergehen, bis die Kartografen mit Sicherheit sagen konnten, wie groß die Erde war und wie viel von ihrer Oberfläche von Wasser bedeckt war. Die Karte auf der gegenüberliegenden Seite aus dem Jahr 1550 macht die falschen Vorstellungen deutlich, die bestanden.

Erste Beobachtungen

▲ **Marsigli hielt Korallen** *fälschlicherweise für Pflanzen, nachdem er einen Korallenzweig in ein Gefäß mit Wasser gestellt hatte und die „Blüten" aufgehen sah.*

Seit den Tagen der griechischen Klassik glaubten die rationalen Denker, dass die Natur bestimmten Gesetzen gehorchte. Die Gelehrten machten sich daran, herauszufinden, wie die Meere entstanden waren, welche Gestalt ihre Becken hatten, warum das Wasser salzig war und was die Wellen und Gezeiten verursachte.

Viele der frühen Gedanken wurden später Aristoteles zugeschrieben, dessen Werke neben denen von Plinius das ganze Mittelalter hindurch zur Pflichtlektüre der Gelehrten gehörten. Noch kein Mensch hatte das Mittelmeer je verlassen, und man verließ sich bei der Darstellung dessen, was jenseits seiner Ufer lag, aufs Hörensagen oder auf die Fantasie. Aristoteles wusste, dass die Ozeane Vertiefungen auf der Erdkugel einnahmen, hatte aber Schwierigkeiten, ihren Salzgehalt zu erklären. Er untersuchte die Meerestiere, die von Fischern an Land gebracht wurden, und unterteilte die Tiere als erster in solche mit und ohne Blut.

Von der Spekulation zur Beobachtung

Im 17. Jh. führte das wissenschaftliche Interesse an der Natur zur Gründung der *Royal Society* in London sowie ähnlicher Akademien in anderen Städten Europas. Das Experiment und die Beobachtung traten an die Stelle der Spekulation.

Robert Boyle versuchte um 1670 herauszufinden, ob der Meeresboden gefroren sei, weil er von den Sonnenstrahlen so weit entfernt sei, oder ob er im Gegenteil heiß sei, da er so dicht bei den unterirdischen Feuern liege, die sich in Vulkanen entlüden. Er fragte sich, ob das Meer um so tiefer würde, je weiter man sich vom Ufer entfernte. Wenn ja, wie wären dann die Inseln zu erklären? Boyle befragte Männer, die zu Wracks hinabgetaucht waren, doch sie konnten ihm nichts über die Tiefsee sagen. Sie würde man mit Hilfe von Apparaten erforschen müssen, die man an einem Hanftau hinabließ. Tatsächlich erfolgte die Erforschung der Unterwasserwelt fast drei Jahrhunderte lang vom Ende eines sehr langen Taus aus, wobei die Ergebnisse vom jeweiligen Stand der Technik abhingen. Die Wissenschaftler zweifelten manchmal an den Ergebnissen, die ihre Instrumente und Apparate zutage förderten, denn sie wussten schlicht nicht, was sie erwarten sollten.

Die Seefahrer loteten regelmäßig bis in 90 m Tiefe; größere Tiefen waren möglich, wenn das Schiff vor Anker lag. Die ausgelotete Wassertiefe wurde bestätigt, wenn Sediment an dem Talgklumpen haftete, der sich unten am Lot befand. Die Leine wurde unter großen Mühen gegen die Reibung des Wassers eingeholt, und wenn sie riss, waren Lot und Leine verloren.

Als die *Royal Society* sich der Erforschung des Meeres zuwandte, musste sie zunächst für geeignete Geräte sorgen. Die Aufgabe, Instrumente zu entwickeln, fiel Robert Hook zu, der für die Experimente verantwortlich war und seine Erfindungen in der Themsemündung testete.

In den 1662 veröffentlichten *Directions for Seamen bound for Voyages* empfahl die *Royal Society* dann den Einsatz der von Hooke und seinen Kollegen entwickelten Geräte. Schiffskapitäne wurden aufgefordert, die Tiefsee zu erforschen und ihre Erkenntnisse der *Society* mitzuteilen. Doch die Technologie des 17. Jh. war den Erfordernissen der Arbeit unter Wasser nicht gewachsen, und der mehr oder minder zufallsgesteuerte Einsatz ungeeigneter Holzapparaturen erwies sich als unergiebig.

Die Entdeckungen des Grafen Marsigli

Die erste planmäßige Unterwassererforschung führte Graf Louis-Ferdinand Marsigli 1706 bis 1708 an der französischen Mittelmeerküste durch. Marsigli, ein italienischer Adliger, hatte als militärischer Landvermesser in Diensten Kaiser Leopolds von Österreich gestanden und gegen die Türken in Osteuropa gekämpft. Zwischen den Schlachten schrieb er einen historisch-geografischen Bericht über die Donauregion. Er war vom einheitlichen geologischen Aufbau der Erde überzeugt und ging 1706 nach Montpellier, um sich die Küste und den anschließenden Meeresgrund anzusehen und seine Theorie zu bestätigen.

Als er das Schichtgestein vor der Küste untersuchte, stieß er auf seltsame Wachstumsformen, die wir heute als wirbellose Tiere kennen: Schwämme, Korallen und Moostierchen. Er hielt sie zunächst für Mineralien, die wie Stalaktiten wuchsen, die er in Höhlen gefunden hatte.

Um Klarheit zu schaffen, erforschte Marsigli die Küste eingehend. Da er kein eigenes Boot besaß, fuhr er mit den einheimischen Korallenfischern hinaus, die aus alter Tradition Körbe und Netze zu den unterseeischen Grotten und Nischen hinabließen, wo die Korallen nach allgemeiner Auffassung verkehrt herum wuchsen. Er sammelte, was

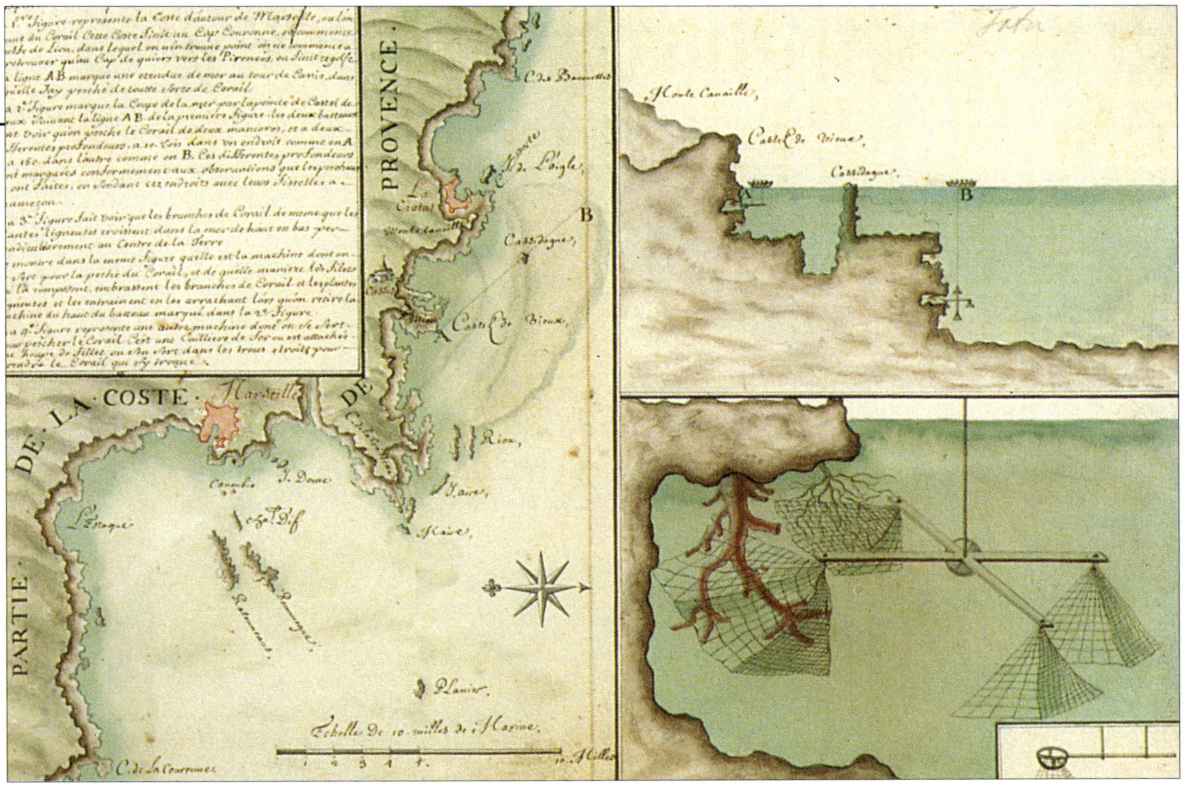

► **Bei seinen Untersuchungen** *an der Mittelmeerküste zeichnete Marsigli Korallen (unten), erfasste den Meeresboden und skizzierte die Netze, mit denen sie nach oben geholt wurden. Seine Erkenntnisse schrieb er in der* Histoire Physique de la Mer *nieder, dem ersten Buch, das sich ausschließlich dem Thema Meer widmete. Darin beschrieb Marsigli Gliederung und Sedimente des Meeresbeckens, die Art des Wassers, Wellen, Gezeiten, Strömungen und die „Meerespflanzen". Jahrelang blieb das Manuskript unbeachtet, bis es 1725 in Amsterdam veröffentlicht wurde.*

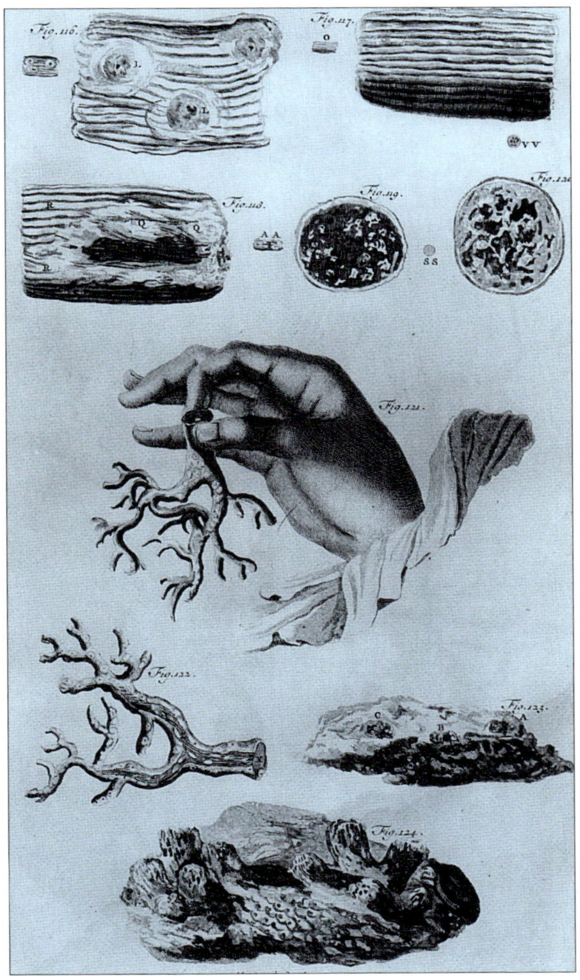

in den Netzen zu Tage befördert wurde, und nahm Exemplare mit nach Hause, wo er sie unter dem Mikroskop untersuchte und mit den primitiven Methoden analysierte, die damals zur Verfügung standen. Er hielt die Korallen aufgrund seiner Untersuchungsergebnisse für Meerespflanzen. Diese These wurde im 18. Jh. verworfen, als die „Blüten" der Korallen als Kolonien bildende Tiere identifiziert wurden, die in selbst hergestellten steinernen Bauten leben.

Hookes Lot und das Tiefseethermometer von Six

Robert Hooke erfand sein Lot im Jahr 1667. Es bestand aus einer Holzkugel, die über eine Drahtfeder mit einem Senkgewicht aus Stein oder Eisen verbunden war. Es wurde ins Wasser geworfen, sank bis zum Grund, wo sich die Feder öffnete, das Gewicht abfiel und die Kugel zurück an die Oberfläche stieg. Hooke testete sein Lot in Gewässern mit bekannter Tiefe, um das Aufstiegstempo festzustellen, und meinte, dass dieses Tempo auch als Maßeinheit für tiefere Lotungen gelten müsste. Später schlug er vor, ein Druckmessgerät oder einen Getriebemechanismus anzubringen, um die zurückgelegte Strecke zu messen.

Der Engländer James Six verwandte mehrere Jahre auf die Vollendung eines Thermometers für Wetterbeobachtungen, bis er um 1780 ein Gerät für den Gebrauch unter Wasser baute. Ein solches Thermometer wäre für Marsigli von großem Wert gewesen, der sein Thermometer gelegentlich in größere Tiefen hinabgelassen hatte, um festzustellen, ob das Mittelmeer sich im Sommer in der Tiefe erwärme. Als das Thermometer zu Bruch gegangen war, hatte der Graf das Forschungsprojekt aufgeben müssen, denn zu Beginn des 18. Jh. war kein Thermometer wie das andere.

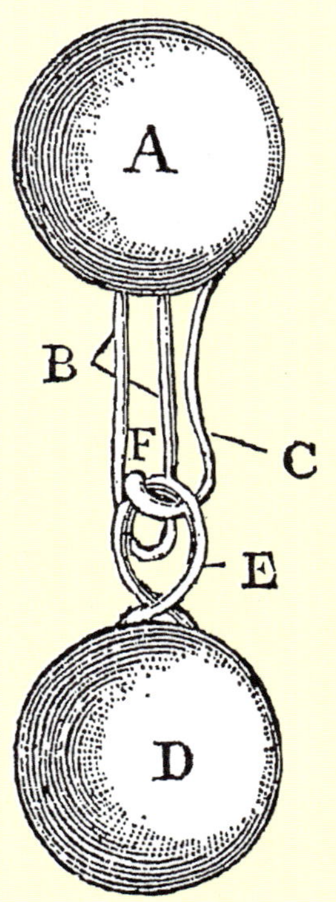

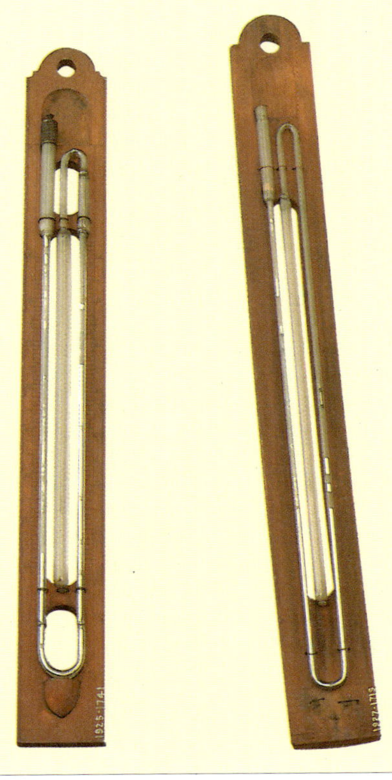

Die Vermessung der Meerestiefen

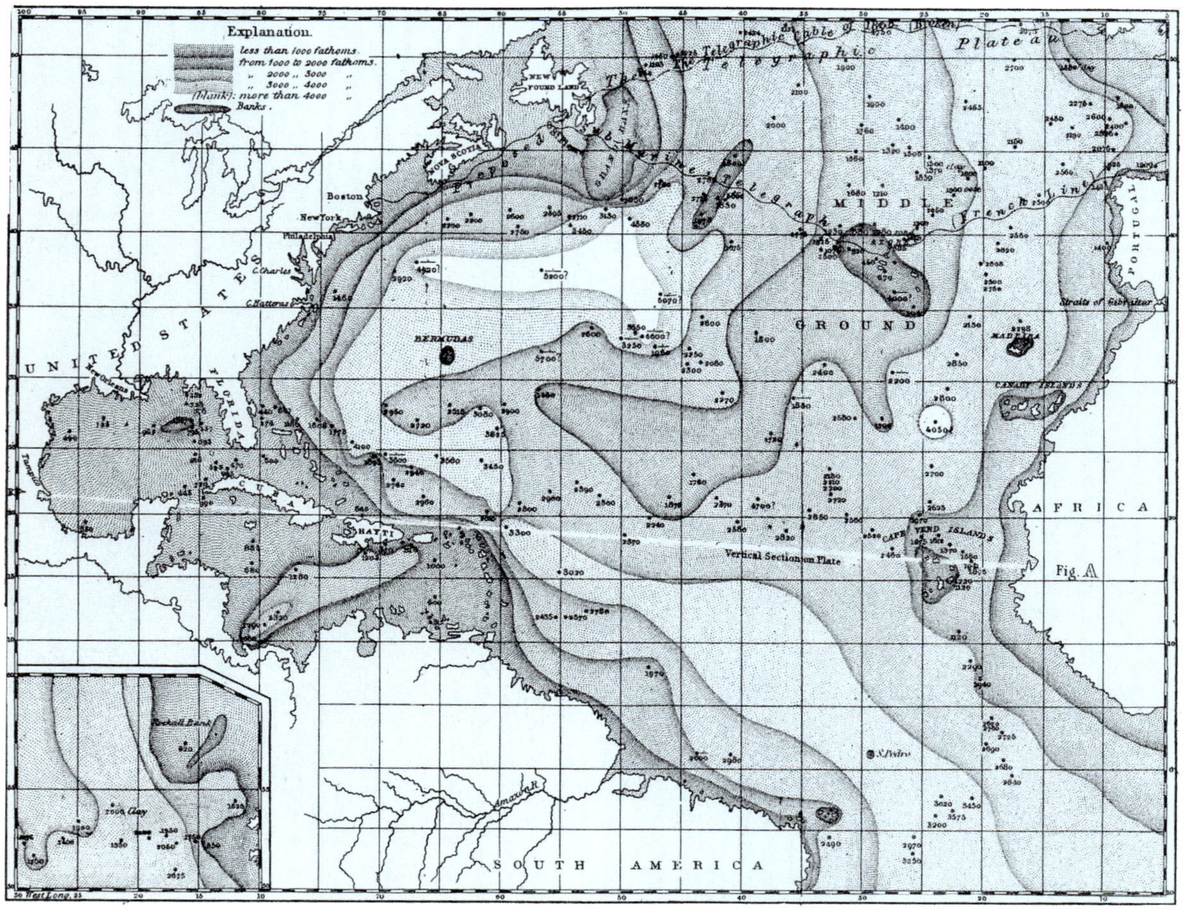

► ***Die erste Karte*** *eines Meeresbeckens wurde von Matthew Fontaine Maury erstellt und erschien in seinem Buch* The Physical Geography of the Sea, *das 1855 veröffentlicht wurde. Sie beruht auf Messungen, die mit dem Brooke'schen Lot gemacht wurden, und enthält mehrere Fehler, ist jedoch nicht so irreführend wie Berichte von früheren Tiefenmessungen.*

Anfang des 19. Jh. erkannte die britische Admiralität, dass die Meereswissenschaft der Erforschung der Arktis zugute kommen könnte. John Ross, der 1818 auf der Suche nach der Nordwestpassage in die Davisstraße segelte, hoffte, zwischen Flüssen und Seewegen unterscheiden zu können, wenn er die Temperatur und den Salzgehalt des Wassers unter dem Schmelzwasser des Oberflächeneises bestimmte. Tiefere Wasserschichten vor Flussmündungen würden kalt aber süß sein, in Meereskanälen würden sie etwas wärmer und salzhaltig sein. Derartige Messungen konnten eine wichtige Hilfe für die Erkundung in Gebieten sein, wo Eis und Schnee das Land verhüllten, wo die Sicht durch Nebel beeinträchtigt und der Magnetkompass unberechenbar war. Die Admiralität war zuversichtlich, denn die Schiffe waren mit dem Meeresthermometer von Six (siehe S. 201) und dem Lot von Massey ausgestattet, die einige Jahre zuvor erfunden worden waren. Das Massey-Lot bestand aus mehreren Zählrädern, die beim Hinabsinken durch Flügel angetrieben wurden. Der Mechanismus wurde gestoppt, sobald das Lot hochgezogen wurde, sodass der Zeiger die Tiefe anzeigte. Massey war von der Richtigkeit der Messergebnisse überzeugt.

Weltkarten

Außerhalb der heimatlichen Gewässer verließen sich die Seefahrer auf ihre Karten, um den Weg in unbekannte Häfen zu finden, um gefährlichen Felsen und Sandbänken im Wasser auszuweichen und um guten Grund zum Ankern zu bestimmen. Die ausgeloteten Wassertiefen wurden seit dem 16. Jh. in den Karten vermerkt, was dann zur staatlich geförderten ständigen Weiterentwicklung globaler Seekarten führte und bis auf den heutigen Tag geschieht.

Gute Seekarten boten zahlreiche Informationen über das Meer über den Kontinentalsockeln. Unterseeische Besonderheiten in Küstennähe wurden mit Hilfe von Gradnetzen geortet und vermessen, und die Verbindung dicht beieinander liegender Lotungen durch Linien ergab ein gutes Bild vom Meeresboden. Weiter draußen auf dem Meer war die Kartierung sehr viel schwieriger. Der britische Kapitän Robert Wauchope berichtet von einer Lotung aus dem Jahr 1816, bei der er ein Gerät zur Entnahme von Proben an einem 2624 m langen Tau befestigte, das in Abständen mit sieben Kanonenkugeln und einem 33 kg schweren Senkgewicht beschwert war. Das Tau war 6,3 cm dick, verstärkte sich nach oben hin auf 8,9 cm. Es dauerte 22 Minuten, dieses Ungetüm über Bord zu wuchten, und bedurfte dann der Kraft von 100 Männern, die aufgrund der Reibung zwischen Tau und Wasser eine Stunde und 20 Minuten brauchten, um es wieder einzuholen. Derartige Tiefenmessungen wurden daher selten vorgenommen, und die wenigen, die durchgeführt wurden, hielt man auch für erwähnenswert.

Lotungen erfolgten in großen räumlichen Abständen, und ihr Standort hing davon ab, wie exakt der Seefahrer seine Position zu dem Zeitpunkt bestimmten konnte. Die Karten verzeichneten auch Warnungen vor einzelnen Felsen und Riffen, von denen Seefahrer auf früheren Fahrten berichtet hatten, deren Vorhandensein jedoch zweifelhaft war. Diese Warnungszeichen mochten für Eisberge oder Klumpen aus Treibgut, die bei Nebel oder strömendem Regen gesichtet worden waren, gegolten haben, aber sie blieben vorsichtshalber in den Karten, bis moderne Lotverfahren ihr Vorhandensein bestätigten oder widerlegten.

Französische und russische Expeditionen

Im 19. Jh. beteiligten sich auch französische und russische Expeditionen an der Kartierung der Meere. Wenn die russischen Schiffe *Rurick* (1815–18) und *Predpriatie* (1823–26) von ihrem baltischen Heimathafen rund um die Welt zu Russlands Siedlungen im Pazifik segelten, loteten

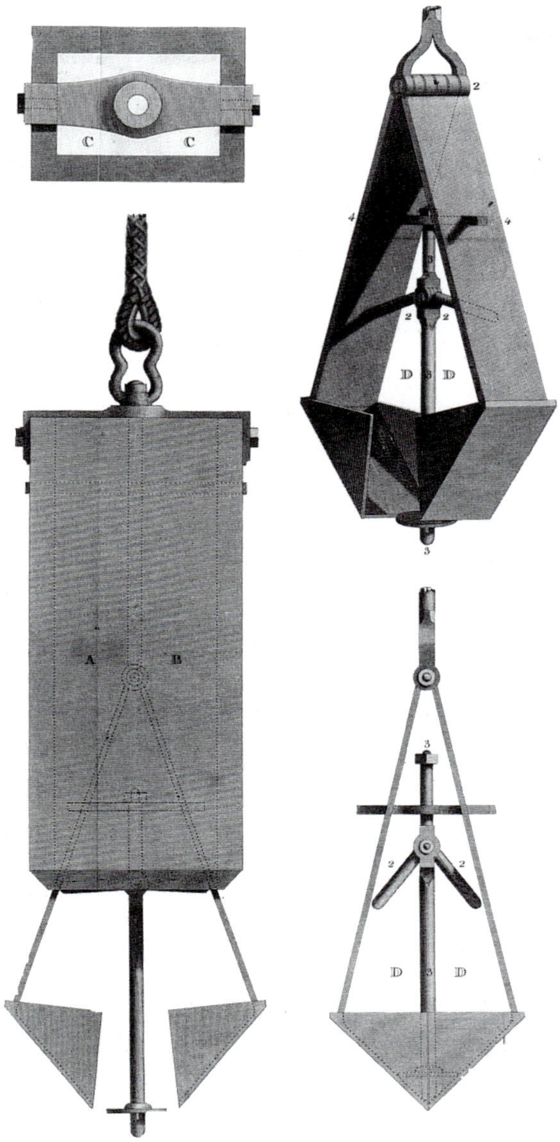

▲ ***John Ross*** *hatte diesen Greifer an Bord, als er 1818 auf die Suche nach der Südwestpassage ging. Er sollte ihm helfen festzustellen, ob man sich in einem Meeres- oder einem Flussarm befand.*

ihre Kapitäne unterwegs die Wassertiefe aus. Französische Schiffe befuhren den Pazifik und stießen bis zur Antarktis vor. Jules Dumont d'Urville erforschte und sammelte auf seinen beiden Expeditionen mit der *Astrolabe* (1826–29 und 1837–42) in der Hauptsache Pflanzen, er vernachlässigte dabei aber nicht das Wasser als Lebensraum.

Abel Dupetit-Thouars wurde 1836–1839 in politischer Mission mit der *Venus* ausgesandt, um französische Walfänger im Pazifik zu unterstützen und zu schützen, aber da seine Route durch selten befahrene Gewässer führte, wurde er auch angewiesen, sich meereskundlich zu betätigen.

Amerikanische Erkundungen

Leutnant Matthew Fontaine Maury, von 1842 bis 1861 Leiter des amerikanischen Depots für Karten und Instrumente (des späteren Observatoriums der US-Marine), nutzte die Hilfe seiner Schiffskapitäne, um Karten von Meeresströmungen und Winden zu erstellen. Auch bat er sie, Tiefenmessungen im Meer vorzunehmen. Maury misstraute vielen der angegebenen großen Tiefen und hoffte, dass das von seinem Assistenten John Brooke erfundene Speziallot eindeutige Ergebnisse liefern würde. Seine Behauptung, dass es „zwischen Kap Race in Neufundland und Kap Clear in Irland eine bemerkenswerte Steppe [gebe], die als Telegrafenplateau bekannt ist", sollte sich jedoch als falsch erweisen. Einige seiner Lotungen waren schlicht falsch, keine hatte die tieferen Becken erfasst, und andere waren auf dem felsigen mittelozeanischen Rücken niedergegangen. Maurys *Physical Geography* war zwar einflussreich, doch einige seiner Aussagen spiegelten eher seine religiösen Ansichten als die Wirklichkeit.

Der Amerikanische Bürgerkrieg (1861–65) verhinderte weitere Fortschritte in der US-Tiefseeforschung, doch die amerikanischen Vermessungsingenieure schlossen nach Kriegsende wieder auf und nahmen gegen Ende des 19. Jh. eine führende Position ein.

Der Golfstrom

Die Kapitäne der Segelschiffe wussten bereits seit einiger Zeit von der Existenz einer mächtigen Strömung, die vom Golf von Florida nach Europa zieht, als sie 1765 erstmals von William Gerard de Brahm auf einer Karte verzeichnet wurde. Zehn Jahre später bemerkte Benjamin Franklin die auffällige Veränderung der Wasserfärbung, und er veranlasste seinen zur See fahrenden Vetter Timothy Folger, Verlauf, Ausmaß und Geschwindigkeit des Golfstroms auf einer Karte festzuhalten.

Vermessungsschiffe ließen sich von eben dieser Strömung treiben, deren Tiefe sie vergeblich zu messen versuchten, bis der amerikanische Leutnant John Pillsbury 1876 eine Methode fand, im tiefen Wasser zu ankern. Moderne Vermessungsschiffe lassen mit Sendern ausgerüstete Schwimmer mit neutralem Auftrieb in die verschiedenen Ebenen des Golfstroms hinab. Diese Schwimmer steigen und sinken mit der sich ändernden Temperatur und dem Salzgehalt des Wassers, treiben mit der Strömung und übermitteln ihre Position.

Wärmeempfindliche Radiometer an Bord von Satelliten erstellen Bilder vom warmen Wasser des nach Norden fließenden Golfstroms (wie auf dem Bild oben). An der Westflanke legt der Strom 100 km oder mehr am Tag zurück. Auf der dem Meer zugewandten Seite bilden sich Mäander. Sie lassen Grenzbereiche zwischen Wassermassen unterschiedlicher Beschaffenheit entstehen, ähnlich den atmosphärischen Fronten unserer Wettersysteme.

Forschung und Kommerz

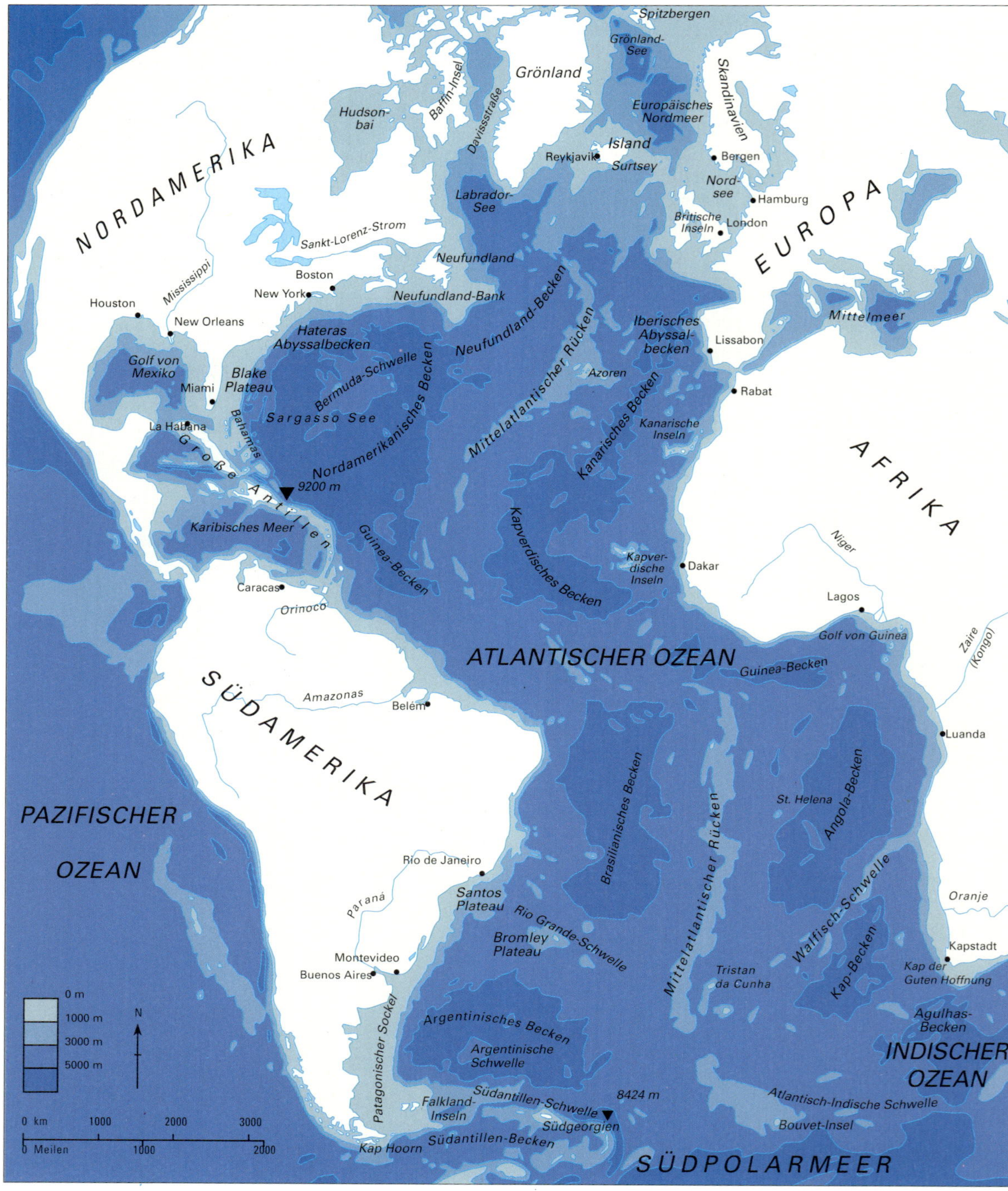

► ***Rücken, Rinnen** und Becken sind typische Merkmale des Meeresbodens, die ab der zweiten Hälfte des 19. Jh. aufgrund der Anforderungen der Telegrafengesellschaften kartografisch erfasst wurden. Auf dem Satellitenfoto (unten) vom Boden des Südatlantiks liegen die roten, gelben und grünen Flächen über Normalnull, die blauen und magentaroten darunter. Die schwarzen Flächen links sind die Spitze Südamerikas (oben) und die Antarktische Halbinsel (unten). Das südliche Ende des Mittelatlantischen Rückens ist in der rechten oberen Ecke zu sehen.*

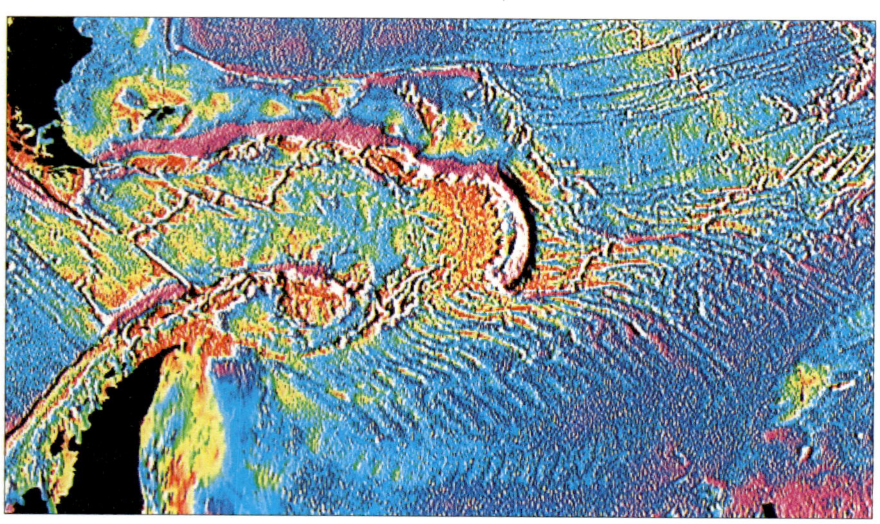

In der zweiten Hälfte des 19. Jh., nach der Erfindung des Telegrafen, nahm eine echte, dreidimensionale Unterwasserlandschaft Gestalt an. Nach bescheidenen Anfängen in den 40er Jahren breitete sich ein Netz aus Kabeln aus, bis die amerikanischen und europäischen Kabelunternehmen von einer transatlantischen Verbindung sprachen. Das Aufkommen der Dampfmaschine machte dieses Projekt möglich. Die Dampfer konnten bei Wind und Wetter einen vorgegebenen Kurs halten, während ihre Hilfsmaschinen das schwere Gerät zum Verlegen der Kabel betrieben.

Aber zuvor brauchte man ein exaktes Profil vom Meeresboden, um genau kalkulieren zu können, wie viel Kabel produziert werden musste. Das konnte dann vom Schiff aus mit der Geschwindigkeit ausgegeben werden, die notwendig war, damit das Kabel in dem mehrere Kilometer tiefen Wasser nach unten sinken konnte und flach auf dem Boden lag.

Messungen mit dem Lot

Die erste Messung mit dem Lot nahm Leutnant Berryman im Sommer 1856 an Bord der *Arctic* mit dem neuen Lot von Brooke vor. Berryman vermaß die Strecke über den Atlantik hin und zurück, kam dabei aber auf zwei ganz unterschiedliche Profile. Im Jahr darauf wiederholte Leutnant Dayman das Vorhaben mit der *Cyclops*. Dayman achtete bei den einzelnen Messungen genauer als Berryman auf seine Standortbestimmung. Er arbeitete außerdem mit verschiedenen Loten und hoffte so, Fehler durch defekte Geräte zu vermindern. Nach mehreren Fehlstarts wurde das Transatlantikkabel schließlich verlegt und funktionierte.

Zur gleichen Zeit vermaß die britische Marine andere Kabelrouten durch das Mittelmeer und das Rote Meer nach Indien. Kabel verbanden Großbritannien mit seinen vorgelagerten Inseln, das europäische Festland mit Skandinavien; sie durchquerten das Mittelmeer von Frankreich nach Nordafrika.

Die Erfindung der Lotmaschine

Zeit war Geld: Man brauchte unbedingt schnelle und trotzdem zuverlässige Messergebnisse und folglich auch neue Geräte. Sir William Thomson, besser bekannt als Lord Kelvin, Professor für Naturkunde an der Universität Glasgow, Telegrafeningenieur und wissenschaftlicher Berater, half diesem Bedürfnis 1872 u. a. mit der Erfindung der Lotmaschine ab. Frühere Versuche, mit Draht zu loten, waren fehlgeschlagen, weil man keinen so langen stabilen Draht hatte herstellen können. Thomson hatte Erfolg, weil jüngste technologische Fortschritte bei der Drahtherstellung ihm die Drahtqualität sicherten, die er für seine Lotmaschine brauchte.

Die Kabelingenieure entwickelten verschiedene Probenheber für die eigenen oder für Kelvins Lotmaschinen. Jetzt konnten sie jeden Arbeitsgang in Minuten statt in Stunden erledigen, das Schiff konnte zur nächsten Position fahren, während der Draht abgerollt wurde, da die Reibung zwischen Draht und Wasser unerheblich war. Wenn ein Kabel brach oder defekt wurde, suchten die Schiffe nach ihm, indem sie über dem Standort hin- und herfuhren, bis sie es am Haken hatten. Da diese „Greifaktionen" kartografiert wurden, wurden große Gebiete des Meeresbodens topografisch erfasst, und gleiches erfolgte, wenn Kabel verdoppelt wurden.

An tropischen Küsten wurden die Kabel vor dem Kontinentalsockel in Gewässern verlegt, wo sie nicht durch Fischer oder Schiffsanker gefährdet waren. Auf diese Weise wurden die Kontinentalabhänge und die Schluchten, die sich vor den Flussmündungen in ihre Flanken gruben, ebenfalls topografisch erfasst.

Unterwasserlandschaften kartografieren

Die Ingenieure sondierten das Gelände um die vulkanischen Inseln sehr genau, suchten den sichersten Platz, um die Kabel an Land zu bringen. So wurde erstmals der Aufbau dieser Felsinseln mitten im Meer enthüllt. Die Kabelleger erkundeten auch die Untiefen. Einige davon kannte man seit dem 18. Jh., weil durch das an ihren Seiten aufsteigende kalte Wasser die Oberfläche plötzlich kühler wurde. Auch sie wurden kartografiert.

Der Tiefenbereich der Ozeane, das Abyssal, wies Berge und Täler auf, Steilhänge und weite Flächen, Vulkane und Süßwasserquellen, ruhiges Gewässer und schnelle Strömungen, jeweils mit typischem Grund aus Fels, Geröll, Schalen oder Ton. Kabel wurden von starken Strömungen verschlissen und unter Geröll begraben oder brachen bei Erdrutschen am Anstieg zu den Kontinenten.

▲ ***Das Transatlantikkabel*** *wurde 1857–1858 verlegt, nachdem Leutnant Dayman an Bord der* Cyclops *den Meeresgrund zwischen den Britischen Inseln und Neufundland kartiert hatte. Nach seinen Anweisungen wurde bei weniger als 180 m Wassertiefe alle 16 km gelotet, sobald man in tiefes Wasser kam alle 70 oder 80 km, bis man sich der Küste Neufundlands näherte. Das dabei erzielte Profil war genauer als alle vorherigen.*

Es gab hitzige Debatten, ob die Strömungen durch unterschiedlich dichte Wassermassen, durch Winde an der Oberfläche oder eine andere Kraft hervorgerufen würden. Es bedurfte noch vieler weiterer Informationen, bis das von Dichteunterschieden angetriebene System eines Meereskreislaufs akzeptiert wurde. Global betrachtet sinkt dichtes, kaltes Wasser von den Polen zum Äquator ab, wo es wieder aufsteigt, sich erwärmt und zu den Polen zurückströmt. Regionale Kreislaufsysteme bilden sich, wo globale Strömungen abgelenkt werden, etwa durch einen Anstieg des Meeresbodens. Das dabei entstehende Muster ist komplex und wird noch erforscht.

Das Echolot kommt auf

Vor dem Ersten Weltkrieg gab es im Atlantik im Schnitt nur eine Lotung auf 14 000 Quadratkilometer, im Pazifik und dem Indischen Ozean nur auf 26 000 Quadratkilometer. Selbst an den Kabelrouten lagen die ausgeloteten Tiefenmessungen so weit auseinander, dass der falsche Eindruck eines flachen Beckens mit gelegentlichen Gipfeln oder Gräben entstand.

Genauere Informationen lieferte das im Ersten Weltkrieg entwickelte Echolot, das in den 20er Jahren für Vermessungsschiffe umgerüstet wurde. Die frühen Modelle erzeugten Tonimpulse (Hammerschläge gegen den Rumpf), die hinunter zum Meeresboden wanderten, und deren Echo von einem Mikrofon an Bord des Schiffes aufgefangen wurde. Da die Schallgeschwindigkeit im Wasser bekannt war, gab die Zeit, die der Impuls für den Hin- und Rückweg brauchte, die Wassertiefe an. Später traten an die Stelle der Hammerschläge Ultraschallimpulse, und ab 1958 benutzte man das Flächenecholot. Es sendet Impulse seitwärts vom Schiff oder einem an der Leine hängenden „Fisch" aus. Im letzteren Fall werden die Echos in elektrische Signale umgewandelt und über ein Kabel zum Empfangsgerät an Bord übermittelt, wo Zeile für Zeile ein Bild ähnlich einem Foto entsteht. Im Nahbereich nimmt das System kleine Wellen im Sand oder die Beschaffenheit von Fels auf. Im Fernbereich können die Systeme noch Gegenstände in 24 km Entfernung erfassen und bieten einen schnellen allgemeinen Überblick.

Eine besonders bemerkenswerte Expedition unternahm die mit einem Echolot ausgerüstete *Mahabiss* 1933/34. Das Echolot war noch vom primitiven „Hammertyp", und die Mannschaft nahm fast auf der ganzen Fahrt 25 Messungen pro Minute vor. Das Ergebnis zeigte Spuren, die parallele Grate und Rinnen aufwiesen sowie eine Erweiterung zum Carlsberg-Rücken hin – Entdeckungen, die zu der Zeit kaum jemand zu würdigen wusste.

Leben in der Tiefe

◄ **Dreieinhalb Jahre** *waren Wissenschaftler mit der* Challenger *unterwegs – hier ein Aquarell aus einem Tagebuch. Das Schiff besaß ein kleines Labor, in dem Proben untersucht, gezeichnet und aufbewahrt wurden.*

▼ **Dieser Schwamm,** Rossella velata, *wurde im August 1870 in der Straße von Gibraltar geborgen. Bis Mitte des 19. Jh. hielten die meisten Wissenschaftler Leben unterhalb von etwa 700 m für nicht möglich; auf ihrer Nordatlantikfahrt barg die* Porcupine *jedoch Objekte aus 4 600 m Tiefe.*

Die Meere stellen das größte ökologische System auf unserem Planeten dar. Das Meeresleben reicht von mikroskopisch kleinen Bakterien bis zu den riesigen Walen und Tintenfischen. Einige Pflanzen und Tiere sind mit den an Land lebenden Arten eng verwandt: Es gibt außerdem frei schwebende Pflanzen und ganze Tierklassen, die fest auf dem Meeresboden verankert sind. Die meisten Fische, Reptilien und Säuger, die das Meer bewohnen, leben dicht an der Oberfläche, gestützt auf eine Nahrungskette, die mit dem Phytoplankton beginnt, das in den durchsonnten Bereichen gedeiht. Noch bis in jüngste Zeit wussten die Naturwissenschaftler nichts von den Arten, die ihr Leben in der ewigen Finsternis der Tiefsee verbringen.

Lange haben die Naturwissenschaftler sich den Kopf über die Korallen zerbrochen, diese eigenartigen steinernen Gewächse, die mit nichts vergleichbar sind, was an Land wächst. Der italienische Naturwissenschaftler Marsigli hielt sie im 18. Jh. für Pflanzen; später gliederten die beiden französischen Naturwissenschaftler Jean-André Peyssonnel und Bernard de Jussieu sie korrekterweise ins Tierreich ein.

Die Erforschung der Tiefsee

Man brauchte ein starkes Schiff, um ein schweres Schleppnetz über den Meeresboden zu ziehen und dann einzuholen. Die wenigen Experimente zu Beginn des 19. Jh. boten kaum Aufschluss, denn die gefangenen Tiere konnten irgendwo zwischen Meeresboden und -spiegel ins Netz gegangen sein.

Edward Forbes war 1841/42 mit der *Beacon* in der Ägäis unterwegs, wo er feststellte, dass die Anzahl der Arten und ihre Populationen bis in 550 m Tiefe immer kleiner wurden; jenseits davon vermutete er kein Leben mehr. Inzwischen waren viele Seesterne und andere Bodenbewohner an die Lotleine geklammert an die Oberfläche gebracht worden, doch die Naturforscher mochten diese Beweise nicht anerkennen.

1860 wurden 65 km eines drei Jahre zuvor verlegten Telegrafenkabels aus dem Mittelmeer zur Reparatur an die Oberfläche gezogen. Teile davon hatten in 2 200 m Tiefe gelegen, und trotzdem hatten sich Muscheln, Korallen und andere Organismen auf ihm angesiedelt.

Zwischen 1868 und 1870 wurden die *Lightning* und die *Porcupine* mit dem Schleppnetz in den Nordatlantik geschickt. Die Expedition fand ein arten- und zahlreiches Meeresleben und entdeckte, dass die Tiefseetemperaturen nicht einheitlich waren. Die Wissenschaftler stießen auf

▲ ***Die* Challenger** *legte auf ihrer Fahrt von 1872 bis 1876, die die Grundlagen für die moderne Ozeanografie schuf, 110 870 km zurück.*

unterschiedliche, sich langsam bewegende Wassermassen, die alle zu einem großen Meereskreislauf gehörten und eine typische Fauna aufwiesen.

Die Challenger

Die erfolgreichen Fahrten der *Lightning* und der *Porcupine* ermutigten britische Wissenschaftler, auf eine umfassende Vermessung der Weltmeere zu drängen. Die Marine war einverstanden, und so stach die *Challenger* im Dezember 1872 unter Kapitän Nares mit fünf Wissenschaftlern unter Leitung von Charles W. Rhomson in See.

Insgesamt legte die Challenger 110 870 km zurück, unternahm 492 Lotungen und 284 Schleppnetzaktionen. Nicht alle Geräte der Wissenschaftler erbrachten gute Ergebnisse, aber das neue, 1874 erfundene Kippthermometer leitete eine neue Ära der Messung von Unterwassertemperaturen ein.

Die Forscher an Bord entdeckten im heraufgeholten Sediment die Überreste lebender Organismen und vulkanische Bruchstücke. Im Pazifik südlich von Japan wurden seltsame Manganknollen vom Meeresboden geholt, und im Atlantik wies man nach, dass eine zentrale Bergkette das Meer in einen östlichen und westlichen Bereich mit jeweils eigenen Wassermassen und Tierarten teilte.

Im Mai 1876 kehrte die *Challenger* nach England zurück; sie hatte bis auf die Arktis alle Regionen erforscht und das ewige Eis der Antarktis umfahren. Die Funde wurden an Fachleute im In- und Ausland geschickt, und die Berichte erschienen zwischen 1880 und 1895 in insgesamt 50 Bänden.

Ein Fürst wird Meeresforscher

Das zunehmende Interesse an den Meeren als einem dynamischen System ließ nach und nach das Bedürfnis aufkommen, seine Veränderungen zu untersuchen. Fürst Albert I. von Monaco wies den Weg und suchte jedes Jahr zu vergleichenden Studien bestimmte Gebiete auf. 1875 beschloss er, sich ganz der Erforschung des Meeres zu widmen. Vierzig Jahre befuhr er das Mittelmeer und den Nordatlantik bis hinauf zur Arktis.

Er überstand zahlreiche Abenteuer: Einmal fegte ein Sturm die Flaschen mit den am Tag gefangenen Exemplaren über das Deck; ein anderes Mal fuhr er vor der einsamen Küste von Svalbard auf ein Riff, kam jedoch mit der Flut rechtzeitig wieder frei. Die *Hirondelle* wurde durch die Dampfjacht *Princesse Alice* ersetzt, die mit Labors und Geräten zum Schleppnetzfischen in der Tiefsee sowie zum Loten ausgestattet war. Ihr gelang es, aus 6035 m Tiefe eine unbekannte Fischart ans Tageslicht zu befördern, die zu Ehren der Familie des Fürsten *Grimaldichthys profundissimus* genannt wurde.

Fürst Albert entwickelte neue Geräte, darunter spezielle Netze für den Fischfang in mittleren Tiefen und Fotometer, die das Eindringen von Licht ins Meer maßen. Fürst Albert leistete auch dem Ruf nach einer Weltkarte der Meerestiefen Folge und leitete ihre Erstellung. Die erste Ausgabe der *General Bathymetric Chart of the Oceans* erschien 1903. Die Karten auf 24 Seiten im Maßstab 1:10 Millionen beruhten auf 18 400 Lotungen. Eine zweite Ausgabe folgte 1912.

Die Nahrungskette in den Ozeanen

Ende des 19. Jh. wurde in Deutschland ein Netz biologischer Küstenstationen errichtet, die von Vermessungsschiffen unterstützt wurden: Schwedische Biologen führten in der Ostsee Langzeituntersuchungen durch, und in Neapel wurde die berühmte zoologische Station gegründet, die Gastwissenschaftlern aller Länder offen stand.

Die Zoologen begannen, die gesamte Nahrungskette im Meer zu erforschen, an deren Anfang die komplexen anorganischen Moleküle stehen, die dank des Sonnenlichts das mikroskopische Pflanzenleben tragen, von dem winzige Pflanzenfresser leben, bevor sie selbst gefressen werden. Diese Schicht aus im Meer schwebendem Leben war lange Zeit ohne Identität, bis Victor Hensen 1887 den Begriff „Plankton" für sie prägte.

Fische sind letztlich auf Plankton angewiesen, ein interessanter Fakt für Skandinavien, Deutschland und Großbritannien, die wegen der rückläufigen Fischfänge beunruhigt waren. Die Planktonexpedition von 1889, die der große deutsche Zoologe Ernst Haeckel organisierte, sammelte und verglich überall auf dem Atlantik Plankton aus tropischen und gemäßigten Gewässern.

Die Wanderung des Planktons und der Fische über nationale Grenzen hinweg machte eine internationale Zusammenarbeit notwendig, wenn die Bestände gehegt und die Laichgründe geschützt werden sollten. Deshalb bildeten die nordeuropäischen Meeresanrainer 1902 das *Internationale Komitee zur Erforschung des Meeres (ICES)*. Alle Teilnehmerstaaten entsandten viermal pro Jahr Fischereiforschungsschiffe in bestimmte Gebiete. Sie setzten genormte Geräte aus den ICES-Labors ein und veröffentlichten die Ergebnisse ihrer Forschungen schnell und in vereinbarter Form.

Tauchexpeditionen

Der Mensch ist nicht für das Leben im Meer geeignet. Wir sind unbeholfene Schwimmer, und der Körper kann plötzliche Druckveränderungen oder die lähmende Kälte nicht ertragen. Daher sind im Lauf der Jahrhunderte immer wieder Tauchapparate entwickelt worden, die es uns ermöglichen sollen, unter Wasser Gebäude zu reparieren oder die Ladung eines Wracks zu bergen. Die Vorläufer der heutigen Geräte, mit denen Taucher weit in die Unterwasserwelt vordringen können, waren recht abenteuerlich.

Die Entwicklung von Tauchapparaten

Der erste brauchbare Tauchapparat bestand aus einer Luftpumpe über Wasser, die einen offenen Helm oder Anzug, den Siebe-Anzug, versorgte. Diese an einer Leine hängenden Anzüge benutzten die Taucher, die in den 30er Jahren des 19. Jh. an der 1782 gesunkenen *Royal George* arbeiteten. Der offenkundige Nachteil war, dass die von oben mit Luft versorgten Taucher kaum Bewegungsspielraum hatten. 1825 erfand der Engländer William James den ersten unabhängigen Tauchapparat mit komprimierter Luft. Der Taucher trug einen Anzug mit Helm, hatte den Luftvorrat jedoch in einem am Körper befestigten Metallbehälter.

1865 entwickelten Benoit Rouquayrol und Auguste Denayrouze ein Druckregelventil, das Luft mit gleichmäßigem Druck und nur dann spendete, wenn der Benutzer einatmete. Zwei Jahre später wurde ein mit diesem Ventil ausgestatteter Tauchanzug bereits für den Handel gefertigt. Diesen Anzug verpasste Jules Verne auch den Figuren in seinem Buch *20 000 Meilen unter dem Meer*, das 1870 erschien. Bei Verne bewegten sich die Unterwasserforscher frei, doch im allgemeinen ist Tauchen auf etwa 30 m Tiefe beschränkt, bis dorthin dringt das Sonnenlicht, und das Wasser ist nicht zu kalt.

1943 rüsteten Jacques-Yves Cousteau und Emile Gagnan einen Flüssigluft-Hochdruckzylinder mit dem Rouquayrol-Denayrouze-Ventil aus, dem heute benutzten Unterwasseratemgerät. Sporttaucher können heute einen Helm, Telefon, TV-Kamera und Lampen tragen, die über Kabel von einem Versorgungsschiff gespeist werden.

Tiefseeboote

1930 stieg der amerikanische Naturforscher William Beebe in eine Tiefseetaucher-Druckkugel und wurde in 900 m Tiefe hinabgelassen. Er sah als erster Mensch die Geschöpfe dieser dunklen, fremdartigen Welt. Nur 30 Jahre später brachte die von Auguste Piccard entworfene *Trieste*, Piccards Sohn Jacques und Don Walsh zum Grund des Marianengrabens. Die beiden Männer saßen in einer engen Kapsel unter einem mächtigen Schwimmtank. Um 8.15 Uhr wurden sie losgemacht, sanken und warteten auf das Warnsignal des Echolots, dass sie sich dem Boden näherten, den sie aber erst um 13.06 Uhr erreichten.

Als Piccard die Scheinwerfer einschaltete, sah er überrascht einen Plattfisch, der ihn beobachtete – der Beweis, dass es auch am Grund des Meeres Leben gab. Nach zwanzig Minuten ließen sie Ballast ab, stiegen langsam auf und durchbrachen um 16.56 Uhr den Meeresspiegel. Ihr Ab- und Aufstieg über 22 km hatte achteinhalb Stunden gedauert.

▼ ***Die Entwicklung der Aqualunge*** *(Presslufttauchgerät) durch Jacques-Yves Cousteau und Emile Gagnan 1943 ermöglichte Tauchern, sich unter Wasser frei zu bewegen. Sie wird noch heute verwendet, zusammen mit einem Neopren-Tauchanzug, der die Körperwärme hält.*

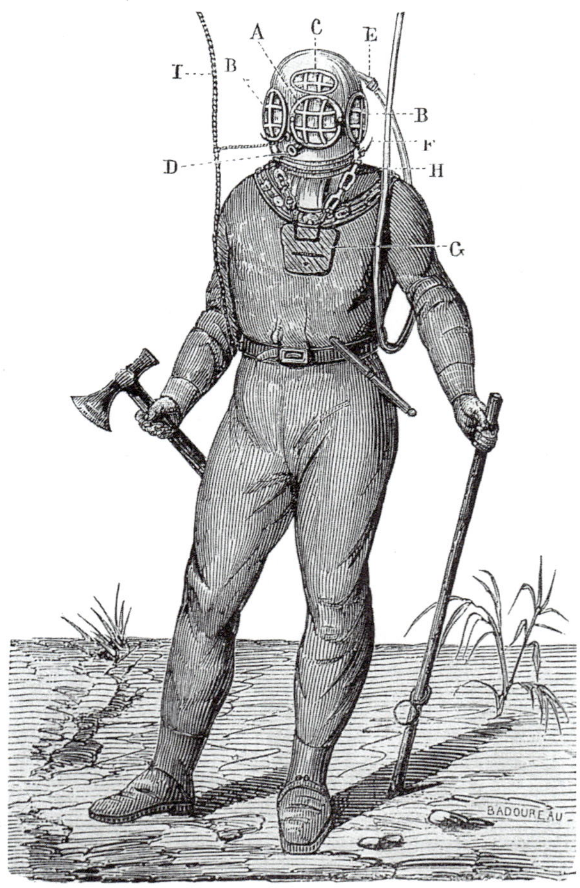

▲ ***Der Cabirol-Anzug*** *wurde in den 50er Jahren des 19. Jh. von Schwammtauchern im östlichen Mittelmeer und anderswo benutzt. Er war, wie der Siebe-Anzug, durch einen Luftschlauch und eine einfache Signalleine mit der Oberfläche verbunden, engte also die Bewegungsfreiheit des Tauchers ein.*

◄ ***Der Bathyskaph* Trieste,** *von August Piccard entworfen und erstmals 1954 von ihm vor der Küste Italiens erprobt, hatte einen großen Schwimmtank, der die Kapsel, in der die Menschen in die Tiefen des Meeres tauchten, winzig erscheinen ließ.*

In den 30er Jahren scheiterte das US-U-Boot *Nautilus* mit dem Versuch, unter dem Eis der Arktis hindurchzutauchen. Die erste erfolgreiche Unterquerung gelang 1958 einem atomgetriebenen U-Boot, das ebenfalls *Nautilus* hieß. Im selben Jahr fuhr die *Skate* unter das Eis und tauchte am Pol bei einer amerikanischen Polarstation wieder auf. Heute kreuzen regelmäßig U-Boote verschiedener Länder im Nordpolarmeer und nehmen mit dem Sonar, einem Schallortungsverfahren, den Beckenboden und die Unterseite des Eises auf. Nach diesen Aufzeichnungen besteht der Meeresboden aus mehreren tiefen Becken, die durch Rücken getrennt sind. Die unterschiedliche Dicke der schwimmenden Eiskappe gilt als Indiz für klimatische Veränderungen der Vergangenheit, die auch das Wetter der nördlichen Hemisphäre beeinflusst.

Der Griff nach dem Meeresboden

Bis in 50 m Tiefe können Taucher Luft atmen; bei tieferen Tauchgängen wird Sauerstoff mit anderen Gasen gemischt. Bei steigendem Druck löst sich der Stickstoff im Blut der Taucher auf. Je länger und tiefer sie tauchen, desto mehr Dekompressionsstopps müssen sie beim Aufstieg einlegen, damit dieses Gas aus dem Körper entweichen kann. Bei entsprechenden Vorsichtsmaßnahmen können Taucher heute in 300 m Tiefe arbeiten, und bald noch sehr viel tiefer. Ein verstärkter 1-at-Anzug und Tauchboote sind noch in 650 m Tiefe einsetzbar: Kabelgesteuerte, bemannte Fahrzeuge erreichen noch größere Tiefen.

Von 1972 bis 1975 erforschten bemannte U-Boote beim Projekt FAMOUS (French-American Mid-Ocean Undersea Study) den Aufbau der Erdkruste am Mittelatlantischen Rücken, wo die amerikanische und die afrikanische Platte jährlich um 5 bis 7,5 cm auseinander driften. Eine aus Echolotungen und Unterwasserfotos zusammengestellte Tiefseekarte zeigte vielversprechende Tauchgebiete auf. FAMOUS bewies, dass U-Boote den tiefen Meeresboden geologisch detailliert erfassen können, denn die Aufnahme enthüllte die Gliederung des Rückens, mit einem 2 km tiefen Zentralgraben, Lavaströmen und parallelen Verwerfungen, die darauf hindeuten, dass Kontinentalplatten weiter auseinander driften.

Bei der Galapagos-Schwelle tauchende U-Boote entdeckten 1977 warme Mineralquellen inmitten von Bakterienkolonien. 1978/79 stieß man beim Kalifornischen Golf auf Schlote, die dunkle Wolken schwefelreiches, 350° C heißes Wasser durch Kamine aus Kieselerde und Metallsulfiden ausstießen. Biologen stellten erstaunt fest, dass diese Schlote von Röhrenwürmern, Muscheln und anderen Tieren besiedelt waren, eine echte Oase des Lebens, obwohl es keinerlei Sauerstoff und Sonnenlicht gab.

▲ ***1960 erreichten Jacques Piccard,*** *Sohn von August Piccard, und Don Walsh mit der* Trieste *im Marianengraben im südwestlichen Pazifik die Rekordtiefe von 10 900 m.*

Erkundung aus dem Weltall

Heute übermitteln Satelliten Informationen über Oberflächentemperatur, die Bewegungen von Eisbergen sowie das Vorkommen von Fischen und Plankton. Multinationale Langzeitprojekte untersuchen den globalen Zusammenhang zwischen Meer und Atmosphäre, der unser Klima bestimmt, sowie die Auswirkungen der zunehmenden Umweltverschmutzung und Klimaveränderungen auf die Ökosysteme. Doch auch die grundlegenden Vermessungen gehen weiter: Der Meeresboden ist uns noch immer weit weniger bekannt als die Oberfläche des Mondes.

Forschung heute

Auch heute noch gilt ein Drittel der Erdoberfläche als Wildnis, doch der Entdeckerdrang im Sinne von Livingstone, Kolumbus oder Cook beschränkt sich inzwischen hauptsächlich auf die Tiefsee. Der Forscher steht heute vor einer anderen Herausforderung. Es geht nicht mehr darum, weiße Flecken auf der Landkarte auszufüllen, sondern herauszufinden, wie die Erde funktioniert, und die Rolle der verschiedenen Gesellschaften zu bestimmen, die sie bewohnen. Die Forscher der Zukunft werden folglich nicht mehr allein gegen die Elemente antreten, sondern eher in einem multidisziplinären Wissenschaftsteam arbeiten, das mit neuen technologischen Instrumenten die Grenzen unseres Wissens zu erweitern suchen wird. Bevorzugte Forschungsgebiete werden sein: die Weltmeere, tropische Wälder, Wüsten und Polarregionen.

Das Ausmaß der Umweltzerstörung durch den Menschen ist erschreckend. Degradation von Land, Entwaldung und Rückgang der Artenvielfalt, schlechte Wasserqualität und -versorgung, Zunahme der Stadtbevölkerung und Luftverschmutzung bedürfen dringend der Beachtung. Diese Sorge stand auch im Zentrum der *UN-Conference on Environment and Development* (UNCED) 1992 in Rio, an der 178 Länder und Vertreter von 1 500 nicht-staatlichen Organisationen teilnahmen.

Wir wissen heute mehr denn je über unsere Erde. Neue Technologien ermöglichen uns globale Beobachtungen und Messungen, die die Prozesse offen legen, die unseren Planeten und seine vier Hauptsphären steuern – Atmosphäre, Geosphäre, Biosphäre und Hydrosphäre. Immer offenkundiger wird, dass jeder dieser Prozesse Teil eines komplexen Ganzen ist. Die Erforschung der Erde als eines integrierten Systems – globale Umweltforschung – führt uns in ein neues Zeitalter der Entdeckungen, in dem das Sammeln von Daten Vorrang hat. Ein „Umwelt-Everest" ist zu besteigen, doch wir haben, um im Bild zu bleiben, gerade erst das Stadium der „Nagelschuhe und Tweed-Jacken" der Pioniere erreicht, die den höchsten Berg der Welt in den 20er Jahren zu erobern versuchten.

Tropische Wälder

▼ ***Hellrote und Grünflügelaras*** *(Ara macao und Ara chloroptera) gehören zu den zahllosen Tieren der Regenwälder. Diese Wälder nehmen zwar nur 6 Prozent der Erdoberfläche ein, beherbergen aber zum Beispiel zwischen 70 und 90 Prozent aller Insektenarten.*

Naturforscher haben bei der Erforschung unserer Erde seit etwa 1850 durch das weltweite Sammeln von Pflanzen und Tieren eine wichtige Rolle gespielt. Aber trotz aller Anstrengungen der Systematiker sind bis heute erst 1,75 Millionen Pflanzen- und Tierarten erfasst. Kein Mensch weiß, wie viele Arten auf unserem Planeten leben, doch nach neuesten Schätzungen könnten es bis zu 14 Millionen sein, so dass noch 87 Prozent der Flora und Fauna auf der Erde zu beschreiben und zu benennen wären.

Innerhalb der verschiedenen Lebensräume gehören Tropenwälder zu den biologisch reichsten, dabei zeigen Satellitenaufnahmen, dass diese Wälder in einem erschreckenden Tempo abgeholzt werden. Glücklicherweise hat man die Bedeutung der Naturreichtümer erkannt, und 1993 wurde das Abkommen über die biologische Vielfalt von 120 Staaten unterzeichnet. Der erste Schritt zur nachhaltigen Nutzung dieser Ressourcen besteht darin, das zu bewahren, was tatsächlich da ist, und die Naturwissenschaftler werden in den nächsten Jahren mit der Aufnahme der biologischen Artenvielfalt reichlich zu tun haben.

Das Kronendach des Waldes

Bis ins 20. Jh. beschränkte sich die Erforschung der Wälder auf den unteren Bereich, dabei ist das Kronendach die eigentliche Bühne. Pionierarbeit bei der Eroberung des Walddaches leistete die Expedition der Universität Oxford 1929 in Guyana. Das Team wollte mit Unterstützung von Raketenschützen und Leinenwerfern 30 m über dem Boden ein Seilrollensystem anbringen, doch die einheimischen Kletterer erwiesen sich als sehr viel nützlicher. Bis in die 60er Jahre tat sich nicht viel. Dann baute der Niederländer Adrian Kortlandt mit Hilfe eines Pygmäenstammes eine Plattform, um Schimpansen zu beobachten. Es folgten einige Gerüsttürme, Baumleitern und kurze Stege, und der britische Forscher Andrew Mitchell führte tragbare leichte Stege eigens für Expeditionen in tropische Wälder ein.

Auch Ballons und lenkbare Luftschiffe wurden eingesetzt, jedoch mit wenig Erfolg. 1989 errichtete das Smithsonian Tropical Research Institute einen riesigen Turmkran, der an einem 80-m-Arm ein Modul auf- und ablassen konnte, so dass die Wissenschaftler auf 5 Hektar Fläche im Kronendach der Wälder von Panama arbeiten konnten. Die Forscher sind zuversichtlich, auf diese Weise den letzten Bereich des tropischen Ökosystems zu erschließen – das Kronendach, wo der größte Teil der Fotosynthese und Bestäubung erfolgt.

Geld für die Forschungsprojekte

Expeditionen in den tropischen Regenwald werden von den verschiedensten privaten und staatlichen Instituten organisiert. Sie reichen vom kleinen Systematikerteam, das nur eine Saison in einem Gebiet arbeitet, bis zu langfristi-

► ***Der Regenwald von Borneo-Sarawak*** *gehört zu den vielen tropischen Wäldern, die vernichtet werden. Nach Angaben einer Untersuchung der Ernährungs- und Landwirtschaftsorganisation (FAO) von 1990 werden jedes Jahr 10,5 Millionen Hektar (etwa das Gebiet Großbritanniens) Wald abgeholzt, hauptsächlich um Ackerland zu gewinnen. Zu den Bewohnern der Wälder, deren traditionelle Lebensweise bedroht ist, gehören auch die nomadischen Jäger und Sammler vom Volk der Penan.*

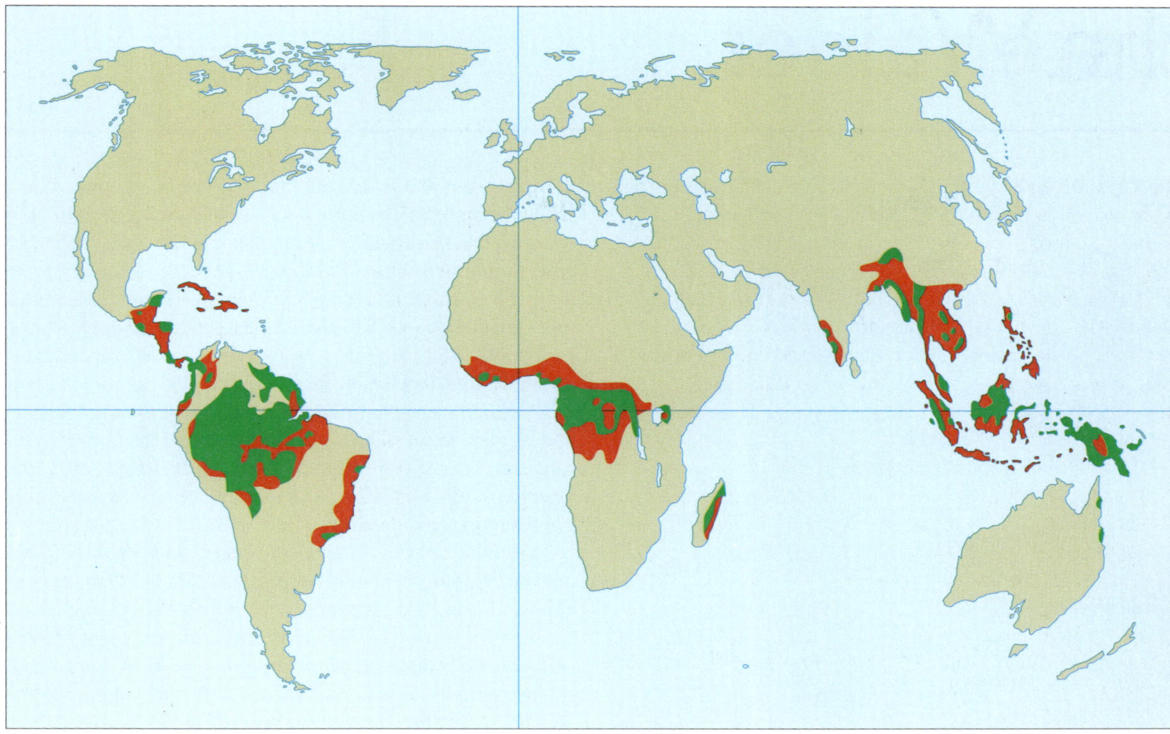

Legende

Ehemalige Regenwaldgebiete

Jetziger Regenwald

gen, internationalen Forschungsvorhaben. Das *Flora Mesoamericana Project* des Botanischen Gartens von Missouri, des britischen Naturgeschichtlichen Museums und der Universität Mexiko dokumentiert gegenwärtig die etwa 18 000 einheimischen und Kulturpflanzen Zentralamerikas von Mexiko bis Panama.

Die Vielschichtigkeit des Waldes und der Bedarf an Spezialisten haben eine Vielzahl von Zentren für Feldstudien entstehen lassen, in denen Forscher sich unterschiedlich lange aufhalten können. Sie werden oft von großen, internationalen Instituten finanziert und geleitet. Neben dem Langzeitprojekt des Smithsonian Tropical Research Institute in Panama gibt es auch drei Feldzentren der Organisation für Tropenstudien in Costa Rica, die darüber hinaus in den letzten 30 Jahren mehrere tausend Forscher und Studenten aus Nord- und Lateinamerika ausgebildet haben. In Afrika legte der *World-Wide Fund for Nature* einen 10-Millionen-Dollar-Plan zur Gründung eines Nationalparks in Korup in Kamerun vor, der 1990 eröffnet wurde.

Mehrere Länder mit bedeutendem Waldbestand können inzwischen eigene Zentren finanzieren. Das Nationalinstitut für Amazonasforschung in Brasilien (INPA) ist mit über 1 000 Beschäftigten wohl das größte. Brunei hat jüngst eine „Universität im Regenwald" im Feldstudienzentrum von Kuala Belalong im Urwald von Temburong gegründet. Die Universität, für das Brunei-Regenwaldprojekt von 1991–92 gebaut, ein Gemeinschaftsvorhaben der Universität Brunei Daressalam und der *Royal Geographical Society*, bietet inzwischen ein ständiges Programm für Schulbesuch, Studentenausbildung und Forschung. Diese Zentren ziehen international angesehene Wissenschaftler an und erlauben ein längeres Überwachen der globalen Prozesse im Wald selbst, statt nur einiger Teilbereiche.

◄ ***Wissenschaftler****, die sich der Erforschung der Pflanzenarten der Regenwälder widmen, haben eine gewaltige Aufgabe vor sich. Man schätzt, dass sie bisher höchstens ein Prozent der in den Wäldern vorkommenden 125 000 Arten untersucht haben.*

Forschen für den Naturschutz

1985/86 organisierte die malaysische Naturgesellschaft die erste Forschungsexpedition in das Gebiet von Endau Rompin auf der Halbinsel Malaysia. Endau Rompin an der Grenze zwischen den Bundesstaaten Johor und Pahang hat eine Fläche von über 80 000 Hektar. Es ist eines der wenigen verbliebenen malaysischen Gebiete mit tiefliegendem Regenwald und war damals in Gefahr abgeholzt zu werden. In über 80 eigenständigen Projekten unter der Leitung von etwa 70 Wissenschaftlern wurden dank der Mithilfe mehrerer hundert Freiwilliger, darunter 400 Schüler, unbekannte Pflanzen (etwa eine schöne Fächerpalme mit erstaunlichen Kletterwurzeln) und Tiere entdeckt (wie eine Krabbe, die in Kannenpflanzen lebt, und eine Minierspinne), womit die Öffentlichkeit auf die Bedeutung des Gebietes als Lebensraum aufmerksam gemacht wurde.

1988 erklärten die besorgten Regierungen der Bundesstaaten Johor und Pahang Endau Rompin zum Naturschutzgebiet. Das war ein klares Bekenntnis dafür, die Region, deren Zukunft jahrelang stark umstritten war, als Naturschutzgebiet verwalten zu lassen und unangetastet zu bewahren. Seitdem ist weiter geforscht worden, und neue Expeditionen sind geplant.

Hitzewüsten

▲ ***In den Dürregebieten*** *im inneren Australiens werden Pflanzen und Tiere erfasst, zum Teil um herauszufinden, warum etwa 17 Säugetierarten ausgestorben sind, seit die ersten Europäer in das Land gekommen sind.*

In den Wüstengebieten werden weiterhin zahlreiche Entdeckungen gemacht. Neben Teams, die nach Erdöl und Mineralien suchen, gibt es jene, denen es um Anhaltspunkte dafür geht, wie man die Veränderungen in den trockenen Regionen voraussagen kann. Die meisten Trockengebiete sind zwar bekannt, trotzdem sind die Erkenntnisse über Versteppungsprozesse gering. Gut ausgerüstete Expeditionen und Wissenschaftler in ständigen Forschungszentren tragen gemeinsam zum Verständnis der Wüsten bei.

Das ist auch dringend nötig. Ein Drittel der Erdoberfläche ist vegetationslos oder vegetationsarm und Heimat für mehr als 600 Millionen Menschen. Außerdem ist die Ausbreitung der Wüsten zu einer der drängendsten Umweltfragen geworden, seit bekannt ist, dass in den 90er Jahren jährlich schätzungsweise 200 000 Quadratkilometer Agrarland verloren gegangen sind.

Moderne Technologie als Hilfe für die Forschung

Große Expeditionen zur Erforschung der Wüsten gehören heute fast der Vergangenheit an, doch einige Universitätsteams wahren die Tradition und unternehmen geo- und biowissenschaftliche Studien. Forscher wie Dr. Farouk El-Baz aus Ägypten erkunden mit Hilfe von Satellitenaufnahmen die geologischen Zeitzonen der Sahara. Expeditionsteams mit Geländewagen, Satellitennavigation und guten Funkgeräten können fast jeden Winkel der großen Wüsten aufsuchen. Eine Expedition nach Niger 1970, deren Forscher mit Geländewagen und Kamelen bis zu den abgelegenen Aïr-Bergen vordrangen, sowie eine West-Ost-Durchquerung der Sahara von Mauretanien nach Ägypten 1975 mit besonders ausgestatteten Geländewagen bereiteten anderen Forschungsteams den Weg.

Logistik in der Wüste erfordert noch immer eine genaue Planung. Expeditionen in abgelegene Gebiete der arabischen und australischen Wüsten sowie der Sahara sind für ihre Arbeit auf Hilfseinrichtungen angewiesen. Multinationale Expeditionen sammeln mit Satelliten-, Funk- und Computerunterstützung weitere Informationen. Neue Techniken werden eingeführt, und man hat schon Heißluftballons, Leichtfahrzeuge und Motorräder eingesetzt, um sich den Zugang zu schwierigen Gebieten zu erleichtern. Zuverlässige Fahrzeuge mit Spezialreifen, Ballons, Sandleitern und exakte Satellitennavigation machen es heute relativ leicht, selbst schwierigstes Wüstengelände zu erreichen. Anfang der 80er Jahre überquerten kleine, leichte Geländefahrzeuge mit Ballonreifen erstmals den Westlichen Großen Erg in Algerien.

Einrichtung von Forschungszentren

Das wachsende wissenschaftliche Interesse an Wüsten hat mehrere Zentren zur Wüstenforschung entstehen lassen, von denen viele Forscher aus allen Ländern aufnehmen, so z. B. die Universität Arizona, die hebräische Universität Jerusalem, einige Universitäten am Persischen Golf wie die Sultan Qaboos Universität Oman und das Institut für Wissenschaft und Technologie in Kuwait, die Universidad del Norte in Chile, die turkmenische Wissenschaftsakademie, die Wüstenabteilung der Academia Sinica in China und das Central Arid Zone Research Institute im indischen Jodhpur.

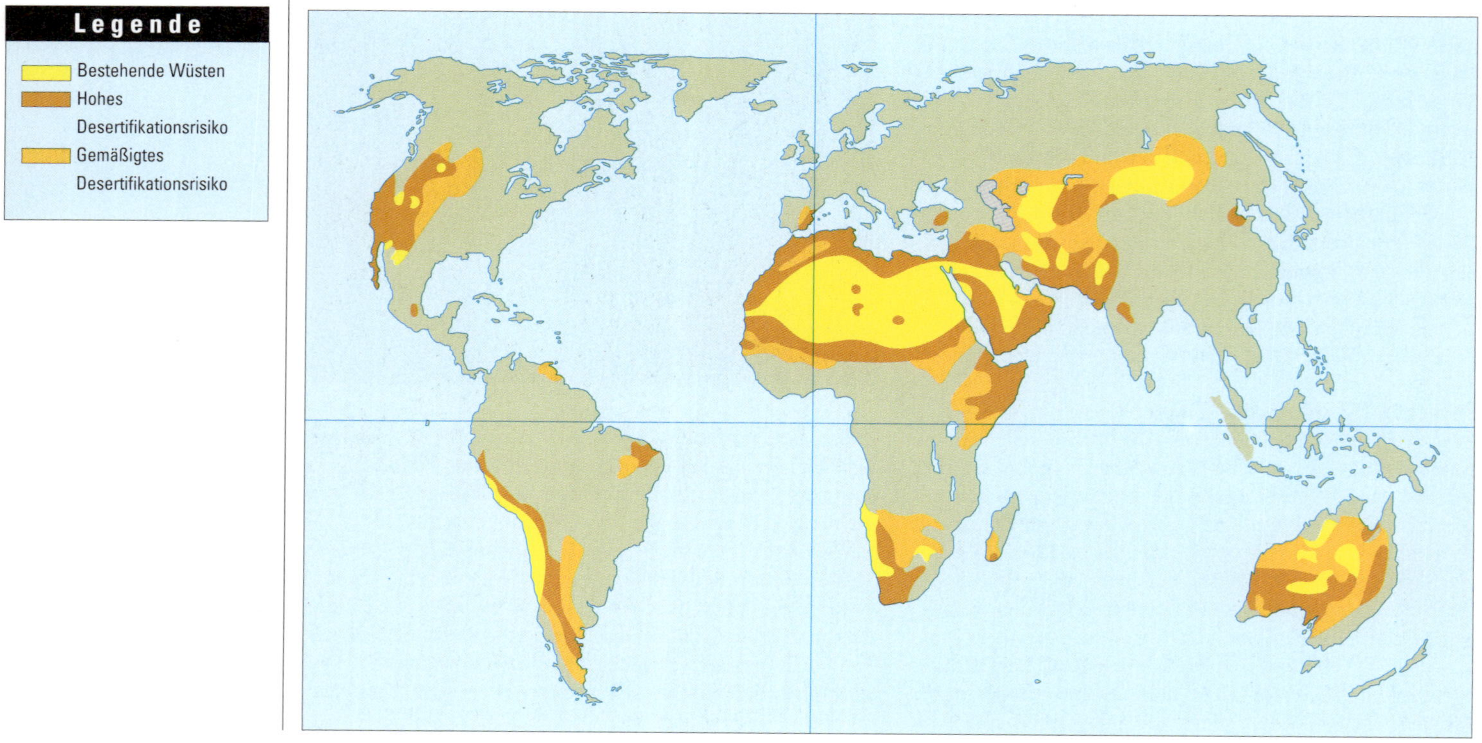

▲ **Acht Arabisten,** *Mitglieder des omanischen Wahiba Sands-Projektes, sprechen mit dem Stamm der Bedu über Veränderungen im Gefolge des gestiegenen Lebensstandards durch Erdöldollars.*

▼ **Kenntnisse über** *die Desertifikation erbrachte die Erforschung der Ursprünge der Wahiba Sands in Oman.*

1977 rief die UN-Konferenz über Desertifikation (UNCOD) zu einer dringenden internationalen Überprüfung der Ausbreitung der Wüsten auf, die seit den 60er Jahren und der tragischen Dürrekatastrophe in der Sahelzone beträchtliche Besorgnis auslöst. Der Blick auf spezielle wissenschaftliche Probleme wie Erosion und Überweidung oder die Untersuchung möglicher Ressourcen eines Gebietes steht auf der Tagesordnung der internationalen Wüstenforschung heute ganz oben.

Das Oman Wahiba Sands-Projekt

Ein Beispiel für ein Wüstenforschungsprojekt war das in Wahiba Sands, einem Sandmeer im Osten des Sultanats Oman 1985–86. Das Projekt, von der *Royal Geographical Society* und der Regierung Oman geplant, sah vor, die Wahiba Sands als komplettes Ökosystem zu erforschen und das Verhältnis zwischen den Menschen, biologischen Ressourcen und dem Sand zu untersuchen. Um diese Arbeit in nur vier Monaten durchzuführen, wurde ein multidisziplinäres 43-Mann-Team ausgewählt. Vorab gab es drei Erkundungstouren, dann wurde eine „Felduniversität" mit Labor, Computern sowie medizinischen und kommunikationstechnischen Einrichtungen errichtet.

Ein Operations- und ein Transport-/Kommunikationsleiter koordinierten alle Maßnahmen im Zusammenhang mit Feldlogistik, Vorräten, Sicherheit und Nottransporten. Die Navigation wurde durch Satellitenempfänger in den Geländewagen unterstützt. Beträchtliche logistische Unterstützung aus der Luft und am Boden leistete die Armee des Landes. Ein Rechenleiter entwarf und koordinierte ein Feldrechensystem einschließlich Textverarbeitung, Datenbank und Möglichkeiten für ein geografisches Informationssystem.

Ein Vermessungsteam aus sechs Mann kartografierte die Routen und bestimmte Gebiete für die Geomorphologen (die Sandbewegungen untersuchten) und die Botaniker (die einen Vegetationsplan anlegten). Die acht Mitglieder des Teams für biologische Ressourcen waren erfahrene Botaniker, Pflanzenphysiologen, Insektenforscher, Reptilienkundler, Vogel- und Säugetierkundler. Es wurden eine Landnutzungs- und eine Vegetationskarte angelegt. Die acht Mann des erdwissenschaftlichen Teams untersuchten den Ursprung und die Entstehung des Gebietes, die Hydrologie und die aktuelle Geomorphologie.

Vier Expeditionsmitglieder stellten Unterrichtsmaterial über die Wahiba Sands für Schulen in Oman zusammen, außerdem Unterrichtshilfen über Sandwüsten und Desertifikation und darüber, wie Tiere und Pflanzen in dieser Umwelt überleben.

Die einzelnen Expeditionsteams tauschten sich regelmäßig über den Fortgang des Projekts aus und koordinierten ihre Erkenntnisse. Zwei Wochen nach Beendigung der Arbeit legten sie der Regierung einen 600 Seiten starken „ersten Prüfungsbericht" vor. Ein Jahr später fand in der Sultan Qaboos Universität eine internationale Konferenz statt, auf der die Ergebnisse des Projekts diskutiert wurden. Die Empfehlungen dieser Konferenz gingen in einen allgemeinen Managementplan für das Gebiet ein, damit dessen nachhaltige Entwicklung gefördert werden konnte.

▲ **Die Ausbreitung** *der Wüstengebiete macht dringend eine Erforschung darüber nötig, wie Pflanzen und Tiere in einer solchen Umgebung überleben.*

Die Polargebiete

Seit den 50er Jahren nimmt das Wissen um die politische, wirtschaftliche, strategische und wissenschaftliche Bedeutung der Polargebiete zu, und man weiß inzwischen, dass diese Gebiete großen Einfluss auf die für das Leben unseres Planeten wichtigen Systeme haben.

Zusammenarbeit in der Arktis

Die kurzen Sommer und das strenge Klima stellen hohe Anforderungen an alle, die sich in der Arktis betätigen wollen. Arktis-Anrainer wie die Vereinigten Staaten, Kanada und Russland sowie mehrere andere Länder haben ihre wissenschaftlichen Anstrengungen in diesem Gebiet erheblich ausgeweitet, und es besteht ein deutlicher Trend zu Gemeinschaftsprojekten, an denen sich auch Länder mit kleinerem Budget beteiligen können. Das Internationale Geophysikalische Jahr 1957/58 war das erste große, internationale Nachkriegsprogramm, das Forschungsprogramme in der Arktis und Antarktis angeregt hat. Das *International Biological Programme* 1964–1974 und das ständige *Man and Biosphere-Programme* der UNESCO haben einen bedeutenden Beitrag zum Verständnis der Ökologie in der Arktis geleistet. Im August 1990 wurde das Internationale Komitee für arktische Wissenschaften (IASC) gegründet, das die internationale wissenschaftliche Arbeit koordiniert. Mit aktuellen Problemen wie der Umweltverschmutzung in der Arktis (organische Verunreinigungen, Schwermetalle und Radioaktivität, Ansäuerung und Nebelbildung) beschäftigt sich das *Arctic Monitoring*

► ***Der jüngste Temperaturanstieg*** *hat in der Antarktis unter anderem zur Auflösung eines Teils des Schelfeises und damit zu einem zahlenmäßigen Anstieg der Eisberge geführt.*

▼ ***Wissenschaftler*** *aus 16 Ländern forschen in der Antarktis. Ein Biologe markiert das Ei eines Adélie-Pinguins;*

► ***Ein Geologe*** *entnimmt Gesteinsproben und untersucht sie, um Aufschluss über die Entstehung des Kontinents zu gewinnen.*

and Assessment Programme, das 1991 eingerichtet wurde. Beteiligt sind die acht Arktis-Anrainer und die Organisationen, die Ureinwohner vertreten, wie das Saami Council, die Inuit Circumpolar Conference sowie die russische Vereinigung der Völker des Nordens.

In den 70er und 80er Jahren gab es mehrere internationale fachübergreifende Untersuchungen. YMER-80, in Erinnerung an Nordenskjölds Fahrt durch die Nordostpassage vor einhundert Jahren (siehe S. 180), erfolgte von Bord des 8 000-t-Eisbrechers *Ymer* aus, zwischen Nordostgrönland und Franz-Josef-Land. Das Team aus 119 internationalen Wissenschaftlern führte meeres- und gletscherkundliche, geologische und biologische Untersuchungen durch.

Die letzte große Wildnis

Die Antarktis ist die höchste, kälteste, windigste und abgelegenste Region der Erde. Die dort tätigen Wissenschaftler benutzen bei ihrer Arbeit Hubschrauber, Starrflügelflugzeuge mit Kufen, Schneemobile und Eisbrecher, sofern das Wetter es zulässt. Etwa 16 Länder sind in der Antarktisforschung aktiv und führen von Feldlagern sowie einem Netz von rund 40 festen, über den ganzen Kontinent verteilten Forschungsstationen aus Programme durch. Dort arbeiten Forscher, die meistens nur den kurzen Sommer über bleiben können.

Natürlich bestimmt Eis das Bild der Region. Etwa 99 Prozent des Kontinents sind unter ewigem Eis begraben, das bis zu 4,5 km dick ist. Es fließt vom Zentrum der Kuppe nach außen und kann dort, wo es das Meer erreicht, gewaltige schwimmende Schelfeismassen bilden, von denen mächtige Eisberge abbrechen und hinaus aufs Südpolarmeer treiben. Dahinter liegt das Packeisgebiet, das im Winter eine Fläche von etwa 20 Millionen Quadratkilometer bedecken kann.

Das Eis der Antarktis birgt ein Archiv von Umweltinformationen, das Hunderttausende von Jahren zurückreicht. Die Analyse von Probebohrungen hat Fragen aufgeworfen, die mit aktuellen Veränderungen des Weltklimas zusammenhängen. 1986 führten französische und sowjetische Wissenschaftler an einer sowjetischen Forschungsstation eine Rekordbohrung durch. Sie bargen einen 2 000 m langen Bohrkern, der bis in die vorletzte Eiszeit vor 160 000 Jahren zurückreichte. Die bisherigen Ergebnisse lassen auf einen interessanten Zusammenhang zwischen Temperatur und atmosphärischer Verschmutzung durch Industriestaaten schließen, die hauptsächlich auf der nördlichen Halbkugel liegen. Diese Verschmutzung hat zur Verdünnung der Ozonschicht, dem so genannten Ozonloch geführt, das erstmals 1980 von der *British Antarctic Survey* festgestellt wurde. Das hat, mehr als jede andere Entdeckung im ausgehenden 20. Jh., die Dringlichkeit vor Augen geführt, mit der die Verschmutzung der Atmosphäre angegangen werden muss, und hat entsprechend starke Reaktionen ausgelöst.

Die Sorge um die „globale Erwärmung“ hat die Wissenschaftler veranlasst, die möglichen Auswirkungen auf die Stabilität der antarktischen Eisdecke und ihre Rolle bei Veränderungen der Meeresspiegel zu untersuchen. Die Temperaturen auf der antarktischen Halbinsel sind nach Messungen bei der Faraday Station in den letzten 50 Jahren um 2,5° C gestiegen, und aus Satellitenaufnahmen weiß man, dass sich das Schelfeis dort zum Teil auflöst. 1995 brachen in nur 50 Tagen 1 300 Quadratkilometer vom Larsen-Schelfeis ab und trieben als Eisberge ins Weddellmeer. Untersuchungen über derartige Klimaveränderungen gehören zu einem vom Scientific Committee on Antarctic Research finanzierten Programm, das seinerseits zum antarktischen Teil des *International Geosphere-Biosphere Programme* gehört.

Das Südpolarmeer ist trotz seiner enormen Kälte sehr nährstoffreich und ein einzigartiges Labor, das zum Verständnis der biologischen Produktivität des Meeres beiträgt. Das Land, von dem nur ein Prozent nicht mit ewigem Eis bedeckt ist, weist eine einzigartige Tier- und Pflanzenwelt auf. Heute lockt der kalte Kontinent Touristen wie Wissenschaftler an, und es sind dringend bessere Kontrollen zum Schutz der antarktischen Umwelt nötig.

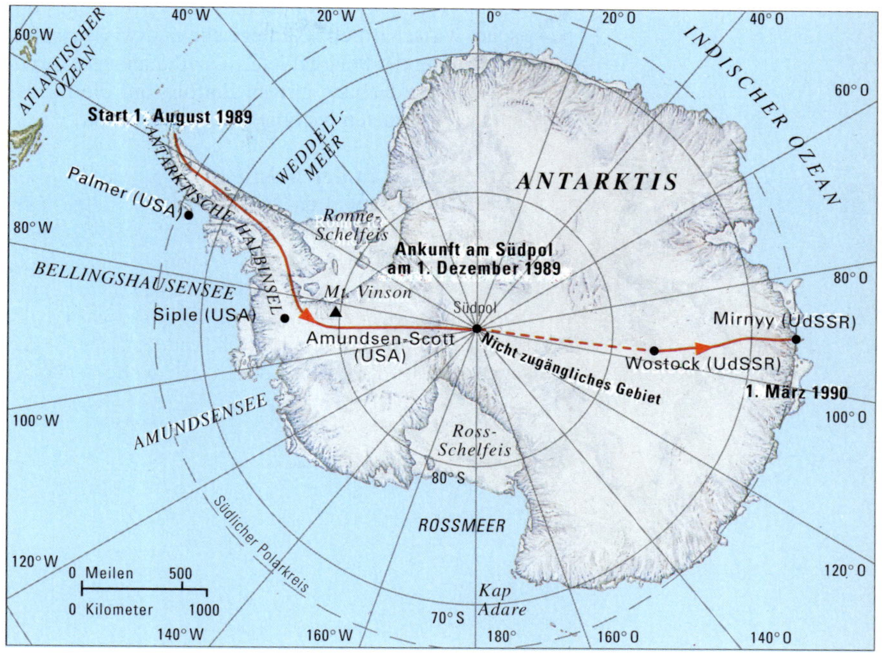

Internationale Expedition durch die Antarktis
Am 1. März 1990 beendete ein internationales Team die erste West-Ost-Durchquerung der Antarktis mit Hundeschlitten. Unter der gemeinsamen Leitung des Amerikaners Will Steger und des Franzosen Dr. Jean-Louis Etienne waren sechs Länder vertreten (Großbritannien, Frankreich, Japan, China, die damalige Sowjetunion und die USA), die die friedliche Zusammenarbeit in der Antarktis dokumentieren sollten. Trotz der beschwerlichen Bedingungen wurden auf dem 6 400 km langen Landweg vielfältige wissenschaftliche Untersuchungen durchgeführt, darunter die erste kontinentweite Messung von Ozon auf Bodenhöhe und von Schadstoffen wie Aerosolablagerungen und der DDT-Konzentration in Moosen und Flechten.

Lebensraum Meer

▼ ***GLORIA, ein weitreichendes*** *Flächenecholot-Abbildungssystem, kann pro Tag mehr als 20 000 Quadratkilometer erfassen. Es hat unter anderem Vulkane wie den auf dem Bild rechts aufgenommen, der einen knapp 2 km großen Krater hat.*

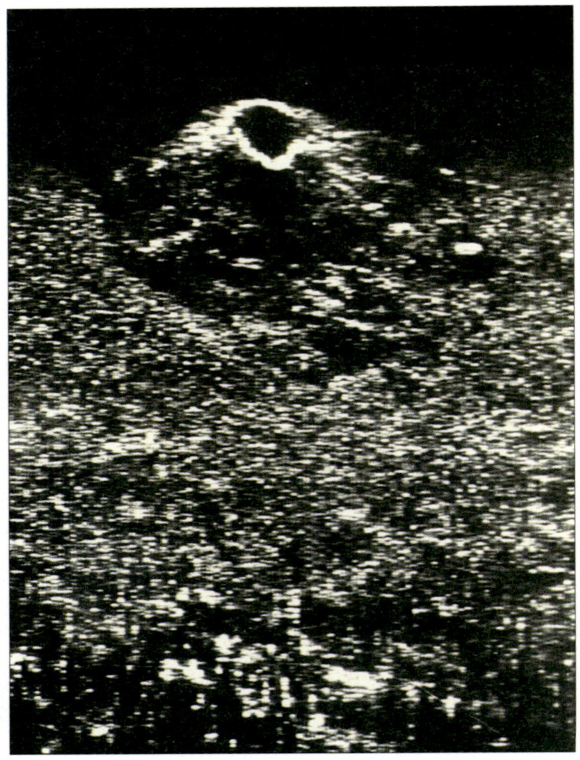

Die Erforschung der Tiefsee ist kostenintensiv, denn sie erfordert modernste Ausrüstung. Da jedoch das internationale Interesse an der Gewinnung von Erdöl und Mineralien, der Abfallbeseitigung, dem Fischfang und der Klimaforschung gestiegen ist, wird inzwischen viel Geld investiert. Auch militärische Interessen in den Bereichen U-Boote und U-Bootabwehr waren eine treibende Kraft, zumal dort, wo es um Akustik und die Beschaffenheit der Sedimente geht. Die heutige Meeresforschung liegt somit weitgehend in den Händen nationaler Einrichtungen, von Universitäten und der Marine.

Satelliten und Vermessungsschiffe

Instrumente an Bord von Satelliten können die verschiedensten Meeresbereiche überwachen. Es werden Radar, Foto- und Küstenzonen-Farbscanner eingesetzt. Mit Radar arbeitende Höhen- und Streustrahlungsmesser sowie verwandte Systeme können Windgeschwindigkeit und -richtung an der Meeresoberfläche messen, Wellenhöhe, Seehöhe, Meerestemperatur, Gezeiten und Strömungen. Die Meere werden heute intensiv mit Hilfe von Satelliten erforscht, wobei multinationale Projekte die für unser Klima so wichtige globale Wechselwirkung zwischen Meer und Atmosphäre untersuchen.

Eine wichtige Rolle spielen aber immer noch Forschungsschiffe mit ausgeklügelten, unbemannten Schleppfahrzeugen. In den 60er Jahren entwickelte das Oceanographic Office der US-Marine ein Mehrstrahl-Echolot, das den bei einem einzigen Durchgang erfassten Bereich auf etwa einen Kilometer deutlich ausweitete. Es hat, zusammen mit GLORIA, einem weitreichenden Flächenecholot, das vom britischen Institut für Meeresforschung entwickelt wurde und bei einem Abtastvorgang 60 km erfassen kann, die Möglichkeiten, den Meeresboden zu beobachten, enorm erweitert.

Die Expedition der Charles Darwin

Mit großem Erfolg wurde GLORIA 1986–1989 bei einer Expedition des britischen Forschungsschiffes *Charles Darwin* eingesetzt. Die Expedition sammelte auf ihrer 210 000 km langen Fahrt rund um die Erde Daten über globale Wettermuster, Monsunklimate, Strömungen, Temperatur und Salzgehalt der Meere, über tektonische Platten und „Treibhaus"-Gase im Meer. GLORIA lieferte einmalige „Bilder" vom Meeresboden, darunter das erste Bild einer kompletten tektonischen Platte, der 400 km breiten ostisländischen Mikroplatte im Pazifischen Ozean.

Zu den zahlreichen Entdeckungen der Expedition gehörte, dass der Salzgehalt entscheidenden Einfluss auf Veränderungen in der Dichte und damit auf das Muster der Strömungen im westäquatorialen Pazifik hat. Man glaubte, hier Hinweise auf eines der größten klimatischen Rätsel der Welt gefunden zu haben – das Phänomen El Niño. El Niño wird die Erwärmung des Wassers im östlichen Pazifik genannt, die alle paar Jahre – oft um die Weihnachtszeit – verheerende Stürme und Überschwemmungen auslöst. Derartige Katastrophen verdeutlichen, wie dringend notwendig es ist, mehr über die Weltmeere zu erfahren.

Der Einsatz von Fahrzeugen unter Wasser

Vorrangig wird die Entwicklung automatischer, unbemannter Unterwasserfahrzeuge betrieben, die sich in der Tiefsee bewegen und mit Hilfe von Satelliten navigieren und Routinedaten zurück zur Basis übermitteln können. DOGGIE (Deep Ocean Geological and Geophysical Instrumented Explorer) sammelt Daten auf dem Meeresboden dicht beim Mutterschiff. DOLPHIN (Deep Ocean Long Path Hydrographic Instrument) durchquert mit Hilfe eines Satellitennavigationssystems die Meere und nimmt dabei physikalische, chemische und biologische Messungen vor. Ferngesteuerte Tiefsee-Fahrzeuge wie das französische *Cyana* und das amerikanische *Alvin* haben die hydrothermalen Schlote, die so genannten Schwarzen Raucher an den Mittelozeanischen Rücken erkundet. Dort entsteht eine neue Erdkruste, und bis zu 350° C heißes Wasser steigt in Form von Unterwassergeysiren an die Oberfläche. Mangan, Eisen, Zink, Kupfer und Schwefel werden ins Wasser freigesetzt und lagern sich ab. Es gibt dort ungewöhnliche Lebensformen, dazu kommerziell nutzbare Mineralien.

◄ ***Die ersten Schiffswracks,*** *die erkundet wurden, stammten aus der Antike und lagen im klaren Wasser des Mittelmeers. Die Technik ist inzwischen jedoch so weit fortgeschritten, dass Wracks selbst aus den dunklen, trüben Gewässern vor den nördlichen Küsten geborgen werden können.*

Die Entwicklung beim Tauchen

Die Erdöl- und Erdgasindustrie haben auf den Gebieten Tiefbau und Sättigungstauchen Fortschritte erzielt, dank deren professionelle Taucher sich lange bei Hochdruck unter Wasser aufhalten können, ohne dekomprimieren zu müssen. Trotzdem sind Tauchgänge in mehr als 500–600 m Tiefe unter diesen Umständen noch äußerst selten und werden genauestens überwacht. Die amerikanische Aquanautin Sylvia Earle hat mit ADS-Tauchanzügen (Atmospheric Diving Suit), die unter den Namen JIM, WASP und MANTIS bekannt sind, Untersuchungen durchgeführt. Ein anderer bahnbrechender Taucher ist der Kanadier Joe MacInnes, der eine tragbare Tauchstation aus durchsichtigem Kunststoff entwickelte, in der Taucher beim Tauchen in der Arktis ausruhen und Luft sparen können. MacInnes war 1974 der erste Wissenschaftler, der unter dem Eis am Nordpol tauchte.

Als führende Höhlentaucher gehörten der Amerikaner William Stone und der Brite Rob Palmer zu denen, die die Grenzen der Tauchtechnologie weiter hinausgeschoben haben. Bei der Erkundung der Blauen Löcher bei den Bahamas experimentierten sie mit Gasmischungen und Rebreather-Systemen, um die Zeitspanne auszudehnen, die man unter Wasser bleiben kann.

Versunkene Welten erforschen

Schiffswracks haben Taucher von jeher angelockt, wenngleich man viele nur mit Hilfe von Unterwasserfahrzeugen aufspüren und untersuchen konnte. Meist glichen derartige Tauchexpeditionen einer modernen Schatzsuche. Große Beachtung fand die wiederentdeckte *Titanic*, die 1912 nach einer Kollision mit einem Eisberg auf ihrer Jungfernfahrt sank. Das Schiff wurde 1985 in 3 810 m Tiefe im Atlantik von einer frankoamerikanischen Expedition unter Leitung von Jean-Louis Michel und Robert Ballard entdeckt. Das Sonar des amerikanischen U-Boots *Argos* spürte das Wrack zunächst auf, das dann von der Mannschaft der *Alvin* inspiziert wurde, die die verstreuten Trümmer dieses Ozeanriesen fotografierte und damit so manches Geheimnis aus der Tiefe des Meeres lüften konnte.

◄ ***Höhlen gehören*** *zu den Lebensräumen unter Wasser, deren Erforschung durch die Experimente der Taucher William Stone und Rob Palmer sehr viel einfacher geworden ist.*

Bisher hat sich die Biologie der Tiefsee ganz auf das Phytoplankton konzentriert, inzwischen scheint es jedoch so zu sein, dass die Meere eine weit größere Biomasse aufzuweisen haben als bisher angenommen – Bakterien und Pilze, die in einem gewaltigen chemisch-bakteriellen Gebräu leben. Das Augenmerk richtet sich folglich auf die organisch-chemischen Eigenschaften und den Kreislauf der Aminosäuren im Meer, außerdem auf die Überwachung der Schadstoffe und Radioaktivität.

Der Sturm auf die Gipfel

Vor dem Ersten Weltkrieg waren Bergsteigen und Welterkundung häufig Synonyme, da diejenigen, die hoch gelegene Plätze in fernen Ländern erreichen wollten, oft durch unbekanntes Land zogen und dabei Gipfel, Pässe und Gletscher kartierten. In den Bergen Zentralasiens mussten die Vermessungsingenieure der Großen Landvermessung von 1802 (siehe S. 58), Aussichtspunkte erklettern, um ihre Vermessungen vornehmen zu können.

Viele sahen in den Bergen des Himalaya, vor allem im Mount Everest, die letzte große Herausforderung, die die Erde den Forschern noch zu bieten hatte. Doch bevor sie diese Herausforderung annehmen konnten, mussten die Bergsteiger sich mit den exakten geografischen Merkmalen dieser Berge vertraut machen und neue Techniken entwickeln, um mit den besonderen Problemen fertig zu werden, die sie aufwarfen. Zwischen den beiden Weltkriegen wurden mehrere Versuche unternommen, den Gipfel des Everest zu erreichen; 1937 fehlten Eric Shipton und Frank Smythe nur noch 300 m, als schlechtes Wetter sie zur Umkehr zwang. Der Erfolg ließ jedoch bis 1953 auf sich warten, als eine gut vorbereitete britische Expedition, die Sauerstoffgeräte benutzte, den Anlauf wagte, der den Neuseeländer Edmund Hillary und den Sherpa Tenzing Norgay auf den höchsten Berg der Erde brachte. Bergsteiger aus verschiedenen Ländern balgten sich fortan darum, als Erste alle 14 Achttausender zu bezwingen. Die höchsten davon – Everest, K2 und Kanchenjunga – sind 1983 ohne Sauerstoff erstiegen worden, was man noch zu Beginn der 60er Jahre für unmöglich gehalten hatte.

▼ ***Brad und Barbara Washburn,*** *hier auf dem Gipfel des Mount Bertha in der Küstenkette von Alaska, haben sich über 50 Jahre dem Bergsteigen und Kartografieren der Berge gewidmet. Brad hat mit Hilfe von Luftaufnahmen den Mount McKinley in Alaska kartografiert und dann den zentralen Teil des Grand Canyon.*

Die Leistungen der Bergsportler

Heute ist Bergsteigen ein eigenständiger, international anerkannter Sport. Auch wenn Bergsteiger vielleicht noch relativ unbekanntes Gelände durchqueren müssen, um das gewünschte Ziel zu erreichen, geht es häufiger eher um das Klettern selbst als um das Erkunden der Umgebung. Expeditionen verwenden nicht mehr die Belagerungstaktik der Vergangenheit, sondern sind oft kleiner, reisen mit leichtem Gepäck und halten sich möglichst kurz in großen Höhen auf. 1980 bestieg der Österreicher Reinhold Messner den Everest als Erster allein und hat seitdem alle 14 Achttausender bezwungen. Aber trotz der immer großartigeren Leistungen der Kletterer, der verbesserten Techniken und Ausrüstung, ist Bergsteigen nicht ohne Gefahren. Der K2, der „wilde Berg", forderte 1986 13 Opfer.

Trotz Satellitenkartografierung ist die Höhe vieler Berge nach wie vor unsicher, und von den etwa 400 Gipfeln zwischen 7 000 und 8 000 m in Zentralasien waren 1990 noch ungefähr 170 unbestiegen. Eric Shipton und Bill Tilman werden oft als Prototypen des Forschers und Bergsteigers bezeichnet, und ihre Karten und Besteigungen in vielen Teilen der Welt genießen einen legendären Ruf. Die beiden Briten lernten sich in Ostafrika kennen, wo sie den Mount Kenia und den Kilimandscharo bestiegen. In den 30er Jahren waren sie viel im Himalaya und Karakorum unterwegs. Sie waren die Erstbesteiger des Nanda Devi und nahmen an mehreren Erkundungsexpeditionen zum Everest teil.

Vielleicht nicht so bekannt, aber genauso bemerkenswert ist die mehr als 50jährige Partnerschaft der Amerikaner Brad und Barbara Washburn. Die Talente der Washburns als Bergsteiger, Fotografen und Kartografen brachten einige außergewöhnliche Karten unter Zuhilfenahme von Luftaufnahmen hervor. Höhepunkt war die Herausgabe einer Karte des Mount Everest-Gebiets im Maßstab 1:50 000, die bis auf zehn Meter genau war. Weitere Karten im Maßstab 1:10 000 dienen der geologischen und gletscherkundlichen Erfassung des Gebiets.

▼ ***Edmund Hillary und Tenzing Norgay*** *trugen bei der Erstbesteigung des Everest am 29. Mai 1953 Sauerstoffmasken.*

▲ ***Der Gipfel des Everest,*** *hier vom Nordpass des Kanchenjunga gesehen, erhebt sich über den Mount Makalu und den Lhotse.*

Die Berglandschaft

Die Entstehung der Berge ist ein sehr aktiver Vorgang, und die großen Gebirgszüge rufen durch Erdrutsche, Erdbeben und sogar Gletscherläufe gewaltige Störungen hervor. Die geologischen und geophysikalischen Ursprünge der Berge blieben bis in die 60er Jahre jedoch relativ unbekannt, als aufgrund von Beweisen auf dem Meeresboden die Theorie der Plattentektonik aufkam. Der „Zusammenprall der Kontinente", der die großen Gebirge entstehen ließ, bildete einige ungewöhnliche geologische Formationen, die jetzt im Mittelpunkt der Untersuchungen stehen. Modernste Vermessungsgeräte von der Satellitennavigation (GPS) bis zum elektronischen Entfernungsmesser stellen das Ausmaß der Hebung fest.

Ein Viertel der Landfläche der Erde ist von Gebirgen bedeckt, und etwa 10 Prozent der Weltbevölkerung leben in Bergregionen. Weitere 40 Prozent sind auf Gebirgsressourcen wie Wasser, Holz, Agrarerzeugnisse und Mineralien angewiesen. Der Einfluss des Menschen auf die Bergregionen ist in den Vegetationszonen am stärksten, und das Bevölkerungswachstum und in einigen Gebieten der Tourismus haben von den Alpen bis zu den Anden Auswirkungen. Das *International Centre for Integrated Mountain Development* in Katmandu untersucht das langfristige Strategiemanagement für die Region Hindukusch-Himalaya, die eine wachsende Bevölkerung von 50 Millionen Menschen aufweist und erhebliche Schwierigkeiten mit Bodenerosion und Entwaldung hat.

1992 begann eine interdisziplinäre britisch-nepalesische Forschungsgruppe der *Royal Geographical Society* und des Instituts für Hydrologie eine sechsjährige Untersuchung über die weit verbreitete Ansicht, dass die schnelle Entwaldung der letzten Zeit eine gefährliche Bodenerosion, die Verschlammung der Flüsse und der nachfolgenden Gewässer zur Folge habe. Nach ersten Ergebnissen aus der Arbeit im Likhu Khola-Becken und der mittleren Bergregion Nepals sind Befürchtungen, dass sich das Gebiet in einer ökologischen Abwärtsspirale befindet, unbegründet. Überall haben die dortigen Gemeinschaften wirksame Maßnahmen zum Landmanagement ergriffen und die Umwelt nach einer langen Zeit des Wandels in den 50er Jahren stabilisiert. Doch zuverlässige Langzeitdaten sind nach wie vor Mangelware.

Peter Stone, Bergsteiger und Herausgeber eines umfassenden Berichts mit dem Titel *The State of the World's Mountains,* sagte auf dem Gipfel 1992: „Die Berge haben den Menschen stark beeinflusst, seit unsere Vorfahren zum ersten Mal zu ihnen aufsahen und sich an ihrer Pracht erfreuten, seit sie ihre Götter auf ihnen ansiedelten und ihre Herausforderungen annahmen. Sie inspirieren weiterhin einen großen Teil der Gesellschaft, und diese Inspiration wird heute dringend gebraucht."

▲ ***Das internationale Karakorum-Projekt*** *von 1980 war eine der wenigen wissenschaftlichen Expeditionen, die in über 5 000 m Höhe vordrang. Mit den hier abgebildeten Instrumenten wurden die Entfernungen zwischen Berggipfeln gemessen, um die Geschwindigkeit der Kontinentalverschiebung bestimmen zu können.*

Der Blick auf das Ganze

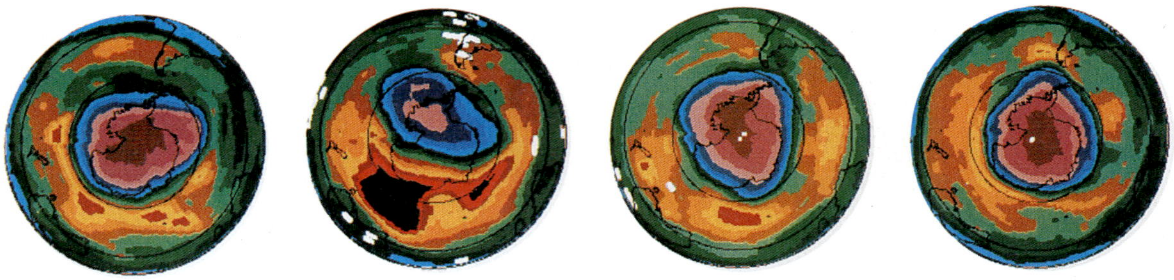

► ***Das Loch in der Ozonschicht*** *über der Antarktis ist auf dieser Serie von Satellitenkarten zu erkennen. Man glaubt, dass das Loch – das hier in Rosatönen erscheint, während die Antarktis in Schwarz dargestellt ist – durch die Verschmutzung der Atmosphäre entstanden ist. Es hat mehr als alle anderen Entdeckungen der jüngsten Zeit die Aufmerksamkeit auf die dringende Notwendigkeit gerichtet, das Problem der Verschmutzung der Atmosphäre anzugehen.*

Die Sorge um die Umwelt insgesamt hat seit den 80er Jahren deutlich zugenommen. Auf wissenschaftlichem Feld bemühen sich zahlreiche Gremien und Gruppierungen national, regional und global, größere Veränderungen der Umwelt zu messen, zu simulieren und vorauszusagen, wie die globale Erwärmung, die Bedrohung der Ozonschicht und die Veränderung des Meeresspiegels. Die Technologie, vor allem der Einsatz von Satelliten, hat den Zugriff auf große Datenmengen ermöglicht. Diese Daten können durch Computer analysiert werden, um Trends zu erkennen oder Modelle zu entwickeln, die künftige Trends voraussagen.

Die globale Umweltforschung zerfällt – grob gesprochen – in zwei Bereiche. Da sind erstens die Projekte, die sich mit regionalen Erscheinungen beschäftigen, die sich weltweit wiederholen, also mit Entwaldung, Desertifikation, saurem Regen, Bodenerosion und verändertem Bodengebrauch. Der zweite Bereich umfasst die Prozesse, die vom Ausmaß her global sind, also Wasser, Energie und bio-geochemische Zyklen. Letzterer hat dazu geführt, die Erde als integriertes System zu betrachten, in dem sich die Aufmerksamkeit auf die vom Menschen bewirkten Veränderungen im natürlichen System richtet, wobei das Aufspüren von Umweltverschmutzungen der eigentliche Kernbereich ist.

Wissenschaftliche Projekte

Seit den 50er Jahren weist der Internationale Wissenschaftsrat (ICSU) den Weg, indem er die Arbeit von Wissenschaftlern bei internationalen Umweltforschungsprogrammen koordiniert und unterstützt, oft in Zusammenarbeit mit der UNESCO und dem Umweltprogramm der Vereinten Nationen (UNEP). Zu diesen Programmen gehörten das Internationale Geophysikalische Jahr 1957/58, das Internationale Biologische Programm 1964–1974 sowie die Programme des Wissenschaftlichen Komitees für Umweltprobleme (SCOPE). Das UNESCO-Programm Mensch und Biosphäre, das Internationale Hydrologische Programm und die Zwischenstaatliche Meereskundliche Kommission haben auch Elemente aufgegriffen, die mit Forschung, Bildung und der Erweiterung des politischen Bewusstseins zu tun haben. Das globale Umweltüberwachungssystem (GEMS) von UNEP sammelt vor allem Daten und hat die Global Resource Information Database (GRID) eingerichtet.

Eines der mit Blick auf globale Prozesse wichtigsten Programme ist das Welt-Klima-Forschungsprogramm (WCRP), das 1979 von der Internationalen Meteorologischen Organisation ins Leben gerufen wurde. Es umfasst vier Unterprogramme, darunter das Experiment Weltmeerkreislauf (WOCE). WOCE untersucht die Rolle der Welt-

► ***Die Umweltforschung*** *bringt Wissenschaftler aus aller Welt zusammen. Hier nimmt ein Team Proben aus Eisblöcken der Antarktis.*

◄ ***Die Meere sind** durch ihre ständige Bewegung und Fähigkeit, Wärme zu speichern, der Dynamo des Erdklimas. Ihre genaue Rolle bei der Bestimmung regionaler Temperatur- und Niederschlagsschwankungen ist Gegenstand des Weltklimaforschungsprogramms.*

meere als Dynamo für das globale Klima und den Austausch der Gase zwischen den Meeren und der Atmosphäre einschließlich ihrer Fähigkeit, Kohlendioxid zu speichern und die Winde auf dem Planeten anzufachen.

Integrierte Forschungsprogramme

Die Vereinigten Staaten haben bei der Entwicklung des Gedankens der globalen Umweltforschung die Führung übernommen, vor allem durch die NASA und die National Science Foundation. 1986 startete der Internationale Wissenschaftsrat (ICSU) sein so dringend erwartetes internationales und interdisziplinäres Geosphären-Biosphären-Programm (IGBP).

Auch die Weltbank, FAO und andere UN-Organisationen, Naturschutzverbände wie die Internationale Union zum Schutz der Natur (IUCN) und Birdlife International sowie zahlreiche einzelne Länder haben eigene globale Forschingsinitiativen ergriffen.

Diese ersten Schritte ebnen den Weg für eine geeignete globale Überwachung der Umwelt und damit für genauere Voraussagen darüber, wie wir die schädlichen Auswirkungen unseres Handelns auf die Umwelt einschränken können. Eine der wichtigen Fragen besteht darin, Art und Umfang der Umweltveränderungen zeitlich und räumlich zu bewerten. Die Beobachtung der Erde durch Satelliten bietet zwar eine hervorragende, regelmäßige, globale Erfassung, einige wichtige Parameter bedürfen jedoch langfristiger Messungen vom Boden aus. Aber selbst die Beobachtung der scheinbar einfachsten Parameter, wie etwa der Lufttemperatur, ist äußerst problematisch, obwohl sie in Westeuropa seit über 400 Jahren betrieben wird. Die Gründe dafür sind leicht auszumachen: die Überwachungsorte sind über die am dichtesten besiedelten Gebiete der Welt verstreut, und Wissenschaftler wie Methodik kommen und gehen, wie die Regierungen.

Die wissenschaftlichen Bemühungen, Veränderungen zu beobachten, waren in der Regel kurzfristig, von einigen bemerkenswerten Ausnahmen wie der Arbeit in der Antarktis abgesehen. Das geht zum einen auf die beschränkten Mittel und zum anderen darauf zurück, dass die Wahl, was wo und wann beobachtet werden soll, häufig von kurzfristigen, lokalen Zweckmäßigkeitserwägungen bestimmt wird, nicht von langfristigen, globalen Erfordernissen. Obwohl solche Erkenntnisse für eine gesellschaftliche und wirtschaftliche Planung sowohl für bestimmte Regionen als auch für die Erde insgesamt wichtig sind, sind offenbar selbst entwickelte Länder kaum in der Lage, langfristige Beobachtungen der Umwelt durchzuführen und zu garantieren. Folglich hat es auf internationaler Ebene kaum wirkliche Fortschritte gegeben. Es muss nach wie vor dafür gesorgt werden, dass langfristige Beobachtungen an ausgewählten Orten auf Jahrzehnte oder gar Jahrhunderte angelegt werden, nicht nur auf Jahre.

Eine Aufgabe für Forscher

Wir leben im Zeitalter des globalen Denkens und des gemeinschaftlichen Handelns. Alle Forscher sind sich einig, dass die Fenster, durch die wir die Welt sehen und ihre Veränderungen beobachten, viel zu klein sind. Kein Wunder, dass Wissenschaftler zurückschrecken, wenn sie Voraussagen und Lösungen schnell und kompetent liefern sollen. Der ganzheitliche Blick auf die Erde und ihre Biosphäre hat große Lücken in unserem Wissen offenbart. Das ist eine dringliche Aufgabe für die Forschung. Es war nie *nötig*, die Pole zu erreichen, Berge zu besteigen oder in die Tiefen des Meeres vorzudringen, außer um individuelle Neugier zu befriedigen. Jetzt muss jedoch gehandelt werden: Die Aneignung globalen Wissens über unsere Umwelt, Menschen und Orte muss eine Plattform für das Verständnis zwischen den Völkern und für den Weltfrieden sein.

Biografischer Anhang

Dieser Teil des Atlas enthält biografische Daten über viele der Forscher, Geografen und Kartografen, deren Leistungen im Haupttext gewürdigt werden. Die Zahlen am Ende jedes Eintrags verweisen auf die Seiten, wo weitere Informationen zu finden sind.

Albanel, Charles (1616–1696)
Französischer, jesuitischer Missionar und Forscher in Kanada, der nach der Erkundung des Saguenay und der Hudsonbai 1671 Routen für den Pelzhandel einrichtete. Da er die Geschäfte der *Hudson's Bay Company* bedrohte, schickten ihn die Engländer 1674 nach Europa zurück. 1676 ging er wieder nach Kanada und verbrachte den Rest seines Lebens als Superior der St. Francis-Xavier-Mission. **130–131**

Prinz Albert I. von Monaco (1848–1922)
Begeisterter Amateurmeereskundler und Förderer der Wissenschaften, der Bedeutendes für die Ozeanografie geleistet hat. Nach dem Dienst in der spanischen Marine nahm er ozeanografische Vermessungen vor, für die er ausgeklügelte Instrumente entwickelte. Er forschte sein ganzes Leben lang und veröffentlichte seine Erkenntnisse. **207**

Albuquerque, Afonso d' (1453–1515)
Portugiesischer Fregattenkapitän, der die portugiesischen Eroberungen im Osten abschloss. Nach dem Militärdienst in Nordafrika wurde er nach Indien geschickt, wo er 1509 Statthalter der portugiesischen Siedlung wurde und durch die Einnahme von Goa (1510), Malakka (1511), Calicut (1512) und der Malabarküste die Herrschaft über den Gewürzhandel anstrebte. Er hatte ehrgeizige Pläne zur Eroberung von Mekka und Jerusalem und zur Zerstörung Kairos durch Umleiten des Nils ins Rote Meer, die jedoch nie verwirklicht wurden. **39**

Alexander der Große (356–323 v. Chr.)
König und Reichsgründer. Der Sohn Philipps II., von Aristoteles erzogen, wurde mit 20 König. Nach der Konsolidierung der Macht in Griechenland führte er 11 Jahre lang erbitterte Feldzüge. 334 v. Chr. begann er den persischen Feldzug, eroberte Kleinasien (Türkei) und 332 v. Chr. Tyros. Er unterwarf Ägypten und nahm Babylon ein, marschierte 330 v. Chr. in den heutigen Nordiran und eroberte 328 v. Chr. Zentralasien. 327 v. Chr. drang er in das heutige Pakistan ein und ging daran, sein Reich zu festigen. Während der Planung einer Umsegelung Arabiens starb er mit 33 Jahren in Babylon an einem Fieber. **14–15**

Allouez, Claude (1622–1689)
Französischer Jesuit und Missionar, der das Gebiet der Großen Seen in Nordamerika bereiste. Allouez wurde 1655 ordiniert und segelte 1658 nach Neufrankreich. Nach Jahren der Arbeit am Sankt-Lorenz-Strom wurde er zum Generalvikar für den Nordwesten ernannt und machte sich daran, im heutigen Wisconsin Missionen zu errichten. Die letzten Lebensjahre verbrachte er bei den Miami-Indianern im heutigen südwestlichen Michigan. **130, 131**

Almeida, Francisco de (1450–1510)
Portugiesischer Soldat und Kolonialbeamter, der erster Generalgouverneur von Portugiesisch-Indien wurde (1505–1509). Er errichtete einige befestigte Handelsposten; sein Sohn gründete eine Niederlassung auf Ceylon. Almeida wurde auf dem Rückweg nach Portugal ermordet. **39**

Amundsen, Roald (1872–1928)
Norwegischer Forscher und Leiter der ersten Expedition, die den Südpol erreichte. Von 1903 bis 1906 segelte er mit der *Gjöa* durch die Nordwestpassage und bestimmte aufgrund seiner Beobachtungen die genaue Lage des damaligen magnetischen Nordpols. Die nächste Expedition brachte ihn in die Antarktis, wo er im Dezember 1911 den Südpol erreichte. In den Jahren 1925–1926 erkundete er die Arktis aus der Luft. Auf der Suche nach dem vermissten Flieger Umberto Nobile stürzte er mit dem Flugzeug ab. **178, 182, 183, 191, 192, 193**

Andrée, Salomon August (1854–1897)
Schwedischer Luftfahrtingenieur und Arktisforscher. Er kam bei dem Versuch, mit einem Ballon von Spitzbergen zum Nordpol zu fliegen, ums Leben. Sein Körper wurde nach 33 Jahren auf White Island gefunden. **182, 183**

Anson, George (1697–1762)
Britischer Admiral, der 1740–1744 die Welt umsegelte. Er segelte zuerst nach Südamerika mit dem Auftrag, Widerstand gegen die spanische Herrschaft in Chile und Peru zu schüren. Von dort überquerte er mit sieben Schiffen den Pazifik, von denen nur eins die Reise beendete. Trotzdem gelang es ihm, eine spanische Schatzgaleone abzufangen und mit ihrer Ladung nach England zurückzukehren. **108, 109**

Baffin, William (1584–1622)
Englischer Seefahrer und Forscher. 1612–1616 leitete er mehrere Expeditionen auf der Suche nach der Nordwestpassage, von denen eine die (nach ihm benannte) Bucht zwischen Grönland und Kanada entdeckte. Ihm gelang als Erstem, durch Beobachten des Mondes die geografische Länge auf See zu bestimmen. **128, 174, 175**

Baikie, William Balfour (1825–1864)
Britischer Forscher und Kolonialbeamter. Er leitete zwei wichtige Forschungsreisen 1854 und 1859 zum Niger. Auf der zweiten gründete er in Lokoja, wo er afrikanische Sprachen studierte, eine Handelsvertretung. **71**

Baines, Thomas (1822–1875)
Englischer Künstler und Reisender. Von 1847 bis 1851 begleitete er die britische Armee zum Kap der Guten Hoffnung und ging 1855 mit einer Expedition nach Nordwestaustralien. 1858 begleitete er Livingstone bei seiner Sambesi-Expedition und erkundete auch das Gebiet bei den Victoriafällen. 1868 kehrte er zum Kap zurück, wo er bis zu seinem Tod lebte. **77, 87, 164**

Baker, Sir Samuel White (1821–1893)
Britischer Forscher. Erforschte in Äthiopien die Quellen des Nil (1861–62), entdeckte und benannte den Albertsee (1864). Als Kolonialbeamter wandte er sich später gegen den Sklavenhandel. Seine Frau Florence reiste mit ihm und baute ein freundschaftliches Verhältnis zu den Menschen, mit denen sie zusammenkamen, auf. **74–75**

Balboa, Vasco Núñez de (ca. 1475–1519)
Spanischer Eroberer und der erste Europäer, der den Pazifik von Amerika aus erblickte. 1500 reiste er zur Insel Hispaniola, und zehn Jahre später ging er nach Darien, wo die Kolonisten den Statthalter vertrieben, die Macht übernahmen und die Stadt Panamá gründeten. Mit ein paar Indianern durchquerte er die Landenge und erreichte im September 1913 den Pazifik. Er wurde nach Spanien zurückbeordert und wegen angeblichen Verrats hingerichtet. **98, 100**

Banks, Sir Joseph (1743–1820)
Britischer Naturforscher. Nach dem Studium in Oxford und einer großen Erbschaft unternahm Banks ausgedehnte Reisen und sammelte naturgeschichtliche Proben. 1766 besuchte er Neufundland und Labrador. 1768–1771 begleitete er Captain Cooks Expedition zum Pazifik und führte genau Buch über die Fahrt. Auf seiner dritten Expedition ging er 1772 nach Island. 1778 wurde er Präsident der *Royal Society*, der er bis zu seinem Tod vorstand. **68, 69, 158, 159, 162**

Barents, Willem (gest. 1597)
Holländischer Seefahrer. Auf drei verschiedenen Expeditionen (1594–1597) suchte er nach der Nordwestpassage. Bei der dritten entdeckte er vor Norwegen Spitzbergen (Svalbard), wurde jedoch nach der Umrundung von Nowaja Semlja einen Winter im Eis eingeschlossen. So überwinterte seine Expedition als erste Europäer in der Arktis. Barents starb auf der Rückfahrt. **174, 175**

Barth, Heinrich (1821–1865)
Deutscher Forscher und Geograf. Nach dem Arabisch-Studium erkundete er auf einer zweijährigen Expedition 1845 Nordafrika, Ägypten, Palästina, Kleinasien und Griechenland. 1851–1856 begleitete er eine britisch geförderte Expedition durch Zentralafrika. Trotz des Todes seiner beiden Begleiter James Richardson und Adolf Overweg erforschte Barth weiterhin die Topografie, Geschichte und Kultur der von ihm besuchten Gebiete. Sein *Reisen und Entdeckungen in Nord- und Centralafrika* (1857/58) gilt als fachkundige Darstellung. **70, 71, 84**

Bass, George (ca. 1771– ca. 1803)
Britischer Forscher, der mit Matthew Flinders Teile der Küste bei Sydney erkundete, die noch nicht kartografiert waren. 1798 umsegelten sie Tasmanien. Die Wasserstraße, die sie dabei entdeckten, heißt heute Bass-Straße. 1803 verscholl Bass auf einer Fahrt nach Südamerika. **162, 163**

Bates, Henry (1825–1892)
Britischer Naturforscher, dessen Studien über natürliche Auslese Darwins Evolutionstheorie beeinflussten. Auf einer Fahrt zum Amazonas (1848–1859) sammelte er 14 712 unbekannte Insekten und berichtete über seine Erfahrungen in *The Naturalist on the River Amazon* (1863). **108–109**

Bellingshausen, Fabian Gottlieb von (1778–1852)
Russischer Marineoffizier, der die antarktischen Gewässer erforschte. 1821 entdeckte er bei der Umfahrung der Antarktis (1820/21) die Peter-I.-Insel- und die Alexander-Insel. Er starb als Gouverneur von Kronstadt. **186, 187**

Benalcázar, Sebastián de (ca. 1494–1551)
Spanischer Eroberer, der an der Eroberung Perus durch Francisco Pizarro (1532) teilnahm. Auf der Suche nach dem legendären El Dorado gründete er Siedlungen in Kolumbien und wurde 1541 Statthalter der Provinz Popayán. Nach der Teilnahme an den peruanischen Bürgerkriegen wurde er wegen Untreue festgenommen und 1550 nach Spanien zurückgeschickt, wo er bald darauf starb. **100**

Bering, Vitus Jonassen (1680–1741)
Dänischer Seefahrer und der erste Europäer, der Alaska erreichte. Nach einer Fahrt nach Ostindien 1703 trat er der russischen Marine bei. 1724 ernannte Peter der Große ihn zum Leiter einer Expedition nach Nordostsibirien, die feststellen sollte, ob Asien und Amerika getrennt seien. Bering verließ St. Petersburg 1725, reiste über Land nach

Kamtschatka, baute Schiffe und segelte im Sommer 1728 los. Aber obwohl er nordwärts durch die heutige Beringstraße zwischen Asien und Amerika fuhr, konnte er kein Land sichten und bei seiner Rückkehr nach Petersburg 1730 nicht zweifelsfrei sagen, ob es eine Straße gab oder nicht. Er wurde auf eine zweite Expedition geschickt und segelte 1741 erneut von Kamtschatka Richtung Nordamerika, wo er Alaska schließlich sichtete. Er ging kurz an Land, starb aber auf der Rückfahrt, im Packeis vor der heutigen Beringinsel gestrandet. **48–49, 140, 141, 160**

Binger, Louis-Gustave (1856–1936)
Französischer Soldat und Forscher in Westafrika. 1887–89 bereiste er die Elfenbeinküste und Niger und sah als erster Europäer die Stadt Kong. 1892 folgten weitere Erkundungen mit dem Entwurf für die Grenze zwischen der britischen Goldküste und der französischen Elfenbeinküste, deren Gouverneuer er 1893 wurde. Bingerville, Kolonialhauptstadt von 1900 bis 1934, war nach ihm benannt. **85**

Bingham, Hiram (1875–1956)
US-Archäologe, der 1912 die Inka-Stadt Machu Picchu in den peruanischen Anden entdeckte und so Historikern ermöglichte, die Geschichte Perus vor der spanischen Eroberung zu enträtseln. Er führte viele Expeditionen nach Südamerika und schrieb *Inca Land* (1922), *Machu Picchu* (1930) und *Lost City of the Incas* (1948). **112–113**

Blaxland, Gregory (1778–1853)
Britischer Grundbesitzer, der 1805 nach Australien auswanderte und auf der Suche nach Weideland einen Weg von Sydney ins Landesinnere erkundete. 1813 überquerte er die Blue Mountains. Blaxland war ein wagemutiger Geschäftsmann, der sich des öfteren wegen Beschränkungen mit dem Kolonialministerium anlegte. Als Farmer war er mit einigen Vorhaben erfolgreich, nahm sich jedoch 1853 das Leben. **164, 165**

Borough, Stephen (1525–1584)
Englischer Seefahrer, der 1553 an der Expedition von Hugh Willoughby auf der Suche nach der Nordostpassage teilnahm. Als sein Schiff von den anderen getrennt wurde, segelte er ins Weiße Meer und entdeckte gemeinsam mit Richard Chancellor die Nordroute nach Moskau. 1556 entdeckte er die Straße zwischen der südlichsten Insel von Nowaja Semlja und Waigatsch in Nordrussland sowie die Karasee dahinter. **174, 175**

Bougainville, Louis-Antoine Comte de (1729–1811)
Französischer Offizier und Seefahrer. Der Veteran der französisch-indianischen Kriege in Kanada ging 1763 zur Marine, befehligte den ersten französischen Marineverband, der die Erde umsegelte (1766–1769), und machte dabei botanische und astronomische Studien. 1771/72 brachte er einen Bericht über die Reise heraus. Danach diente er im Unabhängigkeitskrieg in der amerikanischen Armee, fiel jedoch 1782 nach einer Niederlage in der Karibik in Ungnade. Die Französische Revolution überstand er auf seinen Gütern in der Normandie, bis er unter Napoleon wieder Gnade fand. Bougainville gehört durch Charakter und Bildung, seine Kunst der Menschenführung und seine sorgfältigen Beobachtungen zu den großen Reisenden des 18. Jh. **156, 157, 159**

Bransfield, Edward (ca. 1795–1851)
Englischer Marineoffizier, der die Südshetland-Inseln kartografierte und für Großbritannien beanspruchte. 1820 sichtete er weiter südlich die antarktische Halbinsel. **186**

Bruce, James (1730–1794)
Schottischer Forscher. Wurde 1762–1765 zum britischen Konsul in Algier ernannt und erkundete danach die römischen Ruinen an der Nordküste Afrikas sowie das Mittelmeer. Von Alexandria aus erkundete er 1768 die Nilquelle. 1770 erreichte er die Quelle des Blauen Nil und bezeichnete die portugiesischen Jesuiten, die sie vor ihm erreicht hatten, als Lügner. Die mündlichen Darstellungen seiner Reisen wurden in London nicht sonderlich gut aufgenommen, 1790 veröffentlichte er eine fünfbändige Niederschrift: *Travels to Discover the Source of the Nile in the Years 1768–73*. **66–67**

Brûlé, Etienne (ca. 1592–1633)
Französischer Forscher, der 1608 mit Samuel de Champlain von Frankreich nach Quebec reiste. 20 Jahre lang erforschte er die Großen Seen und die Georgianbai, führte französische Expeditionen und nahm sich der Huron-Indianer an, die ihn am Ende töteten. **127**

Brunner, Thomas (1822–1874)
Landvermesser und Forscher in Neuseeland, der mit Charles Heaphy mehrere schwierige Expeditionen unternahm. Brunners berühmteste Reise (1846–1848) brachte ihn und seine Maori-Führer auf der Suche nach dem legendären Tableland in die Südalpen. Brunners Bericht über diese Reise wurde 1848 veröffentlicht. **170, 171**

Burchell, William John (ca. 1782–1863)
Englischer Forscher und Naturkundler. 1805–1810 war er auf St. Helena „Lehrer und Botaniker“, bevor er zum Kap der Guten Hoffnung reiste. Dort lernte er die Burensprache und reiste dann ab 1811 durch Südafrika, wo er Proben sammelte und wissenschaftliche Beobachtungen machte. Er war vier Jahre unterwegs und veröffentlichte nach seiner Rückkehr nach England einen Bericht über das erste Reisejahr sowie wissenschaftliche Arbeiten. 1825–1829 bereiste er Südamerika und sammelte Proben. **86**

Burckhardt, Johann Ludwig (1784–1817)
Schweizer Forschungsreisender, Forscher der arabischen Sprache und Sitten und erster Europäer der Neuzeit, der Petra in Jordanien und die ägyptischen Tempel von Abu Simbel aufsuchte. Nach dem Studium in London und Cambridge lernte Burckhardt in Syrien Arabisch. Von dort reiste er nach Kairo, nilaufwärts und durch Arabien nach Mekka, oft in muslimischer Tracht und unter muslimischem Namen. Bei seiner Rückkehr nach Kairo starb er über Plänen für eine Reise in die Wüste an Ruhr. Seine Aufzeichnungen wurden zwischen 1819 und 1830 in fünf Bänden veröffentlicht. **51, 68**

Burke, Robert O'Hara (um 1820–1861)
Irischer Forscher, der 1860 die erste erfolgreiche, wenn auch tragische Durchquerung Australiens von Süden nach Norden anführte. Nach dem Start in Melbourne ließ er die meisten Begleiter am Barcoo zurück und ging mit nur drei Mann weiter zur Nordküste. Sie kamen fast bis zur Mündung des Flinders, kehrten jedoch um, ohne das Meer gesehen zu haben. Auf dem Rückweg starben Burke und zwei seiner Begleiter. Der vierte, King, wurde schließlich gerettet. **168–169**

Burton, Sir Richard Francis (1821–1890)
Englischer Forscher, Schriftsteller, Sprachkundler und Diplomat. Beim Militärdienst in Indien 1842–1849 eignete er sich profunde Kenntnisse der Sitten und Sprachen des Fernen Ostens an. Das nutzte er, als er 1853 als Muslim getarnt nach Medina und Mekka reiste und als einer der wenigen Europäer jener Zeit diese Städte besuchte. Bei einer Reise 1857 nach Ostafrika mit John Speke entdeckte er den Tanganjikasee. Danach sah er sich kurz in Westafrika um. 1861 trat er in den Dienst des Außenministeriums und war in Südamerika, Damaskus und Triest tätig. Der Verfasser vieler Bücher wurde am bekanntesten durch seine 16-bändige Übersetzung von *Tausendundeine Nacht* (1885–1888). **51, 72, 73, 75**

Byrd, Richard Evelyn (1888–1957)
Amerikanischer Marineoffizier und Luftfahrtforscher. Mit 12 Jahren reiste er allein rund um die Welt. Nach dem Marinedienst unternahm er 1925 eine Expedition nach Grönland und sammelte dabei Erfahrungen für die folgenden Polarflüge. 1926 flog er mit seinem Kopilot Floyd Bennett als erster über den Nordpol. 1927 flog Byrd mit vier Passagieren von New York nach Frankreich, musste jedoch wegen schlechter Sicht notwassern. Über seine Erlebnisse als Flieger berichtet er in *Skyward* (1928). 1929 flog er von einer Basis auf dem Ross-Schelfeis in der Antarktis über den Südpol. 1933/34 erforschte er mit Schlitten und Flugzeug das heutige Marie-Byrd-Land. 1939–1941 erkundete er das Innere der Antarktis und führte 1955/56 seine fünfte Expedition in diesen Kontinent. **182, 196**

Cabot, John (ca. 1450–1499)
Genueser Seefahrer, der seit den Wikingerfahrten die erste überlieferte europäische Reise zur Küste Nordamerikas unternahm. Nach Handelsfahrten im Mittelmeer überzeugte er Heinrich VII. von England, 1497 eine Expedition über den Atlantik zu unterstützen. Als er Amerika erreichte, segelte er die Küste von Neufundland bis zur Kap-Breton-Insel hinunter und kehrte nach England zurück, überzeugt, das Land des Großkhans (China) gefunden zu haben. Der König belohnte ihn und richtete 1498 eine zweite Expedition aus. Cabot kehrte nicht zurück, seine Entdeckungen bildeten jedoch die Grundlage für englische Ansprüche in Nordamerika und belebten den Handel zwischen England und Russland. **120–121**

Cabot, Sebastian (1474–1557)
In Venedig geborener Seefahrer, Forscher und Kartograf, Sohn von John Cabot und in Bristol aufgewachsen. Er überquerte 1508 den Atlantik auf der Suche nach einer Nordpassage nach China, kam vielleicht bis zur Hudsonbai und segelte die Küste Nordamerikas hinunter. Er trat 1512 in die spanische Marine ein und führte 1526 eine Expedition, die einen Weg vom Atlantik zum Pazifik finden sollte. 1547 kehrte er nach England zurück, wo er die *Company of Merchant Adventurers for the Discovery of Catay* mitbegründete. Als ihr Gouverneur unternahm er 1553–1556 mehrere Expeditionen, um eine Nordostpassage nach China zu finden. **99, 121**

Cabral, Pedro Alvarez (ca. 1467– ca. 1520)
Portugiesischer Seefahrer, gilt als erster europäischer Entdecker Brasiliens. Manuel I. von Portugal schickte ihn 1500 mit einer Flotte nach Ostindien. Um den Golf von Guinea zu umfahren, segelte er westwärts und kam in Brasilien an Land, das er für Portugal in Anspruch nahm. Damit begann das portugiesische Gewürzmonopol. Bei seiner Rückkehr nach Portugal 1501 plante er eine weitere Expedition, wurde jedoch nach Meinungsverschiedenheiten mit dem König durch Vasco da Gama ersetzt. **94**

Cabrillo, Juan Rodríguez (gest. 1543)
Portugiesischer Erforscher der kalifornischen Küste im Dienst Spaniens. Er war an der Eroberung des Aztekenreichs beteiligt, ging nach Guatemala und segelte 1492 vom Nordwesten Mexikos los, um die Küste Kaliforniens zu erkunden. Er erreichte die Bucht von San Francisco, starb aber kurz darauf auf San Miguel. **124, 125**

Caillié, René Auguste (1799–1838)
Französischer Erforscher von Nordwestafrika, der sich in den Kopf gesetzt hatte, Timbuktu zu sehen. Er lernte Arabisch und wurde islamisch erzogen. 1827 zog er mit einer Karawane von der Küste Guineas nach Timbuktu, das er im April 1828 erreichte. Zwei Wochen später durchquerte er die Sahara nordwärts bis Fés. Er war der erste Europäer, der Timbuktu erreichte und auch davon berichten konnte. **84, 85**

Cameron, Verney Lovett (1844–1894)
Britischer Marineoffizier und Forscher in Zentralafrika. Eine Zeit lang kämpfte er in der Marine gegen den ostafrikanischen Sklavenhandel. 1873 bekam er von der *Royal Geographical Society* den Auftrag, Livingstone zu helfen. Obwohl er vom Tod Livingstones hörte, erkundete er weiter den Tanganjikasee. Er fand den Weg zum Lualaba, konnte aber keine Kanus von den arabischen Sklavenhändlern bekommen, um den Kongo (Zaire) hinunterzufahren, weil er sich weigerte, die Sklaverei gutzuheißen. Deshalb zog er über Land zur angolanischen Küste und war damit der erste Europäer, dem die Ost-West-Durchquerung Afrikas gelang. Anschließend besuchte er das Euphrat-Tal (1878–1879) und begleitete Richard Burton 1882 nach Westafrika. **79, 82**

Cano, Juan Sebastian del (ca. 1476–1526)
Spanischer Seefahrer, der die Erde als Erster umsegelte. Er führte eines der fünf Schiffe auf Ferdinand Magellans Entdeckungsfahrt, übernahm 1521 nach dessen Tod das Kommando und kehrte 1522 nach Spanien zurück. **150, 151**

Cão, Diogo (aktiv 1480–1486)
Portugiesischer Erforscher Westafrikas. Er fuhr als erster Europäer den Kongo (Zaire) flussaufwärts, erkundete die Küste unterhalb des Äquators und erreichte 1482–1484 Kap Santa Maria. **34, 65**

Carpini, Giovanni da Pian del (ca. 1180–1252)
Italienischer Reisender und Geistlicher. Er wurde 1245 von Papst Innozenz IV. an den mongolischen Hof geschickt und schrieb nach seiner Rückkehr eine *Geschichte der Mongolen*, in der er viele der damaligen Gerüchte über mongolische Gräueltaten anzweifelte. **28**

Carteret, Philip (gest. 1796)
Britischer Marineoffizier, der 1766 ein Schiff einer Expedition von Wallis in den Pazifik führte. Bei der Einfahrt in den Pazifik wurde er von Wallis getrennt, nahm einen südlicheren Kurs und entdeckte und benannte viele in Europa noch unbekannte Inseln. **156, 157**

Cartier, Jacques (1491–1557)
Französischer Seefahrer und Forscher, der den Sankt-Lorenz-Strom entdeckte. Cartier studierte Navigation in Dieppe und wurde 1534 von Franz I. nach Nordamerika geschickt, um Gold zu suchen. Auf seiner Fahrt entdeckte er die Magdalenen-Inseln und die Prinz-Eduard-Insel und erkundete den Sankt-Lorenz-Golf, bevor er nach Frankreich zurückkehrte. 1535/36 fuhr er den Sankt-Lorenz-Strom bis auf die Höhe von Montreal hinauf, musste wegen der Stromschnellen aber umkehren. Die Irokesen berichteten ihm von Reichtümern weiter westlich, und so fuhr er 1541 erneut mit einer Expedition nach Nordamerika, um französische Ansprüche geltend zu machen. Das wurde ein Fehlschlag, und Frankreich stellte 50 Jahre keine neuen Ansprüche. Cartiers Fahrten bildeten dennoch die Grundlage für spätere französische Ansprüche auf Kanada. **122–123**

Champlain, Samuel de (1567–1635)
Französischer Nordamerika-Forscher und Begründer von Neufrankreich (Kanada). Nach einer Expedition zu den Inseln Mittelamerikas fuhr Champlain 1603 zum Sankt-Lorenz-Golf, wo er den Sankt-Lorenz-Strom entdeckte. 1604 kehrte er mit Siedlern zurück und gründete bei Port Royal (heute Annapolis Royal, Neuschottland) eine Kolonie. Er erkundete die Atlantikküste vom Kap Breton bis zum Kap Cod, erstellte genaue Karten und gründete 1608 Quebec. Sechs weitere Jahre erkundete er das Gebiet, entdeckte 1609 den Champlain-See und fuhr den Ottawa 1615 flussaufwärts bis zum Huronsee. Die letzten 20 Jahre seines Lebens verbrachte er als Kolonialverwalter und Förderer weiterer Erkundungsfahrten durch jüngere Männer. **126–127**

Chancellor, Richard (gest. 1556)
Englischer Seefahrer, der 1553 ein Expeditionsschiff auf der Suche nach einer Nordostpassage nach Asien führte und Moskau erreichte. Durch seine Verhandlungen mit Zar Iwan dem Schrecklichen legte er die Grundlagen für den englischen Handel mit Russland. **42, 174, 175**

Charcot, Jean-Baptiste Etienne (gest. 1936)
Französischer Forscher und Arzt, der zwei Antarktis-Expeditionen leitete. Auf der ersten (1903–1905) stellte er fest, dass die Bismarck-Straße mit dem Meer östlich der Graham-Küste verbunden war; er kartografierte auch die Westküste der Palmer-Halbinsel. Auf der zweiten (1908–10) kartografierte er die Antarktis-Halbinsel und führte wissenschaftliche Studien durch. Später erforschte er die arktischen Gewässer. 1936 ertranken er und seine Mannschaft vor Island. **191**

Clapperton, Hugh (1788–1827)
Schottischer Afrika-Forscher. Nach erfolgreicher Marinelaufbahn wurde er 1822 auf eine Regierungsexpedition von Tripolis zum Tschadsee und in die Niger-Region geschickt. 1825 folgte eine zweite Expedition von der Bucht von Benin nach Norden, auf der er starb. Seine Reisen eröffneten kommerzielle Möglichkeiten im heutigen Nigeria. **70, 71**

Clark, William (1770–1838)
Amerikanischer Forscher, der 1803–1806 mit Meriwether Lewis eine staatlich geförderte Expedition führte, die einen Landweg zur Pazifikküste erkunden sollte. 1806 wurde er Beauftragter für Indianerfragen in Louisiana. Später wurde er Gouverneur von Missouri. **144–145**

Cook, James (1728–1779)
Britischer Marineoffizier und Forscher, der großes Können (als wissenschaftlicher Beobachter und Kartograf) und Menschlichkeit gegenüber seiner Mannschaft sowie den Eingeborenen zeigte, denen er auf seinen Fahrten begegnete. Nach dem Eintritt in die Marine 1755 führte er Vermessungsarbeiten an der kanadischen Küste durch. 1768 führte er eine wissenschaftliche Expedition nach Tahiti, um den Durchgang der Venus zu beobachten. Danach erstellte er eine genaue Aufzeichnung der Küste von Neuseeland und Ostaustralien. Auf einer zweiten Expedition in den Südpazifik (1772–1775) überquerte Cook den Südlichen Polarkreis. Er bestimmte außerdem die genaue Lage vieler Pazifikinseln. Seine letzte Fahrt (1776–1779) hatte das Ziel, den westlichen Eingang zu einer möglichen Nordwestpassage zu finden. Auf der Fahrt nach Norden durch den Pazifik entdeckte er die Sandwich-Inseln (Hawaii). Danach vermaß er die Beringstraße und kehrte nach Hawaii zurück, wo er bei einem Streit mit Einheimischen getötet wurde. **108, 109, 140, 141, 158–159, 160–161, 170, 185**

Coronado, Francisco Vásquez de (geb. 1510)
Spanischer Nordamerika-Forscher. Er ging 1535 nach Mexiko und leitete 1540 eine Expedition, um die sieben Städte von Cibola zu finden, den Hort angeblich sagenhafter Reichtümer. Er erkundete die Westküste Mexikos, folgte dem Rio Grande nach Osten und zog dann nordwärts durch Texas, Oklahoma und Ostkansas. Seine Entdeckungen waren beeindruckend, aber er fand kein Gold. **124–125**

Corte-Real, Gaspar (ca. 1450–1501) und **Miguel** (gest. 1502)
Portugiesische Brüder, die die Nordwestküste Nordamerikas erkundeten. Gaspar, 1500 von Manuel I. entsandt, segelte nach Grönland, weiter nach Labrador und die kanadische Küste hinunter. 1501 unternahm er eine zweite Expedition, von der er nicht zurückkam. Sein Bruder Miguel machte sich im Jahr darauf auf die Suche nach Gaspar, kam jedoch ebenfalls nicht zurück. Das von ihnen entdeckte Land wurde jedoch als portugiesisch anerkannt und trägt zum Teil noch ihren Namen. **120, 121**

Cortés, Hernán (1485–1547)
Zentrale Gestalt bei der spanischen Eroberung und Kolonisierung Mexikos. Nach dem Jurastudium in Salamanca brach Cortés in die Neue Welt auf, um sein Glück zu machen. Er wurde Sekretär von Diego de Velásquez, Statthalter von Kuba, der ihn 1518 auf eine Expedition nach Mexiko schickte. Cortés segelte mit 550 Mann nach Zentralamerika, sagte sich nach seiner Landung von Velásquez los, gab sich den Rang und das Recht zu kolonisieren und marschierte landeinwärts zur aztekischen Hauptstadt. Cortés machte einige der ansässigen Indianer zu seinen Verbündeten und konnte 1521 Tenochtitlán (Mexiko) einnehmen. In den folgenden fünf Jahren brachte Cortés das aztekische Land, Honduras und weite Teile von El Salvador und Guatemala unter spanische Herrschaft. Seine persönliche Macht, die in seinen Titeln und Besitztümern zum Ausdruck kam, wurde jedoch von der Krone nach und nach beschnitten, und er starb als Privatmann in Spanien. **96–97**

Cousteau, Jacques Yves (1910–1997)
Französischer Meeresforscher. Am bekanntesten als Miterfinder (neben Emile Gagnan) der Aqualunge, eines unabhängigen Tauchgeräts, das den Tauchern unter Wasser Bewegungsfreiheit gibt. Er erfand auch ein Verfahren für Unterwasserfernsehen und führte verschiedene unterseeische Wohnexperimente durch. Viele Expeditionen mit seinem Forschungsschiff *Calypso* wurden von ihm für das Fernsehen und das Kino gefilmt. **208**

Cunningham, Allan (1791–1839)
Britischer Botaniker und Forscher, der die Pandora Passage, Darling Downs und Cunningham's Gap in Neu-Südwales entdeckte. Als botanischer Sammler für Kew Gardens wurde er 1816 nach Brasilien und dann nach Neu-Südwales geschickt. Bis 1830 unternahm er viele Land- und Seereisen und kehrte dann nach Großbritannien zurück. 1837 übernahm er die Stelle eines Kolonialbotanikers in Neu-Südwales. **164**

Dampier, William (1651–1715)
Englischer Seefahrer und Freibeuter. Schon früh in seinem abenteuerlichen Leben war er 1679 bei Freibeuterzügen gegen Lateinamerika dabei und überquerte 1688 den Pazifik. 1697 veröffentlichte er einen Bericht über seine Abenteuer, woraufhin er 1699 zum Anführer einer Regierungsexpedition in die Gewässer der südlichen Hemisphäre ernannt wurde. Dabei erkundete er die Küsten Australiens, Neuguineas und Neubritanniens und benannte

Dampier-Archipel und -straße nach sich selbst. Noch zwei Mal befuhr er den Pazifik und rettete dabei 1708 Alexander Selkirk, der Defoe zu seinem *Robinson Crusoe* inspirierte, von der Insel Juan Fernández. Dampier starb in Armut und verbittert darüber, dass andere sich mit seinen Erfolgen schmückten. **156, 157**

Darwin, Charles Robert (1809–1882)
Britischer Naturforscher, der die Theorie der Entwicklung durch natürliche Auslese propagierte. 1831 nahm er an einer Expedition der *Beagle* teil, die die Küste Südamerikas erkundete. Die Beobachtungen über die Flora und Fauna, vor allem auf den Galápagos-Inseln, bildeten die Grundlage seiner künftigen Arbeit über die Entwicklung neuer Arten. Die Entwicklung einer ähnlichen Theorie durch A.R. Wallace veranlasste Darwin, seine Vorstellungen 1858 auf einem Treffen der Linné-Gesellschaft darzulegen, und er veröffentlichte 1859 *Die Entstehung der Arten durch natürliche Zuchtwahl,* eine eingehende Evolutionsdarstellung. Mit *Die Abstammung des Menschen* (1871) und anderen Arbeiten erlangten seine Ideen trotz des erbitterten Widerstands der Kirche eine weitere Verbreitung. **110–111**

Davis, John (ca. 1550–1605)
Englischer Forscher und Seefahrer und einer der bedeutendsten frühen Polarreisenden. Auf der Suche nach einer Nordwestpassage segelte er drei Mal nach Kanada (1585–1587), erkundete die Davis-Straße, den Golf von Cumberland und die Baffin-Bai. 1588 kämpfte er gegen die spanische Armada und unternahm 1591 eine weitere Entdeckungsfahrt, bei der er bis zu den Falkland-Inseln kam. 1594 und 1595 veröffentlichte er zwei Abhandlungen über Seefahrt, die von ihm entwickelten Quadranten waren weit verbreitet und wurden bis ins 18. Jh. hinein angewandt. Danach unternahm er mehrere Expeditionen nach Ostindien, wo er von Piraten getötet wurde. **174, 175**

Deschnew, Simon (ca. 1605–1673)
Russischer Regierungsagent und Forscher, der 1648 höchstwahrscheinlich die Beringstraße durchfuhr, fast ein Jahrhundert, bevor Vitus Bering sie erreichte. Die Bedeutung seiner Fahrt wurde erst im 19. Jh. erkannt, nachdem die Entdeckung, dass Asien und Nordamerika getrennt sind, Bering zugeschrieben und die Straße nach ihm benannt worden war. **47**

Desideri, Ippolito (1684–1733)
Italienischer Jesuit und Missionar, der allgemein als erster großer Tibetforscher gilt. Desideri besuchte 1715 Lhasa und blieb bis 1721 in Tibet, wo er die Sprache und Kultur des Landes studierte. **45**

Diaz, Bartholomeu (ca. 1450–1500)
Portugiesischer Seefahrer. Im Auftrag Johanns II. von Portugal umsegelte er mit drei Schiffen die Südspitze Afrikas und tat damit einen großen Schritt auf dem europäischen Seeweg nach Indien. Er baute zwei Schiffe für Vasco da Gamas Indienreise und war im Jahre 1500 Teilnehmer der Expedition von Pedro Alvares Cabral, die durch Zufall Brasilien „entdeckte“, ertrank jedoch später vor dem Kap der Guten Hoffnung. **35**

Doughty, Charles Montagu (1843–1926)
Britischer Forscher, Reiseschriftsteller und Dichter. Er reiste 1876–1878 von Damaskus nach Mekka, worüber er in seinem hoch gelobten *Travels in Arabia Deserta* (2 Bd., 1888) berichtete. Zu seinen Gedichten gehören *The Dawn in Britain* (1906) und *The Clouds* (1912). **52, 53**

Drake, Sir Francis (ca. 1540–1596)
Englischer Seefahrer und Freibeuter. Er wurde berühmt durch Überfälle auf spanische Schiffe und Kolonien in der Karibik (1570–1572) und umsegelte 1577–1580 als erster Engländer die Erde. Elisabeth I. schlug ihn zum Ritter und ernannte ihn 1581 zum Bürgermeister von Plymouth. Er plünderte weiter spanische Schiffe und hatte großen Anteil an der Niederlage der Armada 1588. Auf seinen Tod zur See folgten eine verheerende Expedition und Plünderungen in der spanischen Karibik. **152, 153**

Drygalski, Erich Dagobert von (1865–1949)
Deutscher Geophysiker. Er führte 1892 eine Reise nach Grönland und leitete 1901–1903 die deutsche Antarktis-Expedition, die das Gebiet erreichte, das er Kaiser Wilhelm II.-Land nannte. **190, 191**

Dumont D'Urville, Jules Sébastien (1790–1842)
Französischer Seefahrer, der zwei große Fahrten unternahm. Auf der ersten (1826–1829) erfasste er die Küste Australiens und Neuseelands und besuchte verschiedene Pazifikinseln. Auf der zweiten (1837–1840) segelte er zur Antarktis, wo er die Insel Joinville und Adélie-Land entdeckte. Er beschrieb seine Fahrten und erstellte Karten in einem 49-bändigen Werk, das geologische, botanische, sprach- und meereskundliche Informationen enthielt. Er starb bei einem Zugunglück bei Paris. **188, 189, 202**

Elias, Ney (1844–1897)
Britischer Beamter und Forscher, der intensiv Zentralasien bereiste. Nach Dienstjahren in China brach Elias 1872 in Begleitung eines chinesischen Dieners zur Rückreise nach Europa über Land auf. Die Reise erfolgte im Winter und ging u.a. auf einem noch nie benutzten Weg durch die unwirtliche Wüste Gobi. Die indische Regierung schickte Elias später auf mehrere schwierige Reisen und heikle politische Missionen in ganz Zentralasien. Obwohl er einer der größten Asienforscher war, mied er die Öffentlichkeit und ist deshalb nicht so bekannt, wie er sein sollte. **55**

Ellsworth, Lincoln (1880–1951)
Amerikanischer Polarforscher. Er finanzierte den norwegischen Forscher Roald Amundsen, der 1911 als erster Mensch den Südpol erreichte, und flog 1926 mit Amundsen im Luftschiff von Spitzbergen über den Nordpol nach Alaska. 1931 erforschte er weite Teile des Nordpolarmeers und flog 1935 über die Antarktis. **182, 196**

Entrecasteaux, Joseph-Antoine Bruni d' (1739–1793)
Französischer Marineoffizier, der 1785–1787 die französische Flotte vor Ostiniden befehligte. In dieser Zeit unternahm er eine Reise nach China. 1787 wurde er Gouverneur von Mauritius und der Insel Bourbon, 1791 sollte er mit einer Expedition La Pérouse aufspüren, der seit Anfang 1788 verschwunden war. Er kartografierte Teile von Tasmanien und der Ostküste Neu-Kaledoniens und erkundete die Südküste Australiens. La Pérouse fand er jedoch nicht. Er starb vor der Küste von Java an Skorbut. **160, 161**

Eratosthenes von Kyrene (ca. 276–194 v. Chr.)
Griechischer Geograf, der als erster Mensch geometrisch den Erdumfang berechnete und ein erstaunlich exaktes Ergebnis erzielte. Von 234 bis 192 v. Chr. führte er die Bibliothek von Alexandria. Er war bekannt für seine Arbeiten auf den Gebieten Mathematik, Geografie, Philosophie und Literatur. Unter Benutzung älterer Dokumente entwarf er eine Gradnetzkarte der bekannten Welt. Von seinen Arbeiten sind nur Fragmente erhalten. **18**

Erik Thorvaldsson, „Erik der Rote" (ca. 950–1010)
Kolonisator Grönlands. Wegen Totschlags aus Norwegen und Island verbannt, floh er 982 nach Grönland. Drei Jahre später holte er Siedler aus Island, um dauerhafte Siedlungen zu errichten. Nach seiner Rückkehr nach Norwegen wurde er zum Christentum bekehrt. **23, 118**

Eyre, Edward John (1815–1901)
Britischer Australienforscher und Kolonialverwalter. Er zog 1833 nach Neu-Südwales, wo er Landwirtschaft betrieb, bevor er 1839/40 das Gebiet nördlich von Adelaide bis zum Eyre-See und auf der Halbinsel Eyre erkundete. Er versuchte, die Kolonien im Südwesten und Westen Australiens zu verbinden, und führte 1841 eine kleine Gruppe von Adelaide zum König-Georg-Sund. 1864 bescherten Regierungsämter in Neuseeland und auf einigen Inseln ihm den Gouverneursposten von Jamaika. Die brutale Unterdrückung eines Aufstands 1865 führte zu seiner Entlassung. **166, 167**

Fawcett, Percy Harrison (1867– um 1925)
Britischer Forscher im Mato Grosso-Gebiet, der auf der Suche nach den Ruinen von El Dorado im Amazonasdschungel verschwand. Nach der Vermessung der Grenze zwischen Brasilien und Bolivien 1906 bis 1908 und dem Dienst in der britischen Armee im Ersten Weltkrieg kehrte Fawcett nach Südamerika zurück und setzte seine Forschungsarbeit fort. 1925 ging er mit seinem Sohn und einem Freund in den Dschungel. Trotz einer Suchaktion 1928 hat man nie wieder etwas von ihnen gehört. **114**

Federmann, Nikolaus (ca. 1501–1542)
Deutscher Forscher und Eroberer, der das Landesinnere Venezuelas erkundete und 1537 eine Expedition in die Anden führte. 1539 erreichte er Bogotá, wo er zufällig auf Quesada und Benalcázar traf. Er wurde nach Spanien beordert, um sich für Verfehlungen gegen die Krone zu verantworten, und starb dort im Kerker. **100, 101**

Filchner, Wilhelm (1877–1957)
Deutscher Armeeoffizier und Forscher. Er bereiste 1900 das Pamir-Gebiet, führte 1903 die deutsche China-Tibet-Expedition und 1911/12 die deutsche Antarktis-Expedition. Im Ersten Weltkrieg tat er Dienst in Deutschland, unternahm in den 20er und 30er Jahren aber noch drei kartografische Expeditionen nach Tibet. Sein *Route-Mapping and Position-Locating in Unexplored Regions* (1957) war ein bedeutender Beitrag zu den kartografischen Verfahren. **192, 193**

Fitch, Ralph (gest. 1611)
Englischer Forscher, der 1583 über Land nach Indien reiste und mit dem Großmogul Akbar Handel trieb. Drei Jahre später besuchte er als erster Europäer Birma und Siam (Thailand). **42**

Fitzroy, Robert (1805–65)
Britischer Marinekommandeur, Forscher und Meteorologe, der die *Beagle* 1828–1836 auf der Expedition nach Südamerika befehligte. Für die Expedition 1831–1836 holte er Charles Darwin als Naturforscher. Später war er Generalgouverneur von Neuseeland. **108, 110–111**

Flinders, Matthew (1774–1814)
Britischer Seefahrer. Er ging 1789 zur Marine und wurde 1795 auf eine Erkundungsfahrt an die Küste Australiens geschickt. 1798 umsegelte er mit George Bass Tasmanien. 1801 wurde er auf eine zweite Fahrt geschickt, auf der er Australien gegen den Uhrzeigersinn umfuhr, das Große Barriereriff erforschte und den Carpentaria-Golf erfasste.

Auf der Rückfahrt nach England überlebte er einen Schiffbruch vor der australischen Küste. Mit einem anderen Schiff unterbrach er die Fahrt 1803 auf Mauritius. Dort wurde er von den Franzosen festgehalten, mit denen England im Krieg lag, und musste bis 1810 im Gefängnis ausharren. Sein Reisebericht *Voyage to Terra Australis* wurde an seinem Todestag 1814 veröffentlicht und enthält viele Beobachtungen über Magnetismus, Meteorologie, Hydrografie und Navigation. **162–63**

Forbes, Edward (1815–1854)
Schottischer Naturforscher und Biograf, der die Beziehung zwischen geologischen Veränderungen und Flora sowie Fauna der Britischen Inseln erforschte. Forbes untersuchte auch Weichtiere und Seesterne eingehend und beteiligte sich an mehreren Schleppnetzexpeditionen zur Vertiefung seiner Forschungen. **206**

Franklin, Sir John (1786–1847)
Marineoffizier und Arktisforscher. Er kämpfte in der Schlacht von Kopenhagen (1801) und Trafalgar (1805), nahm jedoch dazwischen an der Forschungsreise seines Vetters Matthew Flinders zur australischen Küste teil (1801–1803). 1818 beteiligte er sich an einer schlecht geplanten Expedition zum Nordpol und leitete anschließend zwei Erkundungen der nordamerikanischen Küste zu Lande (1819–1822 und 1825–1827), auf denen er und seine Mannschaft unter großen Entbehrungen und Hunger litten. 1836–1843 war er als Gouverneur von Vandiemensland (Tasmanien) tätig, drängte die Regierung bei seiner Rückkehr nach England jedoch, ihn auf eine Expedition zur Suche nach einer Nordwestpassage zu schicken. Die Expedition stach 1845 in See, kehrte aber nicht zurück. Alle 129 Mann starben. **175–179**

Frémont, John Charles (1813–1890)
Amerikanischer Militärforscher, der an der amerikanischen Eroberung Kaliforniens beteiligt war. Nach Reisen und Kartografiestudium bei Jean-Nicolas Nicollet kartografierte Frémont zu Beginn der 40er Jahre das Gebiet zwischen Mississippi-Tal und Pazifik und vermaß große Teile des Nordwestens. Auf die berühmte Winterdurchquerung der kalifornischen Sierra Nevada folgte eine weitere Expedition nach Kalifornien, die zur Annektierung dieses Staates 1846 führte. Frémont verließ die Armee und machte 1848 beim Goldrausch ein Vermögen. 1850 wurde er zu einem der beiden ersten Senatoren Kaliforniens gewählt und bewarb sich 1856 vergebens als erster republikanischer Präsidentschaftskandidat. **145**

Fritz, Samuel (1653–1723)
Böhmischer Jesuitenmissionar, der bei den Omagua- und Yurimagua-Indianern am Amazonas wirkte, etwa 50 christliche Siedlungen gründete und den Flussverlauf kartografierte. Er verteidigte die Indianer gegen Sklavenhändler und suchte die Wasserscheide der Anden. **102–103**

Frobisher, Sir Martin (ca. 1535–1594)
Englischer Seefahrer. Bei einer Expedition 1576 auf der Suche nach der Nordwestpassage gingen zwei seiner drei Schiffe verloren, aber er entdeckte die heutige Frobisherbai in Kanada. Zwei Mal kehrte er ins Nordpolarmeer zurück (1577–1578), vor allem, um vergebens nach Gold zu suchen. 1588 war er am Sieg über die spanische Armada beteiligt. **128, 129, 174, 175**

Fuchs, Arved (geb. 1953)
Forscher, der seit 1977 Expeditionen durchführt, vor allem in arktischen Gebieten. Er erreichte 1989 als erster Deutscher zu Fuß den Nordpol und im gleichen Jahr (am 30.12.) mit Reinhold Messner den Südpol. **183**

Fuchs, Sir Vivian Ernest (geb. 1908)
Britischer Geologe und Forscher. Er leitete 1947–1950 die Aufnahme der Falkland-Schutzgebiete in der Antarktis und 1955 bis 1958 die britische Sektion der Transatlantik-Expedition des Commonwealth, die abenteuerliche 3475 km durch die Antarktis führte. **197**

Gama, Vasco da (ca. 1460–1524)
Portugiesischer Adliger und Diplomat, der 1497/98 die Expedition führte, die den ersten europäischen Seeweg nach Indien fand. Er erreichte Südafrika, fuhr um das Kap der Guten Hoffnung und über den Indischen Ozean nach Calicut (Kozhikode), kehrte jedoch zurück, ohne Handelsbeziehungen geknüpft zu haben. Seine zweite Fahrt nach Indien 1502 war diesbezüglich erfolgreicher; nach einer Seeschlacht vor der Malabarküste zwang er die Inder, Handel mit ihm zu treiben. Nach seiner Rückkehr nach Portugal verließ er die Marine, ging aber 1524 als Vizekönig erneut nach Indien, wo er kurz darauf starb. **38, 39**

Garnier, Marie-Josèphe François (1839–1873)
Französischer Marineoffizier und Forscher in Kambodscha und Vietnam. Nach der Marineschule wurde Garnier 1860 nach China und dann nach Saigon versetzt, wo er 1863 Inspektor für Inlandsangelegenheiten wurde. Er war wesentlich an der riskanten Mekong-Expedition 1866–1868 beteiligt. Ab 1870 betätigte er sich als Politiker und Journalist. Als Chinakorrespondent wurde er in den ersten französischen Eroberungsversuch in Nordvietnam verwickelt und dabei getötet. **62–63**

Gerlache de Goméry, Adrien Victor Josèphe (1866–1934)
Belgischer Marineoffizier, der 1897–1899 die erste Expedition führte, die in der Antarktis überwinterte. Nach dieser hauptsächlich wissenschaftlichen Expedition sammelte er Proben am Persischen Golf. 1905 betrieb er meereskundliche Studien an der Ostküste Grönlands, 1909 in der Barents- und Karasee. 1909 durchquerte er Grönland und half Ernest Shackleton bei der Planung seiner Antarktis-Expedition von 1914–1917. **190, 191**

Gist, Christopher (ca. 1705–1759)
Amerikanischer Grenzer, Soldat und Forscher. Der in Maryland geborene Sohn eines Landvermessers erkundete und vermaß 1750/51 für die Ohio Company das Ohio-Tal. Er war mit George Washington auf der Expedition dabei, die die Franzosen aus dem Ohio-Tal wies (1753/54), und war einer der Führer beim unglücklichen Marsch General Braddocks auf Fort Dusquesne (1755). **137**

Grey, Sir George (1812–1898)
Britischer Armeeoffizier, der 1837–1839 die Nordwestküste Australiens erkundete und 1840 Gouverneuer von Südaustralien wurde. Grey war ein unerschrockener, aber unerfahrener Forscher, dessen Expeditionen gefährlich und schlecht geplant waren. Er machte jedoch das Beste aus seinen Möglichkeiten und wurde durch geschickte Eigenwerbung und gute Verbindungen bekannt. Als er Gouverneur von Südaustralien wurde, schied er aus der Armee aus und schlug die politische Laufbahn ein, die ihn zum Gouverneur von Neuseeland und der Kapkolonie machte. **166, 167**

Harrer, Heinrich (1912)
Österreichischer Alpinist, der 1938 an der Erstbesteigung der Eigernordwand beteiligt war. Er unternahm Expeditionen in die Anden und in den Himalaja. Er lebte 7 Jahre am Hofe des Dalai Lama in Tibet und berichtete darüber in einem Aufsehen erregenden Buch. **57**

Heaphy, Charles (ca. 1821–1881)
Kolonialbeamter, der für die New Zealand Company Teile Neuseelands erforschte. Heaphy begann seine Laufbahn als Zeichner bei mehreren Vermessungs- und Straßenbauprojekten in Neuseeland und wurde 1864 Erster Geometer für die Provinz Auckland. Drei Jahre war er gewähltes Mitglied des neuseeländischen Repräsentantenhauses (1867–1870) und blieb bis zu seinem Tod Staatsbeamter. **170, 171**

Hearne, Samuel (1745–1792)
Britischer Pelzhändler und Kanadaforscher. Hearne verließ England 1766, um für die *Hudson's Bay Company* zur See zu fahren. Drei Jahre später führte er die Erste seiner Expeditionen von Churchill aus nach Norden, um neues Gelände für die *Company* zu erschließen. Nach zwei Fehlschlägen brach Hearne 1770 erneut auf und schaffte den ersten Überlandtreck zum Nordpolarmeer. 1774 förderte er die Interessen der *Hudson's Bay Company* durch die Einrichtung von Cumberland House, einem Handelsposten im Landesinnern. **138–139**

Hedin, Sven Anders (1865–1952)
Schwedischer Zentralasienforscher. Nach seinem Dienst als Diplomat in Persien unternahm Hedin mehrere beschwerliche Reisen durch Zentralasien. Er durchquerte die Wüste Takla Makan und entdeckte die Reste alter Siedlungen. 1906–1908 bereiste er ausführlich Tibet. Er veröffentlichte zahlreiche Reiseberichte, schädigte seinen Ruf jedoch später durch seine offenkundige Sympathie für die Nationalsozialisten. **60, 61**

Hennepin, Louis (1640– ca. 1701)
Belgischer Forscher und Franziskanermissionar, der 1675 nach Kanada segelte. Nach seiner Tätigkeit als Missionar bei den Indianern sollte Hennepin mit dem französischen Forscher La Salle den oberen Mississippi erforschen. In einem Reisebericht behauptet er, den Fluss bis zur Mündung erkundet zu haben, diskreditierte sich jedoch mit dieser Lüge. **134**

Herodot (ca. 485–425 v.Chr.)
Griechischer Historiker und Geograf. Er unternahm weite Reisen durch die Welt des Altertums und half bei der Besiedlung von Thurii in Süditalien. Bekannt ist seine Darstellung der Perserkriege. Sein Werk, das als Beginn der westlichen Geschichtsschreibung betrachtet wird, enthält unzählige Informationen und ist, dem Zeitgeist entsprechend, mit zahlreichen Sagen und Mythen durchsetzt, was der Beschreibung der Länder einen unvergänglichen Zauber verleiht. **12–13**

Heyerdahl, Thor (geb. 1914)
Norwegischer Ethnologe, der 1947 mit fünf Begleitern auf dem Balsafloß *Kon Tiki* etwa 8000 km über den Pazifik von Peru nach Polynesien trieb, um nachzuweisen, dass die Polynesier aus Südamerika stammten, nicht aus Südostasien. Heyerdahl unternahm archäologische Expeditionen zu den Galápagos-Inseln (1953), nach Bolivien, Peru und Kolumbien (1954). 1970 segelte er mit einem Schilfboot von Afrika zu den Westindischen Inseln. **148**

Hillary, Sir Edmund Percival (1919–1986)
Neuseeländischer Forscher und Bergsteiger. Er nahm 1951 und 1953 an den neuseeländischen und britischen Himalaya-Expeditionen teil. 1953 bestiegen er und der Sherpa Norgay Tenzing als Erste den Mount Everest. 1955–1958 führte er die neuseeländische Sektion der Antarktis-Expedition des Commonwealth. Danach hielt er sich viel in Nepal auf, wo er Projekte zugunsten der Sherpas initiierte. **197, 220**

Hsüan-tsang (ca. 605–664)
Chinesischer Reisender und Gelehrter, der als einer der wenigen Chinesen seiner Zeit über die Grenzen seines Landes hinauskam. Auf seiner 15-jährigen Reise über Land kam er im Westen bis zum Oxos und zog dann südlich den Kabul hinunter und weiter bis zum Ganges. Zurück ging es über den Pamir und durch die Wüste Takla Makan. Er sammelte Manuskripte und andere wertvolle Objekte und schrieb anschließend einen Reisebericht. **17**

Hudson, Henry (gest. 1611)
Englischer Seefahrer und Forscher. In seinen letzten vier Lebensjahren führte er auf der Suche nach der Nordwestpassage nach China mehrere Expeditionen. Beim ersten Versuch erreichte er Spitzbergen, wo er reiche Fischgründe entdeckte. Auf der dritten Fahrt 1609 kam er bis zur amerikanischen Küste und segelte den späteren Hudson hinauf. Bei der letzten Expedition passierte er die Straße, die heute seinen Namen trägt, und fuhr in die Hudsonbai. Nach einem Winter eingeschlossen im Eis wurde er 1611 von seiner meuternden Mannschaft ausgesetzt und nie wieder gesehen. **128–129, 174, 175**

Humboldt, Alexander Freiherr von (1769–1859)
Deutscher Universalgelehrter, Forscher und Philosoph, der besonders wegen seiner Expedition nach Südamerika (1799–1804) in Erinnerung ist. Nach dem Studium in Frankfurt, Berlin und Göttingen wurde er Bergingenieur. 1799 reiste er nach Südamerika, wo er fünf Jahre lang Ortsbestimmungen und Höhenmessungen durchführte, Daten erfasste und kartografierte. Er machte sich auch ein Bild von den wirtschaftlichen, sozialen und politischen Problemen der Region und wandte sich strikt gegen die Sklaverei. Er und sein Begleiter, der Botaniker Aimée Bonpland, sammelten eine Fülle wissenschaftlicher Daten, die Humboldt in den folgenden 20 Jahren analysierte und veröffentlichte. 1829 inspizierte er Bergwerke im Ural, bevor er Zentralasien erkundete. In seinen letzten Lebensjahren schrieb er *Kosmos*, eine umfassende Darstellung des physikalischen Universums. **60, 106–107**

Ibn Battuta (1304–1378)
Muslimischer Forschungsreisender. 1325 verließ er seine Geburtsstadt Tanger und reiste nach Alexandria, Palästina und Damaskus. Nach einer Pilgerfahrt nach Mekka und Medina unternahm er mehrere Reisen: nach Osten über das Zagrosgebirge nach Isfahan, nach Süden durch die Straße von Hormus, nach Norden in die Osttürkei und nach Osten über die Seidenstraße nach Delhi. Von dort reiste er nach Sumatra und China. 1354 kehrte er nach Tanger zurück und reiste zum Niger. In den letzten Lebensjahren diktierte er seine Reiseberichte. **26, 27**

Idrisi, Abu Abdullah ash Sharif al- (ca. 1100 – ca. 1165)
Arabischer, in Spanien geborener Geograf. Er studierte in Cordoba und bereiste zeitlebens die iberische Halbinsel, Nordafrika und Kleinasien. Nach 1148 kam er an den Hof Rogers II. von Sizilien. Von dort schickten er und der König Emissäre aus, um die bekannte Welt erkunden zu lassen, und Idrisi hielt ihre Erkenntnisse im *Buch des Roger* fest, das 1154 abgeschlossen wurde. Er fertigte auch eine große Karte an, auf der die Erde in sieben Klimazonen unterteilt war. **25**

James, Thomas (ca. 1593–1635)
Englischer Seefahrer. 1631 machte er sich auf die Suche nach einer Nordwestpassage nach Ostindien und erkundete die James-Bai, den Südteil der Hudsonbai. Er schrieb 1633 einen Bericht über seine Fahrt. **129**

Jenkinson, Anthony (gest. 1611)
Englischer Kaufmann, der über das Kaspische Meer nach Turkestan und Persien reiste. Er verfasste eingehende Darstellungen über die Menschen und Orte, die er aufsuchte, darunter auch den ersten Bericht über die Tataren in englischer Sprache. **42**

Jermak, Timofejewitsch (gest. 1585)
Kosakenführer, der 1541 nach seiner Vertreibung durch Regierungstruppen aus dem Wolga-Gebiet eine Expedition über den Ural nach Westsibirien führte. Mit Unterstützung des Zaren gelang es Jermak, Isker (heute Tobolsk) zu erobern und das tatarische Reiterheer des Kuchum Khan bis 1584 in Schach zu halten, als Jermak in einen Hinterhalt geriet und ertrank. Seine Expedition öffnete Russland den Weg zur Eroberung Sibiriens und machte ihn zu einem Volkshelden. **46–47**

Jolliet, Louis (1645–1700)
Frankokanadischer Forscher, der 1673 als erster Europäer mit Jacques Marquette den Mississippi hinunterfuhr und bis 640 km vor der Mündung in den Golf von Mexiko kam. Zur Belohnung für seine Mühe bekam er eine Insel im Sankt-Lorenz-Golf geschenkt. **132–133**

Kingsley, Mary Henrietta (1862–1900)
Britische Ethnologin und Reiseschriftstellerin. 1893 reiste sie nach Westafrika, um Religion und Gesetze der Ureinwohner zu studieren. Danach fuhr sie den Ogowe im damaligen Französisch-Kongo hinauf und bestieg den Kamerunberg. Sie hielt ihre Erlebnisse in *Travels in West Africa* (1897) und *West African Studies* (1899) fest und trat für eine humanere Kolonialherrschaft ein. Sie starb an Fieber in Südafrika, als sie während des Burenkrieges Gefangene betreute. **89**

Kolumbus, Christoph (1451–1506)
In Genua geborener Seefahrer, der oft fälschlicherweise als Entdecker Amerikas bezeichnet wird. Der junge Kolumbus, Webersohn mit geringer Ausbildung, fuhr auf den Handelsrouten des Mittelmeers und Atlantiks zur See und erwählte Portugal zu seiner Heimat. 1484 ging er nach Spanien, wo er die Unterstützung der Krone für eine Fahrt zur Erkundung eines Westweges nach China fand. Im Oktober 1492 landete er auf den Bahamas und nannte die Bewohner dort „Indianer". Er gründete eine Kolonie auf Hispaniola (Haiti) und kehrte 1493 nach Spanien zurück. Noch drei Mal überquerte er den Atlantik und betrat 1496 erstmals südamerikanischen Boden im heutigen Venezuela. Seine letzte Fahrt auf der Suche nach einem Westweg zum Indischen Ozean begann 1502 und führte ihn nach Panama. Seine Versuche, dort eine Kolonie zu gründen, wurden durch feindliche Indianer vereitelt. Er kehrte nach Spanien zurück, wo er in Armut und Ungnade starb. **92–93**

Krapf, Johann Ludwig (1810–1882)
Ab 1843 deutscher Missionar in Ostafrika. Er verfasste ein Wörterbuch des Kisuaheli und sammelte, zusammen mit Johannes Rebmann, Kenntnisse über das Landesinnere, darunter den Mount Kenia und den Tanganjikasee. **72**

La Pérouse, Jean François de Galaup (1741 – ca. 1788)
Französischer Seefahrer und ausgezeichneter Navigator. Er führte 1785 eine französische Erkundung des Pazifiks, zum Teil auf der Suche nach einer Nordwestpassage. Die Expedition brachte ihn in den Südpazifik und auch an die Küsten Nordamerikas und Asiens. Vermutlich ist er bei einem Schiffbruch vor den Santa-Cruz-Inseln umgekommen. **140, 160, 161**

La Salle, René-Robert Cavelier (1643–1687)
Französischer Forscher und Pelzhändler in Nordamerika. Er segelte 1666 nach Kanada, um sein Glück zu machen. Er erkundete das Gebiet der Großen Seen und befehligte 1675 Fort Frontenac am Ontariosee. Seine größte Tat war die Erkundung des Mississippi bis zur Mündung (1682), den er für den französischen König reklamierte. Das umliegende Land nannte er nach Ludwig XIV. Louisiana. Dann kehrte er nach Frankreich zurück, um sich die Zustimmung zur Besiedlung zu holen. Der König unterstützte das Vorhaben, und 1684 brach ein Konvoi auf, doch La Salle berechnete die Lage der Flussmündung falsch und landete in der Matagorda Bay. 1685 wurde in Lavaca eine Siedlung gegründet, und La Salle versuchte noch zwei Jahre, den Mississippi zu finden, wurde aber von seinen eigenen Männern getötet. **134–135**

La Vérendrye, Pierre Gaultier de Varennes (1685–1749)
Frankokanadischer Soldat, Pelzhändler und Forscher, dessen Suche nach dem „westlichen Meer" ihn weit in den Westen Kanadas führte. Er trat mit 12 in die Armee ein und kämpfte in Nordamerika und Europa, bevor er 1726 Pelzhändler am Nipigonsee wurde. Mit seinen Söhnen errichtete er zwischen dem Oberen See und dem Winnipegsee eine Handelspostenkette. Er kaufte den Indianern Informationen über Wege zum „westlichen Meer" ab, das weder er noch seine Söhne fanden. Zu Lebzeiten wurden seine Leistungen von den französischen Behörden nicht anerkannt, später wurde er jedoch als bedeutender Kanadaforscher geachtet. **138, 139**

Laing, Alexander Gordon (1793–1826)
Armeeoffizier und schottischer Westafrikaforscher, der im Royal Africa Corps diente. 1822 bereiste er Sierra Leone mit dem Auftrag, den Sklavenhandel abzuschaffen, und entdeckte später die Quelle des Rokel. Er kam zwar nicht bis zur Quelle des Niger, bestimmte jedoch ihre Lage. 1825 wurde er von Tripolis nach Timbuktu geschickt. Er erreichte Timbuktu, wo er sich fünf Wochen lang aufhielt. Zwei Tage nach seiner Abreise aus Timbuktu wurde er ermordet. Seine Aufzeichnungen sind verschollen. **84, 85**

Lander, Richard (1804–1834)
Englischer Westafrikaforscher. Er bereiste die Gegend erstmals 1825 mit Hugh Clapperton. Nach Clappertons Tod 1827 setzte er seine Erkundungen fort und kehrte dann mit Clappertons Tagebuch nach England zurück. 1830 bestimmten er und sein Bruder John (1807–1839) den Verlauf des Niger von Bussa bis zum Meer. **71–72**

Le Maire, Jakob (ca. 1567–1616)
Niederländischer Forscher zur See und Sohn von Isaac Le Maire von der *South Sea Company*. Le Maires Expedition auf der Suche nach einem anderen Weg zum Pazifik als durch die Magellanstraße (1615/16) führte zur Entdeckung der Le Maire-Straße und von Kap Hoorn. Le Maire starb auf der Rückfahrt. **154**

Leichhardt, Friedrich Wilhelm Ludwig (1813– ca. 1848)
Deutscher Forscher, der 1844/45 Australien von Brisbane (Queensland) nach Port Essington (Nordterritorium) durchquerte. Diese Leistung machte ihn in Australien zum Helden, und es wurde viel Geld für eine weitere Durchquerung des Landes von Ost nach West gespendet. Leichhardt war der Aufgabe jedoch überhaupt nicht gewachsen und verschwand spurlos mitsamt seiner Mannschaft. **166–167**

Lewis, Meriwether (1774–1809)
Amerikanischer Forscher und einer der Führer der Lewis-and-Clark-Expedition von 1803 bis 1806 mit dem Auftrag, einen Landweg zur Pazifikküste zu erkunden und das *Louisiana Territorium* zu erforschen, das die USA 1803 von Frankreich erworben hatten. Drei Jahre bereitete er sich auf die Expedition vor und eignete sich u.a. naturwissenschaftliche Kenntnisse an. Seine Aufzeichnungen und Beobachtungen ebneten den Weg für die Expansion nach Westen. 1808 wurde er mit dem Gouverneursposten von Louisiana belohnt. **144–145**

Livingstone, David (1813–1873)
Britischer Missionar und Forscher. Er kam aus armen Verhältnissen und arbeitete zunächst in einer Baumwollspinnerei bei Glasgow, um Geld für sein Studium zu verdienen. Mit 27 Jahren wurde er Arzt. 1841 wurde er von der Londoner *Missionary Society* nach Betschuanaland (Botswana) geschickt und kämpfte energisch gegen Krankheiten und Sklaverei. Mit missionarischem Eifer und wissenschaftlicher Neugier unternahm er zeitlebens zahlreiche Expeditionen ins Landesinnere. 1849–1851 erkundete er das Gebiet am Ngami-See und von 1858 bis 1864 den östlichen Sambesi. 1866 brach er auf, um die Nilquelle zu finden, und war bis 1871 von jeglichem Kontakt mit Europa abgeschnitten, als Henry Stanley ihn am Tanganjikasee aufspürte. Von allen Menschen bewundert, mit denen er zusammenkam, starb der entschiedene Gegner der Sklaverei in Ilala im heutigen Sambia. **76–79**

Magellan, Ferdinand (ca. 1480–1521)
Portugiesischer Forscher, der die erste Erdumsegelung leitete; die Expedition fand nach seinem Tod ihren Abschluss. Magellan, aus adligem Hause, wurde bei Hof erzogen und diente der Krone in Ostafrika und Ostindien. Er war an der Einnahme Malakkas beteiligt, die den gewaltigen Handel mit den Gewürzinseln (Molukken) erschloss. Er fiel beim König von Portugal in Ungnade und ging nach Spanien, wo er eine Expedition ausrichtete, die westwärts zu den Gewürzinseln segeln sollte. 1519 brach er mit fünf Schiffen auf, erreichte Brasilien und segelte nach Süden. Im November 1520 fuhr er durch die Straße, die heute seinen Namen trägt, und erreichte im März 1521 die Philippinen, wo er bei lokalen Kriegshandlungen umkam. Nur eins seiner Schiffe kehrte 1522 nach Spanien zurück und eröffnete damit einen neuen Seeweg zwischen Europa und Asien. **94–95, 150–151**

Malaspina, Alessandro (1754–1809)
Sizilianischer Adliger, der 1789–1794 für die Spanier eine wissenschaftliche Expedition nach Südamerika und in den Pazifik führte. Er sammelte zahlreiche naturgeschichtliche Proben und kehrte mit viel politischer Einsicht zurück. Die Spanier warfen ihn jedoch 1796 ins Gefängnis, weil seine liberalen Ansichten als zu radikal galten. Er kam 1803 auf Ersuchen Napoleons frei und verbrachte, nachdem er es ablehnte, Napoleon in Norditalien zu dienen, den Rest seines Lebens in Armut auf Sizilien. **108, 109, 141**

Marchand, Jean-Baptiste (1863–1934)
Französischer Soldat und Afrikaforscher. Er führte 1898 eine Expedition, um Anspruch auf einen Teil des Sudan anzumelden, sah sich aber in der so genannten Faschoda-Krise den Briten gegenüber. Er kämpfte 1900 gegen den Boxeraufstand und im Ersten Weltkrieg. **88**

Marquette, Jacques (1637–1675)
Französischer Jesuit, der mit Louis Jolliet 1673 den Mississippi hinunterfuhr. Nach dem Studium indianischer Sprachen in Quebec (1666–1668) half Marquette beim Aufbau zweier Jesuitenmissionen in Sault Sainte Marie (1668) und St. Ignace (1671). Im Mai 1673 begleitete er Jolliet auf dessen Expedition zur Mündung des Mississippi, der sie sich bis auf 640 km nähern konnten. 1674 ging er daran, eine Mission bei den Indianern von Illinois einzurichten, doch Krankheit zwang ihn, nach Ignace zurückzukehren. Er starb auf der Fahrt an der Mündung des Flusses, der heute seinen Namen trägt und Père Marquette heißt. **132–133**

Marsden, Samuel (1764–1838)
Britischer Geistlicher, ein bedeutender Siedler in Australien und Neuseeland und Kaplan einer Sträflingskolonie. 1794 zog er nach Neu-Südwales, wo er maßgeblich die Landwirtschaft und Erziehung voranbrachte. In Neuseeland gründete er 1814 die erste europäische Siedlung und Mission. **170, 171**

Marsigli, Louis-Ferdinand (1658–1730)
Italienischer Graf im Militärdienst, Natur- und Meereskundler. Nach langem Dienst in der österreichischen Armee wurde er 1704 degradiert. Danach widmete er sich wissenschaftlichen Studien, u.a. der ersten systematischen Erkundung unter Wasser vor der Cote d'Azur 1706–1708. Er war Gründer der Accademia delle Scienze in Bologna (1712) und wurde 1722 Mitglied der *Royal Society*, in die ihn Sir Isaac Newton einführte. **200–201**

Masson, Francis (1745–1805)
Schottischer Gärtner und Botaniker, der viel reiste und für die Kew Gardens in London Pflanzen und Samen sammelte. Von Kapstadt unternahm er 1772–1774 drei Reisen ins Landesinnere, 1786 eine vierte. Ebenfalls 1786 besuchte er die Kanaren, Azoren, Madeira, St. Christopher und die Inseln Mittelamerikas. Viele heute in Europa verbreitete Hauspflanzen hat er von seinen Reisen mitgebracht. **86**

Mawson, Sir Douglas (1882–1958)
Australischer Geologe und Antarktisforscher. Er begleitete von 1907 bis 1909 Ernest Shackletons Expedition in die Antarktis und gehörte zu denen, die den magnetischen Südpol erreichten. 1911 bis 1914 führte er die australasische Antarktisexpedition, die wider Erwarten von einer Reise zurückkam, bei der zwei Mitglieder starben. 1921 wurde er Professor für Geologie und Mineralogie an der Universität Adelaide und leitete 1929–1931 eine britisch-australisch-neuseeländische Antarktisexpedition. **194, 195**

McClintock, Sir Francis (1819–1907)
Britischer Arktisforscher. Er gehörte zu den Trupps, die 1848, 1850 und 1852 ausgeschickt wurden, um Franklin zu suchen. 1857 befehligte er die *Fox* und konnte die sterblichen Überreste Franklins aufspüren. In den Jahren darauf führte er im Nordatlantik Lotungen für die Kabelverlegung durch und beriet als Achtzigjähriger Scott bei dessen Vorbereitungen für die Antarktisexpedition mit der *Discovery* (1901–1904). **178**

McClure, Sir Robert John le Mesurier (1807–73)
Britischer Arktisforscher. Er nahm an den Expeditionen von George Back (1836–1837) und von James Clark Ross (1848–1849) teil, die nach Franklin suchten. 1850 befehligte er selbst ein Schiff, mit dem er zur Westküste Amerikas segelte und dann östlich durch die Beringstraße, wobei er zwei mögliche Wege zum Atlantik entdeckte. Er wurde mitsamt der Mannschaft gerettet, nachdem sein Schiff vom Eis eingeschlossen worden war. Er kehrte nach England zurück und durchfuhr somit als erster die Nordwestpassage, wenn auch nicht mit nur einem Schiff. **179**

Mee, Margaret (1909–1988)
Britische Künstlerin, die 15 abenteuerliche Kanufahrten durch die Wälder des Amazonas unternahm, um die ungewöhnlichen Pflanzen dort festzuhalten. Sie erkundete abgelegene Nebenflüsse des Amazonas und schuf bemerkenswerte Bilder und Zeichnungen, von denen sich viele in den Londoner Kew Gardens befinden. **114**

Mendaña, de Neira, Alvaro de (1541–1614)
Spanischer Forscher, der 1568 die Salomonen entdeckte, als er nach einem großen südlichen Kontinent im Pazifik suchte. Bei einer zweiten Expedition 1595 sollte eine Kolonie gegründet werden. Das Unternehmen schlug jedoch vollkommen fehl. Mendaña kam dabei auf den Santa-Cruz-Inseln ums Leben, nachdem er vergeblich versucht hatte, die Salomonen wiederzufinden. **152–153**

Moorcroft, William (1765–1825)
Britischer Veteran, der in Indien für die Ostindien-Kompanie tätig war und bis dahin noch unbekanntes Land im Himalaja erkundete. Seine Reisen führten ihn nach Tibet, Kaschmir und Buchara, wo er höchstwahrscheinlich gestorben ist. **54**

Nachtigal, Gustav (1834–1885)
Deutscher Afrikaforscher. Er wurde 1869 nach Bornu geschickt und besuchte die bis dahin unbekannten Gebiete von Tibesti und Borku. Von Bornu wandte er sich nach Osten und reiste 1874 über den Tschad und Sudan und dann den Nil hinunter zurück nach Khartum. Die Reise ist in seinem Buch *Sahara und Sudan* beschrieben. Er war bis 1884 Generalkonsul für das Deutsche Reich in Tunis, wurde dann nach Westafrika geschickt, um Land zu annektieren, woraufhin Togo und Kamerun unter deutsche Flagge kamen. Er starb auf der Rückreise. **84, 85**

Nansen, Fridtjof (1861–1930)
Norwegischer Polarforscher, Wissenschaftler und Staatsmann. Er überquerte 1888 die Eiskappe Grönlands zu Fuß und widmete seine Aufmerksamkeit dann dem Nordpolarmeer. Er entwarf ein Schiff, das dem Eis der Arktis standhielt und in dem er den Weg des Treibeises verfolgen konnte. Die *Fram* drang im September 1893 in das Eis der Arktis vor und kam im Juni 1896 wieder frei. In dieser Zeit wurden eingehende meereswissenschaftliche Experimente durchgeführt. Nansen verließ das Schiff im März 1895, um zum Nordpol zu gelangen, den er nicht erreichte. Bis 1914 setzte Nansen seine meereskundlichen Studien fort. 1918 wurde er Kommissar des Völkerbunds. Anfang der 20er Jahre leitete er Hilfsmaßnahmen für die russischen Hungergebiete und führte für Kriegsvertriebene den „Nansen-Pass" ein, wofür er 1923 den Friedensnobelpreis erhielt. Seine Tätigkeit für den Völkerbund setzte er bis zu seinem Tode fort. **180, 181, 192, 193**

Nares, Sir George Strong (1831–1915)
Britischer Admiral und Marineforscher. Er tat Dienst auf der *Resolute* bei der Suche nach John Franklin (1850–1854). Nach seinem Dienst auf der Krim führte er Vermessungsarbeiten durch. 1872–1774 befehligte er die *Challenger* bei Tiefseeerkundungen. 1875/76 leitete er eine Arktisexpedition, um den Nordpol zu erreichen. Später kartografierte er die Magellanstraße. **180, 181, 207**

Narváez, Pánfilo de (ca. 1480–1528)
Spanischer Konquistador. Er war bei der Eroberung von Kuba 1514 Oberleutnant unter Diego de Velázquez. 1520 schickte Velázquez ihn nach Mexiko, wo er Hernán Cortés festnehmen sollte, jedoch selbst bis 1522 von Cortés festgehalten wurde. Er kehrte nach Spanien zurück und ließ sich von der Krone Landbesitz in Florida zuweisen. Mit

300 Mann segelte Narváez 1527 in Spanien los und erreichte Florida nach zehnmonatiger, verheerender Fahrt. Schiffbruch und Hungersnot machten der Expedition, bei der Narváez umkam, ein Ende. **97, 122, 123**

Nicollet, Jean (1598–1642)
Französischer Nordamerikaforscher, der als erster Europäer den Michigansee und den Mittelwesten Amerikas erreichte. Nicollet verließ Frankreich mit 20, um in Neufrankreich (Kanada) für Samuel de Champlain zu arbeiten. Er lebte unter den Algonkin-Indianern am Ottawa, lernte ihre Sprache und Kultur und wurde 1620 zu den Nipissing-Indianern geschickt. 1624 wurde er ihr Dolmetscher und blieb neun Jahre bei ihnen. Nach seiner Rückkehr zum Three Rivers Settlement wurde Nicollet zum offiziellen Dolmetscher der Kolonie ernannt. 1634 schloss er sich einer Expedition ins Gebiet der Huronen an und fuhr mit dem Kanu zum Michigansee und weiter zur Green Bay. Dort schloss er einen Freundschaftsvertrag mit den Winnebagos und erkundete das heutige Wisconsin. 1634 kehrte er nach Quebec zurück und arbeitete wieder als Dolmetscher der 13 Kolonien. Nicollet ertrank 1642, als sein Boot auf dem Sankt-Lorenz-Strom kenterte. **127**

Niebuhr, Carsten (1733–1815)
Deutscher Landvermesser und Forschungsreisender, der sich 1761 einer vom dänischen König geförderten wissenschaftlichen Expedition nach Arabien anschloss. Niebuhr überlebte als Einziger einer sechsköpfigen Forschergruppe, so dass ihm bei der Rückkehr nach Dänemark die Aufgabe zufiel, die Erkenntnisse der Expedition niederzuschreiben. Seine Expeditionsberichte wurden 1772 und 1774 veröffentlicht. **50–51**

Niza, Marcos de (ca. 1495–1558)
Spanischer Franziskanermönch und Nord- und Südamerikaforscher, der 1539 eine Expedition nach Neu-Mexiko führte. Seine Annahme, die Zuni-Kultur berge die sagenhaften Reichtümer der sieben goldenen Städte von Cibola, war 1540 Anlass für Coronados Expedition, bei der Niza als Führer fungierte. **124–125**

Nobile, Umberto (1885–1980)
Italienischer Flieger und Armeeoffizier, der 1926 den Lenkballon *Norge* beim Flug mit Amundsen und 14 Begleitern über den Nordpol steuerte. Eine zweite Expedition zum Nordpol mit dem Luftschiff *Italia* endete mit einem Absturz. Sieben Mannschaftsmitglieder kamen ums Leben, und eine italienische Untersuchungskommission machte Nobile verantwortlich. **182–183**

Nordenskjöld, Adolf Erik (1832–1901)
Schwedischer Forscher und Wissenschaftler. Der Geologe, Mineraloge und Kartograf unternahm mehrere wissenschaftliche Expeditionen nach Spitzbergen und erforschte 1870 das grönländische Inlandeis. 1878/79 durchfuhr er mit der *Vega* die Nordostpassage. In späteren Jahren förderte und ermunterte er den jungen Fridtjof Nansen. **180, 181**

Nordenskjöld, Otto (1869–1928)
Schwedischer Forscher, Neffe von Adolf Erik Nordenskjöld. Er studierte Chemie und Geologie und reiste nach Feuerland, Alaska und Grönland. 1901 führte er eine Expedition in die Antarktis. 1920/21 erkundete er die peruanischen und chilenischen Anden. **191**

Oñate, Juan de (ca. 1550– nach 1625)
Spanischer Konquistador und führende Figur bei der Eroberung Neu-Mexikos. 1598 überquerte er mit einem großen Besiedlungstrupp den Rio Grande und errichtete nördlich des Flusses Siedlungen. Er führte weitere Expeditionen nach Westen und erreichte 1605 die Mündung des Colorado. Er wurde zum Statthalter von Neu-Mexiko ernannt, trat aber 1608 zurück. **124, 125**

Orellana, Francisco de (ca. 1490– ca. 1546)
Spanischer Soldat, der als Erster den Amazonas erkundete. Orellana wurde zum Leutnant bei Gonzalo Pizarros Expedition ernannt, die 1540 das Gebiet östlich von Quito erkunden sollte, verließ jedoch den Haupttrupp, nachdem er mit 50 Soldaten und einer Brigg vorausgeschickt worden war, um Vorräte aufzutreiben. Er war sicher, nicht zu Pizarro zurückkehren zu können, und ließ sich bis zur Mündung des Flusses treiben, den er anschließend Amazonas nannte. Er kehrte nach Spanien zurück, wo er sich die Rechte für das von ihm entdeckte Land sichern wollte, ertrank jedoch auf der Rückfahrt an der Amazonasmündung. **98, 99**

Oxley, John Joseph William Molesworth (ca. 1785–1828)
Australienforscher und Geodät. Der gebürtige Engländer trat 1799 in die Marine ein und segelte zwölf Jahre zwischen Großbritannien und Australien. 1812 wurde er zum Generalinspektor von Neu-Südwales ernannt und führte zwei Expeditionen ins Landesinnere, um den Verlauf des Macquarie und Lachlan zu verfolgen. Er erreichte dieses Ziel zwar nicht, entdeckte jedoch die fruchtbare Liverpool-Steppe und einige bis dahin unbekannte Flüsse. 1819 wandte er sich der Küstenerfassung zu und erkundete zwischen 1823 und 1824 etwa 1 100 km der Ostküste. **164, 165**

Paez, Pedro (1564–1622)
Spanischer Jesuit und Missionar, der 1603 nach Äthiopien geschickt wurde. Paez bekehrte den Negus zum römischen Katholizismus, was zu Konflikten mit den heimischen koptischen Priestern führte. 1613 besuchte er die Quelle des Blauen Nil in Gojam. **66**

Palgrave, William (1826–1888)
Britischer Jesuitenpriester, Gelehrter und Spion für Napoleon III. Palgrave durchquerte als erster Europäer Arabien von West nach Ost. **52, 53**

Palmer, Nathaniel Brown (1799–1877)
Amerikanischer Kapitän. Auf einer Fahrt 1820 sichtete er als Erster das antarktische Festland, das er jedoch für eine Insel hielt. Er entdeckte außerdem die Südorkney-Inseln. **186, 187**

Park, Mungo (1771–1806)
Schottischer Westafrikaforscher. Nach seiner Tätigkeit als Arzt auf einem Schiff im Ostindienhandel wurde er von der *African Association* gebeten, den Verlauf des Niger zu erkunden. Er erkundete 450 km des Oberlaufs und verfasste darüber einen Bericht, *Travels in the Interior of Africa* (1799). Nach seiner Rückkehr nach Großbritannien war er als Arzt tätig, bis die Regierung ihn 1803 bat, eine weitere Expedition zu leiten, die den Lauf des Niger von Ségou flussabwärts erkunden sollte. Die Expedition endete in einer Katastrophe, wobei Park bei den Bussa-Stromschnellen entweder ertrank oder im Kampf mit Einheimischen umkam. **69, 70**

Parry, Sir William Edward (1790–1855)
Britischer Forscher und Seefahrer. 1810 wurde er von der Marine in die Arktis geschickt, um den Walbestand zu schützen, und veröffentlichte später ein Buch über seine astronomischen Beobachtungen dort. Zwischen 1818 und 1827 führte er vier Expeditionen in die Arktis; bei der ersten durchfuhr er über die Hälfte der Nordwestpassage. Auf der letzten Expedition 1827 versuchte er vergeblich, mit dem Schlitten von Spitzbergen den Nordpol zu erreichen. **176, 177**

Peary, Robert Edwin (1856–1920)
Amerikanischer Arktisforscher. Er unternahm 1886 die Erste von mehreren Erkundungen Grönlands und kartografierte zwischen 1891 und 1902, zusammen mit seiner Frau, die Nordküste. 1902 erreichte er den bis dahin nördlichsten Punkt, 1906 stieß er noch weiter vor. 1908 nahm er an einer Expedition zum Nordpol teil, den er am 6. April 1909 erreichte. Es entbrannte ein Streit darüber, ob er oder Frederick Cook den Pol zuerst erreicht hätte, doch diese Auszeichnung wurde später Peary zuerkannt. **180, 181**

Philby, „Harry" St. John (1885–1960)
Britischer Forscher, Agent und Arabist, der 1932 die Große Arabische Wüste durchquerte, zwei Jahre, nachdem Bertram Thomas sie als erster Europäer durchquerte. Philby ist wegen seiner Leistungen als Kartograf, Archäologe und Sprachwissenschaftler in Erinnerung sowie als Vater des Doppelagenten Kim Philby. 1907 trat er in den indischen Staatsdienst ein und war diplomatisch im Nahen Osten tätig, bevor er in Arabien selbstständiger Geschäftsmann wurde. 1930 trat er zum Islam über. Er blieb bis 1939 in Arabien und ging dann zurück nach England und in die Politik. 1940 wurde er als Kriegsgegner verhaftet und kehrte 1945 nach Arabien zurück, von wo er 1955 ausgewiesen wurde, weil er das saudische Regime kritisiert hatte. **53**

Pike, Zebulon Montgomery (1779–1813)
Amerikanischer Soldat und Forscher. Pike, in New Jersey geboren, trat mit 15 in die Armee ein und tat an einigen Grenzposten Dienst, bevor er 1805 eine Expedition führte, die die Quelle des Mississippi suchen sollte. Er kartografierte das Gebiet erstmals ziemlich genau, konnte die Quelle jedoch nicht lokalisieren. Die nächste Expedition 1806 führte ihn den Arkansas hinauf in die Berge von Colorado, wo er Pikes Peak entdeckte. Die Reise endete in Neu-Mexiko, wo er und seine Männer von den Spaniern gefangen genommen wurden. Nach seiner Rückkehr schrieb er seinen *Account of the Expeditions to the Sources of the Mississippi and Through the Western Parts of Louisiana* (1810), der ihm einige Berühmtheit einbrachte. Er wurde zum Brigadegeneral befördert, jedoch bei einem Angriff auf Toronto 1813 getötet. **145**

Pinzón, Vicente Yánez (ca. 1460– ca. 1519)
Spanischer Forscher und Seefahrer, der auf Kolumbus' erster Fahrt nach Amerika (1492) die *Niña* befehligte. 1499 führte er eine Expedition, die die Küste Brasiliens erreichte, wo er zum Statthalter ernannt wurde. Er berichtete als Erster von der Mündung des Amazonas und führte mehrere Expeditionen, um die Küsten Süd- und Mittelamerikas zu erkunden. **92, 93**

Pizarro, Francisco (ca. 1475–1541)
Spanischer Konquistador, der die Eroberung Perus anführte. Der uneheliche Sohn eines Soldaten diente in der spanischen Armee in Italien (1498–1501) und siedelte sich 1502 auf den Großen Antillen an. Die nächsten 20 Jahre beteiligte er sich an Expeditionen in die Karibik und plante 1524, gemeinsam mit Diego de Almagro, die Eroberung Perus. Nach vielen Rückschlägen segelten sie 1531 in Panama los, marschierten landeinwärts und entrissen den Inkas das Land. 1535 gründete Pizarro die Stadt Lima, 1538 kam es jedoch zwischen ihm und Almagro zu Feindseligkeiten, und er wurde von Anhängern Almagros in Lima umgebracht. **98–99**

Pizarro, Gonzalo (ca. 1512–48)
Spanischer Konquistador und jüngster Bruder von Francisco. Nach seiner Teilnahme an der Eroberung Perus um 1530 führte Gonzalo eine Expedition über die Anden zum Napo. 1544 erhob er sich gegen Spanien und ernannte sich zum Statthalter von Peru. 1548 wurde er nach seiner Niederlage in der Schlacht von Jaquijaguana wegen Landesverrats enthauptet. **98, 99**

Polo, Marco (1254–1324)
Italienischer Kaufmann, Reisender und Reiseschriftsteller, dessen Behauptung, China erreicht zu haben, zum Teil angezweifelt wird. Nach eigenen Aussagen unternahm er als Junge mit seinem Vater Nicolò und dem Onkel Maffeo 1275 eine Handelsreise, die sie bis zum Hof des Mongolenherrschers Kublai Khan brachte. In Asien ist er offenbar weit herumgereist und kehrte 1295 mit dem Schiff nach Venedig zurück. 1298 wurde er in den Krieg mit Genua verwickelt, gefangen genommen und diktierte in dieser Zeit einen Bericht über seine Reisen, der fast 600 Jahre eine wichtige westliche Informationsquelle über Asien blieb. Er wurde nach einem Jahr entlassen und kehrte nach Venedig zurück, wo er den Rest seines Lebens verbrachte. **30–31**

Ponce de León, Juan (ca. 1460–1521)
Spanischer Eroberer und Kolonisator Puerto Ricos, der 1513 auf der Suche nach dem legendären Jungbrunnen die Halbinsel Florida entdeckte. Auf derselben Expedition entdeckte er den Golfstrom, der für den Schiffsverkehr über den Atlantik von großem Nutzen sein sollte. Nach einem Aufenthalt in Spanien kehrte er 1521 mit einer Siedlungsexpedition nach Florida zurück und wurde bei einem Indianerangriff tödlich verletzt. **120, 121**

Przewalski, Nikolai Michailowitsch (1839–1888)
Russischer Offizier und Forscher, dessen Reisen durch Zentral- und Ostasien das Wissen über diese Gebiete enorm erweiterte. Przewalski war ein begeisterter Naturwissenschaftler, der auf seinen Expeditionen botanische und zoologische Proben sammelte. Bekannt wurde er vor allem durch die Entdeckung des Wildkamels und Wildpferdes, das nach ihm benannt wurde. **60–61**

Ptolemäus, Claudius (ca. 100– ca. 178)
In Ägypten geborener griechischer Astronom und Geograf. Er erfasste viele neue Sterne, und sein berühmtes *Almagest* war Grundlage der mittelalterlichen Astronomie des Abendlandes. Sein Hauptwerk *Die geographische Anleitung*, die auch Afrika und Asien umfasste, hatte ebenfalls großen Einfluss. Er entwickelte mathematische Lehrsätze und schrieb *Optik*, eine Abhandlung über die Strahlenbrechung. **9, 19**

Pytheas von Massilia (4. Jh. v.Chr.)
Griechischer Seefahrer und Geograf, über dessen Reisen Strabo berichtet (seine eigenen Berichte sind verloren gegangen). Offenbar hat er die britische Küste umfahren, ein Land sechs Tage nördlich des Festlandes und auch die Küste Nordeuropas besucht. Seine Beobachtungen über die landwirtschaftlichen Gebräuche in diesen nördlichen Ländern stimmen mit archäologischen Funden überein. Er erkannte auch den Zusammenhang zwischen den Gezeiten und dem Mond und bestimmte als einer der Ersten die Längengrade. **12, 13**

Quirós, Pedro Fernández de (ca. 1560–1614)
Portugiesischer Seefahrer und Pazifikforscher. Nach dem Dienst auf spanischen Handelsschiffen im Pazifik begleitete Quiros 1595 Mendaña auf dessen Fahrt auf der Suche nach den Salomonen. Nach Mendañas Tod führte Quiros die Expedition zu den Philippinen. 1605 führte er offensichtlich eine Expedition, die nach der legendären *Terra Australis Incognita* suchte, stattdessen jedoch die Insel Espiritu Santo (Neue Hebriden) fand. **152–153**

Radisson, Pierre Esprit (ca. 1630–1710)
In Frankreich geborener kanadischer Pelzhändler und Forscher. Nach der Beschlagnahme vieler Pelze durch die Franzosen boten Radisson und sein Schwager Groseilliers (ca. 1632–1710) ihre Dienste den Briten an. Radisson reiste wegen finanzieller Hilfe für seinen Pelzhandel nach England, kehrte 1670 zur Hudsonbai zurück und gründete Fort Nelson. Er trug mit dazu bei, Georg III. 1570 zur Privilegierung der *Hudson's Bay Company* zu veranlassen, überwarf sich jedoch bald mit deren Verwaltern und führte eine französische Expedition gegen die englischen Forts an der Hudsonbai. 1684 trat er wieder in die *Company* ein und wurde 1688 britischer Bürger. **130, 131**

Rae, John (1815–1893)
Schottischer Arzt und Arktisforscher. Er arbeitete für die *Hudson's Bay Company* in Moose Factory, bevor er 1846 zur Repulse Bay segelte und über 1 100 km Küste kartografierte. Ab 1847 beteiligte er sich an drei Franklin-Suchexpeditionen, in deren Verlauf er weitere 1 100 km Küste an der Südseite der Victoria-Insel erkundete und kartografierte. 1853 wies er den Inselcharakter von König-William-Land nach. Später durchquerte er Island und vermaß in Grönland und Kanada Routen für Telegrafenleitungen. **178**

Raleigh, Sir Walter (ca. 1552–1618)
Englischer Seefahrer, Forscher, Höfling und Literat. Der Günstling Elisabeths I. organisierte Expeditionen nach Nordamerika und soll die Kartoffel und den Tabak nach England gebracht haben. Nach der Thronbesteigung durch Jakob I. 1603 wurde er der Verschwörung angeklagt und in den Tower von London geworfen, wo er seine *Weltgeschichte* schrieb (1614). 1616 brachte er die Behörden dazu, ihm eine Expedition zum Orinoco zu erlauben, um Gold zu suchen. Als sich das Unterfangen als erfolglos und politisch heikel erwies, wurde er festgenommen, nach England zurückgebracht und wegen des ursprünglichen Vergehens hingerichtet. **100, 101, 126**

Ricci, Matteo (1552–1610)
Italienischer Jesuitenmissionar und Kartograf, der sich 1583 dauerhaft in China niederließ. Er übersetzte viele westliche wissenschaftliche Werke ins Chinesische und verfasste eigene Werke, u.a. ein chinesisch-portugiesisches Wörterbuch. In seiner Missionsarbeit suchte er zum Entsetzen anderer Missionare nach Gemeinsamkeiten zwischen dem Christentum und der konfuzianischen Tradition. Bei den Chinesen trug ihm das jedoch große Achtung ein, und er wurde 1610 ins kaiserliche Peking (Beijing) gerufen, das er als erster Jesuit betrat. Er gewann das Vertrauen des Kaisers Wan-Li und konnte deshalb bedeutende wissenschaftliche und missionarische Arbeiten vollbringen. **40–41**

Roggeveen, Jacob (1659–1729)
Holländischer Seefahrer und Pazifikforscher, der als erster Europäer Samoa, die Oster-Insel und die Gesellschaftsinseln besuchte. Nach dem Theologie- und Jurastudium in Holland arbeitete er für das Justizministerium im niederländischen Ostindien. Seine Pazifikexpedition auf der Suche nach dem großen südlichen Kontinent (1721/22) führte ihn um Kap Hoorn und weiter südlich als je einen Menschen vor ihm. Die riesigen Eisberge hielt er für die *Terra Australis Incognita*. **155**

Rohlfs, Gerhard (1831–1896)
Deutscher Abenteuerreisender, der weite Teile Nordafrikas bereiste. Er durchquerte 1865–1867 als erster Europäer Nordwestafrika von Tripolis nach Lagos. 1873/74 und 1878/79 bereiste er die Libysche Wüste und erreichte 1874 die Oasen von Kufra. **84, 85**

Ross, Sir James Clark (1800–62)
Schottischer Marineoffizier und Polarforscher, der an sechs Arktisexpeditionen auf der Suche nach einer Nordwestpassage teilnahm (unter seinem Onkel John Ross und Edward Parry) und 1831 als Erster den magnetischen Nordpol bestimmte. 1839 wandte er sich der Antarktis zu und entdeckte 1841 das spätere Rossmeer. **177, 189, 190**

Ross, Sir John (1777–1856)
Schottischer Admiral und Arktisforscher. Die erste Expedition 1818 sollte die Baffinbai erkunden und eine Nordwestpassage suchen. Die zweite 1829 erbrachte wertvolle geografische und meereskundliche Daten. 1850 führte er eine erfolglose Suche nach John Franklin durch. **176, 177, 202, 203**

Schouten, Willem Cornelis (ca. 1580–1625)
Holländischer Seefahrer, der 1616 Jacob Le Maire auf einer Fahrt begleitete, um einen neuen Handelsweg nach Osten zu finden. Sie umfuhren als Erste Kap Hoorn, das nach Schoutens Geburtsort Hoorn benannt ist. **154, 155**

Schweinfurth, Georg August (1836–1925)
Deutscher Forscher und Ethnologe in Ost- und Zentralafrika. 1863–1866 bereiste er das Gebiet zwischen Rotem Meer und Nil und erkundete 1868 den Weißen Nil und die Wasserwüste der Bahr al-Ghazal-Region. Er reiste durchs Land, entdeckte 1870 den Uëlle und stieß auf die Akka-Pygmäen. Weitere Reisen brachten ihn in die Libysche Wüste (1873/74), die arabische Wüste (1876–1878) und nach Eritrea (1891, 1892 und 1894). Seine Studien über afrikanische Geschichte, Kunst und Artefakte waren ein wertvoller Beitrag zur Kenntnis des afrikanischen Kontinents. **78, 84**

Scoresby, William jr. (1789–1857)
Britischer Walfänger und Polarforscher. Er unternahm zwischen 1799 und 1822 mehrere Reisen nach Grönland, zunächst als Junge mit seinem Vater, einem Walfänger. Dabei machte er wissenschaftliche Beobachtungen und sammelte Informationen über die wenig bekannte Küste Grönlands. Sein Eintritt in den kirchlichen Dienst 1823 machte weiteren Arktisreisen ein Ende, doch er war nach wie vor in der *British Association for the Advancement of Science* tätig. **176**

Scott, Robert Falcon (1868–1912)
Britischer Kapitän und Polarforscher. Seine erste Expedition unternahm er 1901–1904 mit der *Discovery* zum Südpol, jedoch ohne Erfolg. 1910 versuchte er ein zweites Mal den Südpol zu erreichen und brach am 1. November 1911 von der Basis auf der Ross-Insel auf. Am 17. Januar 1912 erreichte er den Pol, stellte jedoch fest, dass Roald Amundsen ihm zuvorgekommen war. Im Schneesturm kamen Scott und seine Begleiter auf dem Rückweg um. Ihre Leichen wurden von einer Suchexpedition geborgen und Scotts Tagebücher 1913 unter dem Titel *Scotts letzte Fahrt* veröffentlicht. **191, 192–193**

Shackleton, Sir Ernest Henry (1874–1922)
Britischer Antarktisforscher. Er gehörte zu Scotts *Discovery*-Expedition (1901–1904). 1907–1909 führte er selbst eine Expedition, die bis auf 155 km an den Südpol herankam. 1914 leitete er eine Expedition, die die antarktische Halbinsel durchqueren wollte, doch das Schiff wurde im

Eis des Rossmeeres zerdrückt. Die Expeditionsmitglieder erreichten die Elephantinsel, von wo Shackleton mit fünf Begleitern nach Südgeorgien segelte. Unter großen Schwierigkeiten gelang es ihm, das zurückgelassene Team zu retten. Er starb bei den Vorbereitungen zu seiner dritten Antarktisexpedition. **192, 193, 194–195**

Skylax (spätes 6. Jh. v. Chr.)
Griechischer Geograf aus Kleinasien, der auf Befehl des Perserkönigs Darius den Indus hinunter bis zum Indischen Ozean reiste, dann an der Küste von Belutschistan entlang nach Arabien und zurück zum Roten Meer. **12, 13**

Smith, John (ca. 1580–1631)
Englischer Soldat, Forscher und Siedler, der maßgeblich an der Gründung von Jamestown in Virginia beteiligt war. Es gelang ihm, Mais von den Indianern zu beschaffen und die Kolonie so über die ersten Hungerjahre zu bringen. Er reiste erstmals 1605 nach Virginia und erkundete mehrere Flüsse in der Hoffnung, einen Weg zum Pazifik zu finden. 1608 wurde er zum Anführer der Kolonie Virginia gewählt. **117, 136, 137**

Soto, Hernando de (ca. 1496–1542)
Spanischer Konquistador, der in Peru an der Seite Pizarros kämpfte und eine Expedition ins Landesinnere Nordamerikas führte. Er verließ Spanien 1538, landete 1539 in Florida und bereiste das heutige Georgia, Nord- und Süd-Carolina, Tennessee, Alabama, Mississippi, Arkansas und Louisiana. 1541 erreichte er als erster Europäer den Mississippi. **122, 123**

Speke, John Hanning (1827–64)
Britischer Afrikaforscher. Nach dem Dienst in Indien, wo er den Himalaja erkundete und nach Tibet vordrang, führte er Afrikaexpeditionen gemeinsam mit Richard Burton. Bei der zweiten Expedition entdeckte er 1858 den Victoriasee und bezeichnete ihn richtigerweise als eine der Nilquellen. Das wurde von Burton angezweifelt und zu Lebzeiten Spekes nicht mehr geklärt. Speke erschoss sich am Tag, bevor er an einer öffentlichen Diskussion mit Burton teilnehmen sollte. **72–73, 74, 75**

Spruce, Richard (1817–1893)
Britischer Botaniker und Forscher, der von 1849 bis 1864 in Südamerika lebte, botanische Proben sammelte, Flüsse kartografierte und den Wortschatz von 21 Sprachen am Amazonas klassifizierte. Spruce wurde von bedeutenden Botanikern beauftragt, Pflanzen nach England zu schicken wo sie benannt, klassifiziert und auf Forschungsinstitute und Museen verteilt wurden. **108–109**

Stanley, Sir Henry Morton (1841–1904)
Walisischer Journalist. Als John Rowlands geboren, verlebte er eine Kindheit in Armut, bis er als Kabinensteward 1859 nach New Orleans fuhr. Er wurde von einem wohlhabenden Mann adoptiert, der jedoch starb, ohne seinen jungen Schützling abgesichert zu haben, dessen Namen Stanley jedoch annahm. Stanley kämpfte im Amerikanischen Bürgerkrieg auf Seiten der Konföderierten und trat 1864 in die US-Marine ein. Danach arbeitete er als freier Schriftsteller und bereiste die Vereinigten Staaten, den Nahen Osten, Tibet und Nordafrika. 1870 schickte der *New York Herald* ihn nach Zentralafrika, um David Livingstone zu suchen, den er 1871 aufspürte. 1874–1877 unternahm er eine zweite Afrikaexpedition, bei der er den Kontinent von Ost nach West durchquerte, dem Kongo folgte und dessen Schiffbarkeit nachwies. Seine Arbeit 1879–1884 führte zur Gründung des Kongo-Freistaates im Namen Belgiens. Seine Expedition von 1887 den Kongo hinauf zur „Rettung" Emin Paschas kostete zahllose Leben und trug nicht sonderlich zur Erweiterung der geografischen Kenntnisse über das Gebiet bei. In seinen späteren Jahren heiratete Stanley, hielt Vorlesungen und war von 1895 bis 1900 Parlamentsmitglied für einen Londoner Wahlkreis. **78–79, 80–81, 88**

Stark, Dame Freya Madeline (1893–1962)
Britische Forscherin und Schriftstellerin, die den Nahen Osten bereiste, insbesondere Arabien. Ihre Erforschung des Hadramaut hatte ihr berühmtes Buch *The Southern Gates of Arabia* (1936) zur Folge. *The Valley of the Assassins* (1934) beschreibt ihre Reisen in Persien (Iran). **52, 53**

Stefansson, Vilhjalmur (1879–1962)
Kanadischer Arktisforscher isländischer Abstammung. Nach dem Studium der Theologie und Anthropologie in Harvard beschäftigte er sich viele Jahre mit verschiedenen Aspekten der Arktis, u.a. der Kultur der Inuit Nordkanadas (1906–1912). Von 1913 bis 1918 hielt er sich ständig oberhalb des Nördlichen Polarkreises auf und erforschte weite Gebiete in Kanada und Alaska. Er entdeckte die Inseln Norden und Brock. **179**

Stein, Sir Aurel (1852–1943)
Britischer Archäologe und Asienforscher, der intensiv das Gebiet zwischen Hindukusch und der Wüste Gobi in Zentralasien bereiste. Der gebürtige Ungar wurde von der anglo-indischen Verwaltung angestellt, wurde Rektor des Oriental College in Lahore und höchster Verwaltungsbeamter der Universität Punjab (1888–1899). Später wechselte er zur Archäologie und erforschte zwischen 1906 und 1942 Zentralasien und Persien. **61**

Strabo (ca. 64 v. Chr. – 20 n. Chr.)
Griechischer Geograf. Er unternahm große Reisen und sammelte Material für „Geschichtliche Skizzen", die größtenteils verloren sind. Sein fast vollständig erhaltenes Werk *Geographika* enthält geografische und geschichtliche Informationen über Länder in Europa, Asien und Afrika. **19**

Stuart, John McDouall (1815–1866)
In Schottland geborener Australienforscher. 1844/45 begleitete er Charles Sturt bei dessen erfolglosem Versuch, den Kontinent zu durchqueren, und führte 1861/62 die erste europäische Expedition, die den Kontinent von Süd nach Nord durchquerte. **168, 169**

Sturt, Charles (1795–1869)
Britischer Australienforscher. In Indien geboren und in England erzogen, ging er 1813 zur Armee und kämpfte in den Napoleonischen Kriegen. 1827 ging er als Befehlshaber eines Gefangenentransportes nach Australien und versuchte 1828 erstmals, den Macquarie aufzuspüren. Er fand das Murray-Darling-System, das er eingehend erforschte. 1835 wurde er Generalinspektor von Südaustralien. Er war sicher, einen Binnensee zu finden, und führte 1844–1846 eine Expedition zum Rand der Simpson-Wüste, musste sich jedoch wegen Wassermangels zurückziehen. 1853 kehrte er nach England zurück. **164–165, 166, 167**

Tasman, Abel Janszoon (1603– ca. 1659)
Holländischer Meeresforscher, dessen Reisen das Wissen über Pazifik und Indischen Ozean in Europa sehr gefördert haben. Er ging 1632 zur Holländisch-Westindien-Gesellschaft und befehligte Schiffe nach Ostindien, bis er 1642 den Auftrag erhielt, einen Weg über den Pazifik nach Chile zu suchen. Auf dieser Reise entdeckte er Tasmanien, Neuseeland, Tonga und die Fidschi-Inseln und wurde auf zwei weitere Expeditionen geschickt. **154–155**

Thesiger, Wilfred Patrick (geb. 1910)
Britischer Soldat, Forscher und Schriftsteller, der in den 30er und 40er Jahren Äthiopien, Sudan und Arabien erforschte. 1933/1934 erkundete er das öde Danakil und war 1935–1940 politisch im Sudan tätig. Nach dem Dienst bei der Luftwaffe im Zweiten Weltkrieg eiferte er Thomas und Philby nach und durchquerte zwei Mal die Große Arabische Wüste. Zu seinen Werken gehören *Arabian Sands* (1959) und *The Marsh Arabs* (1964). **53, 88**

Thompson, David (1770–1857)
In England geborener kanadischer Pelzhändler und Forscher. Er ging 1784 zur *Hudson's Bay Company*, lernte Vermessen und suchte den Athabaskasee und den Oberlauf des Mississippi auf. 1807 richtete er den ersten Handelsposten am Columbia ein, befuhr und kartografierte den Fluss 1811 bis zum Pazifik. Später kartografierte er die amerikanisch-kanadische Grenze. Seine bemerkenswert detaillierten Karten wurden bis weit ins 19. Jh. verwendet. **142–143**

Thomson, Joseph (1858–1895)
Schottischer Geologe, Natur- und Afrikaforscher. 1878 wurde er von der *Royal Geographical Society* nach Ostzentralafrika geschickt und leitete die Expedition nach dem Tod von Keith Johnston. Er führte die Gruppe zum Malawisee und dann weiter zum Tanganjikasee. Der Versuch, den Kongo (Zaire) zu erreichen, wurde durch Stammesfehden vereitelt, aber er entdeckte den Rukwa-See. 1882/83 prüfte er die Möglichkeit einer Handelsroute von der Küste Kenias zum Victoriasee. 1885 unternahm er eine Expedition nach Sokoto, um Handelsbeziehungen zu knüpfen, und 1890 reiste er für die *Cecil Rhodes South Africa Company* zwischen Malawi- und Bangweolo-See sowie dem Sambesi und schloss Verträge, die der *Company* territoriale Rechte über das heutige Sambia einräumten. Thomson musste 1891 erkrankt nach Europa zurückkehren. Er gehört zu jenen gut ausgebildeten britischen Reisenden, deren Forschungsexpeditionen maßgeblich zur Ausweitung des Empire beitrugen. **82–83**

Thomson, Sir Charles Wyville (1830–1882)
Schottischer Naturforscher und einer der ersten Meeresbiologen. Nach dem Studium der Botanik und Zoologie interessierte sich Thomson zunehmend für wirbellose Meerestiere. 1868/1869 schloss er sich zwei Tiefseeexpeditionen an, die zahlreiche unbekannte Wirbellose und auch vermeintlich ausgestorbene Arten zutage förderte. 1872 leitete Thomson das Wissenschaftsteam auf der *Challenger* bei einer von der britischen Regierung entsandten globalen Forschungsexpedition, die zu den großartigsten Leistungen der Meeresforschung des 19. Jh. zählt. **203, 207**

Tinné, Alexandrine (1839–1869)
Niederländische Afrikareisende. 1862 reiste sie mit ihrer Mutter und Tante den Weißen Nil hinauf in das Gebiet von Bahr al-Ghazal und kehrte dann nach Khartum zurück. Unbeeindruckt vom Tod der Mutter und der Tante, brach sie 1869 von Tripolis zum Tschadsee auf, um zum oberen Nil zu gelangen, wurde jedoch von Tuareg in der Wüste ermordet. **78, 84**

Urdaneta, André de (1498–1568)
Spanischer Mönch und Seefahrer, der 1565 einen Seeweg von den Philippinen nach Mexiko fand. Das trug entscheidend zur erfolgreichen Kolonisierung und Besiedlung der Philippinen durch Spanien bei und eröffnete im Osten neue Märkte für peruanische und mexikanische Produkte. **152, 153**

Vaca, Alvar Nuñez Cabeza de (ca. 1490– ca. 1567)
Spanischer Erforscher der heutigen Golfregion von Texas, dessen Berichte über die sagenhaften goldenen Städte von Cibola wahrscheinlich der Anlass für die späteren Erkundungen durch Soto und Coronado waren. 1528 reiste er mit einer spanischen Expedition unter Pánfilo de Narváez zur heutigen Tampa Bay und erforschte auf drei weiteren Zügen das Land westlich des Golfs. Nach acht Jahren unter nomadischen Indianern und großen Entbehrungen kehrte er mit Berichten über ein neues El Dorado irgendwo jenseits der von ihm erkundeten Gebiete zurück. Die nächsten Jahre verbrachte er in Südamerika, wo er zum Statthalter von Rio de la Plata ernannt wurde. 1545 wurde er von Domingo Martinez de Irala ergriffen und nach Spanien deportiert, wo er in großer Armut starb. **122, 123**

Valdivia, Pedro de (ca. 1498–1553)
Spanischer Eroberer von Chile, der die Städte Santiago und Concepción gründete. Nach Dienst in der spanischen Armee in Italien und Flandern wurde er 1534 nach Südamerika geschickt, wo er 1538 mit Francisco Pizarro in Peru kämpfte. 1540 brach er mit 150 Spaniern und einigen Indianern durch die Wüste an der nordchilenischen Küste auf, um Chile zu erobern. Er schlug eine große Indianerstreitmacht und gründete 1541 Santiago. Er weitete die spanische Herrschaft nach Süden aus und wurde schließlich zum Statthalter von Chile ernannt. 1553 wurde er bei einem Zug gegen die Araukaner getötet. **98, 99**

Vancouver, George (1757–1798)
Britischer Seefahrer und Pazifikforscher. Nach zwei Expeditionen mit Captain Cook wurde Vancouver 1791 mit der Leitung einer eigenen Expedition betraut, die die Nordwestküste Nordamerikas erkundete und nach einer Durchfahrt vom Pazifik zur Hudsonbai suchte. Er verbrachte drei Jahre damit, eine detaillierte Übersicht zu erstellen, fand aber keine Durchfahrt nach Osten. Dabei umfuhr er die Vancouver-Inseln. **140, 141**

Varthema, Ludovico de (ca. 1468–1517)
Italienischer Abenteurer, der 1502–1507 durch den Nahen Osten und Asien reiste. Er reiste zeitweilig als Muslim getarnt und ist der vermutlich erste Christ, der eine Pilgerfahrt nach Mekka unternahm und die Gewürzinseln (Molukken) erreichte. Varthema schrieb einen ausführlichen Bericht über seine Reise mit Beobachtungen über die Menschen und Kulturen, die er kennen lernte, was ihm zu Lebzeiten beträchtlichen Ruhm einbrachte. **39, 50**

Velázquez, Diego de (1465–1524)
Spanischer Konquistador und erster Statthalter von Kuba (1514–1521 und 1523–1524). Er segelte 1493 mit Kolumbus zu den Großen Antillen und führte die Expedition an, die Kuba 1511–1514 eroberte und kolonisierte. Er schickte drei Expeditionen zur mexikanischen Küste, die dritte davon 1519 unter dem Befehl von Hernán Cortés. Cortés sagte sich von Velázquez los, der 1520 Pánfilo Narváez und 1524 Cristóbel de Olid aussandte, um Cortés zur Rückkehr nach Kuba zu zwingen. Beide wurden jedoch geschlagen. **96**

Verrazano, Giovanni da (ca. 1485 – ca. 1528)
Italienischer Erforscher der Neuen Welt. 1524 erkundete er in Diensten Frankreichs die Atlantikküste Nordamerikas und entdeckte den heutigen Hafen von New York. Seine Fahrt führte ihn von Kap Fear nach Neufundland, und Verrazano meinte irrtümlich, eine Durchfahrt nach Osten gefunden zu haben. Er kam bei einer späteren Expedition in die Karibik ums Leben. **120, 121**

Vespucci, Amerigo (1454–1512)
Florentinischer Kaufmann und Seefahrer, der Amerika als Erster für einen eigenen Kontinent hielt. Als Leiter einer Schiffsausrüstungsfirma wurde Vespucci 1491 nach Sevilla geschickt, wo er sich mit Kolumbus anfreundete. Mit Alonso de Hojeda überquerte er 1499/1500 den Atlantik und unternahm in Diensten Spaniens und Portugals mehrere Expeditionen zu den Küsten Zentral- und Südamerikas. **92, 93**

Walker, Thomas (1823–1913)
Amerikanischer Bodenspekulant und Staatsbeamter, der 1748 einen Weg durch die Cumberland Mountains entdeckte. Ab 1752, als er in die Volksvertretung von Virginia gewählt wurde, war er auf verschiedenen Posten als Staatsbeamter tätig, zuletzt als Mitglied des Abgeordnetenhauses in Virginia in den 80er Jahren. **137**

Wallace, Alfred Russell (1823–1913)
Britischer Naturkundler. 1848 ging er ins Amazonasbecken, wo er mit seinen Kollegen Henry Bates und Richard Spruce sechs Jahre lang Material sammelte. Auf der Rückfahrt nach England verlor er beim Untergang des Schiffes die gesamte Sammlung. Das hielt ihn jedoch nicht ab, in den Fernen Osten zu reisen, wo er 1854 bis 1862 im Malaiischen Archipel Proben sammelte. Dort formulierte er auch seine Theorie einer natürlichen Auslese und beeinflusste damit Darwin, der an ähnlichen Theorien arbeitete. Wallace machte auch den Unterschied zwischen asiatischer und australischer Fauna deutlich, der als „Wallace-Linie“ bekannt wurde. **62, 108–109**

Wallis, Samuel (1728–1795)
Britischer Marineoffizier, der die *Dolphin* 1767/1768 auf einer Fahrt über den Pazifik befehligte, die einen bis dahin unbekannten Teil des Meeres der Erforschung eröffnete. Er stieß auf zahlreiche Inseln, wie Tahiti. Besonders in Erinnerung ist seine Sorge um Gesundheit und Wohlergehen seiner Mannschaften, so dass die Fahrten ohne ernsthafte Fälle von Skorbut abliefen. Nach der Rückkehr nach England schrieb er einen Bericht über seine Reise und wurde 1782 zum Sonderbeauftragten der Marine ernannt, was er bis zu seinem Tod blieb. **156**

Weddell, James (1787–1834)
Britischer Seefahrer. Auf einer Walfangfahrt im Südpolarmeer entdeckte Weddell bei ungewöhnlich guten Bedingungen 1823 das später nach ihm benannte Weddellmeer. Der südlichste Punkt, den er erreichte, war 74° 15´S, 34° 17´W, ein Rekord, der fast ein ganzes Jahrhundert hielt. **186–187**

Whymper, Edward (1840–1911)
Britischer Bergsteiger. Nach der Eroberung vieler noch unbestiegener Berge in den Alpen, darunter das Matterhorn, reiste Whymper 1879 in die Anden. Dort gelang ihm die Ersteigung des Chimborazo, des Cotopaxi und vieler anderer Berge in Ecuador. Seine Studien zur Höhenkrankheit belegten, dass die Krankheit mit dem Luftdruck zusammenhängt. **112**

Wilkes, Charles (1798–1877)
Amerikanischer Marineadmiral und Entdeckungsreisender. Der amerikanische Kongress schickte ihn 1836 auf Erkundungstour in die Gewässer der südlichen Hemisphäre, auf der er die Antarktis mehrere Male sichtete. Nach ihm ist Wilkesland benannt. Die anschließende Weltumsegelung führte ihn nach Norden durch den Pazifik, die Küste Kaliforniens hinauf und über das Kap der Guten Hoffnung zurück nach New York. Die folgenden 27 Jahre arbeitete er am Bericht seiner Reise. **188, 189**

Younghusband, Sir Francis (1863–1942)
Britischer Offizier und Asienreisender, der 1903 eine Expedition nach Tibet führte, die den anglo-tibetischen Vertrag von 1904 zur Folge hatte. Der in Indien geborene Younghusband ging 1882 zur Armee und bereiste Asien, insbesondere Tibet und Nordindien. Mit seinen Expeditionen leistete er einen großen Beitrag zum geografischen Wissen. **57, 60**

Zheng Ho (1371–1435)
Chinesischer Seefahrer, der Eunuch wurde, um am königlichen Hof dienen zu können. Als Ch'eng-tsu 1403 Kaiser wurde, änderte er Chinas bis dahin isolationistische Politik und schickte Zheng Ho 20 Jahre lang auf Reisen durch den gesamten Fernen Osten und nach Westen bis zum Persischen Golf und zur Küste Ostafrikas. **33**

DESSERTO
PAROPANISAD
SIANA
PERSIA SOPI RIO
ARABIA DESERTA
MARE PERSICU
GEDROSIA
INDIA
CARMANA
MECA
CIRCVLUS
MARTE MOTES
ORMANUS
ADEM REGIO
ARABIA FELIX
SINUS ARABICUS
MARE INDICUM
PIA
CIR CVL VS

Register

T

U

V

W

X

Y

Z